中国社会科学院刑法学重点学科暨创新工程论坛

社会治理中的刑法功能与定位

刘仁文 主编

张志钢 邹玉祥 副主编

中国社会科学出版社

图书在版编目（CIP）数据

社会治理中的刑法功能与定位 / 刘仁文主编 . —北京：中国社会科学出版社，2022. 9

ISBN 978 – 7 – 5227 – 0581 – 1

Ⅰ. ①社… Ⅱ. ①刘… Ⅲ. ①刑法—中国—文集 Ⅳ. ①D924. 04 – 53

中国版本图书馆 CIP 数据核字(2022)第 133536 号

出 版 人 赵剑英
责任编辑 齐 芳 许 琳
责任校对 李 硕
责任印制 郝美娜

出 版 中国社会科学出版社
社 址 北京鼓楼西大街甲 158 号
邮 编 100720
网 址 http://www. csspw. cn
发 行 部 010 – 84083685
门 市 部 010 – 84029450
经 销 新华书店及其他书店

印刷装订 北京君升印刷有限公司
版 次 2022 年 9 月第 1 版
印 次 2022 年 9 月第 1 次印刷

开 本 710 × 1000 1/16
印 张 21. 75
字 数 344 千字
定 价 128. 00 元

前　言

本书是一年一度的中国社会科学院刑法学重点学科暨创新工程论坛2021年会议的论文精选，本次会议的主题为“社会治理中的刑法功能与定位”，会议共收到94篇参会论文，此次精选其中的20篇，另加1篇会议综述作为附录，组成本书。即使这20篇论文，也因篇幅所限，不得不请作者将各自论文的篇幅尽量删至一万两千字以内，感谢大家的理解和配合。

书名沿用会议的主题，定名为《社会治理中的刑法功能与定位》，全书的主要内容包括：一是刑事立法的发展与回应，二是经济金融犯罪的惩治与防范，三是信息网络犯罪的风险应对，四是刑事合规的实践考察与制度构建，五是《刑法修正案（十一）》的适用疑难问题。收入这些内容的主要考虑是：伴随着近年来刑法的不断修正，中国刑法学研究在立法论领域迎来了新的活跃期，无论是有关积极刑法观的讨论还是有关犯罪附随后果改革的研究都是未来一段时期的学术热点；数字经济的蓬勃发展引发了包括刑法在内诸多亟待研究的新议题，如通过数字支付账户实施侵财行为的认定问题、非法第四方支付的刑法规制问题、数字经济背景下合同诈骗罪规范目的的限缩问题等；在《反电信网络诈骗法》即将出台之际，[①] 继续深化对侵犯公民个人信息罪、帮助信息网络犯罪活动罪以及拒不履行信息网络安全管理义务罪

① 该法已于2022年9月2日由全国人大常委会通过，同年12月1日起施行。

等罪名的研究是刑法参与社会治理的应有之义；在最高人民检察院的精心部署与大力推动下，涉案企业合规改革经历了两轮试点实践，已经取得了大量有益成果，关于企业刑事合规的立法已经呼之欲出，及时解决困扰实践的相关实体和程序问题对当下和未来均具有重要意义；《刑法修正案（十一）》针对妨害公务罪、洗钱罪以及生产、销售假药罪等罪名作出了重大修改，实务中围绕新修订的罪名也产生了一定的困惑，对相关罪名的教义学阐释是实践所需，我们的论坛和文集有必要给这些研究提供相应的平台。

持续三年的新冠肺炎疫情带来的各种不确定性给社会治理提出了新的难题。刑事立法的活性化和政策化越来越明显，这本身并没有错，因为法律必须要回应社会，但社会治理不能出现泛刑化，刑法谦抑的原则和刑法保障法的定位这些长期以来形成的刑法公理应当坚守。虽然刑法教义学对推动刑事司法贯彻这些理念能起到一定的积极作用，但根子还在立法上。依法治国首先要依宪治国，刑事立法如何能在事前、事中和事后有效接受合宪性审查的检验，我一直认为是中国刑法现代化不可回避的话题，也比从“法益”这种高度抽象的概念中去寻求限制犯罪化的根据要更可行。学术研究需要论辩，只有在论辩中才能深化认识，但应当看到的是，所谓学派之争本身不是目的，其最终目的应是走向协调和折中，这才是刑事立法和刑法理论的真实世界，所谓“极高明而道中庸”。

时光飞逝，不知不觉，我们的这个论坛已经持续十多年了。马上又将迎来2022年的年度论坛，看目前的疫情防控要求，可能今年将第一次采取线上与线下相结合的方式来进行。虽然觉得麻烦和遗憾，但我估计，这将是人类未来工作方式的常态，而且人们会逐渐习惯甚至享受这种线上工作的方式，我仿佛看到人类前景的另一幅巨大帷幕正在徐徐拉开……

刘仁文谨识

2022年9月3日于北京西郊寓所

目　录

第一编　刑事立法的发展与回应

第二编　经济金融犯罪的惩治与防范

第三编　信息网络犯罪的风险应对

第四编　刑事合规的实践考察与制度构建

第五编　《刑法修正案（十一）》的适用疑难问题

附　录

第一编

刑事立法的发展与回应

新时代刑事治理现代化研究

高铭暄　傅跃建

重视并积极推进国家治理体系和治理能力现代化是以习近平同志为核心的党中央总结中外治国理政实践后提出的重大施政措施，具有鲜明的时代特征。2013 年 11 月，党的十八届三中全会首次提出“推进国家治理体系和治理能力现代化”的重大命题，并把“完善和发展中国特色社会主义制度、推进国家治理体系和治理能力现代化”确定为全面深化改革的总目标。“推进国家治理体系和治理能力现代化”对于中国特色社会主义事业具有重大战略意义，“治理能力现代化”已成为国家现代化的重要组成，“是自上个世纪五六十年代提出四个现代化之后，党和政府所提出的第五个现代化”。[①] 时隔六年，党的十九届四中全会全面总结我国推进国家治理体系和治理能力现代化的历史成就和显著优势，确立新时代国家制度建设和治理现代化的“三步走”总体目标以及“十三个坚持和完善”的整体战略部署，被高度评价为“党的历史上一次具有开创性的里程碑意义的重要会议”，“宣告了新时代‘中国之治’的来临，开辟了‘中国之治’的新境界。”[②] 当前，犯罪问题已经成为世界各国普遍面临的最严重社会问题，科学建构国家治理体系、有效组织国家治理机制、提升刑事治理现代化水平，乃各国应对日益严峻犯罪形势、营造安定有序社会环境之关键所在，也是对各国国家治理能力乃至政府存续之合法性基础的重大考验。

---

① 李景鹏：《关于推进国家治理体系和治理能力现代化——“四个现代化”之后的第五个“现代化”》，《天津社会科学》2014 年第 2 期。

② 许耀桐：《新时代开启“中国之治”的重大理论创新——解析党的十九届四中全会〈决定〉的六大建树》，《东南学术》2020 年第 1 期。

一 刑事治理现代化的科学内涵

“治理”（Governance）是政治经济学广泛讨论的一个概念，其意涵经历了传统到现代的转型。在传统意义上，“治理”长期被理解为“政治权威通过权力运作使‘乱’的状态变成‘治’，即有序的状态”。在现代政治学科中，“治理”作为特定政治行为，通常指“在政治系统的特定范围内行使权威，对政务或公共事务作出有效的安排，以达到维护政治秩序和维护正义价值的目的”。① 其后，随着秩序多元论及国家失败论思潮的泛起，在多元主义、利益集团理论及结构功能主义等新兴理念的综合支配下，主张“没有政府统治治理”的社会中心论治理观逐渐形成并得到大力推广。社会中心论治理观论者提出，“治理是社会集团政治和社会活动的总和，国家或政府并没有独立的自主性，而只是提供了一个社会各集团竞争的场所。在社会竞争中拥有资源优势的集团便成了在竞争中获胜的力量，从而也就成了支配治理规则的意向来源。因此，治理决策最好被理解为在相关利益集团间进行价值和利益分配的过程”。② 然而，诚如“元治理”理论的倡导者、英国学者鲍勃·杰索普所言，“虽然有愈来愈多的人热衷于以治理机制对付市场和/或国家协调的失败，我们仍不应当忽视一种可能：以治理取代市场和/或等级统治是会失败的”。③ 社会中心论治理观错误地将国家视为非自主性的存在体，否定国家这一公共权威在社会秩序形成中的合理价值，过分迷恋社会自我治理的秩序形成机能，有陷入彻底自由主义“泥淖”、重新踏上已被历史抛弃的无政府主义老路的可能。

在治理理论和治理实践的后续发展进程中，对治理构造中国家和社会之主体性地位及内在价值的认知逐渐深化，消解国家权威的逻辑和立场得到检讨和纠偏，国家再次“回归”到治理机制中，成为与社会相当甚至高

---

① 张凤阳等编：《政治哲学关键词》，江苏人民出版社 2006 年版，第 308 页。

② 江必新、鞠成伟：《国家治理现代化比较研究》，中国法制出版社 2016 年版，第 52—53 页。

③ ［英］鲍勃·杰索普：《治理的兴起及其失败的风险：以经济发展为例的论述》，《国际社会科学杂志》（中文版）1999 年第 1 期。

于社会的重要治理主体。甚至在某种意义上，国家较之于社会对治理而言更具有关键性和主导性的作用，国家能力和国家职能的实现程度直接决定治理水平和治理效能的高低。对此，亨廷顿曾敏锐地提出，“各国之间最重要的政治分野，不在于它们政府的形式，而在于政府的有效程度”。① 弗朗西斯·福山明确主张，“总体而言，国家范围过大的负面影响在长远看来可以被更强大的管理能力的正面影响所抵消”。② 当论及国家与治理的内在关联时，布林克霍夫也直白地表示，“治理关切到管理、制度和进程，所谓的进程是政府与公民间互动、国家与社会关系的连接点。也就是说，治理涉及公共管理与国家机构、政治与权力及权威的实施、决策与执行间的关系。人们普遍认为，治理质量影响到经济、社会和以权利为基础的部门的表现。在脆弱和失败国家，虚弱的政府被认为是冲突和内战的原因之一”。③ 事实上，在新兴治理主义的视阈中，国家主导性和社会自主性均得到重视，国家与社会两种机制同时释放各自对公共事务治理的内在价值，强调通过塑造和建构开放性的治理理念、多元性的治理主体、协作性的治理方式以及科学性的治理规则，实现治理效能的最大化。此种兼顾国家与社会的复合型治理观也得到国内外学者的普遍支持。例如，长期关注治理议题的著名国际性组织——全球治理委员会在其 1995 年发布之研究报告《天涯成比邻》中明确规定，“治理”是指“通过社会和私人的组织形式对一系列共同问题采取管理措施的多种方式的综合。也就是说，在国家不能解决的各种问题上，采取国家主体与非国家主体共同建立管理机制和规范的方式进行治理”。④ 俞可平教授也认为，治理凸显出官方的或民间的公共管理组织在一个既定的范围内运用公共权威维持秩序，满足公众的需要，治理的目的是在各种不同的制度关系中运用权力去引导、控制和规范公民的各种活动，最大限度地增进公共利益。治理是一种公共管理活动和

---

① ［美］塞缪尔·亨廷顿：《变化社会中的政治秩序》，王冠华等译，上海人民出版社 2017 年版，第 1 页。

② ［美］弗朗西斯·福山：《国家构建：21 世纪的国家治理与世界秩序》，郭华译，学林出版社 2017 年版，第 32 页。

③ ［美］德里克·W. 布林克霍夫编著：《冲突后社会的治理：重建脆弱国家》，赵俊、霍龙译，民主与建设出版社 2015 年版，第 2 页。

④ 樊勇明：《西方国际政治经济学》，上海人民出版社 2017 年版，第 30 页。

公共管理过程，包括必要的公共权威、管理规则、治理机制和治理方式。[①]

刑事治理是国家治理的重要领域，刑事机制是国家治理的重要方式，刑事治理现代化乃国家治理现代化的核心组成，国家治理现代化必然要求刑事治理现代化。根据学者的界定，“刑事治理是要发动所有的主体、通过多样化的方式、借助专管、合作与互助等途径、共同实现犯罪的合理控制。……当前的刑事治理观，首先包括刑事实体法治理和刑事程序法治理，并以相对主义的犯罪观为前提，充分观照恢复性司法理念，倡导国家、社会、个体（被害人、加害人）的‘三位一体’法律关系，通过刑事惩罚、惩戒、合作与互助等方式，共同营造充满信仰的刑法规范体系，凸显软硬兼顾、恩施并重的善治观，这在本质上是一种‘一体化’的刑事治理模式”。[②] 应当承认，这一定义较好地坚持和贯彻了前述国家主导和社会自主的复合型治理观，完美地契合了复合型治理观在治理理念、治理主体、治理方式以及治理规则等方面的要求，也表明了科学性、现代性刑事治理的核心内容和实现路径。

在本文看来，刑事治理现代化包括刑事治理体系的现代化以及刑事治理能力的现代化两个维度。其中，刑事治理体系现代化，主要指国家在科学的犯罪观指导下，根据犯罪原因的深入挖掘和致罪机制的理性剖析，合理组织包括刑法、刑法前置法、伦理道德、教育以及医疗等犯罪抗制手段，针对不同犯罪类型的具体形式和各自特征，形成一整套紧密相连、相互协调、行之有效的犯罪防治体制机制及法律法规安排。刑事治理能力现代化是指在国家主导下，通过培育多元犯罪防治主体与媒介，调动公众参与犯罪防治的积极性，创新犯罪防治的模式与方法，最大限度激活社会参与犯罪防治的活力，增进全社会犯罪防治的实际效能，以最终保障人民安居乐业、社会安定有序、国家长治久安。具体而言，现代治理主义视阈中，理解刑事治理现代化的内涵应当包括以下几方面的内容。

一是刑事治理现代化要求治理理念的开放性。刑事治理理念是刑事治

---

① 俞可平：《全球治理引论》，《马克思主义与现实》2002 年第 1 期。

② 孙道萃：《当前中国刑事治理观念的转变》，载殷建国主编《现代警务研究》（第 2 卷），群众出版社 2012 年版，第 338 页。

理体系的灵魂所在，内在地支配着刑事治理能力的强弱。出于对维护社会基本秩序以及保障公民进行正常社会交往的客观需要，国家必须组织强有力、最有效的手段对抗并控制严重危害社会、严重偏离社会正义价值的犯罪行为。然而，国家抗制犯罪的实践始终以作为最严厉制裁的刑罚为依托或后盾，这就从根本上决定了刑事机制不可能摆脱威权性、压制性和严厉性等特征，从而使强调国家刑罚权“刚性”运行的刑事机制与重视多元参与、交互协作的现代治理之间呈现出相当的距离，刑事机制也往往沦为普通民众口中所谓的“专政手段”“统治工具”。

不过，正如李斯特所言，“最好的社会政策就是最好的刑事政策”，寄望透过国家权力将犯罪压制在特定范围的“压制性刑事治理理念”，根本地背弃刑事治理的内在规律，无法实现犯罪治理或刑事治理的效果。“传统的将犯罪完全视为严重危害社会的行为，试图通过刑罚处罚来消灭社会中犯罪现象的思想是存在一定问题的。”[①] 与压制性刑事治理理念相对，治理性刑事理念立足相对主义犯罪观，在认识到犯罪严重扰乱社会秩序、危害社会利益的同时，将犯罪视作社会生活中的正常现象，例外地肯定犯罪的不可避免性及对社会发展的积极功能。法国著名社会学家迪尔凯姆认为：从犯罪行为的产生来看，犯罪是正常的，在某种意义上，犯罪是个人的独创精神的体现，犯罪为必要的社会改革开辟广阔的道路，“当犯罪率下降到明显低于一般水平时，那不但不是一件值得庆贺的事，而且可以肯定，与这种表面的进步同时出现并密切相关的是某种社会紊乱”。[②] 考虑到犯罪之于社会兼具破坏和创造的二重属性，在利用刑事机制治理犯罪时更应该注重“善治”，形塑开放性和包容性的刑事治理理念：其一，坚决摒弃“除恶务尽”，动辄不惜一切代价消灭犯罪的传统犯罪控制观，推动刑事治理维持社会安全秩序与促进公民自由交往的内在统一，避免纯粹出于对社会秩序和安全的追求而通过大量的犯罪化和加重刑罚的惩处力度“以刑去刑”；其二，厘清刑事机制与其他法律机制乃至社会机制在犯罪防治中的地位和功用，谨守刑事机制最后手段性或者补充性的本质属性，只要

① 李正新：《犯罪化与非犯罪化研究》，武汉大学出版社2016年版，第100页。

② ［法］迪尔凯姆：《社会学方法的准则》，狄玉明译，商务印书馆2017年版，第88页。

存在同样有效却较少侵犯性的犯罪防治手段，或者侵犯强度相同却更有效的其他防治手段，刑事机制即不被允许介入社会生活；其三，刑事治理始终坚持保护社会和保障人权的动态平衡，将人权保障视为刑事机制的首要社会机能，防止超越刑法规定惩罚犯罪人的“法外用刑”，以此既为刑事制定法限制国家刑罚权之功能的实现提供观念支撑，也有助于刑法的预测可能性的实现，为我国刑事法治的发展扫清观念障碍。[①]

二是刑事治理现代化强调治理主体的多元性。兴许因为犯罪是对社会秩序最严重的破坏，以维持秩序任务的国家总是愿意垄断国家刑罚权，独自负担起控制犯罪、消除刑事冲突的任务，从而自觉或不自觉地忽视其他社会机制的犯罪治理机能，使犯罪防治始终在国家权力的支配下展开。诚如岳平教授所言，“对我国犯罪预防而言，传统的学术范式对犯罪预防形成的桎梏，使犯罪防控策略上的话语权基本掌握在司法实践部门，鲜见来自犯罪预防的科学性理论的指导。审视我国的犯罪防控实践，运动式治理成为犯罪预防的基本模式。该模式本质上属于刑事治理，主要依靠的是行政权力的威力。”[②] 然而，古今中外的大量刑事治理实践已经充分证实，将解决刑事冲突的一切权力完全收归国家，完全排斥社会力量对刑事冲突的解决，依靠单一的刑罚对犯罪进行严厉打击，注定要遭受犯罪防治乃至刑事治理的失败。毕竟将刑事治理完全委之于国家，将遮蔽对犯罪原因及致罪机制的必要发掘，难以为治理犯罪寻得对症之方，同时也将导致国家过分挤压治理构造中社会的存在空间，制约其他社会机制防治犯罪功能的正常发挥，最终落入刑法万能主义、重刑主义的窠臼，妨碍公民进行有序的社会交往。“随着社会模式的陡然巨变，单靠国家一己之力尚不能有效预防犯罪，这就需要将以国家为本位控制犯罪的模式转向‘国家—社会’双本位的控制犯罪的模式。”[③] 受新兴复合型治理主义的启示，刑事治理必须坚持多元治理，建构国家主导、社会参与的犯罪治理体系，合理组织对犯

---

① 苏永生：《治理型刑法理念之提倡——从〈中华人民共和国刑法修正案（八）〉切入》，《江汉大学学报》（社会科学版）2011 年第 4 期。

② 岳平：《犯罪防控战略与策略之辨明》，载严励、岳平主编《犯罪学论坛》（第 3 卷），中国法制出版社 2017 年版，第 66—67 页。

③ 储槐植：《刑事一体化与关系刑法论》，北京大学出版社 1997 年版，第 89—90 页。

罪的各类反应机制，整合社会各类犯罪治理力量，积极引导社会组织或个人在其权利义务范围内有目的地参与刑事政策制定、犯罪预防、刑事立法、刑事司法、行刑以及刑事政策评估等，形成全社会参与犯罪防治的最大合力。

三是刑事治理现代化强调治理方式的协作性。在传统治理语境中，犯罪及犯罪人长期被作为国家刑罚权行使的对象或客体，刑事治理强调国家刑罚权对犯罪（人）的单向度惩治和霸道式压制，而不重视犯罪人、被害人及社会公众对刑事治理的回应和参与。“传统的‘纠问式’诉讼模式因其权力的单向性已经让民众感受不到参与司法的尊严、尊重，对司法的冷漠、隔膜、不信任已经越来越贬损司法的权威。”① 应当承认，由于国家实际掌握合法的暴力机器、拥有惩治犯罪的专业能力，能够居于相对公正的立场对犯罪人定罪并处以适当刑罚，国家在刑事治理的整个过程中仍具有且必须具有相对突出的优势，始终保持并增强国家反犯罪的职能仍属必要。② 然而，为充分释放刑事治理的实际效能，刑事治理必然强调治理方式的参与性、平等性及商谈性，缓和刑事治理构造中的命令性、对抗性和单向强制性，从而最大限度增加社会和谐因素、减少不和谐因素。

事实上，较之于传统对抗式、压制式刑事治理方式，协作式刑事机制注重治理过程中的对话、合作与互惠，从追求控制犯罪的功利性目的更多地考虑向重视控制犯罪过程的参与性与协商性转变，让不同利益诉求的刑事治理参与主体拥有更多的话语权，减少彼此之间不必要的内部对抗与消耗，在合意的基础上通过平等的对话、协商，寻求刑事治理各参与主体都乐于接受的结果。在此参与、协作的过程中，犯罪人通过认罪悔罪而获得刑事处遇上的从宽利益，社会因此培养出一批富有理性、敢于担责的现代公民，国家则因犯罪人的配合和社会各方的协助不仅可以有效节约刑事治理所需的资源，更重要的是从根本上实现控制犯罪、维护秩序的目的，可谓三全其美、各方受益！

① 田成有：《法官的改革》，中国法制出版社 2014 年版，第 392 页。

② 姚万勤：《国家治理现代化视域下刑法治理问题研究——以理念转换与模式建构为视角》，《晋阳学刊》2016 年第 1 期。

四是刑事治理现代化强调治理规则的科学性。“以往的社会管理往往凭个人经验或书本知识进行，经实践检验，有的目的根本就不能或难以实现，有的即使勉强实现但带来一大堆‘后遗症’，科学性难以保证。”① 科学性，顾名思义就是符合事物的本质要求和内在规律性。刑事治理规则的科学性是刑事治理效能发挥的基础和保障，缺乏科学性的刑事治理规则非但不能保证刑事治理的实际效果，相反会极大地侵蚀刑事治理的根基，招致社会公众对刑事治理体系及其实践运行的质疑、批判或诟病。

刑事治理规则科学性集中表现为犯罪反应机制选择的科学性，即犯罪治理的科学性。通常而言，犯罪治理是指人类有组织地对刑事犯罪和社会越轨行为进行打击、控制和预防的应对措施、策略与实践。② 科学的犯罪治理要求紧密结合当前犯罪的具体形势，通过挖掘诱致犯罪发生的各种因素，探明各种因素内部相互作用的机制和规律，并以此为基础，根据各类犯罪反应机制的内在特殊性合理组织对犯罪的反应，以期有针对性地消除各类致罪因素或阻断犯罪生成机制的作用路径，进而实现犯罪治理的良好效果。对于刑事治理规则的具体选择一定要时刻谨记，刑法在犯罪治理中的作用是有限的，绝非对任何具有社会危害性的行为均以纳入犯罪圈为最终处理。毕竟从刑法保护法益的角度来说，“惩罚犯罪”面对的是已然的犯罪，法益已经遭受侵害，事后过度或不力的惩罚反而有可能激发新的矛盾和犯罪，所以这种介入往往并非“善治”之所在，犯罪治理更应该关心治理的精细性、科学性和综合性。

随着犯罪学的发展，犯罪产生的原因逐渐被揭示，犯罪原因论由个人走向社会，犯罪不再被单纯认定为行为人自由意志的结果。科学研究也一再证明，盲目的严刑峻法并不能达到预防犯罪的目的，刑法只能作为治理犯罪的一种手段，并且是最后的手段。判断某项危害社会行为是否纳入刑法规制时，应当优先选择其他犯罪治理效果更明显或者治理成本更低廉的反应机制，对决定纳入刑法规制的危害行为应当根据犯罪行为性质的差异性尽可能为其配备相对应的、剥夺性相对较轻的刑罚种类。当然，即便特

① 江必新：《法治社会的制度逻辑与理性构建》，中国法制出版社 2014 年版，第 31 页。
② 单勇主编：《犯罪学》，厦门大学出版社 2012 年版，第 290 页。

定行为被纳入刑法规制，对该行为的治理也不能单纯依靠刑法，而必须同时在可能的范围内综合运用其他治理机制予以协同治理。

二　新时代推进刑事治理现代化的现实必然性

众所周知，经济基础决定上层建筑，经济基础是上层建筑的根源，上层建筑是经济基础的派生物，是经济基础在政治和思想上的表现。随着我国迈入中国特色社会主义新时代，经济社会获得了长足且全面的发展，客观上催动经济体制转型和政治体制改革，势必要求加快推进包括刑事治理体系和治理能力在内的国家治理现代化，以保护经济社会发展所取得的系列成果，并为经济社会的持续发展供给良好的体制机制和法治保障。

（一）推进刑事治理现代化是新时代经济社会发展的客观要求

自中华人民共和国成立以来，特别是改革开放以来，在中国共产党的正确且坚强领导下，我国逐渐改变积贫积弱的落后面貌，经济社会建设取得举世瞩目的伟大成就。自 2010 年起，我国 GDP 超过日本成为仅次于美国的世界第二大经济体，经济发展质量与效益稳步提高，经济发展活力与动能明显增强，新兴经济增长引擎大量涌现，人民的物质生活状况得到极大改善。与经济发展相映成辉的是，中国特色社会主义制度逐渐形成并持续完善，国家（社会）治理的理念策略、政策制度与体制机制等不断革新和健全，治理能力和治理水平不断提高，制度优势不断转换为治理效能，人民群众的获得感、幸福感和安全感不断提升。应当说，在经济社会获得高速度、高质量发展的前提下，把制度建设和治理能力建设摆到更加突出的位置，破解制约进一步发展的深层次体制机制问题具有历史必然性和时代紧迫性。

毋庸置疑，犯罪是和平年代扰乱社会秩序、妨害经济发展、破坏政治制度最严重的危害行为，是制约经济社会持续发展的最大障碍，是影响我国社会稳定的重要因素，其对经济社会的破坏既体现在物质利益直接减少的显性损失，还表现为毒害人民思想、主张歪风邪气等潜在危害。有鉴犯罪问题解决不好必将影响和阻碍经济社会发展，甚至引发社会动荡和倒退，现代国家治理的重要任务是通过建构和完善犯罪反应体系，加强和创新犯罪治理机制，将犯罪始终控制在经济社会可以容忍的范围内，防止犯罪成为经济社会发展道路上的“拦路虎”“绊脚石”。而犯罪治理效果取决于各类犯罪反应机制体系的组合结构以及作用发挥状况，并最终取决于刑事治理体系和治理能力的现代化水平。在犯罪反应机制体系中，民事机制、行政机制、道德机制、教育价值乃至宗教机制等都在不同程度上发挥着控制犯罪的客观效果，但这些非刑事机制并不以控制犯罪为专门或直接目标，其内在之治理犯罪效果仅具有间接性，同时非刑事机制犯罪治理效能的释放依赖于处于后盾地位的刑事机制，由具有较强外在强制力的刑事机制客观上维持并保障非刑事机制的实际运行。正是在此种意义上，刑事治理现代化可谓为新时代国家治理现代化以及经济社会现代化夯实基础、筑牢底线。

（二）推进刑事治理现代化是适应社会主要矛盾变迁的内在需要

党的十九大报告明确指出：“中国特色社会主义进入新时代，我国社会主要矛盾已经转化为人民日益增长的美好生活需要和不平衡不充分的发展之间的矛盾。”[①] 这是以习近平同志为核心的党中央立足我国经济社会发展的客观现实对我国社会主要矛盾新内涵、新特征作出的最根本判断，自此存续近半个世纪之久的“人民群众日益增长的物质文化需要与落后的社会生产之间的矛盾”的提法正式退出历史舞台。鉴于社会主要矛盾在社会基本矛盾中居于支配地位、起着主要作用的矛盾，新时代社会主要矛盾的变迁对我国经济社会发展的影响必然是全方位、多维度和深层次的，既要求继续深化供给侧结构性改革，不断提高我国社会生产力发展水平“做大蛋糕”，创造更多的物质财富，又要求不断深化体制机制改革“分好蛋糕”，确保社会公平和正义，推动人的全面发展和社会的全面进步，被认为“无论从理论到实践，都将对我们今后进行伟大斗争、建设伟大工程、

---

① 习近平：《决胜全面建成小康社会　夺取新时代中国特色社会主义伟大胜利》，《人民日报》2017年10月28日第1版。

推进伟大事业、实现伟大梦想产生重大影响”。[①]

当前社会主要矛盾的两端分别实现由“人民日益增长的物质文化需要”到“人民日益增长的美好生活需要”、由“落后的社会生产”到“不平衡不充分的发展”的转变和升华，并将“不平衡不充分的发展”作为经济社会“更加突出的问题”，是“满足人民日益增长的美好生活需要的主要制约因素”。推进刑事治理体系和治理能力现代化是适应社会主要矛盾变迁新形势的重要表现，也是社会主要矛盾变迁对刑事治理提出的基本要求，还是“人们日益增长的美好生活需要”的有机组成。较之于“物质文化需要”，“美好生活需要”的内涵更丰富、范围更广泛、层次更多元，是在对物质文化生活提出更高要求的基础上，又特别将民主、法治、公平、正义、安全、环境等多方面的需求纳入其中。而刑事治理直接针对的对象是对“美好生活”不同侧面进行严重侵害的犯罪行为，旨在通过有效减少、预防和控制犯罪，实现对人全面而自由交往和发展所需要之各类法益的强有力保护，并集中表现为保障安全和实现正义两方面。

具体而言，随着中国逐渐步入风险社会，各类传统风险和新兴风险、内生风险与输入风险相互交织、共存于社会，给人民群众的正常生活带来巨大的“不安全感”“不稳定感”，加之现代社会科学技术日新月异，人们生活水平不断提高，在物质生活得到极大满足的基础上，人们总会产生对安全甚至安全感更为强烈的需要，更希望国家能够通过各种制度性安排带来秩序和安宁，而带有鲜明强制色彩的刑事治理机制恰恰满足了人们的这一需求。“从法律起源的真正原因与合理存在的理由来看，任何一种法律制度都源于人类安全感的需要。而作为全部法律制度中最古老的刑罚制度，其产生的真正原因与存在的合理性当然更是如此。如果说‘安全需要’‘安全感’是就社会个体的感受而言的话，那么，这种个体的安全需要和安全感外化为社会的存在，那就是社会的‘公共安全秩序’了。”[②] 如果说对保障安全的追求是刑事治理的直接目标，对正义的最大限度实现毋

① 李慎明：《正确认识中国特色社会主义新时代社会主要矛盾》，《红旗文稿》2018 年第 5 期。

② 岳臣忠：《刑法之重》，四川大学出版社 2017 年版，第 27 页。

宁为刑事治理的深层价值和终极目标。正如保罗·罗宾逊教授所言，“公平正义理念之所以在刑法中显得尤为重要，是因为刑法体系中的成本、责任及价值是最高的。如果一个杀害他人的行为人没有被追究故意杀人罪的刑事责任，则会引发众怒，是因为这种不公正的案件处理结果会向潜在的犯罪人释放杀人无需畏惧的错误信号，但更大程度上是因为实施罪错行为的人没有得到应当的惩罚”。[①] 犯罪通过侵害人类和平且安全生活所需的各种利益最终损及利益背后的永存的正义价值，刑事机制对犯罪的合理控制和对犯罪人的精准惩罚则在保护法益的同时，维护并实现了被犯罪所侵损的正义价值，从而满足社会公众对社会正义价值的需求。

（三）推进刑事治理现代化是我国刑事治理实践变迁的经验凝结

刑事治理能力现代化是中国特色社会主义现代化事业的有机组成部分，新中国七十多年发展史也是刑事治理能力现代化的变迁史。自中华人民共和国成立始，刑事治理能力现代化的命运就始终与共和国的命运紧密联系在一起，受彼时不同历史阶段内外主客观因素的综合制约，新中国刑事治理能力现代化建设并非一帆风顺、径情直遂，而是在经受严重萧条、停滞，甚至倒退后，才踏上复苏繁荣、巩固提升并迈向成熟的发展大道，呈现出新事物发展固有的曲折式前进、螺旋式上升态势，并最终实现刑事治理能力现代化建设的自觉与自信。

综合我国刑事治理能力现代化七十余年建设实践和变迁轨迹来看，在中国共产党的正确领导下，准确把握刑事治理的内在规律，摆正刑事政策（治）与刑事法律的关系，深入推进刑事治理现代化建设，具有历史的必然性。中华人民共和国成立初期，尽管未能在第一时间制定一部刑法典以及在镇压反革命过程中也存在“左”或右的偏差，我国刑事治理能力现代化建设依然获得一个值得欣喜的开局。刑法/刑罚惩治敌对势力、维护社会稳定的功能被国家决策层充分认可并推广，以中央有关政策文件及单行刑法为依据与指引的刑事司法实践得到顺利开展，刑事司法实践的偏误也

---

① ［美］保罗·罗宾逊、迈克·卡希尔：《失义的刑法》，谢杰等译，上海人民出版社2018年版，第1页。

总能被中央政策及时发现并纠正，从而在尽可能短的时间内肃清境内顽固敌特势力，恢复并重塑社会主义新中国的法治秩序和社会安定。然而，从1957年下半年开始，因受“左”的错误影响日益严重，不适当地强调“以阶级斗争为纲”，党和国家领导人对国内社会主要矛盾以及如何建设社会主义等重大议题作出系列错误估计，发动名目繁多的群众性政治运动，无政府主义、法律虚无主义思潮泛滥，严重冲击刑事治理能力现代化建设的进程。党的十一届三中全会拨乱反正以来，新中国步入改革开放和社会主义现代化建设的正轨，包括法治事业在内的各项社会主义事业逐渐恢复并取得长足发展，刑事治理能力现代化成功步入恢复提升时期。这一时期，刑法典的制定与完善、其他单行刑法或附属刑法的出台为刑事治理供给了相对充足的规范依据，刑事治理不再是依靠政策推动的“政策主导型治理模式”，而进化为法律（刑法）与政策并重、法律（刑法）为政策划定外部边界的“刑法与政策双轨型治理模式”。然而，因受社会急剧转型过程中积累的旧矛盾与滋生的新问题的影响，我国犯罪形势整体上相对严峻，犯罪数量总体水平呈上升趋势，犯罪高涨对经济社会发展及人民群众利益的侵蚀势必催生人民对自由与安全的渴求，形成严厉打击、预防和治理犯罪的需要。有鉴于此，我国分别于1983年、1996年、2001年在全国范围内统一开展“严打”专项斗争，从重、从快严厉打击不同时期、不同领域的刑事犯罪。考虑到“短平快”式的“严打”政策与运动缺乏长期性、可持续性的犯罪治理效应，不能根本地实现维护社会治安、保障社会秩序的初衷，同时内含不可忽视的侵犯人权危险，我国相继提出“社会治安综合治理”“宽严相济”刑事政策，要求树立相对主义犯罪观、科学主义犯罪观，立足不同类型犯罪的特点，综合运用多种犯罪防控措施，破除单纯依赖刑罚防控犯罪的刑罚万能主义迷思，匡正“严打”政策“惩办有余、宽大不足”的偏误，摒弃过往强调不惜一切代价遏制犯罪、“除恶务尽”的理想主义目标，实现有效控制犯罪、科学治理犯罪的刑事政策目的。2013年11月，党的十八届三中全会正式将“推进国家治理体系和治理能力现代化”作为全面深化改革的总目标之一，明确提出“创新社会治理体制、提高社会治理水平”。在国家治理现代化建设的新时代视阈中，我国刑事治理逐渐培育形成保障人权与保护社会兼容并蓄、和谐共生的治理理念，建构起在自由与秩序之间寻求更高层次平衡的刑事政策目标，继续完善、充实刑事治理的法律规范体系，深入推进司法体制改革，增进刑事司法实效。最终在惩罚犯罪、保护社会、保障人权的良性互动中，准确把握刑事治理规律，科学厘清刑事治理的性质、任务和目标，建构多元合理的治理主体、治理依据和治理方式，稳步提升刑事治理现代化水平。①

（四）推进刑事治理现代化是应对日渐严峻犯罪形势的必然选择

晚近以来，党和国家全方位落实全面深化改革的各项战略部署，全面推进依法治国和加强、创新社会治理，刑事政策、刑事立法、刑事司法协调推进，扫黑除恶专项斗争、治爆缉枪专项行动、保护企业家合法权益专项工作、打击非法集资专项活动以及打击惩治毒品犯罪、网络犯罪、职务犯罪、环境污染犯罪、食品药品犯罪等工作得到有序开展，我国刑事治理实践不断取得阶段性成果，刑事治理内在之预防和控制犯罪价值得到进一步释放，整个社会的治安形势和人民群众的安全感得到明显改善。然而，不同时期的犯罪有不同时期的表现形式，对刑事治理体系和治理能力的要求也有所区别，必须要持续推进刑事治理现代化建设以有效应对不断变迁的犯罪形势。

根据靳高风教授团队对我国晚近犯罪形势的分析，当前全国公安机关刑事案件立案数有所下降，严重暴力犯罪数量和多发性传统“盗抢骗”犯罪持续减少，但极端暴力事件和危害公共安全事件频发，传统犯罪的犯罪形式和手段通过互联网不断翻新，电信网络诈骗案件增多，新兴的“互联网+”行业成为犯罪新发的领域或“重灾区”。黑恶势力活动从传统行业向“套路贷”“互联网+”“共享经济”“网络自媒体”等新兴领域延伸拓展，组织松散化、手段“软暴力”趋势明显，非法集资、网络传销等涉众经济犯罪严重扰乱经济秩序，“食药环”犯罪、未成年人暴力犯罪等社会关注度较高，“大老虎”的“通病”和“微腐败”群体持续显现，毒品犯

---

① 高铭暄、曹波：《新中国刑事治理能力现代化之路——致敬中华人民共和国七十华诞》，《法治研究》2019年第6期。

罪出现了新特点，迷惑性强的新型毒品不断出现，制毒呈现地点转移的特点。[①] 由此可见，当前全国范围内的犯罪形势仍不容乐观，并且呈现出与传统犯罪不同的新形势、新特征，传统应对犯罪形势的机制体制也出现不同程度的不适应性，亟须继续加强并创新刑事治理体系、提高刑事治理能力予以有效治理。

三　新时代推进刑事治理现代化的具体路径

2009 年诺贝尔经济学奖获得者、“新制度经济学”的命名者奥利弗·威廉姆森教授曾提出，“治理是一种用来估计组织之备择模式效率的实践。其目的在于通过治理机制实现良序。……治理正是秩序得以完成的手段。具体而言，潜在冲突时刻存在要破坏或者扰乱实现相依收益的机会，在这样的关系中，通过治理这一手段，秩序得以完成”。[②] 党的十九届四中全会部署新时代推进国家治理现代化时强调，“着力固根基、扬优势、补短板、强弱项，构建系统完备、科学规范、运行有效的制度体系，加强系统治理、依法治理、综合治理、源头治理，把我国制度优势更好转化为国家治理效能。”据此，新时代推进刑事治理现代化也需要根据治理犯罪的新形势和新要求，加强“四个治理”，不断创新刑事治理体系，提升刑事治理能力，增进刑事治理效能，实现“良序”的治理目标。

（一）加强系统治理，调动社会多元主体参与刑事治理

“提高国家治理能力并不是单纯强调国家加强凭借其暴力垄断地位所拥有的控制能力，而是要通过改革国家内部的治理结构，提高国家对市场和公民社会的监管能力，并且通过放权和分权等来调整国家与市场、社会

---

① 靳高风、守佳丽、林晞楠：《中国犯罪形势分析与预测（2018—2019）》，《中国人民公安大学学报》（社会科学版）2019 年第 3 期；靳高风、朱双洋、林晞楠：《中国犯罪形势分析与预测（2017—2018）》，《中国人民公安大学学报》（社会科学版）2018 年第 2 期。

② ［美］奥利弗·E. 威廉姆森：《治理机制》，石烁译，机械工业出版社 2016 年版，第 11 页。

的关系，使它们形成合作互补关系。”[①] 刑事治理现代化是一项浩大的系统工程，其所直接针对的对象是散布于社会各领域的各类型犯罪，而国家（政府）虽然在刑事治理中发挥着主导作用，但受各类治理资源的限制，其作用注定是有限的，需要坚持群众路线，拓宽社会公众参与刑事治理的渠道和机制，积极调动社会多元主体参与刑事治理，建构专群结合、层次多样、形式多元的群防群治网络。

当前，社会多元主体参与刑事治理的形式具有多样性，例如，扫黑除恶专项斗争中大量运用的征集案件线索机制，北京地区涌现出的检举违法犯罪、参与破获多起明星吸毒等大案的“朝阳群众”，都是刑事司法领域鼓励和发动人民群众参与刑事治理的重要表现。“治理、善治理论、社会资本理论、参与型政治文化理论以及党的群众路线理论等均为公众参与犯罪治理过程提供了强有力的理论上的支持。”[②] 事实上，刑事治理领域的综合治理还更多地体现为刑事治理规范性文件对民主立法原则的坚持与贯彻。例如，《刑法修正案（九）》的研拟和制定就比较好地吸收社会公众的参与。《刑法修正案（九）》的起草工作从 2012 年开始酝酿，经过调整研究拟制方案、写出送审的草案稿之后，正式进入立法程序。2014 年 10 月 27 日，十二届全国人大常委会第十一次会议对《刑法修正案（九）》（草案）进行了第一次审议，并于 11 月在“全国人大网”上将一次审议稿共 47 条全文公布，以向社会公众征求意见。据了解反馈意见总共 5 万多条。其后就根据各方面的意见进行梳理研究，择善而从，改出二次审议稿进行审议，并再次在“全国人大网”上全文公布，向社会公众征求意见。这次反馈意见有 11 万多条，说明公众参与立法的热情很高。立法工作机关对这些意见再次进行梳理研究，反复斟酌，从而修改出三次审议稿（共 52 条）。此外，刑事司法解释等规范性法律文件的起草或出台也会组织专家学者进行多轮次的专业论证，注重吸收专家学者的专业意见。应当承认，刑事治理规范性文件的制定坚持民主立法的原则，秉承“开门立法”的思路，积极吸收社会公众或专家学者的广泛参与，倾听民声、汇集民智、凝

① 杨雪冬：《国家治理的逻辑》，社会科学文献出版社 2019 年版，第 28 页。

② 汪明亮：《公众参与犯罪治理之市场化途径》，复旦大学出版社 2018 年版，第 206 页。

聚民心，将极大地提升相关规范性文件的质量、增强规范性文件的科学性和可操作性。

（二）加强依法治理，防止刑事治理偏离法治轨道运行

一般认为，依法治国与国家治理是相互作用、相辅相成的关系。推进国家治理体系和治理能力现代化，核心是要推进国家治理法治化，而依法治国是推进国家治理现代化的重要内容和主要途径，对实现国家治理现代化具有引领、规范、促进和保障等重要作用。① 就主要内容而言，刑事治理既属于依法治国的内容，又可归入国家治理的范畴，是横跨依法治国和国家治理的领域，新时代推进刑事治理现代化是全面依法治国和国家治理现代化的共同要求。考虑到刑事治理机制实质上是国家刑罚权的实际运行，不可避免带有强烈的干涉性和强制性，极易不当侵损公民权利，因此必须始终保持刑事治理机制运行于法治轨道，既要保证作为刑事治理依据的规范性法律文件经得起法治原则的检验，又要保证刑事治理依据在实践中的实际运行经得起法治原则的检验，警惕并防止任何有可能偏离法治轨道的刑事治理。

考虑到刑事治理依据的实践运行属于规则施行范畴，牵涉面广，需要多方协力，以下仅就刑事治理依据的制定所可能存在与法治原则抵触的两点进行展开：一是慎重适用司法犯罪化的方式将社会中的危害行为纳入刑法规制范围。所谓司法犯罪化，是指刑法在具体适用时，将当前刑法未作犯罪规制的行为，借助司法解释或司法习惯将其作为犯罪进而规制。② 例如，2019 年 10 月 21 日，最高人民法院、最高人民检察院、公安部、司法部联合发布的《关于办理非法放贷刑事案件若干问题的意见》；③ 2020 年 2 月 6 日，最高人民法院、最高人民检察院、公安部、司法部联合发布《关

---

① 李林：《依法治国与推进国家治理现代化》，《法学研究》2014 年第 5 期。

② 张明楷：《司法上的犯罪化与非犯罪化》，《法学家》2008 年第 4 期。

③ 《关于办理非法放贷刑事案件若干问题的意见》第一条规定："违反国家规定，未经监管部门批准，或者超越经营范围，以营利为目的，经常性地向社会不特定对象发放贷款，扰乱金融市场秩序，情节严重的，依照刑法第二百二十五条第（四）项的规定，以非法经营罪定罪处罚。"

于依法惩治妨害新型冠状病毒感染肺炎疫情防控违法犯罪的意见》①分别将原本不属于非法经营罪规制范围的“职业非法放贷”“囤积居奇，哄抬物价，牟取暴利的行为”通过司法犯罪化的方式纳入非法经营罪的惩罚范围。应当说，司法犯罪化可以在相当程度上缓和刑法立法稳定性与社会变迁之间的紧张与矛盾，能够在保持刑法稳定性的同时又适应社会情势的变迁，同时也有助于充分运用刑法惩治严重扰乱社会秩序、侵害法益的行为，从而有力地维护社会安定、安全和安宁，但司法犯罪化往往借助兜底性条款或者兜底性罪名将某种行为实质上纳入犯罪圈，这虽然在文义解释上不存在质疑，但却有可能与该兜底性条款或者兜底性罪名所保护的法益种类存在隔阂，因而必须慎重。

二是地方司法机关应当坚决避免在刑事治理过程中制定或出台“司法解释性文件”。根据我国立法法的规定，人民法院在审判工作中具体应用法律的问题，由最高人民法院作出解释；人民检察院在检察工作中具体应用法律的问题，由最高人民检察院作出解释；地方人民法院、人民检察院一律不得制定司法解释。2012 年 1 月 18 日，最高人民法院、最高人民检察院专门发布《关于地方人民法院、人民检察院不得制定司法解释性质文件的通知》强调，“自本通知下发之日起，地方人民法院、人民检察院一律不得制定在本辖区普遍适用的、涉及具体应用法律问题的‘指导意见’、‘规定’等司法解释性质文件，制定的其他规范性文件不得在法律文书中援引”，要求“地方人民法院、人民检察院对于制定的带有司法解释性质的文件，应当自行清理。凡是与法律、法规及司法解释的规定相抵触以及不适应经济社会发展要求的司法解释性质文件，应当予以废止”。然而，从现实刑事治理实践来看，这一规定屡屡遭受挑战，基本未得到遵守，地方司法机关制定司法解释性文件不仅长期而且大量存在。正如周光权教授所言，“对地方人民法院、人民检察院制定‘司法解释性规范文件’的做

① 《关于依法惩治妨害新型冠状病毒感染肺炎疫情防控违法犯罪的意见》明确规定，“在疫情防控期间，违反国家有关市场经营、价格管理等规定，囤积居奇，哄抬疫情防控急需的口罩、护目镜、防护服、消毒液等防护用品、药品或者其他涉及民生的物品价格，牟取暴利，违法所得数额较大或者有其他严重情节，严重扰乱市场秩序的，依照刑法第二百二十五条第四项的规定，以非法经营罪定罪处罚。”

法，要坚决予以反对，至少要持一种抵制的态度。……地方司法机关不能越界制定实质为司法解释的任何文件。对于参与制定以及执行这种文件的行为性质，如果说得重一点儿就是在挑战法治的底线”。①

（三）加强综合治理，建构多元立体犯罪反应机制体系

推进刑事治理现代化之综合治理路径，是指在党和政府的统一领导下，动员和组织全社会各方面的力量，建构多元立体犯罪反应机制体系，运用各种刑事治理手段，以预防、控制和减少犯罪的方案和措施。在刑事治理现代化路径的“四个治理”中，系统治理主要是指刑事治理参与主体的多元性，而综合治理则是指刑事治理的具体方法与措施等维度的多元性，即针对犯罪的不同层次、不同情况，综合运用政治的、经济的、思想的、文化的、教育的、行政的、法律的、道德的、实体的、程序的等正式或非正式的犯罪反应机制进行刑事治理，强调根据不同类型犯罪生成的因素及致罪机制的差异，有选择地组织相应的犯罪反应机制，致力于消除犯罪因素或者阻断致罪机制作用流程，以追求犯罪治理最佳的实际效果为旨归。

新中国刑事治理实践长期坚持通过立体化社会治安防控体系应对日渐严峻的违法犯罪形势，以提升国家刑事治理能力和治理水平。2001 年中央正式提出建设社会治安防控体系后，各地以公安机关为主导，加强治安防控体系建设。2009 年，公安部提出要全面加强社区防控网、街面防控网、视频监控网、单位内部防控网、区域警务协作网和“虚拟社会”防控网等“六张网”建设，积极构建点线面结合，人防、物防、技防结合，打防管控结合，网上网下结合的社会治安防控网络，努力实现对动态社会的全天候、全方位、无缝隙、立体化覆盖。为有效应对影响社会安全稳定的突出问题，创新立体化社会治安防控体系，依法严密防范和惩治各类违法犯罪活动，全面推进平安中国建设，中共中央办公厅和国务院办公厅于 2015 年 4 月下发《关于加强社会治安防控体系建设的意见》要求，加强社会面治安防控网建设、加强重点行业治安防控网建设、加强乡镇（街道）和村

① 周光权：《刑法学习定律》，北京大学出版社 2019 年版，第 242—243 页。

（社区）治安防控网建设、加强机关、企事业单位内部安全防控网建设、加强信息网络防控网建设、加强信息资源互通共享和深度应用、加快公共安全视频监控系统建设。此外，该《意见》还明确强调，“强化信息资源深度整合应用，充分运用现代信息技术，增强主动预防和打击犯罪的能力。将社会治安防控信息化纳入智慧城市建设总体规划，充分运用新一代互联网、物联网、大数据、云计算和智能传感、遥感、卫星定位、地理信息系统等技术，创新社会治安防控手段，提升公共安全管理数字化、网络化、智能化水平，打造一批有机融合的示范工程。”本文认为，立体化社会治安防控体系是多元立体化犯罪反应机制体系的“缩影”和重要组成，立体化社会治安防控体系建设的重要举措同样可以适用于多元立体化犯罪反应机制体系，以丰富我国刑事领域综合治理的措施，并提升我国刑事治理现代化水平。

（四）加强源头治理，避免社会矛盾风险演化为犯罪

犯罪是特定社会矛盾和风险客观现实化或者外在化的表现，是从日常社会矛盾逐渐演变成威胁刑法所保护法益的抽象危险，再由抽象危险发展成程度更深、危害更急的具体危险，并最终客观现实化为侵害法益的实害结果。任何犯罪的发生都有一定的根源，是特定根源在外部因素的综合作用下共同作用的结果，刑事治理对犯罪的防治必须坚持标本兼治、重在治本，要么将治理的锋芒直接指向犯罪发生的根源，从根本上弱化甚至消除滋生犯罪的根源与隐患，要么通过设置危险性以及抽象危险犯的方式将刑事机制治理犯罪的防线适当前移，阻断日常社会矛盾向危险犯最终向实害犯恶化或演变的流程，从而使犯罪对社会的危害始终被控制在相对轻微的范围内。

当前，我国全面深化改革逐渐步入深水期、攻坚期，这既是经济社会获得发展的重要战略机遇期，也是社会中各种矛盾、各类压力积聚，滋生各类违法犯罪的风险期。新时代推进刑事治理现代化必须直面社会中存在的各类矛盾和压力，通过建立健全社会矛盾或压力的疏通和排解机制，尽可能将社会矛盾或压力排解于萌芽状态。据此，刑事治理现代化建设不能将视野局限于既成犯罪的惩治或者预防上，而必须将刑事治理的着力点相应地置于犯罪产生的根源上。例如，当前正如火如荼开展的扫黑除恶专项斗争就要求通过有力打击震慑黑恶势力犯罪，形成压倒性优势，又要构建长效机制，有效铲除黑恶势力滋生土壤，强化对黑恶势力犯罪的源头治理。就刑事治理现代化之源头治理而言，新时代“枫桥经验”无疑具有特别重要的参考借鉴价值。新时代“枫桥经验”强调畅通和规范群众诉求表达、利益协调、权益保障通道，健全信访制度，完善人民调解、行政调解、司法调解“三大调解”联动工作体系，健全社会心理服务体系和危机干预机制，完善社会矛盾纠纷多元预防调处化解综合机制，努力将矛盾化解在基层。事实上，早在 2013 年底，习近平总书记就曾指示要求学习“枫桥经验”，进行社会治理创新。2014 年 1 月，习近平总书记在中央政法工作会议上再次在讲话中要求各地各部门学习落实“枫桥经验”。“枫桥经验”作为一个地方性经验，在很多方面很好地体现了当代中国社会治理创新的基本精神内涵，是新时期进行社会治理体制创新的一个样本，为刑事治理现代化建设提供了弥足珍贵的着力路径。

（高铭暄，中国人民大学荣誉一级教授，北京师范大学刑事法律科学研究院名誉院长，中国刑法学研究会名誉会长；傅跃建，浙江省金华市人民警察学校教授。本文原载于《上海政法学院学报》2020 年第 4 期，收入本书时略有删改。）

我国行政拘留纳入刑法体系构想

刘仁文

当下的中国刑法学研究一方面在司法论领域空前活跃，另一方面又在立法论领域迎来新一波的活跃期。“由于‘立法时代’的到来，长期关闭在解释论里的刑法学者，再次将目光转向了立法论。”① 本文要关注的正是一个立法论的问题，即从剥夺人身自由的行政拘留应作为一种刑罚的角度来反思我国刑法结构的调整。本文要论证和解决的主要问题有三个：一是虽然目前行政拘留从表面上看不存在迫切的合法性和正当性危机，但是，从提升我国在行政拘留方面的法治化水平来看，有关行政拘留的权力配置确实需要改革。二是行政拘留入刑是对行政拘留司法化改造的最理想路径，反对行政拘留入刑的主张有因噎废食或似是而非之嫌。三是我们应当通过完善相关配套制度来消除行政拘留入刑所可能带来的副作用，这在近年来犯罪圈持续扩大的背景下显得越加必要。

一 通过司法裁决剥夺人身自由的必要性

我国行政拘留存在的主要问题是，行政拘留作为一种剥夺他人人身自由的处罚措施，并不是通过司法裁决的方式作出决定，而是由公安机关直接决定，这种缺乏有效监督制约的机制既不利于保障被处罚者的权益和维护司法公正，也与有关国际人权公约的要求和国际社会的通行做法不

① ［日］松原芳博：《刑事违法性と法益论の现在》，《法律时报》2016 年第 7 号，第 25 页。转引自张明楷《法益保护与比例原则》，《中国社会科学》2017 年第 7 期。

一致。

首先，剥夺他人人身自由要通过司法裁决作出决定，这是保障被处罚者权益的需要。我国行政拘留的决定权由公安机关行使，这越来越不适应我国日益发展的法治需求侧对人权保障的需求。现行行政拘留制度的最大问题就是公安机关既当运动员（案件调查者），又当裁判员（案件裁判者），该问题违反了正当程序原则所包含的“任何人不得做自己案件的法官”之要求。该程序上的缺陷其实与过去的劳动教养的程序缺陷一样。相应地，行政拘留制度同样具有劳动教养制度所存在的弊端，比如，缺乏公开的庭审程序，缺乏律师的及时介入，被处罚者缺乏有效的救济手段，等等。这些弊端使得行政拘留的决定程序不透明，被处罚者在很大程度上沦为客体，其主体地位并没有得到应有的尊重，其陈述权、质证权和辩护权等也没能得到有效保障，整个决定过程近似于行政审批。尽管我们不能因此认为，由公安机关来决定行政拘留就一定会导致不公正的结果，但是，毋庸置疑的是，这种制度设计因为缺乏有效的监督和制约，因此，已被实践证明它是不够慎重的，而且不可避免地影响到当事人对公平正义的感受，不利于实现习近平总书记强调的“努力让人民群众在每一个司法案件中感受到公平正义”。另外，人身自由权属于公民最基本的权利，一个人一旦失去了人身自由，将直接导致其他权利无法得到有效行使，并且，人身自由权不同于财产权，若被错误处罚，事后很难得到弥补。《治安管理处罚法》中有诸多关于选择适用警告、罚款、行政拘留的表述，但现实情况是，公安机关对行政拘留的适用远远多于对警告、罚款的适用，因为当面对繁重的工作任务时，通过对比“成本与效益”，基层办案机关更喜欢适用行政拘留。[①] 值得注意的是，在过去，行政拘留仅被规定于《治安管理处罚法》中，但现今，行政拘留已被扩展规定到《环境保护法》《食品安全法》《药品管理法》《消防法》《网络安全法》等众多的法律中，行政拘留的适用范围越来越大，早已从治安领域扩展到社会管理的其他方面。对涉及领域如此广、涉及人数如此多的一种事关人身自由的制度，我们不

① 王景平：《完善我国治安管理处罚体系的思考》，《山东警察学院学报》2019 年第 6 期。该文的作者简介显示作者的工作单位为北京市公安局朝阳分局。

可不密切关注其运行效果。

其次，剥夺人身自由要通过司法裁决作出决定，这是从体制机制上维护司法公正的需要。新一轮的司法体制改革特别强调通过“建立健全科学合理、规范有序的司法权力运行机制”来“推进公正司法”“加强司法公信建设”。在司法裁决权之外另行保留公安机关的行政拘留权，从实践情况来看，不利于司法体制改革目标的实现。例如，有学者就批评我国刑事司法中以行政拘留替代刑事拘留的做法。刑事拘留有严格的程序和适用条件要求，而行政拘留对适用条件、程序以及证据要求则较为宽松，其简便易行，而且与刑事拘留相比，行政拘留的对象被关押在拘留所，公安人员在询问被行政拘留的对象时，既无辩护律师介入，也不受同步录音录像规定的限制，询问的时间、方式、场所均不受《刑事诉讼法》规定的询问规则的约束，也不受检察机关监所检察室的监督。① 于是，一些公安机关往往乐于先适用行政拘留，然后进行证据收集，待案情基本查清后再将行政案件转为刑事案件立案，甚至将程度反复回流到行政治安处罚程序，待案件的所有关键事实调查清楚后再将这些调查结果合法化为刑事证据。这样的操作很可能会产生虚置非法证据排除规则、规避侦查期限的规定等问题。② 行政拘留属于一种实体处罚，刑事拘留则属于一种刑事强制措施，针对同一行为，公安机关不能混用二者，但现在公安侦查机关先使用手中的行政拘留权来应对刑事案件的做法颇为常见，有时甚至将行政拘留作为一种回应民意的应急措施。众所周知，对于刑事拘留等审前羁押措施，《刑法》有“羁押一日折抵刑期一日”的规定，但该规定的适用范围显然不包括行政拘留，所以公安机关在刑事案件中这样优先适用行政拘留，难免会遭受公正性的诘问。另外，我国的《治安管理处罚法》对很多适用行政拘留的情况都设置了情节严重（情节恶劣、情节较重）的标准，用以区分行政拘留的不同档次，或者用以划分行政拘留与其他治安管理处罚种类的界限。然而，按照《刑法》的规定，只有对相对犯罪而言情节较轻或者情节不严重的违法行为才适用行政拘留，法律规定的模糊性赋予了公安机

① 敦宁：《论行政拘留入刑》，《内蒙古社会科学》（汉文版）2015 年第 1 期。

② 张泽涛：《论公安侦查权与行政权的衔接》，《中国社会科学》2019 年第 10 期。

关过大的自由裁量权，导致实践中《治安管理处罚法》和《刑法》在不同地区、不同时间的适用情况不同，给统一执法和公正司法造成很大困扰。

再次，剥夺人身自由要通过司法裁决作出决定，还是有关国际人权公约的要求和域外的通行做法。联合国《公民权利与政治权利国际公约》第9条第1款规定："任何人不得加以任意逮捕或拘禁。除非依照法律所确定的根据和程序，任何人不得被剥夺自由。"对此，联合国人权事务委员会曾特别指出，本款适用于对人身自由各种形式的剥夺，无论是刑事案件或者其他案件。① 这里的"依照法律所确定的根据和程序"是指"任何受影响的人有权根据《公民权利与政治权利国际公约》第14条的规定，由一个依法设立的合格的、独立的和无偏倚的法庭来裁判"。② 值得注意的是，根据联合国任意拘留问题工作组的意见，拘留他人的权力即使是由国内法授予的，但仍然会具有任意性，因此，"任意"概念不能和"违法"概念画等号，我们必须对"任意"概念给予更广泛的解释，其可能包含不适当、不正当或缺乏合理性、缺乏正当法律程序等因素。正如国际人权法学者诺瓦克所指出："人身自由的基本权利的奋斗理想并不是完全废除剥夺自由的国家措施；更确切地说，它仅仅代表一种程序性保障。人们不赞成的并不是剥夺自由本身，而是任意地和非法地剥夺。它使国家立法机关有义务准确地界定剥夺自由的情况和应该适用的程序，并使独立的司法机关有可能在行政机关或执行公务人员任意或非法剥夺自由时采取迅速的行动。"③ 我国的行政拘留虽然于法有据，在"违法性"这个问题上不存在"任意"的问题，但是，因在"正当法律程序"上欠缺司法裁决程序而被质疑。早在1998年，我国就签署了《公民权利与政治权利国际公约》，虽然至今还没有批准该公约，但是，按照国际法上"公约必须履行"的原则，在公约被批准之前，我国的国内法就需要与公约的相关规定保持协调。

---

① 陈泽宪主编：《犯罪定义与刑事法治》，中国社会科学出版社2008年版，第182页。

② 陈泽宪主编：《犯罪定义与刑事法治》，中国社会科学出版社2008年版，第184页。

③ ［奥］曼弗雷德·诺瓦克：《民权公约评注——联合国〈公民权利和政治权利国际公约〉》（上），毕小青等译，生活·读书·新知三联书店2003年版，第159—160页。此处的《公民权利和政治权利国际公约》与前述的《公民权利与政治权利国际公约》系同一部公约。

二　我国行政拘留司法化的路径选择

在论证了剥夺人身自由的处罚措施应当被司法化这一命题之后，接下来需要讨论的命题是我国行政拘留司法化的具体路径。对此命题，即便在主张我国行政拘留应当司法化的学者中，也存在不同的见解。

一种观点认为，行政拘留的司法化可以继续在行政法体系中进行，由公安机关直接向人民法院提出申请，由人民法院作出裁决。持此种观点的主要理由是，《公民权利与政治权利国际公约》只要求，有关剥夺人身自由的处罚需要由一个依法设立的合格的、独立的和无偏倚的法庭来作出裁判，并没有要求法庭的性质必须是刑事法庭。① 我国刑法没有设置前科消灭制度，从表面上看，将治安拘留纳入刑法体系是保障了被处罚者的权利，实际上却使被处罚者背上有前科这一沉重枷锁，而通过“将行政拘留纳入行政法体系”来实现行政拘留的司法化，即行政机关将拟予以行政拘留处罚的案件直接提交给法院的行政庭，被处罚者有权聘请律师，由法院通过公开庭审的方式作出最终裁决，双方当事人有权提起上诉，这一方案的涉及面小，修法成本低，更具有可操作性。② 另一种观点则认为，应当效法多数国家和地区的做法，即将行政拘留纳入刑法体系来实现对行政拘留的司法化改造。比如，有论者指出，我们应当将以剥夺人身自由为内容的惩罚类型全部纳入《刑法》，并以应否剥夺人身自由作为划分《刑法》与有规定惩罚内容的行政法各自调整范围的标准。③ 另有论者指出，应当将行政拘留合并在拘役刑之中，并在此基础上重新划分犯罪行为与行政违法行为的范围。④

通过何种路径实现行政拘留的司法化，这固然需要从实然层面考虑我国当前的实际情况，但是，更应当站在国家治理体系和治理能力现代化的

---

① 李洪雷：《我国行政拘禁制度改革应遵循的基本原则》，刘仁文主编《废止劳教后的刑法结构完善》，社会科学文献出版社 2015 年版，第 358—369 页。

② 王恩海：《治安拘留纳入刑法体系须慎重》，《上海法治报》2019 年 8 月 28 日第 B06 版。

③ 时延安：《犯罪化与惩罚体系的完善》，《中国社会科学》2018 年第 10 期。

④ 敦宁：《论行政拘留入刑》，《内蒙古社会科学》（汉文版）2015 年第 1 期。

高度来谋篇布局，从应然层面把准制度变革的方向。笔者认为，将行政拘留纳入刑法体系是实现行政拘留司法化最为科学合理的方案，并且反对者所担心的相关难题也都能得到相应的解决。

首先，将行政拘留纳入刑法体系，在与域外通行做法相协调的同时，亦有利于我国开展国际和区际刑事司法协作。虽然相关的国际公约只强调对剥夺人身自由的处罚要司法化，并没有要求将相关处罚纳入刑法的规制范围，但是，如前所述，绝大多数国家和地区都把剥夺人身自由之惩罚纳入刑法体系中。我国原来的劳动教养制度就因与域外的通行做法不一致而备受争议。事实上，劳动教养制度在被废除前所面临的主要危机不在于其规制对象的模糊，而在于其不能满足正当程序的要求。许多违反有关劳动教养规定的行为在域外也要被当作轻罪或违警罪来处理，国际上对我国劳动教养的批评主要是，不经过司法程序即作出这种较长时间剥夺人身自由的处罚。劳动教养制度被废除后，绝大部分的原来要被处以劳动教养的行为还是要被相关法律惩罚，真正被合法化的行为并不多（国家只对上访等少数行为不再进行处罚）。

其次，将行政拘留纳入刑法体系，更有利于实现刑法保护法益和保障人权的双重目的。一方面，若将行政拘留纳入刑法体系，则可以提升制裁力度，强化法益保护。虽然对违法者适用行政拘留也是为了保护法益，但是，由于行政拘留缺少刑罚的谴责色彩，导致违法成本较低，因此，在保护法益方面难免会出现“疲软化”的问题。在社会治理上，对于违法犯罪行为，我们如果习惯于“抓大放小”，必然会导致犯罪“由小变大”，这一点已经由犯罪学上的“破窗效应”得到证明。相反，对于一些情节较严重的违法行为，如果刑法能及时介入，就可以在很大程度上避免严重危害后果的发生。长期以来，我国刑法存在的一个结构性缺陷就是侧重于规制“重罪重刑”，而疏于对“轻罪轻刑”的配置，使得社会治理效果不大理想。另一方面，若将行政拘留纳入刑法体系，我们则可以通过严格的刑事司法程序来有效保障人权。“治安处罚程序比刑事诉讼程序的人权保障功能要弱很多，而且从证据规则方面提供的制度保障也十分欠缺。”① 实际

① 时延安：《犯罪化与惩罚体系的完善》，《中国社会科学》2018 年第 10 期。

上，即便是主张通过“将行政拘留纳入行政法体系”来实现司法化的学者也承认，这一方案有诸多不足之处。[①] 例如，我国行政诉讼的证据标准采用的是民事诉讼的“优势证据”标准，这显然比刑事诉讼的“排除合理怀疑”标准要低。

再次，将行政拘留纳入刑法体系有利于厘清刑罚与行政罚的界限，并且这是我国刑事立法的发展需要。对于刑罚与行政罚的区别，学界众说纷纭，比如，有学者认为，刑罚所针对的是具有较为严重的社会危害性的行为，而行政罚所针对的则是具有一定的社会危害性但尚未构成犯罪的行为。[②] 另有学者认为，行政不法的不法程度较之刑事不法的不法程度要轻，因而行政罚不像刑罚，它不具有“社会伦理的价值判断”的性质或社会伦理上的可非难性与可谴责性。[③] 诚然，这些说法都有一定道理，即刑罚与行政罚在性质、目的、观念、种类、适用对象、在制裁体系中的位阶以及诉讼程序和证明标准等方面各有不同。然而，对刑事不法和行政不法的区分具有相对性，不仅不同的国家或地区在划定刑事不法和行政不法的范围方面不尽相同，而且同一个国家或地区在不同的时期，也可以通过犯罪化或非犯罪化实现对刑事不法和行政不法的互相转化。于是，从法律后果来倒推处罚性质的思路得到中外学者的青睐，也就是说，凡是剥夺人身自由的实体处罚，都应为刑罚，而不能是行政罚。正如美国学者博登海默所指出的：“人们赋予自由的那种价值为这样一个事实所证实，即监禁在任何地方都是作为一种刑事制裁手段加以使用的。”[④] 我国学者张智辉等人也指出，行政处罚的特殊性与人身自由罚的特殊性之间存在不可调和的矛盾，一方面，人身自由罚的严厉性与行政违法行为的轻微性之间存在矛盾，作为处罚客体的人身自由权具有较高的权利价值，而作为处罚对象的违反治安管理的行为则属于社会危害性较小的行政违法行为，二者之间无法实现价值上的匹配；另一方面，人身自由罚所要求的严格程序与行政效率原则

① 王恩海：《治安拘留纳入刑法体系须慎重》，《上海法治报》2019 年 8 月 28 日第 B06 版。

② 陈兴良：《论行政处罚与刑罚处罚的关系》，《中国法学》1992 年第 4 期。

③ 林山田：《刑罚学》（第 2 版），台北商务印书馆 1983 年版，第 109 页。

④ ［美］博登海默：《法理学：法律哲学与方法》，邓正来译，中国政法大学出版社 1999 年版，第 279 页。

之间存在矛盾，与行政处罚不同，刑罚的适用程序具有严格性。这些理由决定了人身自由罚只能以刑罚的方式实现。① 笔者完全赞同这一思路，并认为，它为我国将行政拘留纳入刑法体系提供了理论支撑。

将行政拘留纳入刑法体系是我国刑事立法的发展需要。回顾我国近年来的历次刑法修正，轻罪入刑已渐成趋势。在构建“严而不厉”的刑法结构的进程中，立法者正逐渐将部分原本由行政法调整的行为纳入刑法的调整范围内，这种犯罪圈的扩张必然会不断压缩行政机关对公民人身权利进行限制和剥夺的权力。② 对刑罚体系的调整必须要与犯罪化（即扩大犯罪圈）趋势保持协调，因为刑罚体系与犯罪化是一体两面的关系，对犯罪化的研究必然离不开对刑罚体系的探讨，只有如此才能保障犯罪化进程能够按照合理的路径发展。③ 我国既有的《刑法》基本上是一部重罪法，即犯罪圈小、刑罚重，现在的图景则是犯罪圈越来越大，而新增设的犯罪大多为轻罪，因此刑罚也较轻。我国的刑法结构正在从“处罚面积小，刑罚重”向“处罚面积大，刑罚轻”发展。以危险驾驶罪为例，在醉驾入刑前，该种行为对应的处罚是《道路交通安全法》中规定的行政拘留，在立法者将该行为纳入刑法并将惩罚提升至拘役刑（1 个月以上 6 个月以下）后，《道路交通安全法》自然就取消了对该种行为处以行政拘留之规定。可以肯定的是，轻罪入刑的立法趋势仍将继续。在这种背景下，如果我国还在《刑法》之外保留行政拘留这样一套行政罚，那么，由于刑罚与行政罚均可以剥夺行为人的人身自由，因此二者之间的界限会进一步模糊。若将行政拘留纳入刑法体系，我们不仅可以实现对刑罚与行政罚在处罚类型上的明确区分，而且可以在对犯罪与行政违法的划分上“利用剥夺自由这一实际的或潜在的监禁判决所固有的天然标准”。④

最后，将行政拘留纳入刑法体系并没有克服不了的障碍。目前将行政

---

① 张智辉、洪流：《论让人身自由罚回归刑事司法体系》，《湘潭大学学报》（社会科学版）2018 年第 4 期。

② 陈兴良：《犯罪范围的扩张与刑罚结构的调整——〈刑法修正案（九）〉述评》，《法律科学》2016 年第 4 期。

③ 时延安：《犯罪化与惩罚体系的完善》，《中国社会科学》2018 年第 10 期。

④ ［美］哈伯特·L. 帕克：《刑事制裁的界限》，梁根林等译，法律出版社 2008 年版，第 270 页。

拘留纳入刑法体系所面临的首要问题是，我国司法机关能否应对因行政拘留入刑而产生的犯罪圈随之扩大的问题。对待这个问题，我们需要转换思路，如果行政拘留确实有必要被纳入刑法体系，那么，我们就不能以犯罪圈会进一步扩大为由进行反对，这与之前讨论对劳动教养制度的改革有相似之处。思路决定出路，一旦改革的思路定下来，就会有相应的方案来解决改革所带来的其他问题。具体而言，我们可以分两个层次进行讨论。

一个层次是，随着我国经济的发展，国家已经具备较好的物质基础，如果是基于建设法治国和人权保障的需要，该投入的资源就应当投入。近年来，我国在这方面的例子为数不少，比如，2007 年死刑核准权被最高人民法院收归时，当时国家的投入很大，仅最高人民法院就增加了数百个刑事法官，其中涉及的人财物的数目绝不小。而且，为配合死刑核准权的收回，国家还要推动死刑案件二审的全面开庭，这也大幅增加了司法成本。又如，我国对强制医疗制度的司法化改造，国家把公安机关将精神病人直接送交强制医疗机构的处理方式改为由法院按照《刑事诉讼法》的规定开庭审理案件，势必大大增加了成本。然而，这些改革都是实现国家法治所需，即使增加了制度成本，也必须进行。同理，对于行政拘留入刑，我们不能因为需要增加成本就放弃对该领域的法治化提升。

另一个层次是，我国的《刑事诉讼法》相继在普通程序之外设立了简易程序和速裁程序，目的就是破解“案多人少”的难题。“探索轻微刑事案件快速办理程序，构建普通程序、简易程序、速裁程序相配套的多层次诉讼程序体系，简单轻微案件快办，重大疑难案件精办，实现诉讼程序与案件难易、刑罚轻重相适应，符合我国实践需要，也符合国际经验。”① 我国未来对于因行政拘留入刑后而产生的刑事案件，我们完全可以借鉴简易程序和速裁程序的思路来处理。值得注意的是，并非所有的行政违法行为都要被纳入《刑法》的规制范围，笔者只是建议将其中确有必要被处以行政拘留的行为纳入《刑法》的规制范围，其他的行政违法行为仍可被继续保留在《治安管理处罚法》等法律中，接受其他形式的行政处罚，如行政

① 最高人民法院刑一庭课题组、沈亮：《关于刑事案件速裁程序试点若干问题的思考》，《法律适用》2016 年第 4 期。

罚款等。此外，未来我国对犯罪圈的划定方式必将由静态走向动态，即像域外一样，越来越多地实行“立法定性、司法定量”的模式。这样，从表面看犯罪圈很大，实际上由于刑事诉讼的过滤程序（如刑事和解、缓起诉等）具有漏斗效应，最后真正被起诉到法院受审的案件数量会相当有限。在行政拘留入刑后，对于那些轻微的刑事案件，我国完全可以通过扩大适用酌定不起诉、附条件不起诉等制度进行司法分流，从而缓解司法压力。

可见，将行政拘留纳入刑法体系并通过司法程序来裁决不仅具有合理性，而且也具有可行性。

三 行政拘留入刑的配套措施完善

行政拘留被纳入刑法体系后，犯罪圈无疑会扩大，司法压力、前科负面效应等问题也将更加凸显。我们需要关注法律体系的整体协调性，通过对刑法、刑事诉讼法和刑罚附随后果等方面的一体化完善来解决这些问题。

（一）刑法方面的配套措施

在行政拘留入刑后，立法者并不需要将行政拘留设置为独立的刑罚种类。考虑到行政拘留与拘役刑在短期剥夺人身自由方面的同质性，我们可以将行政拘留与现行拘役刑合并，组成新的拘役刑种，其刑期下限由现在的1个月调为1日。在此基础上，以是否有必要适用拘役刑为标准，司法机关可以对当前的治安违法行为和其他行政违法行为进行梳理和评估，对那些适用财产罚或资格罚仍不足以有效惩治的违法行为进行犯罪化处理。与现有犯罪属于同一违法类型的违法行为可以被合并在一个罪名之内，与现有犯罪不属于同一违法类型的违法行为则可以被设置为法定最高刑是拘役的轻罪（刑期可有所区别），如“危险驾驶罪”或“使用虚假身份证件、盗用身份证件罪”等。当然，如前所述，后一类犯罪原则上可不被纳入刑法典，而是由立法者以附属刑法的形式在相关的经济法和行政法中进行规定。这样就自然形成了“刑法典+附属刑法”的二元刑法立法模式。

为何建议将新的拘役刑刑期下限由现在的1个月调为1日？对此建议，笔者主要有三点考虑：第一，从犯罪体系上看，未来我国刑事立法将会继续呈现出轻罪大量增加、犯罪圈持续扩张的态势，在这种情况下，将行政拘留改造成为刑罚，补足1个月以下自由刑的空档可以更好地应对犯罪体系的变化，即以轻刑应对轻罪。第二，从犯罪结构上看，我国的严重暴力犯罪数量呈持续下降态势，醉驾、侵犯知识产权、破坏环境资源等危害社会管理秩序的新型犯罪数量大幅上升。相应地，在刑事案件中，犯罪人被判处重刑的比例越来越低，被判处轻刑的比例越来越高，这也要求立法者进一步从制度上拓展轻刑的空间。第三，我们还必须看到，随着“以人为本”“宽严相济”等刑罚理念和刑事政策的全面深入贯彻，以及《社区矫正法》的全面实施和审前非羁押措施的扩大适用，我国刑罚必将在整体上进一步轻缓化，这呼唤我国刑罚体系的全面轻刑化，为行政拘留入刑创造了条件。以2020年7月1日开始施行的《社区矫正法》为例，由于该法落实了对社区矫正对象的监督管理等措施，使管制、缓刑的适用面扩大具备了更好的社会条件，这必将进一步拉低我国刑罚的“水位”，对自由刑刑期的下调自然是题中应有之义。①

为了最大限度地规避短期自由刑的弊端，在设计行政拘留入刑的实现方案时，立法者还应考虑设计相关配套方案。首先，短期自由刑的易科罚金刑制度应当得到确立。对于首次犯罪被处以拘役刑的犯罪人，法律在原则上应允许法官易科罚金刑，罚金数额应结合刑期的长短、当地的经济发展水平以及犯罪人的承受能力等予以综合确定。其次，立法还应当确立短期自由刑易科社区服务制度。如果被处拘役者缴纳不出罚金，无法被易科罚金刑，那么，司法机关可通过易科社区服务来替代执行拘役。再次，即使犯罪人并非首次犯罪，法官也应当以判处短期自由刑为例外、以判处罚金刑为原则（将短期自由刑和罚金刑作为选择性刑种来配置）。例如，德国刑法典第47条规定，法庭根据犯罪和行为人的特殊情况，认为只有判处自由刑才能惩治行为人和维护法律秩序时，才可对行为人判处6个月以下

① 反过来，如果刑法上的管制、缓刑等适用面愈来愈大，就会进一步凸显行政拘留这种游离于刑法之外的“实刑”的不合理性。

的自由刑，否则，就对其判处罚金刑。[①] 最后，短期自由刑的服刑方式也应当得到改革。当下，服短期自由刑的人员大多在看守所服刑。然而，看守所应当是关押未决犯的场所，而不是执行刑罚的场所，看守所干警缺乏执行刑罚的相关专业素养。因此，国家应建立专门的执行短期自由刑的场所，改进短期自由刑的执行方式。

（二）刑事诉讼法方面的配套措施

我国刑法学界的部分学者有一个认识误区，那就是在讨论犯罪圈的大小问题时往往就刑法论刑法，而不注意将刑法与刑事诉讼法结合起来。他们认为，我国刑法在立法上“既定性又定量”的做法较之域外刑法“只定性、不定量”的做法要更科学，或者认为，似乎只有我国这种立法形式，才能体现出刑法的谦抑性，才能确保将刑法的打击范围限定在少数的犯罪行为之内，并且基于此认为，域外的犯罪圈太大，打击面也过大。然而，事实并非如此。

域外刑法“只定性、不定量”。从表面上看，似乎域外刑法所设定的犯罪圈比我国的犯罪圈要大得多，然而，在司法实践中，域外刑法的实际惩罚面不一定比我国的惩罚面大，甚至比我国的还要小。域外刑法主要通过刑事诉讼程序中的过滤、分流和转处机制大范围地实现非罪化和轻刑化。应当说，相比我国现今通过实体法来结构性地将轻罪案件全部排除在刑事诉讼程序之外的做法，域外的做法显得程序更科学、操作更灵活、效果更好。一项研究表明，德国现在有超过50%的刑事案件是通过非正式的转处途径被处理，真正通过正式的刑罚途径得到处理的案件只有一小半（其中又有高达80%的案件通过罚金刑得到处理），比如，德国在1997年通过检察机关裁量起诉的方式将近1/3的案件分流，而且分流案件的方式较多，如附条件不起诉（暂缓起诉）、依刑事处罚令程序处理（法官应检察官的申请在处罚令上签字）等。[②] 总之，如果案件能够通过社会来解决，

① 王钢：《德国近五十年刑事立法述评》，《政治与法律》2020年第3期。

② See Jorg—Martin Jehle, Criminal Justice in Germany, Federal Ministry of Justice and Consumer Protection, 2015, p. 9.

那么，就应当对犯罪作非刑罚性处理。

域外这种动态的刑事诉讼过滤、分流和转处机制多有值得我们借鉴之处，它不仅可以避免我国的立法模式所带来的刑事法网疏失问题，而且也可以避免只要造成法定后果就一律起诉的机械做法。我们应当看到，目前我国刑事诉讼过程中的过滤、分流和转处犯罪的途径还不够多，特别是在通过起诉环节的分流机制来减少审判环节的压力这一方面做得还远远不够。比如，很多国家和地区的检察机关都可以以起诉不符合公共利益需要为理由作出不起诉的决定，然而，我国《刑事诉讼法》并没有赋予检察机关这一权力。又如，我国还没有建立完整的暂缓起诉制度。我们应当看到，我国刑事立法和刑事司法正朝着实体法上扩大犯罪圈、程序法上削减犯罪圈（和降低刑罚量）的方向发展。除了前述提及的未成年人附条件不起诉制度外，这种发展趋势还表现为不起诉适用范围的扩大，刑事和解适用范围的扩大，认罪认罚从宽制度的建立等。在行政拘留入刑后，我们应当进一步强化刑事诉讼中的过滤、分流和转处机制，改变目前起诉法定主义有余、起诉便宜主义不足的做法，以有效提升司法效率、减轻司法负担、节约司法成本。例如，在不起诉分流方面，我们可以进一步扩大酌定不起诉的适用率，同时将附条件不起诉的适用范围适当扩大至成年人实施的轻微犯罪领域，建立起有中国特色的暂缓起诉制度。如果被暂缓起诉人在法定考验期间内没有违背法定义务，那么，考验期限届满时，检察机关就不应再起诉。通过这一系列的过滤和转处犯罪操作，我们即可实现在《刑法》上降低入罪门槛、在《刑事诉讼法》上降低出罪门槛的这样一种实体法与程序法的良性互动。

（三）刑罚附随后果方面的配套措施

行政拘留入刑所带来的刑罚附随后果和犯罪前科效应扩大的问题不容回避。在我国，一个人一旦被贴上犯罪标签，将同时面临法律和情感上的双重不利影响，行为人除了要承受刑罚上的不利后果，还会负担许多附随性的不利后果，比如，在入伍、就业时要报告其前科，以及许多的资格禁止类和资格丧失类惩罚，甚至还可能因此影响其子女的高考和公务员录用的政审环节。正因如此，在过去的劳动教养制度改革和现在的行政拘留制度改革中，才会有人担心把行政违法行为升格为刑事犯罪反而会出现对当事人不利的现象。例如，有论者就指出："每年将如此多的轻微不法行为人以犯罪论处，将其边缘化，推到社会的对立面，甚至殃及其子女前途，无论从巩固政权基础、减少对立面之政治角度，还是从权衡投入和产出的法律经济学角度，都是值得反思的。"① 如果仅就这一点而言，反对行政拘留入刑确有一定道理。然而，改革是综合权衡利益的产物，不能只片面地看问题。在劳动教养制度被废除以后，犯罪圈无疑是扩大了。然而，即使行为入刑给相关行为人带来了一些不利后果，也很难从整体上否定劳动教养制度改革的成就与进步。

当然，我们也要看到，随着行政违法行为不断入刑和犯罪圈的不断扩大，犯罪的刑罚附随后果和犯罪前科效应已经愈来愈成为亟须我们正视和解决的问题。以危险驾驶罪为例，2013 年全国各级人民法院审结一审刑事案件 95.4 万件，其中危险驾驶犯罪案件 9 万件，占比 9.5%，约占当年审结刑事案件总数的 1/10；2014 年全国各级人民法院新收刑事案件 116.4 万件，其中危险驾驶罪案件 11.1 万件，占比 9.5%，约占当年新收刑事案件总数的 1/10；2014 年浙江全省各级人民法院审结 8.8 万件刑事案件，其中 20694 件为醉驾案件，占比 23.5%，约占审结刑事案件总数的 1/4。② 到 2019 年，危险驾驶罪已超越盗窃罪成为司法实践中的第一大罪名。③ 虽然这个罪名的最高刑罚仅为 6 个月的拘役，但是，它的前科后果与其他重罪的前科后果一样。举例言之，从 2015 年 1 月至 2019 年 6 月，浙江省共有 735 名国家工作人员、8076 名非国有公司企事业单位人员、179 名公司企业法定代表人（负责人）、537 名企业经理和 30 余名教师、医生、律师以及大量的职业驾驶员因"醉驾"犯罪被移送审查起诉，根据相关规定，上述人员都面临着被开除公职、被吊销职业资格、个人征信被影响等一系列

① 陈志军：《轻微犯罪立法的反思与完善》，《国家检察官学院学报》2018 年第 3 期。

② 转引自陈志军《轻微犯罪立法的反思与完善》，《国家检察官学院学报》2018 年第 3 期。

③ 薛应军：《最高检发布 2019 年检察机关主要办案数据》，《民主与法制时报》2020 年 6 月 4 日第 1 版。

的“社会惩罚”。①

有鉴于此，在行政拘留入刑之后，除了通过刑事诉讼程序中的过滤、分流和转处机制来压缩犯罪圈外，目前我们最重要的工作是根据犯罪的轻重区别对待刑罚的附随后果和前科记录。对此工作的基本思路有三点：第一，刑法典应确立重罪和轻罪分层的结构，对重罪犯原则上应当终身保留犯罪记录（特殊情况可以通过激活赦免制度应对），对轻罪犯则应设立前科消灭制度，即在刑罚执行完毕后，经过一定时间的考验，如果犯罪人没有再犯罪，就封存其犯罪记录（公安机关内部为社会治安和预防犯罪的需要仍然可以留档），销毁其人事档案里的犯罪记录，消除各项刑罚附随后果。为此，立法者可在法律上设立一定期限幅度的考验期，法院在宣判时可以根据案情在此幅度内同时宣判前科考验期的具体时限。第二，对于刑法典之外的附属刑法规范，立法者可以分别根据刑法规范各自所附属的法律，视情形分别规定相关犯罪的附随后果消灭制度和前科考验期。第三，立法者应当对众多的资格禁止和资格丧失等刑罚附随后果规定进行清理，根据比例性原则的要求，理顺刑法与行政法之间的关系，从总体上控制和缩小资格禁止和资格丧失等刑罚附随后果的规模，并克服“一刀切”的做法。比如，重罪者原则上要被强制剥夺相应资格，轻罪者原则上不应被强制剥夺相应资格，立法者还可以将是否要剥夺轻罪者的某种资格的决定权交由行业协会和本单位来行使，让他们按自己的章程来处理。

另外，还需要注意的是，犯罪前科对行为人的影响除法律明确规定的不利后果外，还有一些非规范性的不利后果，即社会公众对那些有过犯罪记录的人所形成的歧视态度，这种社会排斥现象同样会影响到此类人员的再社会化。为了尽可能减少这方面的消极影响，司法机关在适用轻罪前科消灭制度时，必须要注意加强对前科消灭人员“隐私权”的保护。

---

① 王敏远：《“醉驾”型危险驾驶罪综合治理的实证研究——以浙江省司法实践为研究样本》，《法学》2020年第3期。

四　结语

本文从立法论的角度出发，以保障被处罚者合法权益和从体制机制上维护司法公正为两大核心，兼及国际人权公约的要求和国际社会的通行做法，分析了通过司法裁决剥夺人身自由的必要性，并在此基础上论证了对我国行政拘留司法化改造的理想方案应是将行政拘留纳入刑法体系，以及对行政拘留入刑后的相关配套措施如何进行完善提出了系统构想。或许有人会问，作者一方面主张要从应然的角度来看问题，另一方面在分析“为何要将行政拘留纳入刑法”时，又从实然角度进行分析，应如何解释这种二元的进路？对此，笔者的回应是：本文系在现行《宪法》框架内所展开的分析，属于“立体刑法学”中的“刑法应上对宪法”这一维度，在这个意义上，对《刑法》的应然分析无法完全脱离《宪法》的实然语境。①

总之，将所有剥夺人身自由的后果视为刑法体系内的一种后果，把处罚上是否要剥夺人身自由作为区分犯罪与违法的一个标志，这代表了我国刑事法治的发展方向。在此基础上，我们再考虑轻罪重罪之分、繁简程序之别，充分运用刑事诉讼程序中的过滤、分流、转处和速裁机制，使得在立法上扩大了的犯罪圈在司法上得到有效限缩，并通过对刑罚附随后果的区别对待和前科消灭制度的建立，在满足正当程序要求的同时，解决轻罪入刑后所带来的一些负面效应。笔者深信，这是在刑事法治领域强化“中国之治”、丰富“中国方案”之举，也是贯彻落实习近平法治思想，强调法治系统性、整体性和协同性的体现。

（作者为中国社会科学院法学研究所研究员、刑法研究室主任、博士生导师。本文原载于《法制与社会发展》2021 年第 5 期，收入本书时有删改。）

---

① 不幸的是，现在前科效应在实践中反而有扩大的趋势，比如，人们出国留学办理护照都要开具无违法犯罪记录的证明。这样一来，不仅犯罪记录，而且连违法记录也成为一种“前科”。

微罪立法视野下的“严重社会危害性”

曾粤兴　高正旭

我国刑法理论认为犯罪最基本的特征是“严重的社会危害性”。严重的社会危害性是区别犯罪与一般违法行为的实质标准，也是刑事违法性和应受惩罚性的基础。[①]“严重的社会危害性”作为犯罪的实质特征，是不法行为在刑事立法和司法中得以被犯罪化的门槛。由于刑法在国家法律体系中处于后置法、保障法的地位，一个行为只有在其社会危害性的严重程度超出前置法律规制范围的情况下，才会被刑法规定为犯罪。

连续几个刑法修正案增设了数个微罪罪名，被视为积极刑法立法观念之下刑法规制范围扩张、预防观念强化的结果。而在国家整体安全观指导下对刑法修订幅度较大的《刑法修正案（十一）》，在理论上被认为是积极刑法观在刑事立法中的典型实践。[②] 微罪的不断出现，需要我们在新的立法背景下，加深对犯罪的“严重社会危害性”这一实质特征的认识，进而更好地理解刑法不断扩张的趋势，并在实践中合理区分犯罪与一般违法行为。

一　作为犯罪本质属性的“严重社会危害性”

社会危害性作为传统刑法理论的核心概念，指行为对刑法所保护的社

---

① 高铭暄、马克昌主编：《刑法学》，北京大学出版社、高等教育出版社 2019 年版，第 44 页。

② 刘艳红：《积极预防性刑法观的中国实践发展：以〈刑法修正案（十一）〉为视角的分析》，《比较法研究》2021 年第 1 期；周光权：《刑事立法进展与司法展望：〈刑法修正案（十一）〉总置评》，《法学》2021 年第 1 期。

会关系造成或可能造成的损害。[①] 早在近代刑法理论产生之初，社会危害性就被认为是衡量犯罪的真正标尺，从而使刑法得以从将内心罪孽作为衡量犯罪标尺的宗教观念中解脱出来，为刑法理论的进一步发展奠定了基础。[②] 进入本世纪以来，一些学者开始质疑和批判社会危害性概念和我国刑法理论通说，认为应当用"法益侵害性"的概念来代替"严重的社会危害性"。虽然存在理论上的不同认识，但是从《刑法修正案（十一）》的立法过程中看，社会危害性仍是我国立法机关用以衡量行为是否应当入罪与罪质轻重的标准，故不可否定社会危害性概念对于我国刑事立法与刑事司法的重要意义。

社会危害性理论遭受的批评，是因为在规定有类推制度的旧刑法中，代表着犯罪的实质特征的社会危害性是对犯罪行为进行类推认定的主要标准，与形式违法说主张的犯罪概念之间存在着冲突。如认为社会危害性的严重与否非常难以把握，过度拔高社会危害性在犯罪认定中的重要程度，会对罪刑法定原则产生冲击，社会危害性应是犯罪的社会特征，在刑法解释中，应坚持以刑事违法性为标准对犯罪本质进行把握，必须在犯罪认定过程中将属于超规范概念的社会危害性转化为法益这一规范性概念，并提倡以刑事违法性作为犯罪唯一的特征。[③]

以刑事违法性作为犯罪的唯一特征，存在以下问题：首先，犯罪的刑事违法性只揭示了犯罪概念的一个侧面。仅仅具有形式侧面的犯罪概念是空洞的，具有"严重的社会危害性"是立法机关将某类行为从社会中分离出来，并规定为犯罪的实质理由，可以在犯罪概念的形式侧面基础上，进一步说明为什么要用刑法赋予某些行为"刑事违法性"。社会危害性的概念将对犯罪的认识上升到哲学层面，具有其合理性。其次，我国通说并不认为社会危害性的标准可以独立运用于行为是否构成犯罪的判断，始终强调社会危害性必须与刑事违法性的判断紧密结合起来。社会危害性和刑事违法性分别作为犯罪的实质侧面与形式侧面，能够全面地揭示混合式犯罪

① 高铭暄、马克昌主编：《刑法学》，北京大学出版社、高等教育出版社2019年版，第42页。
② ［意］贝卡里亚：《论犯罪与刑罚》，黄风译，北京大学出版社2014年版，第25页。
③ 陈兴良：《社会危害性理论：一个反思性检讨》，《法学研究》2000年第1期。

的特征，从而与《刑法》第13条的规定相符合。故并不存在通说过分拔高社会危害性在犯罪认定中的作用这一问题。

另外，法益侵害性也是在刑法规范的形式规定之上对犯罪实质特征的说明，所以法益侵害性与社会危害性在逻辑上并不会具有对立性，相反二者之间具有高度的一致。李斯特之所以将法律所保护的个人利益和集体利益概括为法益，正是为了揭示犯罪在刑事违法性之后的本质特征。①

关于是否能够把握社会危害性的“度”，属于刑事立法和司法的正当性问题，而不是社会危害性概念是否合理的问题。无论运用社会危害性还是法益侵害性来说明犯罪的实质特征，都需要具体地把握危害程度的“度”，只有“严重的社会危害性”和“严重的法益侵害性”才是犯罪的实质特征。刑法规范具有权威性，如认为某一个刑法规范的正当性存在疑问，首先需要提高对刑法规范的解释能力，通过合理解释的方式予以解决。只有当刑法规范确实难以解释，或者解释的结论令一般人难以接受时，才能够提倡从立法的层面对该刑法规范进行修订。对社会危害性的具体把握是司法层面上的工作，社会危害性是刑事违法性的内在本质，刑事违法性是社会危害性在刑法上的体现，必须将二者结合才能对犯罪是否作出做出合理的判断。故能否准确把握社会危害性的“度”，不能成为否认社会危害性概念合理性的理由。

法益侵害性与社会危害性理论的分歧在于，部分学者在承认法益可以分类为国家法益、社会法益和个人法益的基础上，认为所有国家法益和社会法益均应具备可以还原为个人法益的属性，所以对单纯的道德观念和不能还原为个人法益的国家或社会法益的侵害，均不能规定为犯罪。② 此种观点源自于早期的德国刑法理论，在法益概念出现之初，国家法益和社会法益都不能脱离具体的个人法益而独立存在，在当时的历史条件下具有其合理性。但是现代刑法理论认为，与近代刑法理论产生的背景不同，现代社会中的公共法益并非均能还原为个人法益，无论是自由经济秩序、生态

---

① ［德］李斯特：《德国刑法教科书》，徐久生译，法律出版社2006年版，第8页。

② 张明楷：《论实质的法益概念：对法益概念的立法批判机能的肯定》，《法学家》2021年第1期。

环境等，都是因为其独立的价值而受到刑法保护。是否应当承认不依赖于个人法益的“超个人法益”，在域外造成了学者们认识上的分歧，至今尚未有定论。[①] 从我国的情况来看，我国刑法中本身即存在着独立的公共法益，国家政治制度、社会主义核心价值观、公共秩序、生态环境等都具有刑法对其进行独立保护的价值。所以在我国，即使采取法益侵害说，也不必执着于“所有法益应当均可还原为个人法益”，我国刑法中所保护的公共法益并非均能还原为个人法益，这是我国制度、文化、社会意识等多方面因素所决定的。如《刑法修正案（十一）》所增设的侮辱、诽谤英雄烈士罪，即是基于维护社会主义核心价值观的考虑。[②] 所以在我国，法益侵害性和社会危害性都是对犯罪实质特征的说明，二者在内容上没有根本性差别。

二　微罪的概念及其设立的必要性

“微罪”被美国部分州作为一种犯罪分层的标准，[③] 近年来被引入我国。

（一）微罪的概念

对犯罪进行分层，在刑事政策上的意义是为贯彻“宽严相济”的刑事政策提供标准，在实体法上的意义是为刑罚制度的轻刑化改革提供依据，在程序法上的意义是为在不同类型犯罪之间合理配置司法资源提供指导。[④]

我国刑法理论一般以法定刑作为犯罪分层的标准，虽然存在不同认识，但多数观点认为我国刑法中的轻罪是指“法定最高刑为三年有期徒刑

---

① 陈家林：《外国刑法理论的思潮与流变》，中国人民公安大学出版社、群众出版社 2017 年版，第 93 页。

② 李宁：《关于〈中华人民共和国刑法修正案（十一）（草案）〉的说明》，2020 年 6 月 28 日十三届全国人民代表大会常务委员会第二十次会议。

③ 贾凌：《中美犯罪成立体系比较研究》，人民出版社 2014 年版，第 93 页。

④ 卢建平：《犯罪分层及其意义》，《法学研究》2008 年第 3 期。

以下刑罚”的犯罪。[①] 关于微罪的概念，有观点认为指“最高法定刑为拘役以下”的犯罪。[②] 从现有刑罚种类上来看，拘役是比有期徒刑更轻一个档次的刑罚手段，故此种对微罪的界定方式有一定道理。但是目前刑法中最高刑为拘役的犯罪仅有 3 个，如此定义会导致微罪的范围过窄，也难以发挥犯罪分层应有的作用。

对犯罪进行分层的一个主要目的，是使不同层级的犯罪能够适用不同的司法程序，从而通过程序的繁简分流合理配置司法资源，以快速简易的程序处理大量轻微犯罪，将有限的司法资源集中于少数严重犯罪。同时审判程序的繁简分流在提高审判效率的同时，也利于保护被告人合法权益。[③] 从《刑事诉讼法》上对于诉讼程序的繁简设计，是我国立法机关从诉讼法的角度，通过不同诉讼程序的适用标准以“暗示”的方式对我国犯罪层次进行的划分。而在轻罪之下再划分出微罪的层次，是为了进一步为实体规则和程序配套的层次划分提供标准。《刑事诉讼法》第 216 条规定在简易程序中适用独任制的条件为“可能判处三年有期徒刑以下刑罚”，这一规定与《刑法》第 72 条以“判处三年以下有期徒刑”为缓刑适用条件的规定一同，构成了学界以 3 年有期徒刑作为轻重罪区分标准的主要理由。[④] 速裁程序是比简易程序更为简化的诉讼程序，在 2014 年刑事速裁程序进行试点时，是以“可能判处一年有期徒刑以下刑罚”作为速裁程序的适用条件。虽然 2018 年《刑事诉讼法》修改之后将速裁程序的适用标准放宽至 3 年有期徒刑，但 1 年有期徒刑仍是速裁程序中用以确定案件审限的依据，故 1 年有期徒刑的刑罚可谓是我国轻罪之下再对犯罪进行分类的一个重要标准。另外，《刑法修正案（十一）》中增设了 3 个最高刑为 1 年有期徒刑的罪名，体现出了我国刑事立法在积极刑法观指导下的一种新的法定刑设置趋势，且从刑罚轻重来看，1 年有期徒刑相较于 3 年有期徒刑的刑罚也

---

① 刘传稿：《犯罪化语境下的轻罪治理：基于〈刑法修正案（十一）〉的分析》，《北京联合大学学报》（人文社会科学版）2021 年第 2 期；段陆平：《健全我国轻罪诉讼制度体系：实践背景与理论路径》，《中国刑事法杂志》2021 年第 2 期；敦宁、韩玫：《论我国轻罪范围的划定》，《河北法学》2019 年第 2 期。

② 郝冠揆：《犯罪分层的中国路径》，中国政法大学出版社 2020 年版，第 145 页。

③ 胡铭：《刑事诉讼法学》，法律出版社 2019 年版，第 348 页。

④ 郝冠揆：《犯罪分层的中国路径》，中国政法大学出版社 2020 年版，第 138 页。

明显较轻。法定刑是立法机关根据具体犯罪的性质和危害程度所确定的量刑标准,[①] 故在立法机关看来，此类法定最高刑为 1 年有期徒刑的犯罪，其社会危害性程度显然有别于法定最高刑为 3 年有期徒刑的轻罪。故笔者认为，从程序法和实体法两方面来看，将我国微罪的概念定义为“最高刑为一年有期徒刑以下刑罚”的犯罪更为适宜。

从笔者的定义来看，目前我国刑法中的微罪包括以下罪名：第 133 条之一的危险驾驶罪，第 133 条之二的妨害安全驾驶罪，第 134 条之一的危险作业罪，第 280 条之一的使用虚假身份证件、盗用身份证件罪，第 284 条之一的代替考试罪，第 291 条之二的高空抛物罪。

（二）微罪设立的必要性

刑法作为我国法律体系中的保障法，具有保护范围广泛的特点。基于法秩序统一的视角，刑事违法性与一般违法性之间具有违法性“量”上的区别，刑法只对具有部分具有严重社会危害性的行为进行规制，这是刑法谦抑性的体现。自 1997 年以来的 11 个刑法修正案在总体上扩张了刑法的规制范围，尤其是自《刑法修正案（八）》开始，我国刑法出现了犯罪门槛下降的趋势。[②] 微罪的设立，是刑事立法中犯罪门槛下降的具体表现。通过微罪立法将部分过去属于治安处罚的行为纳入了刑法规制范围的做法，被认为是刑法对社会治理的过度参与，模糊了刑法与前置法律之间的界限，未能恪守刑法谦抑性与法律体系中保障法的地位而遭到了质疑：

“期待通过严密法网的形式将所有行为规则放入刑法中形成轻罪化立法，这种旨在编纂大刑法的主张实际上将刑法当作社会的伦理规范，这是目空一切的刑法万能主义，根本无视其他行为规范体系的存在意义。”[③]

事实上，任何法律都是社会的产物，法律在与社会时代背景的关系中处于被决定的角色，需要迎合社会的需求。对微罪立法的质疑，实质上涉及如何判断“严重社会危害性”这一入罪门槛的问题，对此可以从以下角

---

① 高铭暄、马克昌主编：《刑法学》，北京大学出版社、高等教育出版社 2019 年版，第 316 页。

② 何荣功：《我国轻罪立法的体系思考》，《中外法学》2018 年第 5 期。

③ 冀洋：《我国轻罪化社会治理模式的立法反思与批评》，《东方法学》2021 年第 3 期。

度进行认识：

一方面，犯罪门槛的下降符合社会对安全价值的需要。对整体国家安全的重视不仅是党中央根据目前国内外形势所作出的重大决策，也是社会和广大公众现实需求的反映。刑法是社会需求的产物，是社会治理的重要措施，必须以社会为基础，回应社会需求。为了抗制不断增长的社会风险，刑法的“手”需要适当伸长，将部分过去不做犯罪处理的行为纳入刑法规制的范围，是根据当下社会需要对刑法规制范围的调整，利于发挥刑法作为行为规范的作用，为公众的行为划定“红线”，对更大的危害结果进行预防。在社会风险不断增加的背景下，外国刑事立法也出现了明显的扩张趋势，这反映出刑法规制范围的扩张在现代社会背景下具有一定的必然性，并不是采取某一种刑法理论作为指导就能够阻挡的。① 部分行为的危害程度看似轻微，但是无论是高空抛物、妨害驾驶安全、危险生产作业等行为入刑，都是以微罪立法的方式使刑法介入的适当提前来规范人们的行为，预防更严重的实害结果。复杂的社会现实决定了刑法的价值取向不会是单向度的，在当前社会背景下，谦抑性已不是刑法立法所要坚持的唯一导向，一味地采取保守态度，会使刑法对社会的保护功能大打折扣。

另一方面，微罪立法符合完善我国刑法结构的需要。我国刑法存在着整体结构“厉而不严”的现实情况，需要实现由“厉而不严”向“严而不厉”的现代化转型，微罪的设立即是对现行刑法结构进行的补充和完善。例如抢夺行驶中公共交通工具操控装置的行为，客观上具有高度危险性，极易造成不特定多数人伤亡的重大交通事故。《刑法修正案（十一）》出台之前，在此类行为客观上并未造成严重后果的情况下，由于缺乏法律的明确规定，实践中有的将此类行为认定为以危险方法危害公共安全罪，有的处以行政拘留等行政处罚，还有的仅对行为人进行批评教育，造成了处罚轻重不一的局面。由于此类行为对公共安全具有

① 金燚：《德国五十年刑事立法发展史的考察、评析与启示》，《德国研究》2020 年第 2 期；［日］高桥则夫：《日本 2000 年之后的刑事法动向：现状与课题》，王兵兵译，《国外社会科学前沿》2020 年第 9 期。

较大的危险，必须警示乘客自觉遵守相关交通安全规范。但是抢夺驾驶操控装置的行为人，多是因为上下车地点和车费等琐事与驾驶员发生争执，目的也多是迫使司机停车，很难说具备与“防火、爆炸、决水”等方式同等的危害公共安全故意，过去实践中将其认定为以危险方法危害公共安全罪，不一定都符合该罪的犯罪构成。[①] 所以《刑法修正案（十一）》增设妨害安全驾驶罪，在发挥刑法预防作用的同时，也对我国刑法结构进行了优化，为此类行为与“以危险方法危害公共安全罪”的衔接提供了合理依据。[②]

据此，在目前社会背景下于刑事立法中适当增设一些微罪，具有必要性和合理性。对于微罪立法模糊了刑事违法与一般违法的界限的质疑，需要我们对微罪中“严重社会危害性”的犯罪实质特征进行合理的把握。

三　微罪中“严重社会危害性”的具体认定

是否具有严重的社会危害性，是犯罪行为与一般违法行为的本质差别。根据《刑法》第 13 条的规定，在我国包括微罪在内的所有刑事立法都需要建立在前置法与刑法构成的“二元制裁体系”的基础之上，从而将“情节显著轻微危害不大”的行为排除出犯罪的范围。在微罪立法中合理区分犯罪与一般违法之间的界限，关键在于对刑法规范中犯罪成立的定量因素进行把握，即实质把握微罪所具有的“严重社会危害性”。

部分微罪立法中对成立犯罪所需要的定量因素做出了明确的要求。妨害安全驾驶行为入罪要求达到“危及公共安全”的程度，对于危险作业罪要求“具有发生重大伤亡事故或者其他严重后果的现实危险”，对于高空抛物和使用虚假身份证件、盗用身份证件的行为入罪需要达到“情节严重”的程度。这些条件的设置都是立法上对犯罪与一般违法行为所作出的界分，也是司法实践中合理认定犯罪“严重社会危害性”的

---

① 最高人民法院司法案例研究院：《刑法修正案（十一）新规则案例适用》，中国法制出版社 2021 年版，第 10 页。

② 王爱立：《中华人民共和国刑法释义》，法律出版社 2021 年版，第 230 页。

标准。

妨害安全驾驶罪和危险作业罪属于危险犯。对于危险犯，理论上一般以在行为的具体条件下是否产生了对法益的现实、具体的危险作为划分罪与非罪的判断标准，而不要求发生具体的实害后果，即危险犯中的危险需要在客观上具有导致严重损害后果发生的可能。如在危险作业罪中，刑法规范明确要求行为人关闭破坏的监控、报警等设备、设施需直接关系到生产安全，关闭并未实际投产或已废弃的矿井中的监控、报警设备，则不能作为犯罪处理。又如在妨害安全驾驶罪中，犯罪的危害性主要体现为对公共交通工具上以及周边环境中不特定多数人的生命和财产产生的具体危险，行为人只是通过辱骂或轻微拉拽驾驶人员的方式妨害驾驶安全的，因为没有影响公共交通工具的正常行驶，不能认定为犯罪。

高空抛物罪和使用虚假身份证件、盗用身份证件罪属于情节犯。情节犯以“情节恶劣”或“情节严重”为入罪条件，理论上对于情节的具体内容存在不同的认识。有观点认为犯罪情节属于对犯罪行为和行为人主观恶性、人身危险性的综合判断。即刑法中的情节，指刑法规定或认可的犯罪构成共同要件以外，能够体现行为社会危害性程度和行为人的人身危险性大小，从而影响定罪的各种事实情况。① 不同观点认为在认定犯罪成立的意义上，作为构成要件要素的情节严重，是指表明法益侵害的客观情节严重。② 虽然存在理论分歧，但仅从行为客观危害上把握情节犯的入罪门槛，并不符合我国司法实践。如高空抛物罪中的“情节严重”，需要考虑到抛掷物品次数、数量、具体场所和是否造成一定损害等因素，情节轻微，危害不大的高空抛物行为宜作为民事侵权或者行政违法处理。③ 又如使用虚假身份证件、盗用身份证件罪的立法理由为“针对当前社会诚信缺失，欺诈等背信行为多发，社会危害严重的实际情况，发挥刑法对于公民行为价

① 梁根林：《但书、罪量与扒窃入罪》，《法学研究》2013 年第 2 期。

② 张明楷：《刑法学》，法律出版社 2016 年版，第 126 页。

③ 王爱立：《中华人民共和国刑法条文说明、立法理由及相关规定》，北京大学出版社 2021 年版，第 1141 页。

值取向的引领作用”。[①] 所以行为的动机应属于该罪名“情节严重”的考察内容。综上，对情节犯入罪门槛的把握，需要综合考虑行为人数、行为次数、犯罪动机、危害结果和社会影响等影响社会危害性严重程度的主客观因素。

醉驾型危险驾驶罪和代替考试罪，刑法规范中并未明确要求犯罪成立的定量因素。但即使刑法规范中没有明确提示犯罪的定量因素，也不能认为该罪名的成立不需要对定量因素进行考察。以危险驾驶罪为例，立法上将危险驾驶罪分为4类具体的行为，其中对追逐竞驶、违反安全管理进行危化品运输规定等危险驾驶行为，设置了“情节恶劣”和“危及公共安全”的定量要素。如上文所述，对于这两个要素的判断，需要结合案件中各种影响行为社会危害性程度的因素进行具体判断。对于追逐竞驶的行为，需要具体考虑追逐竞驶的道路、时间、人流量、所造成的后果等因素来确定是否构成犯罪。违反安全管理进行危化品运输的行为，需要考虑所运输危化品的性质、品种、数量和运输的时间、路线等因素。危险驾驶在我国属于危害公共安全的犯罪的危险犯，客观上没有危害公共安全的行为不能构成危险驾驶罪。[②] 故对于醉驾行为和从事校车或旅客运输严重超员、超速的行为，醉驾和严重超员超速的具体标准，需要通过司法解释和相关交通安全法律来进行确定，但在这些标准之外，还需要考虑行为对公共安全所造成的危险来确定是否构成犯罪。对于醉驾型危险驾驶罪，虽然立法上没有对该罪的定量因素做出要求，但《最高人民法院关于常见犯罪的量刑指导意见（二）（试行）》中强调对情节显著轻微危害不大的醉驾行为不予定罪处罚，对此需要综合考虑行为人醉酒程度、机动车类型、车辆行驶道路、行车速度等情况。如仅是在停车场倒车入库的醉驾行为，在没有造成损害后果的情况下不宜作为犯罪处理。同样，对于从事校车或旅客运输严重超员超速的行为，也需要具体考虑案件的实际情况以把握行为的入罪条件，对于严重超员但是只进行了相当短距离运输的行为，因为难以对

---

① 李适时：《关于〈中华人民共和国刑法修正案（九）（草案）〉的说明》，2014年10月27日十二届全国人民代表大会常务委员会第十一次会议。

② 高铭暄、马克昌主编：《刑法学》，北京大学出版社、高等教育出版社2019年版，第358页；魏东：《刑法分则解释论要》，北京大学出版社2020年版，第229页。

公共安全造成实际危险，不宜认定为犯罪。同理，代替考试的行为是否应认定为犯罪，也不能仅以参加考试的性质作为入罪的标准，最高人民法院和最高人民检察院在相关司法解释中也强调对代替他人考试或让他人代替自己考试的行为，情节显著轻微危害不大的，不以犯罪论处。在具体判断上，因为该犯罪是对国家考试制度的侵犯，如虽代替他人参加考试，但中途自动退出考试或者并未实际提交答卷的，并未对国家考试制度产生实际的侵害，不宜作为犯罪处理。

总之，所有的微罪在司法认定上都需要受到《刑法》第13条的制约，即要考虑犯罪成立上的定量因素，从而以“严重社会危害性”的犯罪实质特征限制刑法处罚的范围，避免将一般违法行为认定为犯罪。刑事违法行为和行政违法行为在社会危害性上具有“量”的差别，根据《治安管理处罚法》第19条的规定，违反治安管理但是情节特别轻微的行为可以减轻处罚或者不予处罚，这表明即使在行政违法的判断中对社会危害性的程度也是有要求的，社会危害性显著轻微的行为甚至不能产生行政违法性，更遑论构成刑事犯罪。故对于微罪，在面向司法的刑法解释中，我们可以通过司法经验的总结并结合各种解释技巧，对相关规范的含义进行阐释，对其中的价值因素进行识别，并在刑法内部和外部实现协调，从而在司法中正确把握“严重社会危害性”的犯罪实质特征。

四 结论

刑事立法的扩张，目的在于发挥刑法行为规范的作用，对社会风险进行有效抗制。适当增设微罪，可以缩短犯罪与一般违法之间的距离，进一步完善我国刑法的结构，具有合理性和必要性。在刑事立法层面上，由于我国正处在社会变革时期，今后刑事立法中还有可能出现更多新的微罪，对此需要根据不同层次犯罪的特点，对相关实体制度和司法程序进行继续完善。在目前刑法扩张趋势明显的背景下，刑事司法需要准确把握微罪中“严重社会危害性”的犯罪本质特征，对犯罪与一般违法行为作出合理的区分，从而在刑事立法充分发挥刑法行为规范作用的同时，在司法上保持适当的谦抑，以保障刑法在社会治理中能够发挥最佳效果。

（曾粤兴，北京理工大学法学院教授，博士生导师；高正旭：北京理工大学法学院刑法学博士生。本文原载于《河南警察学院学报》2020 年第 5 期，收入本书时略有删改。）

如何有效回应现代刑法立法的扩张？

——基于《刑法修正案（十一）》的观察

张志钢

2020年12月26日通过并于2021年3月1日起施行的《刑法修正案（十一）》，延续着我国刑法立法扩张的态势。面对刑法立法的扩张，当前刑法理论的回应已日益分化，甚至完全对立。自批评者呼吁“我国应该停止犯罪化的刑事立法”开始，已有学者纷纷发出刑法过度工具化、过度刑法化、过罪化的警示和担忧，近年来的刑法立法扩张也在不同程度被贴上象征性立法、情绪性立法、激进式立法等颇具否定性意味的标签。① 部分学者则认为，刑法立法扩张是积极刑法立法观的实践；② 并明确支持以积极刑法立法观推动犯罪化：为“使刑法满足不断变化的社会生活事实的需要”，我们确实有必要“通过积极的刑事立法扩大刑法处罚范围”。③ 《刑法修正案（十一）》的最新扩张，为我们探索应有的理论反应和立法评价标准提供了平台和抓手。

---

① 如刘艳红：《我国应该停止犯罪化的刑事立法》，《法学》2011年第11期；何荣功：《社会治理“过度刑法化”的批判》，《中外法学》2015年第2期；魏昌东：《新刑法工具主义批判与矫正》，《法学》2016年第2期；刘宪权：《刑事立法应力戒情绪——以〈刑法修正案（九）〉为视角》，《法学评论》2016年第1期；刘艳红：《象征性立法对刑法功能的损害——二十年来中国刑事立法总评》，《政治与法律》2017年第3期。

② 周光权：《论通过增设轻罪实现妥当的处罚——积极刑法立法观的再阐释》，《比较法研究》2020年第6期。

③ 张明楷：《增设新罪的观念——对积极刑法观的支持》，《现代法学》2020年第4期。

一 《刑法修正案（十一）》与我国刑法立法的基本态势

（一）《刑法修正案（十一）》：以犯罪化和重刑化为重心

毋庸讳言，《刑法修正案（十一）》以犯罪化和重刑化为主体内容。在《刑法修正案（十一）》的48个条文中，“新型行为的犯罪化、既有罪名的扩大化以及重刑化，三类修改共计41个条文”。①

在犯罪化方面，《刑法修正案（十一）》新增罪名17个。在重刑化方面，《刑法修正案（十一）》调整原罪名法定刑的20个条文中，19个条文提高了法定刑，只有1个条文降低了刑法配置（即第431条第2款为境外窃取、刺探、收买、非法提供军事秘密罪的起刑点由10年有期徒刑降至5年有期徒刑）。大幅度提高法定刑的罪名多体现在经济犯罪领域，如非法吸收公众存款罪、集资诈骗罪、挪用资金罪，尤其集中在侵犯知识产权犯罪（假冒注册商标罪、侵犯著作权罪、侵犯商业秘密罪）等罪名中。法定刑的提高，或者通过增加量刑档次提高法定最高刑，如对《刑法》第176条非法吸收公众存款罪增加第三档“10年以上有期徒刑，并处罚金”；或者在量刑档次上同时提高最高刑与最低刑，如对《刑法》第217条侵犯著作权罪的法定最高刑由7年有期徒刑提高至10年有期徒刑，同时删除对基本犯可以判处拘役的规定。值得注意的是，《刑法修正案（十一）》对无限额罚金刑有多处规定，除已提及的非法吸收公众存款罪外，还有第142条生产、销售、提供劣药罪，第191条洗钱罪以及第192条集资诈骗罪等罪名。无限额罚金刑在严厉程度上趋近于没收财产刑，相较于原来的倍比罚金刑和限额罚金刑，附加刑得以显著提高。②

---

① 除去最后第48条关于修正案生效时间的规定，剩余3个限缩性规定条文，3个技术性修改条文。刘艳红：《积极预防性刑法观的中国实践发展——以〈刑法修正案（十一）〉为视角的分析》，《比较法研究》2021年第1期。

② 对《刑法修正案（十一）》中法定刑调整详细梳理，可参见刘宪权《〈刑法修正案（十一）〉中法定刑的调整与适用》，《比较法研究》2021年第2期。

（二）我国刑法立法扩张的两个基本态势

1. 犯罪化与重刑化并行

以犯罪化和重刑化为主体内容的《刑法修正案（十一）》，只是我国刑法立法扩张进程中的一个节点。如果将刑法立法的时间拉长，我国刑法立法这种重刑化与犯罪化并行的特征就更为突出。1997 年以来，11 个刑法修正案所涉及的 209 个刑法条文中，在新增 71 个罪名（由 1997 年《刑法》的 412 个增至目前的 483 个罪名）的同时，也有 66 个条文对原有罪名的法定刑做了调整；在调整法定刑的 66 个条文中，有 49 个条文提高了法定刑，只有 17 个条文降低了法定刑。可见，《刑法修正案（十一）》延续着我国刑法立法以犯罪化与重刑化为主导的基本态势。

2. 重刑结构基础上的（再）重刑化

根据刑种在刑罚结构中的比例，刑罚结构由重及轻可分为四种类型：（1）以肉刑、死刑为中心的刑罚结构；（2）以死刑、自由刑为中心的刑罚结构；（3）以自由刑为中心的刑罚结构；（4）以财产刑为中心的刑罚结构。我国刑罚结构，大体上属于第二种类型。① 在总体上以财产刑为中心的德国刑法中，其刑罚结构属于典型的第四种类型，即“以财产刑为中心的刑罚结构”。由此可见，我国的刑罚结构远较德国刑罚为重。与刑罚结构类型划分一致，我国有学者通过对刑法典中法定刑与司法统计的定量分析，同样证明了我国刑法的重刑结构：我国刑法典中所规定的法定刑，不仅重于日本《刑法典》，也远重于德国《刑法典》，更不用提以刑罚轻缓和运行高效著称的瑞典、挪威、芬兰等北欧诸国的刑法。②

高起点的重刑结构决定了西方主要国家刑法立法的重刑化与我国的重刑化不可同日而语。比如，有学者指出，日本刑法近年来的重罚化，是相对于日本原来的刑事立法与司法状况而言，即使提高法定刑中的自由刑，也只是将法定最低刑提高一两年，或者将最高刑提高一年；罚金刑的数额

① 陈兴良：《刑罚改革论纲》，载赵秉志主编《刑法评论》（2006 年第 2 卷），法律出版社 2006 年版，第 34 页。

② 吴宗宪、李涛：《中外刑罚轻重比较研究——以法定刑的定量分析和司法统计为基础》，赵秉志主编《刑法论丛》（2015 年第 4 期），法律出版社 2015 年版，第 496 页以下。

并不高，即使修改数额时，提高的幅度也不大。[①] 而我国重刑结构下法定刑的提高幅度则大得多。以《刑法修正案（十一）》为应对金融乱象所修改的非法吸收公众存款罪和集资诈骗罪为例。对于非法吸收公众存款罪的修改，一是为本罪增设第三个刑档，“数额特别巨大或者有其他特别严重情节的，处10年以上有期徒刑，并处罚金”；二是将本罪的罚金刑由限额罚金修改为无限额罚金。对集资诈骗罪的修改，则是将法定刑的刑档由三档并为两档：第一刑档设置为“处3年以上7年以下有期徒刑，并处罚金”，第二刑档设置为“处7年以上有期徒刑或者无期徒刑，并处罚金或者没收财产”。相较于非法吸收公众存款罪大幅度提高最高法定刑，骗取贷款罪法则是在法定最高刑不变的前提下，提高了基本刑的最低刑和最高刑，而且三档并两档的设置，大幅度提高了量刑裁量权，同样在相当程度上加重了法定刑。这两个司法适用中比较接近的罪名，基于惩治金融乱象的需要，在法定刑的立法调整上已呈现出明显的重刑攀比的趋势。因此，重刑结构基础上的重刑化立法，是回应我国刑法立法扩张需要直面的难题，“毕竟在全球范围内，没有多少国家对于财产犯罪的处罚，动辄就是十年以上的自由刑”。[②]

二 古典刑法观持立法怀疑态度：原则性否定

（一）古典刑法观视野下的现代刑法立法

古典刑法最忠实的坚守者，是对现代刑法的立法扩张提出最系统、最持久批判的“法兰克福学派”。[③] 比如，瑙克（Naucke）从“法治国刑法”立场审视“预防刑法”的立法发展，哈斯默尔（Hassemer）从“古典刑

---

① 张明楷：《日本刑法的修改及其重要问题》，《国外社会科学》2019年第4期。

② 黄河：《犯罪现实与刑罚的社会控制——基于刑罚目的论的反思》，《中外法学》2021年第3期。

③ Vgl. Matthias Jahn, Die Frankfurter Schule des Strafrechts: Versuch einer Zwischenbilanz, JZ 2014, S. 943ff.；［德］许乃曼：《批判德国刑法思潮》，钟豪峰、彭文茂译，载许玉秀、陈志辉合编《不疑不惑献身法与正义 许乃曼教授刑事法论文集》，台湾学林出版有限公司2006年版，第64页以下。

法”出发检讨“现代刑法”的立法变化。① 这些二元论述形成了观察现代刑法立法的分离命题：古典的报应型（压制型）刑法立法 VS. 现代的预防型立法。②

分离命题下，强调法治国传统下的明确性、辅助性等原则的古典刑法观，在立法层面习惯于以侵犯个人法益的实害结果犯为主导的立法，对于突破古典原则的现代立法自然持否定态度。

古典刑法观对现代刑法立法的批评，可归结为作为刑法保护对象是否合理以及刑法介入手段是否理性两个方面。具体而言，一是，立法者越来越青睐抽象危险犯、实质预备犯的立法，以更好地保护内容空洞、边界模糊的集体法益；这导致法益概念不仅立法批判功能丧失殆尽，反而摇身一变成为证成刑法介入的充分条件。二是，立法者更多着眼于防止未然的不法而不是回应已然的不法。预防性导向不断推动刑法的犯罪化、刑事制裁介入的前置化，甚至刑罚的严厉化，有悖于传统法治国刑法所恪守的最后手段性和比例原则。

（二）原则性否定进路对现代刑法立法几无影响

若忽略细节，我国目前理论上对当前刑法立法的批评，遵循的也是相同的立场和思路。但是，以法益概念和比例原则限制刑法（量的）扩张趋势和（质的）去边界化方面成效不大，这已为 20 世纪六七十年代后的德国立法史证实。③

1. 以法益保护和比例原则作为立法批评标准成效不大

首先是以法益保护作为立法批判标准。在立法实践中，以法益概念肯定或否定立法正当性，往往难以摆脱陷入“公说公有理、婆说婆有理”的尴尬局面。因为，在决定何种利益应被视为特别重大的社会共同利益，以

---

① Vgl. Naucke, Schwerpunkteverlagerung im Strafrecht, 1993, S. 143; Hassemer, Kennzeichen und Krisen des mordernnen Strafrechts, 1992, S. 378f.

② ［德］Beatrice Brunhöber：《安全社会中刑法的功能变迁》，冀洋译，载赵秉志主编《刑法论丛》（2020 年第 1 期），法律出版社 2020 年版，第 84、93 页。

③ Vgl. Michael Kubiciel und Thomas Weigend, Maßstäbe wissenschaftlicher Strafgesetzgebungskritik, KriPoZ 2019, 36ff.

何种制度和规范保护该利益才算合理与必要时，立法者享有广阔裁量空间和决断自由。比如，对2019年《刑法修正案（九）》增设组织考试作弊罪是否违反法益保护原则，便存在尖锐对立。[①] 这说明法益只是一个用来讨论赞同与反对立法的用语："一个为了刑事政策考量的站位词，各种完全不同的观点均可汇入其中"。[②] 法益概念的立法批判力，在强势的立法政策面前微弱得可以忽略不计。

其次是以比例原则作为立法评价标准。德国学者罗克辛指出，依据比例原则固然可以批评将轻微违法行为犯罪化的立法，但这种判断更多是柔性的政策决断，不具有强制性。[③] 这种非强制性尤其体现在一般违法行为与犯罪化的选择上。依通行做法，行政处罚与刑罚在各自核心领域属于"质别"，即违反社会伦理而非难的领域处以刑罚，单纯违反技术性规定的领域处以行政处罚；两者间的灰色地带则存在"量差"，行政处罚与刑罚的选择同样属于立法裁量范围。如《刑法修正案（十一）》中，是否将高空抛物，妨害安全驾驶，催收非法债务，非法猎捕、收购、运输、出售陆生野生动物等一般违法行为升格为犯罪，取决于立法者的决断。

在《刑法修正案（十一）》制定过程中，尽管不乏以违反法益保护原则和比例原则而否定立法的不同意见，但整个立法活动中，从未出现某一条文因遭遇理论质疑在后续立法进程中就被删除的现象，有的只是新条文的不断出现与条文数量的增加。具体而言，2020年7月3日公布的《刑法修正案（十一）（草案）》一次审议稿条文有30条，10月22日二次审议稿的条文增至42条，12月27日最终通过的《刑法修正案（十一）》为48条。至于要求删除源自理论上不符合法益保护原则的非法吸收公众存款罪、泄露不应公开案件信息罪的呼声，得不到立法回应是意料中的事。

---

① 认为违背法益保护原则的，如叶小琴、刘彦修：《积极刑法立法观的司法检视与反思——基于组织考试作弊罪158个案例的实证研究》，《贵州大学学报》（社会科学版）2019年第4期；认为组织考试作弊行为侵害了国家考试的权威性与公共信用的，如张明楷：《增设新罪的观念——对积极刑法观的支持》，《现代法学》2020年第4期。

② ［德］托马斯·杜菲、［德］斯特凡·鲁伯特、李富鹏编：《柏林共和时代的德国法学》，商务印书馆2021年版，第343页。

③ ［德］克劳斯·罗克辛：《德国刑法总论（第1卷）》，王世洲译，法律出版社2005年版，第24页。

2. 古典刑法观落后甚至有碍于抽象危险犯的立法

以法益原则和比例原则作为批评标准否定立法，不仅未能有效影响刑法立法，甚至会成为立法的障碍。这突出体现在理论对抽象危险犯立法的反应上。抽象危险犯通常是立法先行，司法实践紧随其后，最后才是刑法理论的反应。对此有学者不无感慨，“只能够赞叹立法者利用立法机制，一开始在没有任何刑法学术的引导之下，即发展出抽象危险犯”。① 刑法理论中，抽象危险犯由“继子”变“宠儿”的戏谑，是刑法理论没有做好准备的形象反映。

在20世纪80年代，当抽象危险犯被德国立法者纳入作为保护集体法益汇聚地的环境刑法时，传统刑法理论如临大敌，于是质疑环境法益独立性、否定抽象危险犯的声音接踵而至：刑法设置抽象危险犯（过于积极地）介入环境治理，不仅与传统人类中心法益概念背离，也会导致刑法的干涉范围犹如大坝决堤般一发不可收拾，导致刑法自甘堕落。然而，随着司法实践富有成效地推进，理论上类似口吻的批判，时至今日早已销声匿迹、不见踪影了。②

我国刑法理论对环境刑法中抽象危险犯立法的滞后反应，同样如此。1997年《刑法》第338条所设立的重大环境污染事故罪，通过2011年的《刑法修正案（八）》修改为污染环境罪。根据立法说明，如此修改，是为了降低环境污染犯罪行为的入罪门槛、增强定罪量刑的可操作性，以应对日益严峻的环境保护形势。③ 此后，全国范围内与之相关的结案数量，短时间内突破了每年长期在个位数徘徊的尴尬，呈现出几何级的增长。这一立法上的突破，对中国生态环境的治理无疑是有益的。可以说，正是污染环境罪的增设，为我国环境刑事治理的司法实践打开了局面。就此而言，2011年《刑法修正案（八）》出台前后理论上对刑法介入环境犯罪治理的

---

① ［德］许乃曼：《批判德国刑法学思潮》，许玉秀、陈志辉合编《不疑不惑献身法与正义许乃曼教授刑事法论文选集》，台湾新学林出版有限公司2006年版，第73页。

② Vgl. Jahn, in: Kempf/Lüderssen/Volk (Hrsg.), Strafverfolgung in Wirtschaftsstrafsachen. Strukturen und Motive, 2014, S. 192.

③ 全国人大常委会法制工作委员会刑法室编：《〈中华人民共和国〉刑法修正案（八）条文说明、立法理由及相关规定》，北京大学出版社2011年版，第178—179页。

过于早期化的担忧甚至否定，是多余的。在目前司法实践的基础上，《刑法修正案（十一）》对污染环境罪法定刑增设了第三档刑罚，旨在进一步强化污染环境犯罪的刑事治理。

三　积极刑法立法观持立法亲近态度：有合作无批判

（一）持立法亲近态度的积极刑法立法观

1. 接受立法现实的积极刑法立法观

有学者将我国近年来的立法实践总括性地界定为积极刑法立法观。具体而言，2015 年通过的《刑法修正案（九）》标志着积极刑法立法观在中国的确立，2020 年《刑法修正案（十一）》增设新罪名尤其是“通过增设轻罪实现妥当处罚”是积极刑法立法实践的继续发展。[①] 显而易见，积极刑法立法观一改古典刑法观对立法的怀疑态度，对立法持亲近立场。

2. 缺乏立法批判的积极刑法立法观

有学者敏锐地指出，在我国“积极刑法立法观”的语境下，“积极参与社会治理”“积极扩大处罚范围”“积极前移”与刑罚目的理论“积极一般预防”之间存在概念偷换的嫌疑。[②] 在本文看来，这种用语有意无意地随意切换，某种程度上正凸显了积极刑法立法观的现实主义取向：一方面，在立法描述层面形象地概括当前活跃、能动、扩张的立法现象，借此展示刑法通过立法以介入社会治理的积极姿态：与其事后消极介入，不如事先主动防范。另一方面，在立法评价层面，以积极一般预防为根据为当前活跃的扩张性立法提供正当性支持。这种肯定立法现状的立场和倾向，很大程度上决定了积极立法观不具备立法批判的意愿和能力。

首先，积极刑法立法观缺乏立法批判的意愿。“无论是认为刑法修改过于频繁也好，还是认为立法与学者的预期相去甚远也好，我们都不得不承认，历次刑法修正案的相关规定及时回应了转型社会所产生的某些特殊

---

① 周光权：《论通过增设轻罪实现妥当的处罚——积极刑法立法观的再阐释》，《比较法研究》2020 年第 6 期。

② 冀洋：《我国轻罪化社会治理模式的立法反思与批评》，《东方法学》2021 年第 3 期。

问题，立法具有正当性，相关规定也具有合理性”。[①] 对于这种具有浓厚现状肯定立场和实用主义态度的立法观，我们无法期待它会有立法批判的原始动力。

其次，积极刑法立法观缺乏立法批判的能力。持积极刑法立法观的学者多强调未来取向的一般预防意义，尤其是行为规范的指引功能：“刑法立法只不过是要立规矩，即确立行为对错的标准（行为规范）……否则整个社会就没有章法可言”。[②] 但这并不符合刑法立法的事实，刑法立法大多数时候并不创设规矩、章法，作为二次法的刑法只是保障社会生活或前置法中既有的行为规范的贯彻。但这些既存的行为规范，并非理所当然地与刑罚防御关联在一起，“是否”以及“如何”惩罚在很大程度上是开放的，存有各种不同的答案，这就始终需要评价和明确应在何时准确运用刑法的反应模式。[③] 在此，积极刑法立法观的说理，显然夸大了行为规范指引功能的效果，且以逻辑上相当跳跃的方式回避了是否以及如何施加刑事惩罚的正当性追问。这种通过禁止特定行为方式（行为规则）优化法益保护的分析，已预设了有待证成的罪刑规范的正当性；在这种预设下，自然不会有批评新设罪名的空间。

（二）积极刑法立法观无力回应立法重刑化问题

有学者指出：“衡量一部立法是否为积极预防性刑法观的体现，有两个指标，一个是在刑事实体领域的犯罪化，另一个是在刑事制裁领域的重刑化。”[④] 不过，积极刑法立法观的支持者在肯定刑法立法犯罪化一面的同时，对重刑化的一面则态度暧昧，缺乏正面回应。

面对刑法犯罪化与重刑化携手并进的立法现实，积极刑法立法观固然可以解释论的视角转换回避对刑罚加重的立法评价，但这无疑会削弱它的

---

① 周光权：《刑事立法进展与司法展望——〈刑法修正案（十一）〉总置评》，《法学》2021 年第 1 期。

② 周光权：《积极刑法立法观在中国的确定》，《法学研究》2016 年第 4 期。

③ ［德］伊沃·阿佩尔：《通过刑法进行法益保护？——以宪法为视角的评注》，马寅翔译，载赵秉志等主编《当代德国刑事法研究》（第 1 卷），法律出版社 2017 年版，第 87 页。

④ 刘艳红：《积极预防性刑法观的中国实践发展——以〈刑法修正案（十一）〉为视角的分析》，《比较法研究》2021 年第 1 期。

现实解释力。从侧面回应的学者主张通过增设轻罪实现妥当处罚：《刑法修正案（十一）》增设轻罪看似属于刑法立法扩张，实际上是为克服司法所存在的选择适用类似重罪、勉强定罪，甚至类推定罪等法律适用弊端。[①]比如，在高空抛物罪、妨害交通安全罪增设前，高空抛物行为、抢夺公交司机方向盘的行为，司法实践中不乏以危害公共安全罪这一重罪处理；增设妨害药品管理罪，也是为了将未经批准而进口在国外上市的药品等行为从法定刑较重的生产、销售假药罪［《刑法修正案（十一）》已经修改为生产、销售、使用假药罪］剥离出来，以新设的妨害药品秩序罪处罚，以更好贯彻罪刑相适应原则。

但上述回应不仅似是而非，也是危险的。首先，一定数量的轻罪立法确实意味着设置了较轻法定刑的罪名数量在分则中的比重提升，确实能够推动整体刑罚结构朝轻缓化方向发展，增设轻罪立法的数量与整体刑罚结构轻缓化是正相关的。但从我国重刑结构下的立法现实看，不占主流的轻罪立法不足以改善重刑结构；降低原有罪名法定刑与增设新的轻罪的条文数量，相较于加重法定刑的条文数量占比重太小，不足以影响重刑结构。其次，立法者确认或否定司法解释或司法实践，都说明司法中存在类推解释现象。[②]从相对合理主义角度默认类推适用刑法，无疑是将刑法的类推适用作为立法的前哨和试点。这种无视司法权对立法权从属性、模糊立法与司法界限的理论建构，不仅无法实现通过轻罪立法优化刑罚结构的预期，只会陷入“司法无限倒逼立法的恶性循环”：只要司法实践中这种“适用类似重罪、勉强定罪甚至类推定罪”的重刑主义思维依然活跃，包括新设轻罪在内的所有罪名，仍然有被扩张甚至类推适用的危险。[③]

---

① 周光权：《论通过增设轻罪实现妥当的处罚——积极刑法立法观的再阐释》，《比较法研究》2020 年第 6 期；张义健：《〈刑法修正案（十一）〉的主要规定及对刑事立法的发展》，《中国法律评论》2021 年第 1 期。

② 主张通过加速立法修改、迅速增设新罪来克服司法中类推解释的观点，张明楷：《〈刑法修正案（十一）〉对司法解释的否认及其问题解决》，《法学》2021 年第 2 期。

③ 冀洋：《我国轻罪化社会治理模式的立法反思与批评》，《东方法学》2021 年第 3 期。

四 以“批判性合作”态度回应立法的提倡与可能

(一) 以“批判性合作”态度回应立法的提倡

立法实践已经证实，古典刑法观原则性地否定现代刑法立法，对刑法立法的扩张几无影响。就此而言，积极刑法立法观主动回应立法，符合实践理性。但积极刑法立法观浓厚的现状肯定主义，导致它对现代立法描述性有余而批评性不足，尤其是在面对我国特有的重刑结构的重刑化立法时，积极立法观不仅无力应对，甚至可能助长立法的重刑化。所以，缺乏立法批判功能的刑法理念，是无法想象的。

因此，持单一的亲近或批判立场，都不足以回应当前刑法立法的扩张问题，本文提倡以“批判性合作”的立场回应刑法立法扩张。合作是指，要充分认识到刑法立法扩张的现实需求，并尊重立法者的自由裁量权；批评体现在，理论回应更多去关注如何设计法律条文，致力于通过优化条文设计以有效影响刑事政策。①

(二) 以“批判性合作”态度回应立法的可能

在我国当前以修正案为主导的立法模式下，“对刑法典的部分内容进行零敲碎打的修修补补，其中难免出现和现行刑法整体思路背离之处，即修正案中所贯彻的宗旨和现行刑法的基本立场之间脱节，从而使得立法者在修改刑法时骑虎难下、左右为难”。② 这为刑法理论通过批判性合作完善立法条文设计并进而影响刑事政策提供了可能。事实上，在《刑法修正案(十一)》的制定过程中，通过批判性合作积极影响立法已得到不同程度的体现。

1. 最低刑事责任年龄的个别微调

《刑法修正案（十一）》所改动的唯一总则规定，是通过第 17 条第 2

① ［德］米夏埃尔·库比策尔：《德国刑法典修正视野下的刑事政策与刑法科学关系研究》，谭淦译，《中国应用法学》2019 年第 6 期。

② 黎宏：《关于刑法修正案（十一）草案中若干条文的商榷》，《人民检察》2021 年第 3 期。

款对法定最低刑事责任年龄的个别调整。理论上对刑事责任年龄的调整问题，一直存在“维持说”与“降低说”之争，也有学者建议引入英美法系中比较弹性的“恶意补足年龄规则”。[①] 囿于分歧较大，且维持说占绝对多数，《刑法修正案（十一）（草案）》一次审议稿并未涉及该议题。直到二次审议稿时，涉及法定最低刑事责任年龄调整的条文才首次出现：已满十二周岁不满十四周岁的人，犯故意杀人、故意伤害罪，致人死亡，情节恶劣的，经最高人民检察院核准，应当负刑事责任。经三次审议稿微调，即增加了“使用特别残忍手段致人重伤造成严重残疾的”情形，最终成为《刑法》第17条第2款：“已满十二周岁不满十四周岁的人，犯故意杀人、故意伤害罪，致人死亡或者以特别残忍手段致人重伤造成严重残疾，情节恶劣，经最高人民检察院核准追诉的，应当负刑事责任。”

相对于14周岁法定最低刑事责任年龄的规定，该款为12—14周岁的低龄未成年人恶性暴力犯罪负刑事责任提供了可能，但在实体与程序方面作严格限制：实体方面，相较于14—16周岁相对负担刑事责任年龄的八种行为缩减为故意杀人和故意伤害两种行为，而且对结果和情节要件也有进一步明确限制；程序方面，则需要最高人民检察院核准。可见，该款没有刚性地普遍降低责任年龄，也没有采取“恶意补足年龄规则”，而是在特定情形+特别程序的双重限制下，对法定最低刑事责任年龄个别性地向下微调。如立法者所明确指出的，这是“极其慎重的、非常有限制、有条件的微调”。这说明立法者在增设该款时，已充分权衡调整刑事责任年龄的利弊；在回应社会关切的同时，已充分兼顾了刚性地降低法定最低刑事责任年龄的批判性意见。

2. 有关条文在刑法中体系位置的变动

如上所述，在《刑法修正案（十一）（草案）》公布后，并没有因遭遇理论批评而删减条文。但是，确实有部分条文因学界的批评性意见而在刑法中的体系位置有所变动。

比如，为维护公民“头顶上的安全”而新设的高空抛物罪。在《刑法

① 如刘俊杰：《论降低刑事责任年龄起点的不可行性》，《法学杂志》2020年第7期；何萍、陈松然：《论“恶意补足年龄”规则的价值及本土化途径》，《青少年犯罪问题》2020年第3期。

修正案（十一）》的制定过程中，高空抛物在体系位置变动的同时，连带地，罪状与法定刑设计也有相应调整。具体而言，草案第一次审议稿曾将该罪名置于第二章“危害公共安全罪”中的第 114 条之下，“从高空抛掷物品，危及公共安全的，处拘役或者管制，并处或者单处罚金”。草案第二次审议稿调整至刑法分则第六章妨害社会管理秩序罪第一节妨害社会管理秩序罪中的第 291 条之一后，并将罪状中的“危及公共安全”修改为“情节严重的”，法定刑调整为“一年以下有期徒刑、拘役或者管制，并处或者单处罚金”，最终经第三次审议成为《刑法》第 291 条之二。这些变动明显受到了理论批评的影响：（1）在体系位置方面，高空抛物行为往往是违反了生活在高楼中的市民的社会生活秩序，属于违反社会公德心的社会失范行为，与《刑法》第 114 条所规定的放火、决水、爆炸、投放危险物质等危害公共安全行为，在社会危害方面存在根本差异，很难将高空抛物行为解释成危害公共安全罪中的“其他危险方法”；同时，该罪设置了管制与拘役较轻的刑种，如果设置在刑罚结构较重（法定最高刑为死刑）的危害公共安全罪中，容易导致罪刑不协调。因而，高空抛物罪应置于妨害社会管理秩序罪中。（2）在罪状的调整方面，删除“危及公共安全”，是因为高空抛物行为通常不会危及公共安全；增加“情节严重”，是为了将“高空抛掷极为轻微的物品（如一个塑料袋、一张废纸）且未造成危害后果等不值得科处刑罚的行为排除在犯罪之外”。[①] 高空抛物行为独立成罪后，在司法上依然会面临诸如行为人的证明困难以及与故意伤害罪、过失致人死亡罪等罪名的区分等问题，但相较于从根本上否定高空抛物行为独立成罪，上述合作基础上的批评对立法的实际影响更加有效。

3. 新设积极悔罪的特殊规定以节制刑罚

在刑罚设置上，刑法理论的合作性批判同样可以发挥建设性作用。比如，《刑法修正案（十一）》在对非法吸收公众存款罪和挪用资金罪总体上加重法定刑的同时，也设置了颇受好评的减免规定。其中，第 176 条非法吸收公众存款罪新设的第 3 款规定“在提起公诉前积极退赔退赃，减少损

---

① 张明楷：《增设新罪的原则——对〈刑法修正案十一（草案）〉的修改意见》，《政法论丛》2020 年第 6 期。

害结果发生的”，可从轻或减轻处罚；第272条挪用资金罪新设的第3款规定：“有第1款行为，在提起公诉前将挪用的资金退还的，可以从轻或者减轻处罚。其中，犯罪较轻的，可以减轻或者免除处罚。”这些规定类似于积极悔罪制度。

积极悔罪是指，行为人犯罪既遂或实行终了后、法益遭受实质损害前，实施逆和补救行为而减免刑罚的宽宥制度。[①] 积极悔罪性质上类似于中止，有所不同的是，总则中的中止发生在“行为实施后既遂前”，积极悔罪属于既遂状态后的“中止行为”。刑法分则中设置积极悔罪主要是为了应对刑法前置化诸犯罪结构（如实质预备犯、企行犯、危险犯）无法适用中止。分则中设置积极悔罪，在实体方面是因为早期化的行为法益侵害程度较低，“在自愿放弃继续作案的场合对处罚早期化时宽泛的刑罚施加相应的限制”，符合罪刑相适应原则。[②] 在程序方面，可为我国目前正在如火如荼进行的认罪认罚从宽制度“提供实体意义的标准”。[③] 可见，积极悔罪属于为化解刑法立法扩张（处罚前置化）的消极影响而设置的节制刑罚措施。

积极悔罪的设置，逻辑上是以肯定实质预备犯、抽象危险犯等犯罪结构类型的正当性为前提。[④] 在我国刑法未来的立法扩张中，可以预见会有越来越多预备犯、企行犯、危险犯等条文，结合条文具体情形设置积极悔罪应是影响刑事政策的有效途径之一。当然，像《刑法修正案（十一）》非法吸收公众存款和挪用资金罪一样，如有必要，也可对现行刑法的某些罪名设置积极悔罪的特别规定。

五　结语

原则性否定现代立法的古典刑法理论对立法持怀疑态度，肯定立法现

---

① 李晓龙：《刑法保护前置化研究：现象观察与教义分析》，厦门大学出版社2018年版，第157页。

② ［德］约尔格·艾泽勒：《抽象危险型犯罪的立法缘由和界限》，蔡桂生译，《法治社会》2019年第4期。

③ 李晓龙：《刑法保护前置化研究：现象观察与教义分析》，厦门大学出版社2018年版，第159页。

④ 林东茂：《危险犯的法律性质》，《台大法律论丛》第24卷第1期。

状的积极主义刑法观对立法持亲近态度。两者虽然态度不同，但单一态度背后呈现的依然是传统刑法理论自启蒙运动以来的浪漫情怀：试图以单一的“宏大理论”引领立法。但是，“如果看一下过去几十年的立法就会发现，我们几乎无法识别是否有统一的刑事政策路线。”① 当前新的立法条文，大多是基于政策压力针对具体问题量身制作的，内容上多具有偶然性，立法过程往往不乏妥协性、实用性的考量。② 这种实用主义的立法现实，决定了原则性否定立法的古典刑法观，等于主动地放弃了对立法的影响。而肯定立法现状的取向积极刑法立法观描述性有余、批判性不足，同样难以对立法产生实质性影响。

本文提倡对立法扩张的“批判性合作”态度——不是自前实证法立场从外部观察、评判或指导立法，也不是一味肯定立法，而是从新制定的法律中寻求立法的发展脉络，在承认刑法立法扩张的基础上，通过优化对具体条文的设计以尽可能影响刑事政策。《刑法修正案（十一）》制定过程中部分条文的调整，充分展示了通过批判性合作有效影响立法，不仅是可能的，也是有前景的。

（作者为中国社会科学院法学研究所副研究员，法学博士。本文原载于《辽宁大学学报》（哲学社会科学版）2021 年第 5 期，收入本书时略有删改。）

① ［德］贝恩德·海因里希：《德国刑事政策的当前形势》，李倩译，江溯主编《刑事法评论》（2018 年第 1 期），北京大学出版社 2018 年版，第 332 页。

② ［德］米夏埃尔·帕夫利克：《目的与体系——古典哲学基础上的德国刑法学新思考》，赵书鸿等译，法律出版社 2018 年版，第 98 页。

第二编

经济金融犯罪的惩治与防范

论电信诈骗犯罪的国际治理

莫洪宪

随着电信诈骗犯罪的跨国属性不断强化，仅依靠本国力量打击该类犯罪日益显得捉襟见肘，积极推动国际治理的实现成为必需。虽然目前该类犯罪的国际治理取得了一定的进展，但是仍然存在一些现实的瓶颈，影响了合作打击的效果。亟须采取积极的对策，推进国际治理的有效开展。

一 电信诈骗犯罪的跨国化

在各类犯罪走向跨国化的背景下，电信诈骗犯罪也逐渐走向跨国化。“所谓的跨境电信诈骗犯罪，是指犯罪嫌疑人利用电信、网络或其他现代传播媒介以及金融通兑服务等手段而实施的跨越不同国境、边境或地区的诈骗犯罪行为。”① “跨境电信诈骗犯罪” 更多是在司法管辖区域的视角进行评价，在国际治理的基础评价对象层面称为“跨国电信诈骗犯罪” 更为妥当。跨国电信诈骗犯罪是电信诈骗犯罪中较为特殊的类型，也是在全球化、网络化的背景下所产生的新型诈骗犯罪，其诈骗行为的全部或部分在一国的领域之外，但是发生的诈骗结果却作用于该国的领域之内。典型的跨国电信诈骗犯罪可以溯源至“尼日利亚骗局”。在石油价格大跌后，一些尼日利亚受过高等教育、英语流利的专业人士索性利用自己熟悉的特

① 吴照美、许昆：《两岸跨境电信诈骗犯罪的演变规律与打击机制的完善》，《青海社会科学》2014 年第 4 期。

长，改行从事起另一种“跨国生意”——国际（网络）诈骗。[①]

近年来，我国也不断遭受跨国电信诈骗犯罪的侵害，特别是随着国内司法机关对于电信诈骗的有力打击，该类犯罪日益转向在国外对国内被害人实施。相比于国内的电信诈骗犯罪，该类犯罪具有自身的特点，使得对其进行国际治理极为迫切：

第一，跨国电信诈骗犯罪往往组织更加严密，并且大量犯罪活动在国外实施，打击难度十分巨大。组织诈骗网络背后的“金主”可以隐匿于世界任何一个角落，在境内外任意一处建立犯罪集团，以甲国为“窝点所在地”、对乙国受害人“行骗”、在丙国“洗钱”。[②] 如在徐维行等人电信诈骗案中，2015 年底起，徐维行、曾柏叡等人在印度某地城郊的一栋二层别墅内设置电信诈骗团伙窝点，刘飞等40 余名被告人在徐维行、曾柏叡、李俊、李江文等人的招募或邀约下，陆续进入印度诈骗窝点从事电信诈骗活动。[③] 行为人以非法占有为目的，分别冒充中国大陆地区银行工作人员、公安机关、检察机关工作人员等角色，通过网络虚拟改号技术将来电显示号码改为上述机关的电话号码，以拨打电话的方式对中国大陆地区的被害人实施诈骗，骗取多名被害人钱财。而且，警方在打击中常常只能抓获国内的“马仔”，国外的主犯通常在逃并伺机卷土重来。[④]

第二，跨国电信诈骗犯罪团伙不仅在邻国活动，更可能跨洲实施犯罪，使得国际治理甚至洲际治理成为必需。近年来，我国司法机关通过挂牌督办等机制抓捕的电信诈骗犯罪人员，不仅涉及柬埔寨等东南亚国家，还涉及西班牙等欧洲国家。[⑤] 如王某等人诈骗案，2017 年 3 月至 9 月，被告人王某伙同其他成员（均被抓获）先后在意大利、葡萄牙开展针对大陆居民的电信诈骗活动。王某出面租借供诈骗团伙活动的车辆、房屋及网络

---

① 雨果网：《尼日利亚：骗子横行的国度》，https：//www. cifnews. com/Article/9500，访问时间：2021 年 8 月 21 日。

② 谢玲：《论跨境电信网络诈骗案件的打击困境及破解对策——以“人员流”证据的收集、运用为视角》，《中国刑警学院学报》2021 年第 1 期。

③ 四川省成都市中级人民法院一审。

④ 王世卿、杨富云：《新技术条件下我国跨境有组织经济犯罪研究——以电信诈骗和银行卡犯罪为视角》，《中国人民公安大学学报》（社会科学版）2012 年第 4 期。

⑤ 王洁：《司法管控电信网络诈骗犯罪的实效考察》，《中国刑事法杂志》2020 年第 1 期。

设备，并参与招募团伙成员、传授话术等诈骗活动。该团伙组织严密，分工明确。其中，一线接听员负责假冒快递客服向被害人虚构其邮寄快递中夹带的伪造身份证已被执法机关查获，诱骗其向假冒的警察、检察官报案、陈述案情。随后，冒充警察、检察官的二线、三线接听员在接受报案、调查案情的过程中，趁机套取被害人身份及财产信息进而诓骗被害人通过互联网操作电脑，骗取被害人银行账户资金，得手后将账款层层转移至诈骗团伙控制的多个银行账户，后予以取款套现。①

第三，有行为人对国外被害人实施跨国电信诈骗犯罪，对于我国履行国际治理义务提出新要求。如黄某华等诈骗案，两名被告人通过自己购得的多个网络平台账号，采取发次货或不发货的方式对境外客户实施网络诈骗。被告人黄某华共诈骗 8699 美元，折合人民币 5.6 万余元；被告人黄某参与诈骗 5939 美元，折合人民币 3.8 万余元。如其中一起事实为：2011 年 1 月，被告人黄某华从他人处购买了上海中露制冷工程有限公司（Shanghai Zhonglu Refrigeration Engineering Co.，Ltd）在阿里巴巴（中国）网络技术有限公司交易平台（该平台服务器在杭州市滨江区 IDC 机房）上的账号，在该交易平台上发布大量低价虚假商品信息吸引境外客户，待客户通过中国银行转账汇款至被告人黄某华所持有他人的中国银行卡后，采取发次货或不发货的方式对境外客户实施网络诈骗。②

第四，跨国电信诈骗犯罪的追赃更为困难，往往受害人财产难以得到有效补偿，亟须推进犯罪资产的国际治理。追赃本就困难的电信网络诈骗犯罪，伴随着跨越国境形成的法域阻隔，执法障碍陡然而生，又有网银、手机支付等各种即时转账、到账快捷支付方式的普遍应用及互联网先进技术等的嵌入，电信网络诈骗犯罪跨境追赃可谓难上加难。③ 实践中，众多跨国电信诈骗犯罪案件无法追赃，即便能追回财产的案件，其追回比率也十分有限。如前述王某等人诈骗案中，受害企业在公安机关的协助下，已经追回钱款 2000 余万元。这是极少数写明已追回赃款数额的跨国电信诈骗

---

① 上海市徐汇区人民法院一审。

② 浙江省杭州市滨江区人民法院一审。

③ 郝家英：《电信网络诈骗犯罪跨境追赃与国际刑事司法合作》，《北京警察学院学报》2021 年第 2 期。

犯罪案件，然而该案的财产损失高达8900余万元，所追回的财产依然杯水车薪。以此推断，其他跨国电信诈骗犯罪案件的追赃比例可能更低。

因此，对于跨国电信诈骗犯罪仅按照打击传统诈骗犯罪的形式和领域开展国际治理是远远不够的，必须探索具有契合性、适应性、针对性的专项国际治理机制。

二 电信诈骗犯罪国际治理的发展

我国开展电信诈骗犯罪国际治理既是在各国共同协作的背景下开展的，也是基于我国实际所作的积极探索，因此需要从国际层面和我国层面进行全面考察。

（一）电信诈骗犯罪国际治理的现有机制

在各国层面进行考察，可以发现目前电信诈骗犯罪国际治理主要是依托现有领域的治理机制，具体围绕以下两个领域展开：

第一，有组织犯罪领域的治理机制。这一领域已经为学者所关注，如有学者指出，《联合国打击跨国有组织犯罪公约》与电信诈骗犯罪国际治理密切相关。具体而言，其认为该公约第2条对有组织犯罪集团进行了界定，第3条对跨国犯罪的情形进行了列举，第5条规定参加有组织犯罪集团的行为，第6条、第7条要求各缔约国将故意洗钱行为规定为犯罪，第12条、第13条、第14条分别对没收和扣押的国际合作进行了规定，第14条规定了赃款赃物优先赔偿被害人、归还合法所有人的原则和资产分享制度，第18条、第19条分别对司法协助和联合调查进行了规定，第20条规定了特殊侦查手段，这些均与电信诈骗犯罪国际治理关联。①

如果以有组织的方式实施诈骗犯罪，其当然属于有组织犯罪的范畴。根据“功能作用”论所划分的政治社会型犯罪组织、集团型犯罪组织、贪利型犯罪组织、犯罪辛迪加四种类型中，诈骗犯罪组织即属于贪利型犯罪

① 郝家英：《电信网络诈骗犯罪跨境追赃与国际刑事司法合作》，《北京警察学院学报》2021年第2期。

组织。[①] 但是电信诈骗犯罪与有组织犯罪在性质上属于交叉犯罪，有组织犯罪的一些治理机制未必专门适用于电信诈骗犯罪。比如一般的犯罪类型界定、司法协助与联合调查、特殊侦查手段等，也适用于其他类型的有组织犯罪。与之相对，洗钱行为、没收和扣押、赃物追回、资产分享的机制则对于有组织的电信诈骗犯罪国际治理具有重要意义。

第二，网络犯罪领域的治理机制。典型适例是基于2001年《欧洲委员会网络犯罪公约》（*Council of Europe Convention on Cybercrime*）所构建的治理机制，其第8条“计算机相关诈骗”还列明了两种行为情形：a. 输入、改变、删除或者压缩计算机数据的；b. 干扰计算机系统功能的。[②] 虽然欧洲语境下“诈骗”（欺诈）概念含义更为广泛，但是该条也确立了该公约治理机制适用于打击电信诈骗犯罪的规范基础。与之类似，一些打击网络犯罪国际立法也是在实体刑法条款中规定电信（网络）诈骗犯罪，使其可以适用后续规定的治理机制。

其他国际层面网络犯罪治理机制也具有重要作用。如2015年4月13日，国际刑警组织在新加坡成立第二总部——“全球综合创新中心”，这是国际刑警组织应对近年高发的区域性和全球性网络犯罪等新威胁而设立的专门机构，主要为成员提供打击网络犯罪的行动和技术支持，并提供网络安全威胁分析、预防和打击网络犯罪等长期战略支持服务。[③] 而国际刑警组织除执法机构之间的非正式双边关系网之外，还维系着一个由190个国家的国家中心局组成的体系。这些中心局通常是各国全国执法机构内部的指定科室。通过“24/7”网络，中心局既可为警方之间的非正式双边或多边请求提供协助，也可协助通过国家中心局将正式司法互助请求从一国中心机构传送到另一国中心机构。[④] 国际刑警组织的以上机制也有助于电信诈骗犯罪国际治理。

---

① 莫洪宪：《有组织犯罪研究》，湖北人民出版社1998年版，第64页。

② See COE, Convention on Cybercrime, art. 8.

③ 张淑平、郭亦农：《大数据与电信网络诈骗之跨境治理》，《净月学刊》2018年第3期。

④ 联合国毒品和犯罪问题办公室：《司法协助与引渡手册》（https://www.unodc.org/documents/organized-crime/Publications/Mutual_Legal_Assistance_Ebook_C.pdf），第31页。

（二）我国关于电信诈骗犯罪国际治理的实践

为了全面推进电信诈骗犯罪国际治理的深入开展，我国从国内和国际层面进行了积极的实践：

第一，国内层面的实践。《中华人民共和国刑事诉讼法》（2018 年修正）（以下简称《刑事诉讼法》）第 18 条规定了“刑事司法协助原则”：“根据中华人民共和国缔结或者参加的国际条约，或者按照互惠原则，我国司法机关和外国司法机关可以相互请求刑事司法协助”。关于国际刑事司法协助，《中华人民共和国国际刑事司法协助法》（2018 年）（以下简称《国际刑事司法协助法》）第六章“查封、扣押、冻结涉案财物”与第七章“没收、返还违法所得及其他涉案财物”也与电信诈骗犯罪国际治理相关，特别是其第七章的条款。此外，《公安机关办理刑事案件程序规定》（2020 年修正）第十三章“刑事司法协助和警务合作”、《人民检察院刑事诉讼规则》（2019 年）第十六章“刑事司法协助”、《最高人民法院关于适用〈中华人民共和国刑事诉讼法〉的解释》第二十章“涉外刑事案件的审理和刑事司法协助”的相关条款也可适用。

特别是，《最高人民法院、最高人民检察院、公安部关于办理电信网络诈骗等刑事案件适用法律若干问题的意见（二）》（2021 年）（以下简称《电诈意见二》）从两个维度专门规定了电信诈骗犯罪国际治理：一是证据认证维度。该意见第 14 条规定：“通过国（区）际警务合作收集或者境外警方移交的境外证据材料，确因客观条件限制，境外警方未提供相关证据的发现、收集、保管、移交情况等材料的，公安机关应当对上述证据材料的来源、移交过程以及种类、数量、特征等作出书面说明，由两名以上侦查人员签名并加盖公安机关印章。经审核能够证明案件事实的，可以作为证据使用。”二是刑期折抵维度。该意见第 15 条规定：“对境外司法机关抓获并羁押的电信网络诈骗犯罪嫌疑人，在境内接受审判的，境外的羁押期限可以折抵刑期”。

第二，国际层面的实践。截至 2020 年 6 月，我国已经与 81 个国家缔结引渡条约、司法协助条约、资产返还与分享协定等共 169 项，与 56 个国家和地区签署金融情报交换合作协议。[①] 如与马来西亚签订的《关于刑事司法协助的条约》、与日本签订的《关于刑事司法协助的条约》、与西班牙签订的《刑事司法协助条约》、与菲律宾签署的《关于打击跨国犯罪的合作谅解备忘录》，不少条款均可适用于电信诈骗犯罪国际治理。特别是我国与加拿大签署的《关于分享和返还被追缴资产的协定》，更是为追回电信诈骗犯罪所涉财产提供了直接依据。[②]

此外，我国还与一些国家确立了一系列涵扩性较强的合作协议，特别是与东南亚国家。包括《中国与东盟在非传统安全问题领域合作联合宣言》、《中老缅泰关于湄公河流域执法安全合作的联合声明》、历届东盟与中国打击跨国犯罪部长级会议发表的《东盟与中国打击跨国犯罪部长级会议的联合声明》、历届中国—东盟成员国总检察长会议发表的《联合声明》。[③] 以及《中越关于加强合作打击电信诈骗犯罪谅解备忘录》《中菲联合声明》等，如《中菲联合声明》即强调双方同意加强执法合作，共同打击职务犯罪、电信诈骗、非法网络赌博、计算机犯罪等跨国犯罪。[④]

经过国内和国际层面的全面实践，我国取得了电信诈骗犯罪国际治理的积极成效。根据公安部 2021 年 6 月的统计，2020 年以来，各地公安机关坚持境外打击不止步，先后将 2620 名诈骗犯罪嫌疑人从东南亚相关国家遣返回国，已批准逮捕 2091 名，其中 1093 名正在移送起诉，有力震慑境外诈骗团伙。坚持立足境内打回流，先后抓获从东南亚相关国家回流的诈骗嫌疑人 1.8 万名，深挖破案 3893 起。坚持深挖金主不放松，共抓获“金主”和骨干成员 100 余名，缉捕公安部 A 级逃犯 2 名。坚持深入推进专案行动，公安机关和移民管理部门联手打掉西南边境偷渡团伙 456 个，抓获

① 法制网：《国家监察委首次向全国人大常委会报告专项工作 2014 年至今年 6 月追回外逃人员 7831 人赃款 196.54 亿元》，http：//www.legaldaily.com.cn/index_ article/content/2020 - 08/10/content_ 8273275.htm，访问时间：2021 年 8 月 21 日。

② 京华时报：《中国与加拿大签署协定 将分享和返还被追缴资产》，https：//www.163.com/news/article/C1P86EJO00014AED.html，访问时间：2021 年 8 月 21 日。

③ 陈伟强：《中国与东盟国家警务合作之考探——从合作基础、形式、挑战到完善》，《刑法论丛》2018 年第 4 期。

④ 郝家英：《电信网络诈骗犯罪跨境追赃与国际刑事司法合作》，《北京警察学院学报》2021 年第 2 期。

"蛇头"1364 名，查获境外回流人员 10.1 万名，破获案件 8287 起。先后有 1.6 万名境外诈骗窝点嫌疑人主动停止作案，回国投案自首。[①] 以上数据充分说明，我国切实推动打击电信诈骗国际治理，在打击犯罪行为人、犯罪资财等方面有了积极的进展。

三　电信诈骗犯罪国际治理的瓶颈

目前虽然就电信诈骗犯罪国际治理形成了一定的机制，我国也就此进行了积极的实践，打击了一批该类犯罪。但是总体而言，目前国际治理中还存在多方的瓶颈，客观上影响了实践效果。

第一，电信诈骗犯罪管辖权的瓶颈。理论上看，电信诈骗犯罪管辖权可能存在三种冲突：一是可能表现为积极冲突，即多个国家均主张对于电信诈骗犯罪的管辖权。二是可能表现为消极冲突，即多个国家均逃避对电信诈骗犯罪的管辖。三是可能表现为因刑事实体规则差异带来的冲突。由于各国刑事实体法规则不尽相同，对于电信诈骗的法律处置也不尽相同，由此可能导致不同国家对于电信诈骗是否构成犯罪可能采取不同的立场。在涉及三个以上国家时情形更为复杂。如电信诈骗犯罪行为人在 A 国对 B 国的被害人实施犯罪后，从 A 国逃往或将财产转移到 C 国，但是 C 国既非犯罪行为地所在国也非犯罪结果地所在国，如果行为人具有 C 国的合法居留权，C 国完全可能拒绝将该涉案人员遣返回请求国。[②]

这种冲突与管辖权类型密切相关。一般各国刑法理论和实践均认可犯罪的管辖权包括四种类型：属地管辖、属人管辖、保护管辖和普遍管辖。但是对于电信诈骗犯罪而言，不仅异类管辖权之间会出现冲突，同类管辖权之间也可能出现冲突：前者如属地管辖权与属人管辖权的冲突，在 A 国公民于 B 国境内向 A 国被害人实施诈骗犯罪的情形，犯罪行为地在 B 国，

---

① 公安部：《公安部新闻发布会通报全国公安机关打击治理电信网络诈骗犯罪举措成效》，https：//baijiahao. baidu. com/s？ id = 1702870474702855918&wfr = spider&for = pc，访问时间：2021 年 8 月 21 日。

② 刘道前：《打击跨境电信诈骗国际警务合作的问题与对策》，《犯罪研究》2019 年第 6 期。

按照属地管辖理当由 B 国予以制裁，但犯罪行为人为 A 国公民，基于属人管辖 A 国也可对其予以打击，二者出现冲突。后者如属地管辖权之间的冲突，还是如 A 国公民于 B 国境内向 A 国被害人实施诈骗犯罪的情形，犯罪行为实施地为 B 国，但是犯罪结果发生地为 A 国，二者也出现冲突。

第二，电信诈骗犯罪证据规则的瓶颈。一方面，电信诈骗犯罪取证规则存在冲突。有学者将该类犯罪的取证分为两种：一种是通过常规的现场勘验检查、查封、扣押、冻结等侦查行为获取案件的物证、书证、电子数据及视听资料等证据；另一种方式则是通过远程电子勘查的方式，通过互联网接入犯罪团伙作案时所使用的计算机，进行远程调取电子数据。[①] 虽然理论上这种划分并无问题，但是由于各国对于司法主权的维护，因此常规取证往往交由他国予以完成。远程电子勘查虽然可以由一国直接予以完成，但是由于绕开了他国的司法机关，有可能损害他国主权，因此也颇受争议。因此，这两种取证方式在电信诈骗犯罪领域都面临一定的障碍。

另一方面，电信诈骗犯罪证据认定尚缺乏一致的规则。如有学者即关注到对象国提取收集证据的规则与我国不同，其取证技术办案思路等会影响到案件证据收集的质量，出现证据转化认证问题。[②] 正是因此，《电诈意见二》第 14 条对于证据认定作出专门规定，但是该条规定内容仅指向程序，即"境外警方未提供相关证据的发现、收集、保管、移交情况等材料"时，如何进行补正，对于证据规格不符等实质判断问题未作规定，电信诈骗犯罪证据认定仍然需要进行个案判断。

第三，电信诈骗赃款追回的瓶颈。电信诈骗赃款追回的难题来源于两个方面，一个方面是犯罪行为人充分利用网络技术和金融服务进行转账、洗钱，导致赃款溯源十分困难。跨境电信网络诈骗团伙在被害人将钱款转至嫌疑人指定的银行账号后，会迅速进行资产移转，并且提现，甚至由专业的洗钱机构进行操作，使得公安司法机关对资金流向的查证十分困难，更遑论及时止付、冻结账户、追回赃款。[③] 因此，一旦赃款进入犯罪行为

---

① 刘道前：《打击跨境电信诈骗国际警务合作的问题与对策》，《犯罪研究》2019 年第 6 期。

② 刘道前：《打击跨境电信诈骗国际警务合作的问题与对策》，《犯罪研究》2019 年第 6 期。

③ 郝家英：《电信网络诈骗犯罪跨境追赃与国际刑事司法合作》，《北京警察学院学报》2021 年第 2 期。

人掌握，可能即刻“无影无踪”。

另一方面是各国对于返还赃款的配合程度有限。在此情况下，犯罪行为人往往利用不同国家金融支付结算转接的难题，转移电信诈骗犯罪赃款。如在我国某省警方侦办的案件中，诈骗团伙在实施犯罪过程中，部分犯罪嫌疑人使用的是老挝国家金融系统的银行卡，因受老挝金融清结算系统影响，中国警方在境内无法进行有效扣押冻结。即使采用司法协助，请求老挝警方冻结，由于这一合作环节缺乏有效衔接，导致了当前的警务合作流程时间较长，漏网的犯罪嫌疑人极有可能利用时间的空当将非法所得转移。① 此外，对各国而言还有一重不便言明的原因，即相比于返还给受害国，各国更倾向于将这些赃款纳入自身的支配之下。

四　推进电信诈骗犯罪国际治理的对策

实现电信诈骗犯罪国际治理，必须针对各项瓶颈采取有针对性的对策，切实促使各国积极协同打击该类犯罪。

第一，有效确立电信诈骗犯罪的刑事管辖。在网络犯罪领域，有学者提出应在属地管辖权的基础上，基于“实害或者影响关联性”确定网络犯罪的管辖（“实害联系原则”）。具体指仅仅发生联系还不足以享有管辖权，某一法域对具体的某一网络犯罪行为是否拥有刑事管辖权，应当以实害标准作为判断的前提性根据之一。这一观点佐证了即便在信息网络领域，犯罪管辖权的确立依然应以属地管辖权为基础，只不过如何具体加以确定需要结合相应的犯罪予以个别化。

就电信网络诈骗犯罪而言，应区分异类管辖权冲突和同类管辖权冲突加以确定：对于异类管辖权冲突，应当强调属地管辖权的基础地位，其他管辖权对其予以补充适用；对于同类管辖权，应强调犯罪结果地优于犯罪行为地，突出强调被害人所在国的管辖优越地位，以更好地保护被害人。对于各种情形，可以考虑参考《联合国打击跨国有组织犯罪公约》第 3 条

① 伍光红、杜广雷：《跨境非接触性诈骗犯罪的国际警务合作实证研究——以 S 省警方侦办的某跨境电信诈骗案为例》，《广西民族大学学报》（哲学社会科学版）2018 年第 4 期。

“适用范围”第 2 款，并加以倒序适用。该款规定“就本条第 1 款而言，有下列情形之一的犯罪属跨国犯罪：（a）在一个以上国家实施的犯罪；（b）虽在一国实施，但其准备、筹划、指挥或控制的实质性部分发生在另一国的犯罪；（c）犯罪在一国实施，但涉及在一个以上国家从事犯罪活动的有组织犯罪集团；或（d）犯罪在一国实施，但对于另一国有重大影响”①。就电信诈骗犯罪，可考虑按照“犯罪结果重大影响国 > 电信诈骗集团所在国 > 电信诈骗行为对象国 > 电信诈骗行为地国”的顺序予以确定。

第二，充分协调电信诈骗犯罪证据规则。针对优化取证方式，有学者提出《国际刑事司法协助法》第 25 条“请求外国协助调查取证时，办案机关可以同时请求在执行请求时派员到场”这一规定，为我国与相关国家对电信网络诈骗跨国犯罪进行联合侦查提供了可能。建议在我国《刑事诉讼法》或者《刑事司法协助法》中明确增设联合侦查机制，并就具体程序运行予以明确，以有力打击包括电信网络诈骗犯罪在内的跨国犯罪。② 这一建议固然有其积极意义，但更需要积极推动相关证据规则的建立，从国际规则层面予以助力，使二者相得益彰。其中最重要的是构建兼具主权性和效率性的跨境取证规则。《刑事司法协助法》第 4 条第 3 款并未完全排斥跨境取证，而是将“经主管机关同意”作为开展类似协作的前提条件，可考虑基于该款构建相应的电信诈骗犯罪取证规则。

另外，也应在《电诈意见二》第 14 条关于证据认定程序规定的基础上，进一步探索实质性条款的设置。其内容可包括电信诈骗犯罪证据的真实性、原始性、完整性，以及其他判断要件。有学者提出，在司法层面有必要通过各国国内法律与各国间双边多边协议授权由警务合作方成立专门的联合办案小组，在法律授权范围内由办案小组内的合作方侦查人员、技术人员共同进行现场勘验、检查、证据收集、固定和保全，以便于此类证据能够在本国审判中不需要转化程序而直接适用。③ 虽然建立类似的联合

① 联合国：《联合国打击跨国有组织犯罪公约》，第 3 条。

② 郝家英：《电信网络诈骗犯罪跨境追赃与国际刑事司法合作》，《北京警察学院学报》2021 年第 2 期。

③ 刘道前：《打击跨境电信诈骗国际警务合作的问题与对策》，《犯罪研究》2019 年第 6 期。

办案小组确有积极意义，但是形成常态化、机制化的模式还需长期的努力。

第三，构建电信诈骗犯罪赃款追回机制。关于赃款追回机制，2017 年《联合国打击网络犯罪合作公约（草案）》（*Draft United Nations Convention on Cooperation in Combating Cybercrime*）在借鉴《联合国反腐败公约》的基础上作出了全面的规定，这些规定如果通过也适用于电信诈骗犯罪。但是其过于照搬了《联合国反腐败公约》，科学性和针对性存疑，具体见表 1：[①]

表 1　**资产追回条款对比**

《联合国打击网络犯罪合作公约（草案）》	《联合国反腐败公约》
第二章第三节　资产的追回	第五章　资产的追回
第二十九条　一般规定	第五十一条　一般规定
第三十条　预防和监测犯罪所得的转移	第五十二条　预防和监测犯罪所得的转移
第三十一条　直接追回财产的措施	第五十三条　直接追回财产的措施
第三十二条　通过没收事宜的国际治理追回资产的机制	第五十四条　通过没收事宜的国际治理追回资产的机制
第三十三条　没收事宜的国际治理	第五十五条　没收事宜的国际治理
第三十四条　特别合作	第五十六条　特别合作
第三十五条　资产的返还和处分	第五十七条　资产的返还和处分

因此，尚需结合电信诈骗犯罪自身的特点，构建有针对性的赃款追回机制。有学者提出将资产分享机制引入电信诈骗犯罪。其认为，在电信网络诈骗犯罪跨境追赃中，如果严格坚持受害人优先受偿原则，将严重挫伤资产所在国的积极性，为了保证国际刑事司法合作的长久性、有效性，需要探索设立对资产所在国的补偿制度。[②] 这一思路可以借鉴，但是需要充

① 王肃之：《打击网络犯罪国际规则的博弈与中国方案》，《法学论坛》2021 年第 1 期。

② 郝家英：《电信网络诈骗犯罪跨境追赃与国际刑事司法合作》，《北京警察学院学报》2021 年第 2 期。

分考虑被害人的补偿问题，建议采取顺位式的赃款追回机制：第一顺位为被请求国追回赃款支付的费用，先予支付；第二顺位为被害人的补偿和被请求国的补偿；第三顺位为被请求国不要求补偿时，给予的“奖励”数额，以激发其积极性。

（莫洪宪，武汉大学法学院教授、博士生导师。）

有效益的交易：合同诈骗罪规范目的证成

——以骗逃部分铁路运费案“目的论限缩”为例的分析

蔡道通

一 引发问题的案例与本文的立场

最高人民检察院曾经于2015年2月公布了涉铁路刑事犯罪10大典型案例，其中包括某国际货代公司骗逃部分铁路运费案（以下简称“骗逃部分铁路运费案”）。① 类案发生的背景是：为吸引日韩等国外货源过境中国，铁路系统通过政策倾斜及法规制定，相比于出口货物，一集装箱的过境货物可享受5到7折的优惠。② 某货代企业通过制作虚假的国际货物到达海运提货单及运单信息，将本是国内出口的货物伪造成过境货物进行虚假申报（出口套过境），骗逃（由于出口套过境而少交的）铁路运费846余万元。涉事的企业及其责任人员被法院以《刑法》第224条第5项的“兜底条款”规定定罪处刑。③ 尽管该案已经尘埃落定，但围绕该案的法律适用及其学理依据，在学术界仍然引发争议。

主张不能按照“兜底条款”适用的学者认为，合同诈骗罪保护的是合

---

① 袁定波：《最高检公布涉铁路刑事犯罪十大典型案例：国际货代公司骗逃铁路运费系列案已批捕25名涉案嫌疑人》，《法制日报》2015年2月10日。

② 黄何：《合同诈骗罪“兜底条款”的新认识——兼议连云港货代业骗逃运费案的罪与罚》，《大连理工大学学报》（社会科学版）2018年第3期。

③ 徐州铁路运输法院刑事判决书（2015）徐铁刑初字第24号。

同秩序，只要合同实际被履行，欺诈并不涉及对合同秩序的彻底破坏。履行合同的欺诈获利，不符合合同诈骗罪的“兜底条款”同类解释的要求，应当不构成合同诈骗罪。① 铁路法明确对不同行为规定了不同法律后果，有的情形规定“构成犯罪的，依法追究刑事责任”，但对上述行为则没有规定刑事责任条款。结合铁路法与刑法列明行为可以类型化的最大公约数的限制，完全可以得出对骗逃部分铁路运费的行为，不应当按照《刑法》第224条第5项的“以其他方法骗取对方当事人财物的”而成立合同诈骗罪的结论。② 相反的观点认为只要符合合同诈骗罪的项前构成要件，就应当按照该罪定罪处罚的结论，不需要也不可能要对该罪的“兜底条款”作出最严格的限制解释。③ 也就是说，“只要是利用经济合同实施的诈骗行为，符合合同诈骗罪的构造，具有诈骗故意与非法占有目的，倘若不符合前四项的规定，就必然符合第5项的兜底规定。”④ 总而言之，在赞同论的学者看来，合同诈骗罪“兜底条款”既没有不明确的地方，也没有限缩解释的余地。刑法的项前规定足以认定骗逃部分铁路运费的行为，列明的相关行为并无实质意义甚至不必列明。

即便赞同上述论者观点，是否只要符合构成要件的行为，就可以当然地套用合同诈骗罪的构成要件定罪处刑？答案仍然是否定的。陆勇假药案、王力军收购玉米案等引发社会广泛关注的“舆情”案件，都给我们提供了很好的分析样本，也为我们进一步思考和准确界定经济犯罪的规范保护目的提供了很好的契机。“面对无法停止的犯罪化趋势，刑法中法定的出罪事由相对供应不足。”⑤ 这也是目前经济犯罪面临的基本状况。

“目的解释意味着解释者不是奴隶般毫无思想、形式主义以及‘盲目评价’地不再以探究的规范文字和空洞的概念为指引，而是按照（经常是

---

① 黄何：《合同诈骗罪“兜底条款”的新认识——兼议连云港货代业骗逃运费案的罪与罚》，《大连理工大学学报》（社会科学版）2018年第3期。

② 蔡道通：《经济犯罪“兜底条款”的限制解释》，《国家检察官学院学报》2016年第3期。

③ 张明楷：《合同诈骗罪行为类型的边缘问题》，《东方法学》2020年第1期。

④ 张明楷：《刑法学》（第六版），法律出版社2021年版，第1086页。

⑤ 孙国祥：《民法免责事由与刑法出罪事由的互动关系研究》，《现代法学》2020年第4期。

多个的）法律规定的目的去‘探究’法律规定。”① 作为一种解释原则与方法，目的解释应当在经济犯罪的认定中发挥其应有的作用，其在理论上可以分为目的论扩张与目的论限缩，前者因规范目的的正当而无限扩张刑法文本的文义范围，将相关行为纳入本难以被涵盖的刑法规范中，因有类推嫌疑进而不能被刑法解释所允许；后者因行为契合刑法规范保护目的，而必须对构成要件进行限缩或者对刑事违法性作实质判断而出罪化。骗逃部分铁路运费的行为，是发生在具有一定行政色彩但本质上属于商事主体之间的商事交易领域的行为。② 应当说，鼓励交易、促进交易效率、保护交易效益是商事法律的基本定位。而商事领域的合同诈骗行为，刑法规制的基本目的必须要契合商事法律定位，因此，本质上商事领域定位的交易行为，即便有欺诈，也不能套用普通财产犯罪的标准、逻辑来解释该罪，而应当结合前置法进行目的论限缩解释，这是骗逃部分铁路运费的行为不能成立合同诈骗罪最为重要的理由。

二　刑法解释应当提防“目的论扩张”

目的论扩张，指的是，规范的事实构成可能太窄，以致根据规范目的必须囊括的某些事实不能被涵摄于其中。文义表达范围过于狭窄，因此拘泥于文字适用法律不能达到所追求的调整目标。重要的是，任何超越文义的“解释”事实上都是以漏洞认定为前提的。由于现行法律规范的规范目的可能更加广泛，所以认为这里存在法律漏洞，应当以类推来补充。因此，目的延展是法律类推的一种类型。③ 在学理上，目的论扩张针对的是一种制定法漏洞中的“开放型”漏洞而选择的一种解释方法。“‘开放型’

---

① ［奥］恩斯特·A.克莱默：《法律方法论》，周万里译，法律出版社 2019 年版，第 118—119 页。

② 学者认为，商事法律关系按照主体的不同，可以分为：商主体与商主体之间；商主体与作为监管者的非商主体之间；商主体与作为消费者的非商主体之间；商主体与非商主体之间；非商主体与非商主体之间。而非商主体与非商主体偶尔为之的商事交易行为，原则上受民事法律而非商事法律规制。蒋大兴：《商事关系法律调整之研究——类型化路径与法体系分工》，《中国法学》2005 年第 3 期。

③ ［德］魏德士：《法理学》，丁晓春、吴越译，法律出版社 2005 年版，第 387 页。

漏洞出现在制定法对特定类型案件没有设定适用原则的场合，虽然根据制定法自身的目的，这种规则本应被包含。”[①] 为此，目的论扩张主张应当“将刑法的字面含义充分利用到极致”。[②]

处罚必要性往往成为目的论扩张的实质性理由。“在考虑用语可能具有的含义的同时，还必须考虑处罚的必要性。对于一个行为而言，其处罚的必要性越高，将其解释为犯罪的可能性越大，但如果行为离刑法用语核心含义的距离越远，则解释为犯罪的可能性越小。”[③] 然而无论是当下的刑法理论还是司法实践，我们往往忘记了后面一句话，即“解释的可能性”，尤其是在注重实质正义的司法语境中。这种基于处罚必要性的考量以及价值模板一致性的认知，是建立在法律目的追求基础上的“路径依赖”与目的正当。因此，常常表现出来的是这样的情形：解释空间很小的文字被处罚必要性的要求不断地“撑开”其内涵，实践中就出现了许多不断突破刑法规范文义基本边界，以扩张解释之名，行类推适用之实的司法案件。

这样的解释结果与司法判决直接动摇了刑法的安定性与可预期性，对罪刑法定原则产生了不当的冲击。目的论扩张，其本质上是一种类推思维在刑法上的运用。“类推的思维如下：尽管待处理的案件没有被某个（或多个）法条的文义涵盖，对于该法条，属于‘否定的候选’，但是仍然依据该法条的模式评价待处理的案件。因为待处理的不受调整的案件与产生疑问的法条所依据的‘价值模板’一致，以至于按照肯定的平等原则（同样问题作同样处理），对其（尽管缺少文字上的支持）进行类比（按照意旨进行相同的）评价，因此能够保障实现法律‘评价体系’中‘无矛盾性’。”因此，类推所表达的“是不合文字但合法律目的的法律发现，其依据的古老格言是：‘意义相同的地方，遵循同样的规则’。”[④]

然而，“刑法领域，它放弃了禁止基于类比来证立可罚性的禁令（这

---

① ［德］卡尔·拉伦茨：《法学方法论》（全本·第六版），黄家镇译，商务印书馆 2020 年版，第 473 页。

② ［德］拉德布鲁赫：《法学导论》，米健译，商务印书馆 2013 年版，第 143 页。

③ 张明楷：《刑法分则的解释原理》，中国人民大学出版社 2004 年版，第 18 页。

④ ［奥］恩斯特·A. 克莱默：《法律方法论》，周万里译，法律出版社 2019 年版，第 172—173 页。

是迄今为止法的安定性最坚固的堡垒)”。[①] 应当说，这一认识是罪刑法定原则的自身逻辑要求，“它的目的不仅是要设立国家在刑罚上的权力，而且要限制国家在刑罚上的权力，它不仅要保护国家免遭罪犯侵害，而且要保护‘罪犯’免遭国家侵害；它不仅要保护公民免遭犯罪人侵害，而且要保护公民免遭检察官侵害，成为公民反对法官专断和法官错误的大宪章”。[②] 为了坚守罪刑法定原则的基本边界，恪守刑法的主要目的是防止国家刑罚权无端滥用的基本认知，就必须作出政治上与法律上的决断——在刑法的解释上，应当禁止使用“目的论扩张”进行刑法“开放型”漏洞的填补。从这个意义上说，“刑法是行使国家权力的一种形式，因而也就是一种政治”。[③] “之所以如此，是因为刑事正义区别于普通正义，其更重视形式性，强调刑法的形式价值，追求形式正义，理由是柔弱的个体无法对抗强大的国家机器，即限制公权力是刑法的第一要义。”[④]

应当明晰，罪刑法定和无罪推定都是付出代价的制度理念与设置。即便是程序正义，它也“始终是一种不完善的正义，无论刑事诉讼程序设计得多么精妙绝伦，这样的遭遇都无法躲避：一个无辜者可能被判有罪，一个有罪的人却可能逍遥法外”。[⑤] 相对于有罪的人可能逍遥法外来说，无辜者被判有罪更为可怕。实体正义与程序正义的目标定位就是要最大限度地防止这种结果的发生。为此，我们应当铭记的是，“法律，不仅仅是维持秩序的工具，而有时候它也是自己的敌人”。[⑥] 因此，对于刑法，顺理成章的结论就只能是，“除非制定法有特别规定，‘所有的行为均不受刑罚’”。[⑦]

---

① [德] 拉德布鲁赫：《法哲学导引》，雷磊译，商务印书馆 2021 年版，第 180 页。

② [德] 拉德布鲁赫：《法学导论》，米健译，商务印书馆 2013 年版，第 141 页。

③ [美] 马库斯·达博：《积极的一般预防以及法益理论》，杨萌译，载陈兴良主编《刑事法评论》第 21 卷，中国政法大学出版社 2007 年版，第 466 页。

④ 杨春然：《最后手段原则规则化研究》，人民出版社 2020 年版，第 2 页。

⑤ [美] 罗尔斯：《正义论》，何怀宏等译，中国社会科学出版社 1988 年版，第 86 页。

⑥ [美] 斯蒂芬·E. 巴坎：《犯罪学：社会学的理解》(第四版)，秦晨等译，上海人民出版社 2011 年版，第 543 页。

⑦ [德] 卡尔·拉伦茨：《法学方法论》(全本·第六版)，黄家镇译，商务印书馆 2020 年版，第 475 页。

三 刑法的目的解释理应限于目的论限缩

学者指出，“目的论限缩”这个表述所表明的是，当涉及超出法律目的、不为目的所涵盖的文义时，对法条以违背法律文义的方式进行限制，这时目的性考量也起到决定性的作用。① 目的论限缩的功能在于将合乎规范保护目的而不应当处罚的、没有实质法益侵害的行为予以出罪化。

隐蔽性漏洞是立法中常见的法律现象，“即制定法虽然含有可适用于这类案件的规制，但根据该规则的意义和目的，它在这里不适合适用，因为在评价上这一规则恰好没有虑及此类案件的特质。这种漏洞的出现是由于缺乏限制性规定。之所以是‘隐蔽性’漏洞，是因为至少乍看之下并不缺乏可以适用的规则”。② 目的论限缩体现出来的基本特征是，“与明确的条文相背”。在这里，规范目的明显优先于规范文义。重要的是：目的论限缩不是修正规范目的，而是通过修正文义来实现规范目的。③ 可以这么说，因为立法在表述条文时忽视了根据目的需要进行限制或者规定“例外条款”，“所以必须根据可认识的规范目的来限制条文的含义。因此人们称为‘例外漏洞’。……目的性限缩‘与明确的条文相背’”。④ 目的论限缩所要表达的是，刑法解释如何填补漏洞使得刑法适用更符合刑法规制某种行为的目的进而对欠缺实质违法性的行为去罪化。据此，“如果证实明确的文字没有明确地表达真正的规范意旨，那么修正性地背离明确的文字不仅被允许，其实更是一种要求”。⑤

刑法理论与司法实践对刑法的隐蔽性漏洞的忽视，以及对目的论限缩解释方法的意识欠缺或者能力不足，导致出现许多违背“天理、国法与人

---

① ［奥］恩斯特·A. 克莱默：《法律方法论》，周万里译，法律出版社 2019 年版，第 124—125 页。

② ［德］卡尔·拉伦茨：《法学方法论》（全本·第六版），黄家镇译，商务印书馆 2020 年版，第 474 页。

③ ［德］魏德士：《法理学》，丁晓春、吴越译，法律出版社 2005 年版，第 375—376 页。

④ ［德］魏德士：《法理学》，丁晓春、吴越译，法律出版社 2005 年版，第 386 页。

⑤ ［奥］恩斯特·A. 克莱默：《法律方法论》，周万里译，法律出版社 2019 年版，第 196 页。

情”的不当判决。比如，修正前的销售假药罪，按照当时立法的规定，无论是原来的药品管理法，还是刑法，在形式上都是包含“以假药论处”的未经批准或者许可的境外合格有效的药品的，“陆勇”案的最初入罪就是基于对构成要件的形式判断而形成的。当没有规范保护目的的准确界定，出现荒谬的司法裁判结果，就是大概率的事件。[①] 再如，对国家税收安全与税收征管而言，如果离开对刑法规范保护目的的界定，没有任何税收“流失”可能性的虚开增值税专用发票的虚开行为一定得出可以入罪的结论。但虚开增值税专用发票罪“在其构造上具有特殊性，因而从罪名沿革与规范构造这二个维度对本罪进行刑法教义学的分析具有重要的理论意义与现实意义。以罪状表述与罪名表征来看，本罪是以虚开行为为核心要素而展开的，然而，如果将本罪的规范目的仅仅拘泥于虚开，并不能彰显本罪所具有经济诈骗的性质。在这种情况下，只有将本罪第一罪刑单位解释为实质预备犯，即预备行为的正犯化，以骗取国家税款作为其非法的构成要件要素，才能正确界定其性质”。[②] 这是一种通过对规范保护目的界定，而对构成要件进行限缩，进而达到出罪结论的解释路径与方法。

通过目的论限缩的解释，刑法规范所遗漏的本不应当规制的“例外行为”因其契合刑法的保护目的而出罪。“在该意义上，可以称为目的不支持的文义多余，其应当通过违背文义却符合法律目的的方式排除。”[③] 而“出现这种情况的前提是：法律规定得过于笼统。因此，依据现行法的法律目的，对于所讨论的案件，法条遗漏了例外规定”。[④] 立足于罪刑法定原则的贯彻与坚守，刑法中的目的解释应当只存在于目的论限缩之中。

四 有效益的交易：合同诈骗罪的法益保护内容

学者对合同诈骗罪的法益保护内容基本持大致相同的立场。有观点认

① 蔡道通：《体系解释与目的限缩：行刑竞合案件解释规则研究》，《南京师大学报》（社会科学版）2020 年第 3 期。

② 陈兴良：《虚开增值税专用发票罪：罪名沿革与规范构造》，《清华法学》2021 年第 1 期。

③ ［奥］恩斯特·A. 克莱默：《法律方法论》，周万里译，法律出版社 2019 年版，第 166 页。

④ ［奥］恩斯特·A. 克莱默：《法律方法论》，周万里译，法律出版社 2019 年版，第 149—150 页。

为，本罪中“市场交易秩序和公私财产分别为主次要保护的法益”。[①] 有观点认为，“刑法规定本罪，是为了保护市场秩序与对方当事人的财产”。[②] 还有观点认为，“本罪侵犯的是复杂客体，既侵犯了国家对经济合同的管理秩序，也侵犯了公私财产所有权”。[③] 或者认为，“合同诈骗罪的保护法益，包括市场交易秩序和公私财产所有权（复杂客体）。合同诈骗行为必然造成市场经济运行活动混乱，破坏正常的市场流转和交易秩序；同时，合同诈骗行为也必然损害正常的债权债务关系，直接侵害公私财产所有权”。[④] 总而言之，上述观点基本的立场就是，合同诈骗罪的法益保护限于市场（合同）秩序与财产所有权。实践中，经常出现只要合同履行中有欺诈，对方当事人有财产损失，就等同于刑法上的“非法占有目的”，按照合同诈骗罪“兜底条款”定罪处刑，这也是用单纯的财产犯罪中对财产损失的逻辑与标准，来解释合同诈骗罪中的公私财产的损失与保护问题，从而造成不妥当的法益保护的界定。

上述认识带来的直接后果往往表现为，第一，无视包括交易总量与合同履行及程度在内的市场法则。欺诈行为和立案标准成为合同诈骗罪“兜底条款”的充要条件。这样的认识，将履行了绝大部分交易义务的行为所涉及的有履行诚意与履行基础的情况与“没有履行诚意与履行基础”无效益的交易（诈骗）等同起来，完全违背了同类解释要求的比例原则。第二，只要有欺诈，对方有损失便无视经济犯罪特有场域，直接用自然犯的“用合法形式掩盖非法占有目的”来认定“非法占有目的”。对此，有学者敏锐地指出这一认识的基本逻辑带来的后果：双方当事人之间订立契约的行为是“合法形式”，欺诈行为人内心骗取相对人财产利益的立约动机是“非法目的”。再套用此推导过程即可得出一般民事欺诈行为都属于“以合法形式掩盖非法目的”的荒谬结论。[⑤] 直接的后果是民事欺诈、商事欺诈

---

① 李振杰：《合同诈骗罪中非法占有目的的认定》，《人民司法》2019 年第 10 期。

② 张明楷：《刑法学》（第六版），法律出版社 2021 年版，第 1083 页。

③ 《刑法学》编写组，贾宇主编：《刑法学》（下册·各论），高等教育出版社 2019 年版，第 102 页。

④ 魏东：《案例刑法学》，中国人民大学出版社 2019 年版，第 104 页。

⑤ 沈伟：《涉嫌诈骗合同效力的司法认定及其处理路径——基于法解释学的解构》，《法学评论》2017 年第 4 期。

与刑事诈骗的混同，以及刑法对商事欺诈行为的不当介入。第三，竞合论思维甚嚣尘上。比如，如果行为人的合同诈骗行为达不到该罪的立案标准，但达到诈骗罪立案标准，认为可以按照普通诈骗罪定罪处刑的认识，[①]就是观念的直接表现。不考虑行为发生领域差异性而简单进行竞合处理的问题在于，“在这种情况下，如果允许替代性地选择一般法，实际上这将会使特别法（以及立法者借此意欲达到的目的）变成空想”[②]。作为经济领域的特别诈骗罪，无论在任何的意义上，都不能按照竞合原理而在普通诈骗罪与特别诈骗罪之间择一重处，[③] 否则一个普通诈骗罪就足以解决所有领域的诈骗犯罪，刑法无特别立法的必要。因为《刑法》第 266 条规定的诈骗罪，无论是立案标准，还是所涉的构成要件以及法定刑，都可用最低的入罪门槛与较重的法定刑，来评价所有的特别诈骗罪所规制的行为，也应该更能实现对特别诈骗行为的刑法“零容忍”。显然这是违背基本常识的一种结论。

出现这种结果的最为直接的原因，是我们完全忘却了立法对合同诈骗罪，乃至破坏社会主义市场经济秩序罪类型化单独立法的独有立场与规范标准，而机械地用普通自然犯的认识逻辑与标准，简单套用在作为法定犯发生在商事领域的经济犯罪中。其实，一旦我们不以行为发生的领域及其本身具有的规则与规律为基础理解犯罪构成，对行政犯的认定则必然发生偏差。应当意识到，“在现代社会，刑法的触角涉及社会生活的方方面面，如果只从技术角度来看，我们所有的行为都有构成犯罪的可能”。[④] 行为发生的场域不同，行为的立法容忍度、司法宽容度乃至归责原则，以及社会

---

① 陈洪兵：《不必严格区分法条竞合与想象竞合——大竞合论之提倡》，《清华法学》2012 年第 1 期。

② ［奥］恩斯特 · A. 克莱默：《法律方法论》，周万里译，法律出版社 2019 年版，第 79—80 页。

③ 正是经济犯罪的特殊性决定了下列类似的观点与认识就可能是不合理的，“生产、销售伪劣产品，同时构成合同诈骗犯罪的，属于想象竞合，依照处罚较重的犯罪处罚”。张明楷：《刑法学》（第五版），法律出版社 2016 年版，第 739 页。销售伪劣产品罪尽管有欺诈的成分，但它是一种有对价的交换关系，其与没有对价或者对价完全不成比例的诈骗罪，是属于完全不同的行为类型，刑法规制的目的也根本不同。因此，不应当也不可以按照想象竞合处理。

④ 罗翔：《刑法罗盘》，中国法制出版社 2020 年版，第 23 页。

接受度可能都有不同，[①] 用生活领域的刑事标准，对待市场领域，尤其是商事领域的行为，一定带来灾难性结果。

对于商事活动的刑法规制，有几个基本的认识必须清晰。第一，商事活动以鼓励交易、追求经济效益与交易效率为基本定位。“贸易本位是商法价值的基础。商法的价值包括了正义、自由、平等、公正、效率、安全和秩序等。但是交易效率价值、交易安全价值和交易公平价值构成了当代商法的三大基本价值。”[②] 这是与日常生活领域财产保护的刑法立场的重大差别。以合同诈骗罪为例，由于当事人双方之间存在合同关系，只要到期准时还款交货便足以阻却合同签订、履行合同过程中一方当事人的欺诈行为中的刑事违法性。即便双方发生纠纷，刑法的介入也只能是第二顺位的。而在普通诈骗罪中则相反，欺诈一方一经获取对方财物，即可认定非法占有目的，两者之间存在差异，理应区别对待。[③] 第二，商事法律是以“确保交易公平”“鼓励交易迅捷”“倡导交易确定”和“维护交易安全”[④]为基本依归。因此，商事领域对于欺诈行为的容忍度与法律的救济制度设计不同于生活领域的诈骗行为。“诈骗罪所保护的法益无法脱离被害人的态度而独立存在。如果刑法不尊重被害人事后的态度，基于诈骗罪（或者合同诈骗罪）处罚行为人，这就意味着，该欺诈在民法的范畴内属于合法行为，而在刑法的范围内属于违法行为，这显然违反‘法秩序统一性原则’，也有悖于最后手段原则。也就是说，民事法律将欺诈规定为可撤销、可变更的民事行为，使得诈骗禁止所保护的法益很难脱离被害人的态度而独立存在，这构成欺诈行为犯罪化的第二个法律障碍。”[⑤] “在现代私法中，欺诈是一个含义确定、功能多样的法律概念，其规范意义为，恶意诱使他人陷入错误而为意思表示。单纯告知虚假情况或者故意隐瞒真实情况，并不构成私法上的欺诈，因为可能存在对方知道或识破相对人恶意撒谎，其

---

① 范健：《商事审判独立性研究》，《南京师大学报》（社会科学版）2013 年第 3 期。

② 胡鸿高：《商法价值论》，《复旦学报》（社会科学版）2002 年第 5 期。

③ 赵丙贵：《市场交易欺诈行为刑法规制的一体化思考——以合同诈骗罪为视角》，《盛京法律评论》2017 年第 1 辑。

④ 顾肖荣：《商法的理念与运作》，上海人民出版社 2005 年版，第 4—10 页。

⑤ 杨春然：《最后手段原则规则化研究》，人民出版社 2020 年版，第 323 页。

意思形成自由未受侵害，从而根本不需保护的情形。”[①] 第三，对于由商事活动与商事行为引发的刑事法律问题，应当保持足够的审慎立场，尊重商事立法价值与刑法特别条款的意义，以及刑法列明行为的价值是基本前提。学者指出，在特定领域设置特殊性罪名，其意图绝非扩张普通罪名的适用，恰恰相反，是在于限制其适用范围的过分蔓延，否则这种“特殊”则没有价值，失去存在的必要。[②] 同时我们应当充分考虑到“现代社会是一个追求便捷、高效、经济的社会，从以人为本和经济成本角度考量，能以‘侵权’定性而获得社会效果与司法正义，何必以‘犯罪’定性而舍轻求重呢？商事纠纷的处理向刑事手段靠拢，那会产生巨大的社会负担。”[③]

就金融诈骗罪的法益保护的新认识，现有的研究成果同样对我们思考合同诈骗罪的法益内容有重要的启示。学者指出，当前刑法理论对金融诈骗罪的解读，由于深陷财产犯罪的模式而存在重大缺陷。金融管理秩序法益观在内容上的空洞化与价值取向上对金融机构的偏向性保护，不仅使得对金融诈骗罪的理解难以摆脱财产犯罪的模式，也无法为其教义学构建指明应然的发展方向。金融诈骗罪的核心法益是金融市场运作机制中涉及防范逆向选择现象的部分，财产权只是附属法益。金融诈骗罪的财产犯罪面向因受其金融犯罪面向的作用，而表现出不同于生活领域或一般市场领域的诈骗犯罪的特性，这使得金融诈骗罪在不法类型上有别于诈骗罪与合同诈骗罪。[④] 合同诈骗罪的法益保护内容，包括对财产损失的理解，不能套用普通诈骗罪的解读与适用。合同诈骗罪的规范保护目的应当是最大限度地鼓励交易，且保障合同秩序背后的合目的、有效益的交易。对于合同秩序与财产损失必须在目的论限缩意义上解读。在合同诈骗罪中，财产损失并非合同诈骗罪认定的决定性因素，它只是构成合同诈骗罪必要非充分条件。所以，合目的、有效益的欺诈行为（而且涉“兜底条款”规范的行为，必须具有同《刑法》第 224 条规定的列明行为具有大致同类、

---

① 朱广新：《惩罚性赔偿制度的演进与适用》，《中国社会科学》2014 年第 3 期。

② 赵丙贵：《市场交易欺诈行为刑法规制的一体化思考》，《盛京法律评论》2017 年第 1 辑。

③ 范健：《商事审判独立性研究》，《南京师大学报》（社会科学版）2013 年第 3 期。

④ 劳东燕：《金融诈骗罪保护法益的重构与运用》，《中国刑事法杂志》2021 年第 4 期。

相当的性质[①]），应当以“目的论限缩”予以出罪。

五　骗逃部分铁路运费的行为仍然是有效益的交易行为

回归本案，骗取部分铁路运费类案的基本事实可以概括为：第一，因政策的差别，过境货物比国内出口的货物运输费存在优惠，这些“被骗逃”的部分费用是铁路运输企业为了吸引货源或者占领市场份额，使得运输能力最大化时候可以让利、可以承受的部分。这种让利的合同也是铁路运输市场中合同的一种类型。第二，骗逃运费是将本是国内出口的货物伪造成过境货物进行虚假申报而达到少缴运费的目的。少缴运费存在虚构事实、隐瞒真相的客观事实，但对此应在市场交易领域进行思考。学者指出，对于诈骗罪宜采取限缩行为路径，将非法占有目的的内核——民事救济可能的基本丧失，纳入欺骗行为的认定中，以此区分民事欺诈与刑事诈骗。诈骗罪成立范围的实质认定应通过限缩行为来实现，重点评价欺骗内容与诈骗罪的保护法益关联程度，是否属于“作为交付判断基础的重要事项”，其包括“欺骗”的实质化和“错误”的实质化两种思路。[②] 第三，托运方骗逃的是部分铁路运费而非全部。当运输义务业已履行完毕，“欺诈”不能否认运费仍然是市场可以接受的“对价”，合同的履行仍然是有效益和效率的。可以说，对于托运方而言，这种行为与没有任何履行诚意基础的列明行为根本不一样，它也履行了主要的合同义务。

从上述的基本事实、证据、市场规则与法理出发，可以得出如下的结论：其一，本案乃至类案涉及的交易双方都是有交易对价的，但对价不代表一定是等价。刑法不应当以“等价”取代“对价”来作为财产损失的认定标准。否则，在大额的市场交易中，只要有欺诈和损失，就会架空前置法而机械入罪。“合同法注重双方当事人的意思表示和对价

---

① 具体的大致行为类型可参见周光权《刑法各论》（第四版），中国人民大学出版社 2021 年版，第 365—366 页。

② 陈少青：《刑民界分视野下诈骗罪成立范围的实质认定》，《中国法学》2021 年第 1 期。

（而非等价），即有对价的意思表示一旦成立，即受合同法保护。对于合同的内容，即当事人自行设定具体的义务是什么，合同法通常不关心。因此，合同规定的货物价格是否合理、具体的履行方式如何，均由合同的当事人自行决定。这就是说，社会对自愿性义务之履行并不关心，只对这种义务的产生方式及违反后的救济方式感兴趣。”① 其二，托运方的“虚构事实、隐瞒真相”系行为性非法，但对交易目的、交易效益没有构成根本性违背，交易合同及其履行过程是合目的的、也是有市场效率与效益的。商事领域的欺诈不符合结果性非法的情形，由前置法便足以调整，不构成刑法意义上对合同秩序背后交易效益与交易目的的根本性利益的损害。这一认识在法教义学意义上的价值在于准确判断同诈骗罪的“非法占有目的”，即：一是结果性非法，通过无偿或者不对价结果非法取得他人财产；二是行为性非法，通过非法行为方式进行对价交易取得他人财产。两者区别在于：前者重在揭示结果不对价之非法性；后者揭示的是行为方式的非法性。② 原则上，对于经济领域的合同欺诈犯罪，只有结果性非法占有目的才具有刑法处罚必要性与正当性。其三，现有的前置法足以对上述欺诈行为进行规范，尤其是惩罚性责任的规定使铁路运输企业不仅可以进行权利救济，还可以因为惩罚性法律后果的规定而得到超越一般商事法律标准的额外利益。

据此，骗逃部分铁路运费的行为本质上仍然是有效率与效益且合乎交易目的的，基于前置法已有的规制，完全可以通过目的论限缩的解释出罪。对于涉及商事领域的合同诈骗罪的认定与处理，国外的类似做法值得借鉴。“依瑞士法，刑事法官判处被告人散布淫秽物品罪时，应同时判决将该物品‘销毁’。该案涉及一些极具艺术价值的日本雕塑和印刷品。联邦法院认为，鉴于其艺术上的价值，将其销毁太过严苛。如果将其交给美术馆并限定只有艺术专家才能阅读，也能达到法律规定的目的。沃尔夫菲尔斯认为，这里涉及对‘销毁’一语的解释，联邦法院基于比例原则做出上述解释。但是这种解释已经超越了可能的文义边界。法院已经不是在解

---

① 杨春然：《最后手段原则规则化研究》，人民出版社 2020 年版，第 314 页。

② 彭文华：《对价欺诈交易刑民界限的法教义学分析》，《政治与法律》2021 年第 2 期。

释法律，而是基于比例原则，以目的论限缩的方式修正该制定法。”① 但需要强调的是，本文针对骗逃铁路运费行为的出罪化处理思路，不是在构成要件符合性意义上的通过“目的犯”添加的方式而限缩解释出罪，而是在因合乎规范保护目的而不具有实质刑事违法性的层面出罪。② 这样的思路，既符合“形式判断入罪，实质判断出罪”的认识规律与逻辑关系（不需要对构成要件作限制解释），也能够更好地符合市场经济本身的规律与规则，也最大限度地体现了前置法的立法目的、价值追求与功能发挥，将刑法的最后手段性的认识真正在个案中落地生根。

六　应当用社科法学智识补充丰富经济犯罪刑法教义学的解释

客观地说，骗逃部分铁路运费的行为，之所以被入罪化，既与对刑法规范的形式化理解与规范目的认识的错位有关，也与对刑法教义学功能与作用的认识偏差有涉。如果只在刑法规范内进行解释上的“转圈”与“循环”，而忘却了经济犯罪的发生场域及其特有规律，解释的结果可能符合刑法教义学的形式要求，但可能与前置法的立法目的和功能作用发挥，乃至使刑法的理性定位发生“南辕北辙”的错位。可以说，是我们研究方法上的视野局限，限制了我们在“兜底条款”解释上应当具有的想象力与解释力。就保险法、金融法的研究，学者曾经指出：保险法在研究内容上，仍主要集中在合同与监管，侧重总结某一法律规定的构成要件；在研究方法上，仍主要遵循“法教义学”的研究范式，而忽略了对法律背后的真实世界的理解，难以有效回答现实中的问题。③ 同样，在金融法研究中，“存在三个主要问题：第一，‘概念法学’流行，缺乏对真实世界的关注；第二，简单法律移植进路泛滥，忽视中国本土问题；第三，‘技术法学’与

① ［德］卡尔·拉伦茨：《法学方法论》（全本·第六版），黄家镇译，商务印书馆 2020 年版，第 499 页。

② 马寅翔：《规范保护目的与构成要件解释》，《中外法学》2021 年第 2 期。

③ 何启豪：《国家治理现代化背景下的保险法理论新范式——以保险人作为私人监管者为中心的考察》，《现代法学》2019 年第 4 期。

'社科法学'之间存在张力。"[①] 有学者曾经指出，类似金融法这样的新兴学科，需要关注高度变化的制度因素，需要讨论为什么要监管、需要讨论公共政策，这些都是超越传统民法体系的问题。需要引入经济学等社会科学的理论，需要引入社会科学的方法和范式，也就容易摆脱规范法学或者说"法教义学"的影响。[②] 发生在上述领域的经济犯罪的解释与司法适用理应比前置法更加拥有这种意识与认识。可以说，对经济犯罪的研究与解释，补齐社科法学知识的短板，也应当是刑法教义学在经济犯罪解释中必须正视的问题。

社科法学的价值在于，其论证方式强调解释社会现象，与侧重总结规范法律或规则构成要件的"技术法学"相比，"扩展了我们对法律背后的真实世界的理解"。[③] 社科法学关注的是，"为什么要有某一法律？为什么要有某一监管规则？法律和监管规则是如何形成的？它们是如何执行的？它们的未来如何？它们之间的关系如何？"[④] 随着社科法学对法教义学的逐步影响，在法学研究中，重视社科法学对法教义学的作用，取得越来越多的学术共识。"法教义学、社科法学，两者皆是构成中国法律研究的重要学术传统之一。前者在尊重现有法体系和法秩序的前提下，侧重研究法律规范的效力和适用；后者则关注法律和社会的关系，侧重研究法律规范的运行过程和社会影响。"[⑤] 在这个意义上说，社科法学与法教义学之间并非对立而是分工进行法的外部性和内部性研究。社科法学的发展能够促进法教义学的进步并通过法教义学间接地为法律的司法适用提供理论资源。[⑥] 不同领域与不同学科的智识极大地丰富了法学的解释逻辑与解释方法，并更容易得出最为合理的结论。"如同立法者创制的法官法的灵感来源也可

---

① 刘南平：《法学博士论文的"骨髓"和"皮囊"——兼论我国法学研究之流弊》，《中外法学》2000年第1期。

② 苏力：《也许正在发生——中国当代法学发展的一个概览》，《比较法研究》2001年第3期。

③ 唐应茂：《金融法中的社会科学》，《北大法律评论》2016年第17卷第2辑。

④ 唐应茂：《金融法中的社会科学》，《北大法律评论》2016年第17卷第2辑。

⑤ 陈兴良：《法学知识的演进与分化——以社科法学与法教义学为视角》，《中国法律评论》2021年第4期。

⑥ 陈兴良：《法学知识的演进与分化——以社科法学与法教义学为视角》，《中国法律评论》2021年第4期。

以是从法外获取的‘政策考量’。这些又应当尽可能地不只是以教义学论证的理论进行整理。”①

学者曾经就法学教育存在的问题指出，学科之间的人为壁垒“已经严重阻碍了法学知识的发展，乃至整个法学教育体系的创新”。② 其实这何尝不是经济犯罪规范解释研究必须正视的问题。比如，经济学的基本常识与知识，对经济犯罪的认定就具有重要作用，否则，缺乏相关的知识运用，就会形成学科自闭症而丧失准确的判断力。学者就指出，这种“学科自闭症”式的做法会走进死胡同。在这里，只要经济学论证与现行法的基本价值判断相容，法外的考量也应该被纳入。③ 同时，“生活情况的知识”不仅对法官“理解单个争议的案件，而且对于理解法律规范本身”也不可或缺。如果我们人为地就刑法规范适用仅仅进行刑法内的教义学解释，而忘却了刑法之外的大量前置法以及不同领域的市场规则与规律，进而让刑法的规范评价只在刑法的“孤岛”内进行，可能就会产生“只见小岛、不见大陆”的结果，就可能得出不合理、不科学的解释结论。更为重要的还有，“法律和规则必须要在伦理上和经济上都站得住脚，而且要符合大众的正义观念。因此，伦理学、法学的各个领域、历史学和政治学的研究，对于犯罪研究有着重要意义。”④

社科法学的智识以及相关认识提醒我们，必须明晰经济犯罪的研究与解释面临问题的特殊性。在当下自然犯与法定犯混合立法的语境下，一方面，我们应当有效正视普通诈骗罪与市场领域中的特别诈骗罪在构成要件、违法性与有责性方面的判断依据上的差别，并运用社科法学的智识，形成经济犯罪自身的逻辑与认定规范，而不是简单将普通诈骗罪推演到特别诈骗罪认定中，更不能认为诈骗罪与特别诈骗罪之间的认定逻辑完全相同。正如布鲁克斯·亚当斯在100年前说过：就像无法从公牛推论出电池

---

① ［奥］恩斯特·A. 克莱默：《法律方法论》，周万里译，法律出版社2019年版，第235—236页。

② 王利明：《人民的福祉是最高的法律》，北京大学出版社2018年版，第407页。

③ ［奥］恩斯特·A. 克莱默：《法律方法论》，周万里译，法律出版社2019年版，第236页。

④ ［瑞典］汉斯·舍格伦、约兰·斯科格编：《经济犯罪的新视角》，陈晓芳、廖志敏译，北京大学出版社2006年版，第1页。

一样，你也无法从高速公路的判例推论出铁路法规。① 另一方面，对待合同诈骗罪的规范适用，不能忘却丰富而复杂的经济生活本身的规律与法则对经济犯罪判断“要件正义”的意义，“不能违背特定条文的规范目的和体系价值，不能为追求能动适用或创新性适用而损害条文含义的确定性，尤其不能为追求朴素的‘抽象正义’而舍弃法律规范所蕴含的‘要件正义’”。②

总之，刑法学者的使命，正如学者指出的，应当是善于了解社会生活事实的变化，勇于反省自己的前理解，正确对待自己的偏见，从而使旧法条适应新时代。③ 因此，尊重并顺应市场经济规律，用社科法学智识补充丰富经济犯罪刑法教义学的解释，夯实经济犯罪解释大厦的牢固地基，形成经济刑法的基本法理，才是正道。“法理学是法学中最概括的部分。把个案化约为规则的一切努力，都属于法理学的努力。”④ 当然，我们同样需要注意的是，“在社会科学中期望得到的绝不是现成的答案，而只是方法和路径，即因为区别化所以是更好的论证方法和路径。它们因此绝不是思考的替代品，而是思考的激励物。借助于社会科学，只有去揭示所追求的法律规则的社会和经济意义时，实质理性的条件才会具备。”⑤ 这些认识，也应成为合同诈骗罪“兜底条款”规范解释与司法适用必须遵循的常识与常理。

（作者为南京师范大学法学院教授、中国法治现代化研究院研究员、江苏高校区域法治发展协同创新中心研究员。本文原载于《环球法律评论》2022 年第 1 期，收入本书时略有删改。）

---

① 戈峻、刘维：《创新与规制的边界：科技创新的政策法律调控之道》，法律出版社 2018 年版，第 231 页。

② 戈峻、刘维：《创新与规制的边界：科技创新的政策法律调控之道》，法律出版社 2018 年版，第 233 页。

③ 张明楷：《刑法理论与刑事立法》，《法学论坛》2017 年第 6 期。

④ ［美］霍姆斯：《法学论文集》，姚远译，商务印书馆 2020 年版，第 174 页。

⑤ ［奥］恩斯特 · A. 克莱默：《法律方法论》，周万里译，法律出版社 2019 年版，第 242 页。

自洗钱入罪后洗钱罪共同犯罪的认定

汪恭政

一　问题的提出

《刑法修正案（十一）》于 2021 年 3 月 1 日起正式施行，其中备受关注的内容之一便是洗钱罪的修改。相比之前《刑法》第 191 条的规定，此次修改的最大变化在于将自洗钱纳入洗钱罪的调整范围。自洗钱入罪后，自洗钱者（上游犯罪本犯）和他洗钱者都成为洗钱罪的行为主体，势必会影响洗钱罪共同犯罪的认定，而这些影响与《刑法修正案（十一）》第 14 条删除《刑法》第 191 条规定的“协助”和“明知”密切相关。为此，不少论者指出，《刑法修正案（十一）》删除“协助”“明知”后，自洗钱者被纳入洗钱罪的行为主体范围，自洗钱行为顺利实现了犯罪化，[①] 或者说“就是为了将‘自洗钱’也包括在内”[②]。

由此会引发不少有关洗钱罪的共同犯罪问题：“协助”删除后，自洗钱者和他洗钱者共同参与洗钱时的行为类型该如何把握？自洗钱者或他洗钱者在参与洗钱时的协助行为，如“协助将财产转换为现金或者金融票据的”“协助将资金汇往境外的”，应如何认定？自洗钱者和他洗钱者在实施上游犯罪时通谋，事后又共同洗钱的，该如何处罚？“明知”删除后，自洗钱者和他洗钱者共同参与洗钱时的主观心态该如何理解，是否改变洗钱

① 刘艳红：《洗钱罪删除“明知”要件后的理解与适用》，《当代法学》2021 年第 4 期。

② 张明楷：《刑法学（下）》（第 6 版），法律出版社 2021 年版，第 1020 页。

罪的主观构成要件？“为掩饰、隐瞒其来源和性质”是否属于洗钱罪的目的？自洗钱者和他洗钱者共同犯罪的认定是否还应根据“明知”来判断？而且，在我国刑法规定了主犯、从犯的情况下，该如何认定“协助”“明知”删除后引发的这些问题，都值得深入的思考。

基于以上问题，在我国犯罪参与体系未予以明确规定的情况下，尝试选择可行的犯罪参与体系为解释进路，并根据我国刑法的规定，确立洗钱罪共同犯罪认定的基本立场，继而完成对“协助”“明知”删除后洗钱罪共同犯罪问题的认定。

二　理论检视：犯罪参与体系的困境与反思

解决洗钱罪的共同犯罪问题，离不开对犯罪参与体系的探讨。理论上，犯罪参与体系有单一正犯体系和二元分离体系之分。鉴于自洗钱入罪后出现了自洗钱者和他洗钱者两类行为主体，有必要在两者的区别认定和一体认定下分别完成对犯罪参与体系的检视，以选择可行的犯罪参与体系。

（一）单一正犯体系的检视与困境

随着单一正犯体系的发展，其又分为形式单一正犯体系和功能单一正犯体系。在不同的单一正犯体系下是区别认定自洗钱者和他洗钱者，还是一体认定，有必要逐一检视。

1. 区别认定下的检视与困境

一是形式单一正犯体系的适用困境。形式单一正犯体系的特点在于不区分正犯与共犯，采用某种方法共动于可罚性行为的人都视为共动者，按同一法定刑处理。① 也即，不问参与犯罪的形式如何，只要是参与了犯罪的人，都是正犯。② 就洗钱罪的共同犯罪而言，按形式单一正犯体系理解

① ［日］高桥则夫：《共犯体系和共犯理论》，冯军、毛乃纯译，中国人民大学出版社2010年版，第28—29页。

② ［日］齐藤金作：《关于共犯立法》，《早稻田法学》1958年第33期。

的话，所有洗钱参与者都是正犯，不存在正犯与共犯之分。这种做法看似避免了区分所带来的繁杂与困难，实现了“单一实行人的概念追求的目标”①。但也会让洗钱罪共同犯罪的认定面临不少困境。其一，让洗钱罪停止形态的区分变得困难。在停止形态中，着手是预备阶段与实行阶段的分界点，而着手时点的判断依赖于正犯行为，若依形式单一正犯体系，教唆行为、帮助行为都是正犯行为，如此会影响着手时点的判断，进而让预备阶段、实行阶段的区分变得困难。其二，会扩大洗钱罪的处罚范围。若处罚未遂的自洗钱者或他洗钱者，可能会使所有洗钱参与者都会因未遂而受到处罚。

二是功能单一正犯体系的适用困境。与形式单一正犯体系不同的是，功能单一正犯体系（机能单一正犯体系）在构成要件层面区分不同的行为类型。毕竟二者的本质差异，就在于这种犯罪形式的细分化。② 为了限制形式单一正犯体系处罚范围的无限扩大，功能单一正犯体系“正确认识到各行为人类型的不法与罪责有必要个别化，因而朝着正确的量刑方向迈出了重要一步”③。在理论界，奥地利刑法学者奇纳普菲尔是功能单一正犯体系的积极倡导者。在他看来，正犯分为直接正犯和间接正犯，而间接正犯又细分为诱发正犯和援助正犯。其中，直接正犯是指以法定的犯罪描述方式实现构成要件的人，间接正犯是指以其他方式参与到构成要件之实现的人。在洗钱罪的共同犯罪中，功能单一正犯体系的适用困境与形式单一正犯体系类似，由于直接正犯和间接正犯被同等看待，当各自给洗钱罪法益造成的侵害时间点存在不同时，基于都是正犯，必然影响着手时点的准确判断，进而影响预备阶段与实行阶段的界分，如此也就易导致洗钱罪处罚范围的扩大。

2. 一体认定下的检视与困境

其一，形式单一正犯体系的适用困境。根据前述，按照形式单一正犯体系的理解，所有犯罪参与者的行为类型不予区分，都是正犯。在洗钱罪

---

① ［德］克劳斯·罗克辛：《德国刑法学总论》，王世洲译，法律出版社2013年版，第8页。

② ［日］高桥则夫：《共犯体系和共犯理论》，冯军、毛乃纯译，中国人民大学出版社2010年版，第23页。

③ 何庆仁：《归责视野下共同犯罪的区分制与单一制》，《法学研究》2016年第3期。

的共同犯罪中，一体认定意味着不考虑行为主体是自洗钱者，还是他洗钱者。进一步而言，不论是自洗钱者加功他洗钱者，还是他洗钱者加功自洗钱者，抑或是在彼此加功程度难以区分的情况下，自洗钱者和他洗钱者都是洗钱罪的行为主体，都视为洗钱罪的正犯。如此一来，形式单一正犯体系的适用困境便与区别认定自洗钱者和他洗钱者的情形类似，不仅让洗钱罪的停止形态难以区分，也扩大了洗钱罪的处罚范围。

其二，功能单一正犯体系的适用困境。与形式单一正犯体系相比，功能单一正犯体系虽然区分了犯罪参与者的行为类型，但由于不考虑犯罪参与者之间的关系，所以在自主负责性并未改变的情况下，独立地对每个正犯进行不法和罪责的判断。① 此时，在洗钱罪的共同犯罪中，适用功能单一正犯体系的困境与形式单一正犯体系无异，即前者虽然在概念、类型上区分了直接正犯与间接正犯（细分为诱发正犯、援助正犯），但在价值评价上却与后者无差别，都只承担洗钱参与者自身的责任。

（二）二元分离体系的检视与选择

随着二元分离体系的发展，其围绕正犯与实行行为的不同关系，又衍生出严格二元分离体系和修正二元分离体系。在两类二元分离体系下是区别认定自洗钱者和他洗钱者，还是一体认定，有必要分别检视。

1. 区别认定下的检视与困境

一是严格二元分离体系的适用困境。严格二元分离体系，强调的是犯罪参与者分为正犯与共犯，其中正犯乃犯罪的核心人物，共犯则是边缘角色。坚守二元分离体系，应遵循共犯从属性。② 自洗钱入罪后，面对自洗钱者之间或者他洗钱者之间的共犯问题，适用二元分离体系通常没有问题，但面对自洗钱者与他洗钱者之间的共犯问题，则会面临不少困境。一方面，当自洗钱者以共犯的方式加功正犯的他洗钱者时，按照二元分离体系的理解，自洗钱者是他洗钱者的共犯，依共犯从属性，应从属于正犯的

---

① Vgl. Kienapfer, Die Einheitstäterregelung der § § 12 und 32 ff StGB, Juristische Blätter, 1974 (Heft 7/8), S. 184.

② ［日］西原春夫：《刑法总论》（下卷），成文堂1993年版，第377页。

他洗钱者。也即，只有当正犯的他洗钱者着手实施掩饰、隐瞒上游犯罪所得及其收益的来源和性质时，才可以处罚共犯的自洗钱者。但实际上则不然，根据《刑法》第191条的规定，自洗钱者也是洗钱罪的行为主体，共犯行为有可能成立自洗钱者的正犯行为，由此在区别认定下适用二元分离体系就会面临窘境。另一方面，当他洗钱者以共犯的方式加功正犯的自洗钱者时，若采用二元分离体系的话，与上述情形类似。

二是修正二元分离体系的适用困境。修正二元分离体系，是在重视共犯的危险性上发展出来的。相比传统的二元分离体系，修正二元分离体系并非严格贯彻“正犯 = 实行行为、共犯 = 非实行行为”这一核心。但不论怎样，修正二元分离体系并未背离共犯从属性这一核心特征，只是缓和了共犯从属性而已。[①] 概言之，只要主张区分正犯与共犯，并贯彻共犯从属性的话，面对自洗钱入罪后洗钱罪的共同犯罪问题，适用修正二元分离体系也会面临困境。例如，当行为人同时是自洗钱的共犯也是他洗钱的正犯或者既是自洗钱的正犯又是他洗钱的共犯时，基于二元分离体系的共犯从属性，就会出现作为共犯的自洗钱者（他洗钱者）从属于正犯的他洗钱者（自洗钱者）却能依据自身的洗钱行为进行处罚的窘境。

2. 一体认定下的检视与选择

承上所述，一体认定意味着毋须严格区分共同犯罪的行为主体是自洗钱者还是他洗钱者。无论是适用严格二元分离体系，还是修正二元分离体系，自洗钱者和他洗钱者一体认定的最大不同在于正犯的范围。按照严格二元分离体系，实施实行行为的是正犯，而实施非实行行为的则是共犯。据此来说，只要弄清洗钱罪的行为主体是正犯还是共犯就可以判断了。根据前述，当自洗钱者加功他洗钱者或者他洗钱者加功自洗钱者时，是否属于自洗钱者还是他洗钱者毋须考虑，只需判断哪一行为主体实施的是实行行为，然后将实施教唆或帮助行为的共犯依照共犯从属性处罚即可。相比严格二元分离体系，修正二元分离体系则打破了“正犯 = 实行行为、共犯 = 非实行行为”的严格界限，主张部分非实行行为也是正犯的观点。比

① ［日］高桥则夫：《共犯体系和共犯理论》，冯军、毛乃纯译，中国人民大学出版社2010年版，第73页。

如，间接正犯、共谋共同正犯、正犯后正犯、犯罪团伙的头目等。

由上而言，面对洗钱罪共同犯罪的认定，在对自洗钱者和他洗钱者的区别认定下，无论是选择形式单一正犯体系，还是功能单一正犯体系，都面临适用的困境。适用二元分离体系虽然在区别认定下也有遗憾，但在一体认定下适用时却能弥补不足，唯一的问题在于如何厘清洗钱罪正犯与共犯的范围。

三 我国共同犯罪规定的理解：二元分离体系的解释进路

二元分离体系给我国洗钱罪共同犯罪的认定提供了解释方向，为了更好地厘清正犯与共犯的范围，有必要在把握正犯与共犯区分的演进趋势下基于我国刑法的规定，确立我国共同犯罪认定的基本立场。

（一）正犯与共犯区分的演进趋势及其启示

从适用二元分离体系的国家来看，德日是典型代表，而如何区分正犯与共犯，理论上有多种学说。总体来看，二者区分的演进趋势已从形式化走向了实质化。然而，实质化也有弊端，故有必要探究演进趋势的本质所在，以获得区分的启示。

1. 演进趋势：从区分的形式化到区分的实质化

关于正犯与共犯的区分标准，早期形式客观说占据主流。该说的核心在于严格以构成要件对行为的描述为标准，即“正犯 = 实行行为、共犯 = 非实行行为”。但由于该说不主张间接正犯、共谋共同正犯、正犯后正犯、犯罪团伙的头目是正犯，所以无形中也推动了其他学说的“登场”。在后续“登场”的学说中，主观说就是不可忽视的学说之一。该说主张：“一方面将判断标准放在支配性的意志定位（故意说）上，另一方面也将针对行为结果的利益（利益说）作为判断标准。”① 总的来说，主观说在实践中

① ［德］乌尔斯·金德霍伊泽尔：《刑法总论教科书》，蔡桂生译，北京大学出版社 2015 年版，第 398—399 页。

主要由判例所支持，但不论是内部的故意说还是利益说，缺陷都很明显。毕竟以参入他人犯罪意思或者为了他人的利益实施行为的，也可能是正犯。时至今日，实质客观说和行为支配说占据了德日刑法的通说地位。① 实质客观说，包括必要说、同时说、优势说、危险性程度说、② 重要作用说等。其中，重要作用说，在日本属于通说。该说指出，对犯罪的实现起重要作用的为正犯，反之为共犯。行为支配说，又称犯罪事实支配理论，是德国的通说。该说的集大成者罗克辛认为，正犯是犯罪过程中的核心人物，支配导致犯罪实现的事件，共犯则是配角，对事件的影响并非决定性的。③

2. 演进启示：立足构成要件保持形式与实质的平衡

由上可见，正犯与共犯的区分已从形式化转向实质化是基本趋势，然而，在此趋势下，可能面临两点矛盾。一点是，区分的实质化的初衷是为了解决形式化的不足，但容易模糊正犯与共犯之间的界限。所以实质化的出现和发展，逐渐将间接正犯、共谋共同正犯、正犯后正犯、犯罪团伙的头目纳入正犯的评价范围，早已突破“正犯＝实行行为”的界限。另一点是，区分的实质化加速了定罪、量刑的一并考虑，有“滑向”单一正犯体系的危险。相比二元分离体系，单一正犯体系因无视行为类型的划分或仅作概念、类型上的区别，使得其所关注的重心转向了量刑。而二元分离体系与之不同，其首要解决的便是在定罪上完成正犯与共犯的区分。不过，随着正犯与共犯区分的实质化，不论是重要作用说，还是行为支配说，实质上都强调了正犯与共犯的不同犯罪作用，而作用大小的判断往往又是量

① 刘仁文、杨学文：《帮助行为正犯化的网络语境——兼及对犯罪参与理论的省思》，《法律科学》2017 年第 3 期。

② 必要说认为，凡对犯罪行为有不可或缺的加功者为正犯，反之为共犯；同时说强调，在实施犯罪行为时共同地起作用者是对结果造成原因的正犯，在实施前的参与者是对结果只造成单纯条件的共犯；优势说指出，正犯与共犯的区分不取决于一般化地确定的特征，而是根据具体案情判断是否有优劣势关系；危险性程度说主张，在形式客观说的基础上，实质性地考虑行为对实现法益侵害的危险性程度，其中正犯的危险性程度大于共犯。

③ ［德］克劳斯·罗克辛：《正犯与犯罪事实支配理论》，劳东燕译，《刑事法评论》2009 年第2 期。

刑上当需考虑的内容。如此一来，就易“导致区分制与单一制无异”① 情形的出现。总之，适用二元分离体系旨在贯彻共犯从属性，而区分正犯与共犯是关键，但随着二者区分的越发实质化，最终又会导致二者之间的边界越发模糊。

本文认为，之所以如此，本质在于对构成要件的认知发生了转变。毕竟二元分离体系“是建立在以‘构成要件为中心’的基础之上的”②，而构成要件既联结现实，又联结规范。③ 由此看来，就正犯与共犯的区分而言，区分的形式化更多地突出了构成要件与规范的联结，而区分的实质化则是偏向于构成要件与事实的联结。更进一步地说，区分的形式化更多地关注了构成要件的实行情况，而区分的实质化则是凸显了构成要件的实现作用。因此，基于区分正犯与共犯的演进趋势，给我们最大的启示在于既要坚守正犯与共犯区分的初心，也要关注二者区分的实质化。只有二者兼顾，立足构成要件在联结的规范与事实之间才能保持平衡。

（二）我国共同犯罪认定的基本立场

如前所言，虽然德日立足构成要件在联结的规范与事实之间保持平衡比较困难，但根据我国共同犯罪的规定，保持二者的平衡却能找到适应的土壤。

一方面，梳理我国刑法发现，有大量涉及正犯与共犯的规定。就正犯而言，虽然刑法条文里没有出现“正犯”二字，但根据刑法分则，其所规定的构成要件行为基本都是正犯的行为类型。由此而言，刑法分则有关罪名的规定是围绕正犯来规定的。就共犯而言，不仅刑法总则明确了狭义共犯的规定，如《刑法》第 29 条第 1 款的规定，而且刑法分则也具体规定了共犯，如《刑法》第 382 条第 3 款的规定。

另一方面，我国刑法除了规定正犯与共犯外，还明确了主犯与从犯的规定。就主犯来说，就包括两类：一类是组织、领导犯罪集团进行犯罪活

---

① 秦雪娜：《论正犯标准的规范性重构——从“实际作用”转向“规范能力”》，《比较法研究》2020 年第 3 期。

② 陈家林：《外国刑法理论的思潮与流变》，中国人民公安大学出版社 2017 年版，第496 页。

③ ［德］哈塞默：《构成要件和类型》，卡尔·翰泽尔出版社 1968 年版，第 113 页。

动的首要分子；另一类是在共同犯罪中起主要作用的人。就这两者的共同特征，归结为一点，都在于强调了其对构成要件的实现起了支配或重要的作用。就从犯、胁从犯（从犯的亚类型）而言，《刑法》第 27 条规定了前者在共同犯罪中起到的主要是次要或辅助作用，而《刑法》第 28 条更加突出了胁从犯参加犯罪的被迫性以及犯罪作用的不重要性。

鉴于我国对正犯与共犯、主犯与从犯都有规定，如果既坚持正犯与共犯区分形式化又坚持主犯与从犯划分实质化的话，那么便能立足构成要件在联结的规范与事实之间保持平衡。总之，依据构成要件的实行情况区分正犯与共犯以及根据构成要件的实现作用区分主犯与从犯，这是根据我国共同犯罪的规定得出的，此乃我国共同犯罪认定的基本立场。

四　洗钱罪共同犯罪问题的具体认定

“协助”“明知”删除后洗钱罪共同犯罪问题的认定，应立足洗钱罪的构成要件展开。就洗钱罪共同犯罪问题的认定而言，洗钱罪构成要件的实行情况决定正犯与共犯的区分，而洗钱罪构成要件的实现作用决定主犯与从犯的划分。

（一）洗钱罪构成要件的实行情况决定正犯与共犯的区分

构成要件的实行情况，表明的是在不法上实行构成要件的情况。该实行情况的判断，旨在不法上进行构成要件符合性的判断。在判断的过程中，应遵循先客观再主观的逻辑顺序，即先审查客观构成要件的符合性再看主观构成要件的符合性。对于前者，主要判断行为人是否直接实施符合构成要件的行为；对于后者，重点在于判断行为人是否有构成要件故意。

就洗钱罪而言，判断其构成要件的实行情况，也应在“协助”“明知”删除的基础上分别从客观构成要件、主观构成要件两个角度展开。

首先，审查该罪客观构成要件的符合性时，主要判断洗钱参与者是否直接实施了掩饰、隐瞒上游犯罪所得及其收益的来源和性质的行为。详言之，根据《刑法》第 191 条规定的五种行为类型，认定时需要分别考虑到：第一，就第 1 项规定的“提供资金账户的”，不论洗钱参与者是自洗钱者还是他洗钱者，只要直接提供资金账户的，就意味着实行了客观构成要件，即有正犯行为；第二，就第 2 项规定的“将财产转换为现金、金融票据、有价证券的”，认定正犯行为时，只需考虑洗钱参与者是否直接实施了这类行为，若只是教唆或如《刑法修正案（十一）》修改前协助将财产转换的，则是共犯行为；第三，就第 3 项规定的“通过转账或者其他支付结算方式转移资金的”，与前述类似，不论是自洗钱者还是他洗钱者，若直接实施转账或者通过支付结算方式转移资金的，则为正犯行为，未直接实施的为共犯行为；第四，就第 4 项规定的“跨境转移资产的”，无论是直接将资产转移境外，还是直接转移境内，抑或是直接双向转移的，都是正犯行为，若只是教唆或协助转移的，毋须考虑是自洗钱者还是他洗钱者，都视为共犯行为；第五，就第 5 项规定的兜底条款，根据 2009 年最高院《关于审理洗钱等刑事案件具体应用法律若干问题的解释》第 2 条的规定，[①] 掩饰、隐瞒犯罪所得及其收益的来源和性质的其他方法里都规定了“协助”。由于该解释在“协助”“明知”删除前制定，所以有关该兜底条款的解释，未来应建议删除“协助”。

而后，审查该罪主观构成要件的符合性时，主要判断洗钱参与者是否有掩饰、隐瞒上游犯罪所得及其收益的来源和性质的故意。“删除‘明知’并未改变洗钱罪主观方面仍为故意这一事实。”[②] 不过，要说明的是，此处讨论的故意乃构成要件故意，是指事实意义上的作为心理要素的故意。之所以承认这一主观构成要件要素，是因为构成要件行为是基于人的认识和

---

① 《关于审理洗钱等刑事案件具体应用法律若干问题的解释》第 2 条规定：“具有下列情形之一的，可以认定为刑法第一百九十一条第一款第（五）项规定的‘以其他方法掩饰、隐瞒犯罪所得及其收益的来源和性质’：（一）通过典当、租赁、买卖、投资等方式，协助转移、转换犯罪所得及其收益的；（二）通过与商场、饭店、娱乐场所等现金密集型场所的经营收入相混合的方式，协助转移、转换犯罪所得及其收益的；（三）通过虚构交易、虚设债权债务、虚假担保、虚报收入等方式，协助将犯罪所得及其收益转换为‘合法’财物的；（四）通过买卖彩票、奖券等方式，协助转换犯罪所得及其收益的；（五）通过赌博方式，协助将犯罪所得及其收益转换为赌博收益的；（六）协助将犯罪所得及其收益携带、运输或者邮寄出入境的；（七）通过前述规定以外的方式协助转移、转换犯罪所得及其收益的。”

② 张斌：《洗钱罪主观要素司法证明的形塑——基于〈刑法修正案（十一）〉的分析》，《江汉论坛》2022 年第 2 期。

意志而实施的，或说是认识和意志的外在表现。据此来说，在洗钱罪的共同犯罪中，基于认识和意志直接实施的客观上符合掩饰、隐瞒上游犯罪所得及其收益的来源和性质行为的参与者为正犯，反之为共犯。对于洗钱罪的间接正犯、共谋共同正犯、正犯后正犯、犯罪团伙的头目而言，虽然都有构成要件故意，但由于并未直接实施掩饰、隐瞒上游犯罪所得及其收益的来源和性质的行为，基于客观构成要件符合性的判断先于主观构成要件，故不在正犯范围内。

还要指出的是，认定洗钱罪的共同犯罪时，对于共犯和共同正犯的成立条件，有必要说明。对于共犯而言，应坚持共犯之成立以正犯具备构成要件符合性、违法性为必要的限制从属性说。换言之，应在不法上区分正犯与共犯，所以洗钱罪共犯的成立应以正犯的行为符合洗钱罪构成要件且有违法性为必要。对于共同正犯而言，由于彼此之间不具有从属性，所以成立条件在于基于共同的认识、意志而实行洗钱罪的构成要件行为。与此同时，虽然《刑法》第 25 条第 1 款规定，共同犯罪是指二人以上共同故意犯罪，但此处的故意不要求有共同的罪责故意，只要求与他人有共同实行构成要件行为的认识和意志即可。

（二）洗钱罪构成要件的实现作用决定主犯与从犯的划分

构成要件的实现作用，表明的是有罪责地实现构成要件时所起的作用。该实现作用的考虑，主要根据不法、罪责的轻重来判断。其中，不法轻重的判断，除了考虑构成要件的实行情况外，还须判断各类参与行为对正犯结果的作用程度；罪责轻重的判断，旨在关注洗钱参与者的非难、谴责程度。因此，就洗钱罪而言，判断其构成要件的实现作用，也应在“协助”“明知”删除的基础上分别从不法、罪责两个方面依次判断。

一方面，根据不法的轻重判断构成要件实现作用的大小。如前所述，判断不法的轻重，除了洗钱罪构成要件的实行情况会影响构成要件实现作用的大小外，还离不开对各类洗钱参与行为作用正犯结果程度的判断，而正犯结果指的便是正犯实行构成要件行为所直接导致的法益侵害（包括侵害的危险）。因此，在判断之前，有必要识别洗钱罪的法益。梳理发现，目前有三种观点：第一种观点认为，洗钱罪的法益乃金融管理秩序和司法机关的正常活动。第二种观点认为，洗钱罪的法益乃金融管理秩序或者司法机关的正常活动。第三种观点认为，洗钱罪的法益乃金融管理秩序。由此发现，无论主张哪种观点，都强调了洗钱罪的法益包括金融管理秩序，但是否包含司法机关的正常活动却有争议。若持第一种观点，意味着行为人只有同时触犯金融管理秩序和司法机关的正常活动的，才成立洗钱罪。若主张第二种观点，不论是行为人触犯的是金融管理秩序还是司法机关的正常活动抑或都触犯的，都成立洗钱罪。显然，持第二种观点意味着洗钱罪的打击范围更大。同时，主张司法机关的正常活动，本文认为也不妥。理由在于，根据《刑法》第 64 条的规定，犯罪分子违法所得的一切财物，应予以追缴或者责令退赔。据此而言，只要对犯罪所得及其收益实施的非法行为，都意味着妨害了司法机关的正常活动。如此一来，容易导致法益概念的泛化。因此，本文赞同第三种观点，洗钱罪的法益乃金融管理秩序。而对于金融管理秩序是否受侵害（包括侵害的危险），可从两个角度把握：其一，洗钱参与者通过掩饰、隐瞒上游犯罪所得及其收益，使其来源发生了转移。这里的来源发生转移，强调的是难以识别上游犯罪所得及其收益所来的地方。具体通过违反国家金融管理法规转移了上游犯罪所得及其收益的来源地，即导致其所在地的所处空间（包括网络空间）发生了变化，且这一变化须是违反了国家金融管理法规，若上游犯罪所得及其收益只是在所处空间单纯物理转移的，则未侵害到金融管理秩序。其二，行为人通过掩饰、隐瞒上游犯罪所得及其收益，使其性质发生了转换。此处的转换，是指通过违反国家金融管理法规来转变上游犯罪所得及其收益的性质，既包括转变成非法性质的情形（洗黑型），也包括转变成合法性质的情形（洗白型）。

在洗钱罪的共同犯罪中，由于正犯（包括直接正犯、共同正犯）实行了构成要件行为，所以会导致金融管理秩序受侵害的正犯结果，而共犯（包括教唆犯、帮助犯、间接正犯、共谋共同正犯、正犯后正犯、犯罪团伙的头目）并未直接实行构成要件行为，故对金融管理秩序受侵害的正犯结果只是间接地导致。由此看来，前者相比后者所造成的不法程度更重，但并非绝对，毕竟不法轻重程度的判断，不仅在于谁实行行为，更在乎谁支配了指向正犯结果的因果流程。对于间接正犯、共谋共同正犯、正犯后正犯、犯罪团伙的头目而言，显然对整个洗钱犯罪起到了支配作用，所以对构成要件的实现作用往往会更大。

另一方面，根据罪责的轻重判断构成要件实现作用的大小。在洗钱罪的共同犯罪中，罪责轻重的判断取决于洗钱参与者的罪责故意、责任能力、期待可能性和违法性认识。其中，罪责故意强调的是洗钱参与者反规范或法敌对的态度；责任能力的核心内容是辨认能力和控制能力，判断时取决于洗钱参与者的责任年龄和精神状况；就期待可能性而言，在“协助”“明知”删除前，对于自洗钱者洗钱的，之所以不成立洗钱罪，不是因为没有侵犯新的法益，而是因为缺乏期待可能性，但在“协助”“明知”删除后，期待可能性的判断须结合洗钱参与者与法秩序的紧张关系来考虑；而违法性认识，说明的是洗钱参与者意识到自己行为的违法性。无论是罪责故意、责任能力，还是期待可能性、违法性认识，都能反映罪责的轻重。其中，罪责越重意味着洗钱参与者的罪责故意、责任能力、期待可能性、违法性认识越明确，更应认定为主犯。

尤其要说明的是，罪责是以不法为前提的，只有有罪责地实现构成要件的洗钱参与者，才可以考虑认定为主犯还是从犯，若有不法却无罪责的，毋须考虑。由此，才能更好地依据不法、罪责的轻重去判断实现洗钱罪构成要件作用的大小。当依据不法的轻重能确定构成要件实现作用的大小时，此时只需考虑罪责的有无，而毋须考虑罪责的轻重，就可以认定出主犯、从犯了。换言之，当依据不法的轻重不能确定构成要件实现作用的大小时，就有必要依据罪责的轻重来考虑。

总之，洗钱罪构成要件实现作用的大小可依据不法、罪责的轻重来判断，若不法、罪责重的，意味着洗钱罪构成要件的实现作用大，应认定为主犯，反之为从犯甚至为胁从犯。具体来说，对于直接正犯，由于符合洗钱罪的构成要件，且直接地指向了金融管理秩序受侵害的这一正犯结果，若有罪责的则为主犯，但并非绝对，如共同正犯的场合，若罪责不重的，就不宜认定为主犯；对于间接正犯、共谋共同正犯、正犯后正犯、犯罪团伙的头目，如前所言，若有罪责的，也应视为主犯；对于教唆犯，由于未直接参与构成要件的实行，在对指向金融管理秩序受侵害的因果流程缺乏支配但有罪责时，一般认定为从犯，但教唆程度达到间接正犯程度的，应认定为主犯；对于帮助犯，与教唆犯类似，由于未直接参与构成要件的实行，故常以从犯认定，除非其帮助行为对指向金融管理秩序受侵害的因果流程起决定性、关键性作用的，在有罪责的情况下，可以认定为主犯。

（作者为浙江工商大学法学院特聘副教授、硕士生导师，中国社会科学院法学研究所与贵州省社会科学院联合培养博士后。本文原载于《河南财经政法大学学报》2022 年第 3 期，收入本书时略有删改。）

利用数字支付账户非法取财犯罪的类型化评价

郑 洋

近年来，随着数字经济在我国的蓬勃发展，数字支付已成为重要的支付手段。与此同时，数字支付领域也成为财产犯罪新的泛滥地带，利用支付宝、微信钱包等数字支付账户实施的侵财犯罪层出不穷。对于利用数字支付账户实施的各类侵财行为，理论界和实务界在犯罪行为性质的认定上仍然存在较大分歧，由此导致裁判结果的分化。因此，结合数字支付的特征，在类型化思维指引下，对相关侵财犯罪的行为性质进行准确定性，就显得很有必要。

一 通过数字支付账户同时实施数种侵财行为时的认定思路

随着数字经济应用场景的不断丰富，数字支付账户俨然已成为一扇“窗”，通过其可以实施购物、缴费、理财、借贷、从关联的银行卡转账消费等多种经济行为。以微信钱包、支付宝账户和京东账户等最常用的支付账户为例，依据行为方式的不同，可以对行为人通过支付账户非法取财的行为进行解构，并类型化为以下五类：直接转移或者使用账户余额；通过账户关联的银行卡转账或者消费；转移支付账户关联的余额宝、理财通、零钱通等基金账户内的资金；通过支付宝花呗、京东白条（还包括金条、借钱等服务类型）等方式购物消费；通过支付宝蚂蚁借呗（还包括小微贷、网商贷等服务类型）、微信微粒贷等方式借贷。因为行为人通过他人的支付账户可以实施前述多种侵财行为，所以在很多实践案例中，行为人实施的侵财行为不限于一种类型，而是往往交织多种犯罪行为。结合实践案例可以看出，此类犯罪在定性评价时存在统一评价和区分评价两种不同的处理思路。

（一）对此类案件的不同认定思路

1. 统一评价的思路

统一评价的思路认为，在对这类犯罪行为定性时不必区分具体行为类型而整体概括为一罪即可。例如有观点指出，窃取他人支付宝账户、微信账户、网上银行账户财产的犯罪都应构成盗窃罪①。以司法案件为例，在“何某海侵犯财产犯罪”一案中，被告人的犯罪行为基本上涵盖了前述通过支付账户实施侵财行为的所有类型，具体包括：（1）窃取被害人吴某的信用卡并在ATM机上取现且到超市消费；（2）利用窃取的吴某手机SIM卡登录吴某的支付宝账号，并擅自变更密码，通过支付宝“花呗”消费；（3）将自己新申请的支付宝账号与吴某的身份进行关联，并冒用吴某的名义，通过操作支付宝“蚂蚁借呗”的方式借款并转至自己的银行卡内；（4）登录吴某京东商城账号，冒用吴某的名义，通过操作“京东白条”的方式消费；（5）登录吴某的支付宝账号，利用该支付宝所绑定的银行卡信息及微信转账的方式，非法占有卡内资金；（6）申请名称为“哈哈”的微信账号并绑定吴某的银行卡，利用微信转账的功能非法占有卡内资金。关于本案的定性，控辩双方存在较大分歧，公诉人认为全案只成立盗窃罪一罪，而辩护人则认为全案只构成信用卡诈骗罪一罪。②

暂且不论控辩双方对于本案犯罪行为的定性是否准确，统一评价的思路体现出将全案视为一个整体的侵财犯罪进行评价，可以避免对具体事实分别进行评价的繁琐，因此在较为简洁、明快的同时，也有利于提升审理

① 马军、姚晓滨：《窃取支付宝账户财产应构成盗窃罪》，《检察日报》2018年2月28日第3版。

② 上海市嘉定区人民法院（2016）沪0114刑初681号刑事判决书。

效率，实践中对于这一类型的案件也大多是概括认定为一个罪名。

2. 区分评价的思路

区分评价的思路认为，对这类犯罪应区分具体行为类型并分别进行评价。例如，有论者依据被侵犯的财产性质的不同，对行为人的行为分别评价为诈骗罪、盗窃罪或者贷款诈骗罪。[①] 也有论者依据转移的是网络账户内资金和网络账户所绑定银行卡内资金的不同，分别评价为盗窃罪和信用卡诈骗罪。[②] 在实务判决中，少数案例体现出区分评价的认定思路。例如，在前述"何某海侵犯财产犯罪"一案中，虽然公诉人和辩护人在案件定性上存在盗窃罪和信用卡诈骗罪的争议，但是法院最终采取区分原则，根据查明的事实，将被告人的犯罪事实进行归类，分别评价为合同诈骗罪、信用卡诈骗罪及盗窃罪，并且数罪并罚。

（二）应确立区分评价的认定思路

随着数字支付便捷性的提升以及支付账户功能性的拓展，行为人利用他人网络支付账户实施侵财行为时往往同时交织数种犯罪行为。因为多种行为和数种法益的交织，使其远比我们直观上的感觉更加复杂。虽然从整体外观上看似一个侵财行为，将其从整体上评价为一个罪名也未尝不可，但是笔者认为，将这类犯罪行为笼统评价为一罪的认定思路实际并不可取。

法益作为刑法保护的对象，其主要作用之一是以法益的价值层次，作为犯罪类型区分的标准。[③] 换言之，法益理论能够帮助刑法规范类型化，同类规范指向某类特定法益。[④] 因此，法益具有区分犯罪类型的重要功能，不同类型的犯罪可能侵害同一法益，但是侵害不同法益的行为定然不属于同一犯罪。而在行为人通过数字支付账户实施的侵财犯罪中，由于不同侵

---

① 潘志勇、陶李盈：《非法使用网络支付账户侵财犯罪行为的认定与规制》，《法治论坛》2018 年第 2 期。

② 吴波：《秘密转移第三方支付平台资金行为的定性——以支付宝为例》，《华东政法大学学报》2017 年第 3 期。

③ 柯耀程：《刑法总则》，台湾三民书局 2014 年版，第 17 页。

④ ［德］希尔根多夫：《德国刑法学：从传统到现代》，江溯等译，北京大学出版社 2015 年版，第 234 页。

财犯罪类型中钱款来源和占有主体的不同，赋予了每种行为特定的行为模式和侵害法益类型，不应无视其中的差异而进行“笼统性”的评价。反之，如果将整体犯罪笼统概括评价为一罪的话，就容易导致评价不充分和定性不准确，进而无法精确认定被告人的刑事责任。因此，在行为人利用他人支付账户实施数种非法取财犯罪时，应依据具体行为方式和钱款来源的不同，对不同的犯罪手段进行区分评价并且数罪并罚，这也体现出对前述不同侵财犯罪行为性质进行类型化评价的价值所在。

二　行为人非法获取钱款的性质判断

行为人通过网络支付账户非法获取的钱款性质及其占有主体直接影响到侵害法益以及行为性质的判断，因此在展开具体分析前，需要对此问题予以明确。

（一）数字支付账户余额的法律性质

如果对于行为人非法获取的资金性质及其占有认定不当，就容易在行为定性上出现问题。2013 年施行的中国人民银行《支付机构客户备付金存管办法》第 2 条规定，“客户备付金，是指支付机构为办理客户委托的支付业务而实际收到的预收待付货币资金”。实践中，客户备付金主要分为三类：一是网络支付账户里的闲置资金，二是银行卡收单机构持有的代收款，三是预付卡（消费卡、预付费购物卡等）内的余额。而且，客户备付金不能由支付机构自行占有，而是应缴存至银行专用账户。[①] 此外，2016 年施行的中国人民银行《非银行支付机构网络支付业务管理办法》第 7 条规定，“支付账户所记录的资金余额不同于客户本人的银行存款，不受《存款保险条例》保护，其实质为客户委托支付机构保管的、所有权归属于客户的预付价值。该预付价值对应的货币资金虽然属于客户，但不以客

① 为了统筹资金管理，弱化流动性风险以及防范被支付机构挪用的金融风险。2018 年 12 月，央行下发《关于支付机构撤销人民币客户备付金账户有关工作的通知》的特急文件，要求所有的第三方支付机构于 2019 年 1 月 14 日前撤销人民币客户备付金账户，备付金由央行直接接管。

户本人名义存放在银行，而是以支付机构名义存放在银行，并且由支付机构向银行发起资金调拨指令”。

上述规定体现出三个要点：一是网络支付账户余额属于客户备付金，在性质上是预付价值，相当于客户对银行的债权凭证，不同于客户本人的存款。二是客户将银行资金充值到支付账户后，该预付价值对应的资金是以支付机构的名义存放在银行，而不是直接存放在支付机构中，支付机构本身不能吸收公众资金。也就是说，支付机构基于与客户之间的协议而代为保管这一部分资金。三是网络账户余额不等同于客户银行卡内的资金。当客户将银行账户内的资金充值到网络账户后，虽然余额对应的预付价值仍为客户所有，但是这部分余额和客户的银行账户已经脱离了关系，而是重新以支付平台的名义存放在特定银行。客户想将这部分资金重新和自己银行账户挂钩时，就需要将余额重新提现到银行账户。据此，在客户、支付机构和银行的三方关系中，预付价值的所有人为客户，支付机构属于客户的代理人或者“管家”，钱款仍由银行实际占有。

通过微信、支付宝等支付平台转移钱款时，支付平台作为连通网络账户和银行的纽带，其核心功能在于充当指令支付的中介角色。行为人非法转移他人账户余额时，虽然这一过程看似一瞬间完成，但是实际上需要经过一套复杂的运作流程。在此过程中，行为人冒充被害人的身份，向支付平台发出指令，支付平台再向银行发起资金调拨指令，将支付平台代为保管的预付价值转移到其他账户，其他账户的所有人因此具有了对预付价值的支配。虽然占有预付价值等同于占有资金，但是预付价值是由支付机构代为保管的，预付价值对应的货币资金也处于银行占有之下，不管是预付价值还是对应的资金都不属于客户实际占有。账户余额虽然已经和客户的银行账户脱离了关系，但是对应的资金并不是存放在客户自己的支付账户中。因此，网络账户余额不等同于客户实际占有的钱款，也不能将支付账户类同于“保险柜”或者“钱包”。转移账户余额时需要通过支付平台和银行，就此而言，行为人非法获取他人账户余额时自然不等同于直接从他人的保险柜或者钱包内盗取钱款。

（二）来源于其他主体的资金性质

在行为人利用数字支付账户非法取财过程中，非法获取的钱款既可能来源于账户余额，也可能来源于账户关联的银行卡、小额贷款公司及银行等。基于后文论述方便的考虑，对于此类犯罪中来源于其他主体的钱款性质在此一并予以明确。

其一，与网络账户关联的银行卡内的资金，属于归权利人所有、银行实际占有的存款。随着时代发展，传统银行存折的地位和功能正在逐步被便捷实用的银行卡所取代。与存折对应的存款一样，对于银行卡内的资金，客户享有所有权，但是由银行实际占有。

其二，来源于支付宝余额宝和微信理财通等理财账户的资金，属于由理财公司代为保管且用于实际经营，客户能够自由支配的资金。详言之，余额宝是一种资金管理服务，转入余额宝，即购买货币基金，可享货币基金收益。与之类似，理财通是腾讯官方理财平台，为用户提供货币基金、定期理财、保险理财等多样化的理财服务。客户可以将余额宝内的资金转出到支付宝余额、绑定的本人银行卡或者转账到他人银行卡，也可以用于消费、还款等。因此，理财账户内的资金可以视为客户交付基金理财公司打理并享受收益、可以自主支配的“活期存款”。

其三，来源于支付宝花呗和京东白条的资金属于贷款。例如，依据《花呗用户服务合同》，花呗指服务商为用户提供的在线消费金融服务，目前包括花呗授信付款服务及花呗保理付款服务。其中，花呗授信付款服务指服务商依据用户的授信额度向其提供仅限于日常消费用途的融资服务及分期功能。因此，花呗是一种消费信贷产品，花呗用户被授信透支额度。花呗和京东白条均属于信贷产品，用户用其付款时，实际上是使用金融公司发放的贷款，双方成立借贷关系。

其四，来源于蚂蚁借呗和微粒贷的资金属于贷款。蚂蚁借呗是由蚂蚁金服旗下重庆市蚂蚁商诚小额贷款有限公司推出的一款用于个人消费的借款服务，借款人可以选择放款到支付宝账户和绑定的银行卡中，用于个人消费等。与之类似，微粒贷是微众银行联合腾讯推出的互联网小额信贷产品。因此，通过借呗或者微粒贷获得的钱款在性质上均属于贷款。

在对非法获取的资金性质作出分析后，下文将以此为基础，对利用数字支付账户非法取财行为的性质进行类型化评价。

三　利用欺诈手段从网络支付平台非法获取钱款时构成诈骗

网络账户余额与各种理财基金内的资金均属于客户可以通过支付平台支配的资金，因此，行为人利用他人的网络支付账户非法转移账户余额或者关联基金账户内的资金时，在性质评价上是一致的，下文以非法转移网络支付账户余额为例进行阐释。

对于行为人利用数字支付账户实施的侵财行为，可以从整体上切分为两个阶段：第一阶段是非法获取他人数字支付账号和相关密码的行为；第二阶段是利用数字支付账户获取钱款的行为。其中，前者为手段行为，后者为目的行为。行为人单纯控制支付账户并不能占有钱款，其冒充权利人的身份，通过支付平台完成转账或者借贷才是获取钱款的核心步骤，应属于评价重心。因此在确定行为性质时，应重点考察行为人通过何种方式或者手段获取了钱款。对此，因为行为人实施相关犯罪时是秘密进行的，被害人也不知情，所以从感官上而言，这类犯罪行为与盗窃较为贴近，但是这一直观感受可能并不准确。笔者认为，行为本质是“骗取”而不是“窃取”，宜认定为诈骗行为，详述如下：

与被害人和行为人双方为基础的普通诈骗罪不同，通过网络支付账户进行资金流转时，在结构上存在自然人、行为人以及支付机构和银行（或理财公司、金融公司等）的三方关系，所以应从三角诈骗的角度对此过程进行考察。在利用网络支付账户实施的侵财行为中，行为人登录网络支付账户后，即冒充被害人向支付平台发出虚假指令，支付平台错判行为人是真实的权利人进而向银行发出调拨资金指令，致使被害人遭受财产损失，这一行为过程符合三角诈骗的行为构造。但是，为了进一步强化该结论的说服力，还需要对其中的两个重要节点进行论证。

（一）借助智能设备欺骗自然人的法理解析

网络支付平台属于智能设备的一种类型，当下，将部分代理行为人实施特定民事行为的智能设备视为“电子代理人”的认识已被广泛认可。我国于2019年施行的《中华人民共和国电子商务法》第48条也肯定了交易双方可以通过自动信息系统来订立或者履行合同，明确了自动信息系统所实施行为的法律效力。① 在自然人利用智能设备或者网络交易平台代行交易时，行为人可以利用智能设备欺骗背后的自然人。在这一过程中，智能设备作为权利人意志的延伸，扩展了权利人手足的操作范围，权利人也必须承认交易行为的法律效力，受到交易行为的约束。当行为人通过虚构事实或者隐瞒真相的欺骗手段使智能设备产生“误判”，误认为满足了预设条件而与行为人进行交易时，行为人同样能够取得权利人的预设同意，并且获得财物，智能设备背后的自然人由此被骗。

具体到利用网络支付账户非法取财的行为中，行为人登录他人的支付账户后，冒充被害人向支付平台发出指令，支付平台依据行为人掌握网络支付账户密码的事实，错判行为人为真实的权利人，并进一步向银行发出调拨资金指令，银行依据指令转移资金，使得行为人最终非法占有钱款。这一过程符合上述修正的诈骗罪的行为结构，其本质上属于诈骗行为。

实际上，囿于我国关于诈骗犯罪的立法体系设置，当下需要尽量拓展诈骗罪的行为结构以应对新的犯罪形式。与我国刑法的传统认识一致，在德日刑法中，“机器不能被骗”也属于既定的认识规则。在德国，由于诈骗罪以被骗人发生认识错误为前提，当行为人仅仅利用自动机器或计算机“骗取”他人财产时，因为机器不能被骗，所以无法对其以诈骗罪定罪处罚，这就导致了刑罚漏洞。正是为了弥补这一漏洞，德国立法者于1986年设置了计算机诈骗罪。② 而日本在规定电子计算机诈骗罪之前，利用拾得的银行卡在ATM机取款时构成盗窃罪，当拾得人不取款而直接向其他账户

① 《中华人民共和国电子商务法》第48条规定，电子商务当事人使用自动信息系统订立或者履行合同的行为对使用该系统的当事人具有法律效力。

② 王钢：《德国判例刑法（分则）》，北京大学出版社2016年版，第231页。

转账时，则不成立盗窃罪，只能认定为无罪，于是留下处罚漏洞。[①] 反观我国刑法中未设置类似于计算机诈骗的犯罪，在坚守“机器不能被骗”的认识规则基础上，为了避免处罚漏洞，就只能尽量拓展诈骗罪的规制空间。实际上，这一思路在相关法律规范中已经有所体现，例如，对于拾得他人信用卡而使用的行为，不论是针对 ATM 机还是自然人使用，按照现行规定均构成信用卡诈骗罪。[②] 这一规定实际上已经有所脱离典型的诈骗结构，其在有效填补处罚漏洞的同时，也能够从其他角度论证其合理性，实现理论自洽，从而规避“机器不能被骗”的既定规则。

（二）网络支付机构具有处分被害人资金的权限

成立三角诈骗的条件之一，是被骗人对于被害人的财物具有处分权限。如果支付宝和微信等支付机构对于被害人的资金不具有处分权限的话，自然不成立三角诈骗。有论者即以此为依据否定三角诈骗的成立，认为“支付宝公司对支付宝拥有者在其支付宝账户中的金额实际起到代为保管责任，作为代管人的支付宝公司对支付宝账户金额不具备处分权”[③]，这一认识并不准确。

对于三角诈骗中的被骗人是否具有处分权限的判断，虽然存在“阵营说”“授权说”等不同学说，但这些争议主要存在于权限边界的界定，在非典型的情形中能够得出一致性的结论。在被害人授权被骗人处分其财产的场合，或者对被害人而言，只能将被骗人的财产处分结果归属于自己，而不得不甘愿接受此处分结果的场合，由被害人之外的其他人所实施的占有转移行为，可以视为是基于被害人意思的交付行为。[④] 因此，三角诈骗

---

① ［日］山口厚：《刑法各论》（第 2 版），王昭武译，中国人民大学出版社 2011 年版，第 321 页。

② 根据 2008 年《最高人民检察院关于拾得他人信用卡并在自动柜员机（ATM 机）上使用的行为如何定性问题的批复》的规定，拾得他人信用卡并在自动柜员机（ATM 机）上使用的行为，也属于“冒用他人信用卡”的情形，应认定为信用卡诈骗罪。

③ 黄本超：《窃用“支付宝”第三方支付账户的刑法定性》，《江西警察学院学报》2017 年第 2 期。

④ ［日］山口厚：《刑法各论》（第 2 版），王昭武译，中国人民大学出版社 2011 年版，第 305 页。

中被骗人的处分权限不是基于所有权获得的处分权，只要经过被害人授权具有相应的处分权限，或者依照法律规定被害人只能承受处分结果时，即可肯定具有处分权限。

在数字支付过程中，支付机构作为客户的代理人，客户需要通过支付机构作为中介完成资金流转。虽然支付机构对客户的预付价值不具有所有权，不能私自进行支配，但是预付价值是以支付机构的名义统一存放在银行，基于支付机构与客户之间的协议。在接到相应指令后，支付机构对该部分预付价值就具有了支配权和处分权。而且，《支付宝服务协议》中也指出："因您的原因造成的账户、密码等信息被冒用、盗用或非法使用，由此引起的一切风险、责任、损失、费用等应由您自行承担。"因此，当由于被害人的原因导致网络支付账户的账号、密码以及支付密码等被他人盗用时，行为人冒充被害人通过支付机构进行转账的结果，自然归属于被害人。因此应当肯定，支付机构对于客户网络账户中的余额是具有相应处分权限的。

基于上述分析，本文认为，虽然支付平台不能被骗，但是行为人可以通过支付平台欺骗背后的自然人。支付平台对于客户的预付价值具有相应处分权限，行为人通过欺诈手段，利用支付平台向银行发起转款指令，最终非法获取了被害人的预付价值，这一行为过程符合三角诈骗的行为模式，应将其行为本质界定为诈骗。既然冒充被害人通过支付平台非法获取钱款的行为本质为诈骗，那么通过支付平台非法使用关联的银行卡、使用花呗、京东白条或者从相关单位借贷时也自然具有"骗"的性质。

（三）不宜将此类犯罪行为认定为盗窃罪

对于非法转移数字支付账户余额的犯罪行为，有观点主张认定为盗窃罪，主要有以下几点理由：第一，这一过程符合盗窃罪的构成要件。有论者指出，从行为的实质来看，秘密转移他人支付宝账户内资金行为的实质是以秘密方式获取他人支付宝账户和密码，进而控制支付宝账户，非法占有支付宝账户内资金，符合盗窃罪构成要件。[①] 第二，支付机构不存在产

① 吴波：《秘密转移第三方支付平台资金行为的定性——以支付宝为例》，《华东政法大学学报》2017 年第 3 期。

生认识错误的可能，只要行为人输入的用户名和密码是正确的，支付宝就会认为是用户而非其他人在请求提供约定的服务。第三，根据诈骗罪的教义学属性，被害人需要有财产处分选择权，可以将财产交给行为人，也可以不转移财产。而在此类案件中，当行为人将用户名和密码输入到支付宝程序中之后，支付宝没有财产处分选择权，必须依照用户的指令提供相应服务。[①] 但是，上述理由并不具有很强的说服力。

首先，在这一过程中，虽然行为人获取他人网络账号和相关密码时采用了秘密方式，并且控制了账户进而支配账户余额，但是，获取账号密码的行为仅为犯罪的预备行为或手段行为，这一行为过程的核心不是获取账号密码，而是行为人通过何种行为方式从账户中转移了余额。认为这一过程符合盗窃罪的构成要件，明显是对于核心行为的实施过程及其真实性质缺乏充分认识。

其次，前文已述，网络支付平台作为一种智能交易程序不会产生认识错误，但是其背后的自然人会产生错误认识。只要行为人持有真实的账号密码以及支付密码，除非有相反证据证明，支付平台即据此自动推定行为人为真实的权利人。当这一推定与现实不符时，则说明支付机构因为行为人的欺诈而产生了错误判断。《支付宝服务协议》中即指出，“基于不同的终端以及您的使用习惯，我们可能采取不同的验证措施识别您的身份”。在此过程中，支付机构通过支付平台自动对对方身份进行验证，虽然支付平台未对行为人的身份通过人脸识别、刷取身份证等方式进行现实核查，但这并不意味着行为人的身份无关紧要，而只是为了提高交易效率，事前通过推定的方式预设验证条件。当这种推定与实际情况不相符时，则意味着推定出现错误。

最后，虽然根据诈骗罪的教义学属性，在行为人实施诈骗行为后被害人可以作出交付或者不交付财物的选择，但是在这类行为中作出处分行为的主体是第三方支付平台，而支付平台同样具有财产处分选择权。以支付宝为例，《支付宝服务协议》中明确指出：“如您发现有他人冒用或盗用您

① 吴波：《秘密转移第三方支付平台资金行为的定性——以支付宝为例》，《华东政法大学学报》2017 年第 3 期。

的会员号、账户或者支付宝登录名及密码，或您的手机或其他有关设备丢失时，请您立即以有效方式通知支付宝；您还可以向支付宝申请暂停或停止支付宝服务。”因此，在被害人发现账号被盗后，为了防止财产损失，其可以通过挂失或者反馈信息的方式提醒支付平台，说明账户的登录人不是真实的权利人。在此情况下，支付宝平台就会采取冻结账户等必要措施保护被害人的财产免遭侵害。因此，支付机构根据行为人是否属于真实的权利人而享有相应的处分选择权。

（四）此类犯罪行为不构成信用卡诈骗罪

除了盗窃罪之外，也有论者将非法获取他人网络支付账户余额的行为评价为信用卡诈骗，其论证核心在于将网络支付账户解释为信用卡。详言之，将刑法中信用卡的内涵理解为具有特定关系的金融账户，在此基础上，行为人冒用他人网络移动支付账户属于冒用他人信用卡。[①] 这一解释结论将虚拟的网络账户解释为日常所用的信用卡，将直觉上不具有类同性的两个事物勾连在一起，因而具有一定的创新性，但是因为该结论对网络平台以及网络支付账户的性质进行了不当界定，因此存在分析前提错误。

首先，根据2004年《全国人民代表大会常务委员会关于〈中华人民共和国刑法〉有关信用卡规定的解释》，刑法规定的“信用卡”是指由商业银行或者其他金融机构发行的具有消费支付、信用贷款、转账结算、存取现金等全部功能或者部分功能的电子支付卡。这一立法解释将信用卡的范围从严格意义上的信用卡扩张为包括借记卡在内的电子支付卡，但是发行主体仍限制为“商业银行或者其他金融机构”。而《非金融机构支付服务管理办法》将网络支付平台规定为非金融机构，并且明确“支付机构不得办理银行业金融机构之间的货币资金转移，经特别许可的除外”。此外，《非银行支付机构网络支付业务管理办法》第3条也对“支付账户”的法

① 刘宪权、李舒俊：《网络移动支付环境下信用卡诈骗罪定性研究》，《现代法学》2017年第6期。

律属性作出了明确规定，认定其属于电子簿记。[①] 通过以上规定不难看出，支付机构的真实定位是资金所有人的代理中介，代理所有人通过银行完成资金转移。支付机构不具有金融机构所具备的货币资金转移功能，其与银行等金融机构分别属于不同的管理体系，不将其视为金融机构是我国一以贯之的立场。因此，“针对目前的法律规定和业务状况，应当认为支付宝等第三方支付平台的行为是经许可为收付款双方提供资金转移服务的中介机构，系非金融机构”[②]。而信用卡的发行主体必须为金融机构，这说明网络支付账户的设置主体和信用卡的发行主体并不具有同质性。

其次，银行卡的重要功能之一是存取现金，而数字支付账户虽然可以协助完成资金流转，但是并不具有存取现金功能。而且，信用卡的使用环境具有浓厚的现实属性，其存取现金等功能更多的是通过 ATM 机、POS 机或者银行柜台等来实现，在信息网络环境中使用信用卡时，则需要单独开设银行卡对应的网络银行账户。因此，刑法设立信用卡的相关罪名在于规范“现实世界”的用卡活动，其触角无法也没有必要延伸到“虚拟世界”[③]。而与之相对，网络支付账户则体现出纯粹的虚拟属性，其使用环境、限制条件等均不同于现实世界中的银行卡。而且，网络支付账户只是记录交易信息的电子簿记，其中显示的资金余额属于预付价值，也不是以账户所有人的名义存放在银行，这不同于银行卡中的资金。

所以，虽然从同属于交易工具或者交易介质的角度，网络支付账户和信用卡具有某些相似之处，但是二者之间具有实质差异，这成为无法逾越的解释障碍。反之，如果将支付账户解释为信用卡，则会导致信用卡诈骗罪规制范围不当扩张。

---

① 《非银行支付机构网络支付业务管理办法》第 3 条规定，本办法所称支付账户，是指获得互联网支付业务许可的支付机构，根据客户的真实意愿为其开立的，用于记录预付交易资金余额、客户凭此发起支付指令、反映交易明细信息的电子簿记。

② 吴波：《秘密转移第三方支付平台资金行为的定性——以支付宝为例》，《华东政法大学学报》2017 年第 3 期。

③ 潘志勇、陶李盈：《非法使用网络支付账户侵财犯罪行为的认定与规制》，《法治论坛》2018 年第 2 期。

四 非法获取支付账户关联的银行卡资金构成信用卡诈骗罪

我们在使用数字支付账户时，往往需要将账户与银行卡进行关联，以便从银行卡充值到账户使用。行为人通过支付账户实施侵财犯罪时，往往会利用支付账户关联的银行卡充值，然后非法转移充值资金。对于这类犯罪行为，也存在认定为盗窃罪还是信用卡诈骗罪的适用争议。

（一）认定为信用卡诈骗罪的规范依据

最高人民法院、最高人民检察院《关于办理妨害信用卡管理刑事案件具体应用法律若干问题的解释》（以下简称《信用卡解释》）第 5 条对刑法第 196 条第一款第三项所称“冒用他人信用卡”的情形作出了具体化规定，包括四种情形：（1）拾得他人信用卡并使用；（2）骗取他人信用卡并使用；（3）窃取、收买、骗取或者以其他非法方式获取他人信用卡信息资料，并通过互联网、通讯终端等使用；（4）其他冒用他人信用卡的情形。

对于从他人网络支付账户关联的银行卡内非法转移钱款的行为，行为人通过支付平台连通银行，利用关联的银行卡转账或者对网络账户充值时，因为使用的是真实的账号密码以及付款密码，银行机构就会据此合理推定行为人属于真实的权利人，因此这一过程的实质为行为人通过冒充手段借助支付平台使用被害人的银行卡。而冒用型信用卡诈骗罪的本质在于，行为人不具有适格身份，利用持卡人信息或者其他便利对持卡人的卡内财产进行了非法处分，这样的行为不论是以自然人为对象还是以机器为对象。[①] 所以，前述行为理应符合《信用卡解释》第 5 条规定的“其他冒用他人信用卡的情形”，应构成信用卡诈骗罪。

---

① 李永升、张楚：《移动网络视域下冒用型信用卡诈骗罪的界定》，《学术探索》2016 年第 7 期。

（二）此类犯罪行为不构成为盗窃

实践中，有的司法机关将行为人利用网络支付账户非法获取关联银行卡内资金的行为评价为盗窃，这反映出对于信用卡诈骗罪的行为方式认识的不够深入，因此在定性上值得商榷。例如在有的司法案例中，被告人在被害人不知情的情况下，使用被害人的手机注册了支付宝账号，并通过该手机绑定了被害人的银行卡，之后分多次将被害人银行卡内的资金转账到自己的支付宝账号内。对于这类犯罪行为，公诉机关认为应当以信用卡诈骗罪追究其刑事责任。法院审理后则认为，在被告人利用支付宝绑定银行卡并转账过程中，银行并不存在错误认识，不存在被骗，而是根据与支付宝公司的协议及支付宝公司的指令进行操作，被告人的行为并未妨害银行对信用卡的管理，故应以盗窃罪对被告人定罪量刑。

在这类案件中，行为人偷用被害人手机注册支付宝账户并且绑定被害人的银行卡，进而将卡内钱款转账到自己账户，这完全符合冒用他人信用卡的行为模式，理应认定为信用卡诈骗罪。然而，有的司法机关依据这一过程中银行根据支付机构的指令进行操作，不存在认识错误，得出不构成信用卡诈骗罪的结论。笔者认为，这一定性结论值得进一步探讨：

其一，银行在此过程中存在认识错误。因为行为人冒充被害人，通过支付平台连通银行，并使用他人银行卡的行为本身就属于“冒用”的欺骗行为，银行或者支付平台如果不存在判断错误的话，就会识破行为人的真实身份，这一转账过程也就无法实现。认为银行不存在错误认识，属于对行为人非法获取钱款的核心手段的性质认定不当。

其二，在信用卡诈骗等非典型诈骗中，部分犯罪情形可能不完全符合典型诈骗的行为结构。实际上，信用卡诈骗罪的部分行为模式中已经不同于典型的诈骗，对此应进行充分理解和把握。例如，拾得他人信用卡并在ATM机上使用的行为，也属于“冒用他人信用卡”的情形，应认定为信用卡诈骗罪。在上述情形中，诸如骗取他人信用卡并在智能设备上使用、非法获取他人信用卡信息资料并通过信息网络使用等，因为智能设备本身没有产生错误认识，这不同于典型的诈骗行为，但是行为人可以通过利用智能设备欺骗背后的自然人。因此，对于信用卡诈骗的行为模式，应严格依据法律规定进行评价，充分注意到信用卡诈骗中非典型的行为模式，在评价思路上确立特殊优于一般的思路，不应一概套用诈骗罪的行为结构进行分析。

五 通过数字支付账户骗取贷款时构成贷款诈骗罪

对于通过他人网络支付账户冒充被害人使用花呗、京东白条购买物品或者从蚂蚁借呗、微粒贷贷款然后非法占为己有的犯罪行为，也存在数种认定结论。观点一认为构成诈骗罪。理由为，冒用他人花呗或京东白条的行为，其实是冒用金融消费者名义向金融机构申请贷款服务或赊购服务，进而欺诈第三方支付设备实现资金的转移，侵犯了金融消费者的财产权，应构成诈骗罪。① 观点二认为构成盗窃罪。例如在有的司法案例中，被告人趁被害人不备，用事先盗取的支付宝账号及密码，在蚂蚁借呗上透支资金，然后转入自己账户，法院认定被告人构成盗窃。观点三认为构成合同诈骗罪。例如在有的司法案例中，被告人未经被害人的许可，以被害人的名义登录京东商城、支付宝账号，通过操作京东白条、花呗、蚂蚁借呗的方式，非法占有京东公司、阿里巴巴公司的资金。法院审理认为，该行为属于冒用他人名义签订合同，骗取对方当事人财物的合同诈骗行为。观点四认为构成贷款诈骗罪。理由为，网络支付账户中类似花呗等功能其实就是金融机构发放给用户的小额信用消费贷款，行为人骗取的单位对象是银行或其他金融机构，骗取的资金类型是贷款，符合贷款诈骗罪的犯罪构成。②

上述观点虽然结论迥异，但是均认为来源于花呗、京东白条以及借呗等的资金在性质上属于贷款，这与前述笔者的认识是一致的。合同诈骗与贷款诈骗均属于诈骗的特殊形式，在具体评价上出现差异的根源，在于刑

---

① 杨志琼：《利用第三方支付非法取财的刑法规制误区及其匡正》，《政治与法律》2018 年第 12 期。

② 潘志勇、陶李盈：《非法使用网络支付账户侵财犯罪行为的认定与规制》，《法治论坛》2018 年第 2 期。

法规范之间的竞合及其适用问题。在此，可以将通过他人网络支付账户非法获取贷款行为的模式概括为：行为人利用网络支付账户，冒用被害人的身份，通过支付平台与资金来源单位签订贷款协议，将获取的贷款非法占为己有。对于这类犯罪行为，笔者认为宜认定为贷款诈骗罪。

在前述的贷款资金来源单位中，根据借款额度合同，微粒贷的放贷资金主体为深圳前海微众银行股份有限公司及其合作金融机构，微众银行已经取得银监会颁发的金融许可证，属于法律意义上的金融机构。而根据《花呗用户服务合同》，花呗资金来源于重庆蚂蚁小微小贷公司，其根据客户的花呗额度提供仅限于日常消费用途的融资服务和分期功能，资金由蚂蚁小微小贷委托支付宝发放给交易对方。根据蚂蚁借呗合同，其放贷资金主体为重庆市蚂蚁商诚小额贷款有限公司。此外，根据《白条（京东金融）信用付款服务协议》，其放贷资金主体为重庆两江新区盛际小额贷款有限公司。花呗、蚂蚁借呗以及京东白条的放贷主体虽然均已经取得小额贷款的金融牌照，属于合法的小额贷款公司，但是与微粒贷的放贷主体不同的是，均未获得银监会颁发的金融许可证。根据刑法规定，贷款诈骗罪的被骗对象为银行和其他金融机构。这里的“其他金融机构”是指除银行以外的保险公司、信托投资公司、城市信用社、农村信用社等具有信贷业务的非银行金融机构。[①] 对于小额贷款公司是否属于法律意义上的金融机构这一问题，此前因为法律规定含糊其辞，致使在认识上存在较大分歧。

有观点认为小额贷款公司不属于刑法意义上的金融机构，指出凡是没有取得有权机关颁发的金融许可证的小额贷款公司，均不能认定为刑法上的“其他金融机构”。[②] 也有观点指出，不能将小额贷款公司认定为刑法意义上的“金融机构”，进而不能把骗取小额贷款公司贷款认定为骗取贷款罪。[③] 关于小额贷款公司法律性质的辩论对于准确认定其刑法属性具有积极意义，但是，随着最高人民法院在相关文件中对此问题的明确，实际上

---

① 王爱立主编：《中华人民共和国刑法释义：最新修正版》，法律出版社 2021 年版，第 397 页。

② 王东海、李欣：《立足被害单位性质惩处骗取小额贷款行为》，《检察日报》2018 年 11 月 21 日第 3 版。

③ 俞燕：《小额贷款公司案件适用骗取贷款罪的问题探析》，《中国检察官》2014 年第 3 期。

这一争论已经在司法层面逐步平息。详言之，2021 年 1 月 1 日起施行的最高人民法院《关于新民间借贷司法解释适用范围问题的批复》中明确指出，经征求金融监管部门意见，由地方金融监管部门监管的小额贷款公司、融资担保公司、区域性股权市场、典当行、融资租赁公司、商业保理公司、地方资产管理公司等七类地方金融组织，属于经金融监管部门批准设立的金融机构。虽然这一《批复》是针对新民间借贷司法解释的适用范围这一民法问题作出的，但是基于刑民评价一体化的理念，既然相关民事规定中将小额贷款公司认定为金融机构，那么在刑法规范的解释适用中也理应保持一致性认识。因此可以认为，前述《批复》事实上确认了小额贷款公司属于刑法中的金融机构这一结论。

因此，当行为人通过数字支付账户实施骗取贷款行为时，不论贷款资金来源于小额贷款公司还是银行，均构成贷款诈骗罪。应进一步说明的是，前述认为这类行为构成诈骗罪或者合同诈骗罪的观点并不准确，因为其违背了法规竞合时的适用原则。虽然这类行为的本质是“骗”，但是不能一概认定为诈骗罪。对于诈骗罪、贷款诈骗罪以及合同诈骗罪三者之间的关系，诈骗罪属于一般规范，后两者属于特殊规范。而相较于一般合同而言，贷款合同又属于特殊合同。因此，依据特别法优于一般法的适用原则，贷款诈骗罪优先于合同诈骗罪，合同诈骗罪优先于普通诈骗罪。结合本文讨论的具体情形，行为人通过数字支付账户冒充被害人使用蚂蚁花呗、京东白条消费或者从蚂蚁借呗、微粒贷等平台贷款时，构成贷款诈骗罪。

（作者为北京理工大学法学院博士后研究人员，法学博士。本文原载于《法律适用》2021 年第 5 期，收入本书时略有删改。）

第三编

信息网络犯罪的风险应对

数据主义对犯罪治理体系的重塑及其反思

单　勇

“数据主义是随大数据技术兴起而出现的哲学新主张。”① “数据主义认为，宇宙由数据流组成，任何现象或实体的价值在于对数据处理的贡献。”② 作为数字社会的世界观、价值观和方法论，数据主义重塑着犯罪治理的方法、机制、模式乃至体系，推动犯罪之技术治理的扩张，成为数字社会犯罪治理体系的思想基础。在全景敞视的数据监控日臻完善背景下，数据主义推动了犯罪治理的体系性重塑，但也引发人们对信息技术的福音走向反面的担忧，人脸识别、算法决策等措施的正当性屡受质疑。对此，如何全面审视数据主义对犯罪治理的重塑，数字社会的犯罪治理体系能否完全立基于数据主义之上亟待释疑。可以说，如何对待数据主义成为“建设更高水平的平安中国”必须回答的重大理论问题。

一　数据主义助推“数据巨机器”的形成

作为一种社会建构的力量，大数据等新型通用信息技术构成了数字社会的底层技术系统，并深刻影响着中间层的组织系统和上层的观念系统。

---

① ［美］史蒂夫·洛尔：《大数据主义》，胡小锐、朱胜超译，中信出版集团2015年版，第13页。

② ［以色列］尤瓦尔·赫拉利：《未来简史——从智人到智神》，林俊宏译，中信出版集团2017年版，第333页。

伴随物理世界的全面数据化及新型信息技术的泛在应用，一种关于“数据主义”（Dataism）的价值判断和社会思潮应运而生。“数据主义”首见于2013年《纽约时报》以《数据哲学》为题的评论文章，该文认为，“在日益复杂的世界里，依靠数据可以减少认知偏差，揭示我们仍未注意到的行为模式。如果你要我描述当今出现的哲学是什么，我会说是数据主义。”① 此后，荷兰乌德勒支大学教授Jose van Dijck在《数据化、数据主义与数据监视：科学范式与意识形态之间的大数据》一文中指出，数据化反映了广泛传播的大数据思维和更为优越的意识形态，即数据主义的趋势。②“数据主义是一种视一切为数据并以数据为中心的世界观，其兴起以信息技术的大发展及广泛应用为背景。数据主义不仅表达了技术可以解决一切问题的信念，还表达了对人类未来生活样式、存在意义的理解。”③

如今，数据主义已成为数字社会最流行的上层观念和技术治理最重要的思想基础。数据主义的上层价值观念与底层技术系统共同推动中间层组织系统的体系性重塑，催生出社会意象层面的“数据巨机器”④，促进了犯罪治理体系从传统社会向数字社会的转型发展。“如果说大数据技术和普适计算是数据巨机器形成的物质基础，那么数据主义则是数据巨机器形成的精神基础。数据主义造就了数据巨机器，数据巨机器信奉数据主义，数据主义成了数据巨机器的意识形态。”⑤

首先，数据主义推动了从线下调控到线上线下融合的犯罪治理转型，与底层技术系统一道造就出以“数据巨机器”为意象的中间层组织体系。

① Brooks David, “The Philosophy of Data”, *The New Times*, 2013-02-04.

② Jose van Dijck, “Datafication, Dataism and Dataveillance: Big Data between Scientific Paradigm and Ideology”, *Surveillance & Society*, 2014 (2).

③ 高兆明：《“数据主义”的人文批判》，《江苏社会科学》2018年第4期。

④ “数据巨机器”源自“巨机器”的描摹，美国技术哲学家刘易斯·芒福德在《技术与文明》等著作中指出，现代技术尤其是单一技术造就了一种高度权力化的复杂的大型机器——“巨机器”。在这个巨机器中，人无异于一颗颗螺丝钉，服从机械的铁律。［美］刘易斯·芒福德：《技术与文明》，陈允明等译，中国建筑工业出版社2009年版，第281—291页。

⑤ 李伦：《“楚门效应”：数据巨机器的“意识形态”——数据主义与基于权利的数据伦理》，《探索与争鸣》2018年第5期。

数据主义是21世纪兴起的一种以大数据方法为核心的数据至上思想。[①] 数据至上思想的第一条律令：要连接越来越多的媒介，产生和使用越来越多的信息，让数据流最大化；第二条律令：要把一切连接到系统。[②] 随着现实世界全面数据化，以线下调控为特征的传统犯罪治理体系开始向线上线下高度融合的治理体系转型，线下调控以线上调控为组织枢纽，犯罪治理体系逐渐演化为一种巨型“数据处理系统”。以“城市大脑”为例，在系统输入端或感知端，由数百万物联网传感器感知社会风险，由一线人员在网络终端上报事件和线索；在系统中间环节，由服务中台、协同中台、数据子中台组成的政务中台提供技术支撑和组织协调，各类数据库最终汇聚为数据湖，各种算法为数据处理提供分析依据；在系统输出端，城市大脑平台针对各综治部门的业务场景设置数字驾驶舱，以数字驾驶舱实现跨部门、跨系统、跨层级、跨地域的组织指挥、风险预警和精准干预。这种横跨物理世界与赛博空间、线上线下融合的“数据处理系统”不仅是意象上的“数据巨机器”，更是现实存在的“数据巨机器”。社会风险数据汇聚于“数据巨机器”，综治机构和人员被“数据巨机器”所吸纳和高效组织。

其次，数据监控是“数据巨机器”的底层逻辑，数据主义构成了数据监控最终走向全景敞视的内在驱动。数据至上的思想推崇最大范围、最强程度的数据化和数据技术的泛在应用，将社会风险予以数据化研判，以技术思维解决犯罪问题。数据至上思想的实现有赖于将数据监控推向感所无感、知所未知、察所不察的极致状态。必须承认，数据主义基于一种效率导向的工程师心态，高度重视犯罪治理的工具、程序、形式及过程，将犯罪治理活动视为社会系统工程。数据主义思潮由此促成了数据监控有计划、有步骤、一体化、系统性的全面铺展。

最后，数据主义构成了犯罪治理权力运行和分配的理论依据。伴随传统犯罪和网络犯罪的此消彼长，掌握网络空间入口的头部商业平台逐渐成

---

① Kitchin R.，“Big data and human geography：Opportunities，challenges and risks”，*Dialogues in Human Geography*，2013（3），pp. 262－267.

② ［以色列］尤瓦尔·赫拉利：《未来简史——从智人到智神》，林俊宏译，中信出版集团2017年版，第345页。

为网络犯罪防控的第一道防线。例如，阿里巴巴集团每年向公安机关移送自身平台内发生的网络违法案件线索超过一万条。在数据主义看来“用户即数据”。用户与平台之间的平台关系在于：用户依附于平台，平台深度了解、服务和约束用户。由于实施网络违法的不法分子均具有特定平台的用户身份，且平台在提供平台服务中早已实现了对用户的深度数据化分析，故平台相对政府更易识别网络违法风险。基于平台责任的制度安排，超级平台获取了越来越多的社会权力，“技术治理的引进带来了国家权力运作逻辑的转变”。[①] 由此，新型信息技术成为犯罪治理的预设环境和架构，数据技术的合理性被延展为犯罪治理本身的合理性，数据权力从无权者流向有权者，“利用技术而不是恐怖去压服那些离心的社会力量”[②] 成为“数据巨机器”的权力运行规律。

二 技术治理悖论及其数据主义根源

随着犯罪治理体系的“巨机器化”趋势越发明显，技术治理在实践中暴露出多重悖论，这些悖论现象与数据主义有着极为密切的关联。

（一）技术治理的三重悖论

第一，透明度悖论。在数据巨机器与国民个体之间，技术治理呈现出单向度的透明。“数据巨机器”的运行依赖于广泛的数据采集与分析，而数据分析和算法决策的过程处于不透明状态；相对隐秘运行的“数据巨机器”，个人以微粒人形态越发被算法看透；个体仅能接触“数据巨机器”的信息采集前端（如人脸识别探头），而对于数据权力的运行流程和分析机理知之甚少。“马克·波斯特发展了福柯关于‘全景监狱’的思想，将信息社会比作一个规模庞大的‘超级全景监狱’，一种复杂权力网络对大众进行系统化的隐秘监视，每个人都无可避免地处于匿名的权力系统的监

① 陈天祥、徐雅倩：《技术自主性与国家形塑——国家与技术治理关系研究的政治脉络及其想象》，《社会》2020 年第 5 期。

② ［美］赫伯特·马尔库塞：《单向度的人》，刘继译，上海译文出版社 1989 年版，第 2 页。

视与规训之中而无处可逃。”[①] 作为一种效率本位和结果导向的价值观，数据主义加剧了“上暗下明”的技术治理格局，使数据权力的运行隐匿于“数据巨机器”帷幕之下。

第二，隐私保护悖论。尽管个人隐私及数据权利受到高度关注，但个人让渡部分隐私来交换安全和秩序、安全防卫与个人权利的均衡发展已成为数字社会的犯罪治理共识。随着技术不断迭代升级，数据权力的疆域日益扩大，上述共识被虚置的风险愈来愈大。作为一种全新的认识论，数据主义依赖“产生于数据”的洞见，[②] 全面且持续的数据化和以数据分析为中心的理念推动着技术治理的全面扩张。“在网络空间中，某只看不见的手正在打造一个与网络空间诞生时完全相反的架构。这只看不见的手，由政府和商业机构共同推进，正在打造一个能够实现最佳控制、高效规制的架构。真正的困境在于，在这种完美控制的情境下，我们何以保障必要的自由？”[③] 从文化视角看，这里的“看不见的手”即为数据主义。

第三，科学性悖论。数据方法能够在数据宇宙中快速实现结构化抽取和精准识别风险，但这并不意味着数据分析、算法决策绝对客观没有误差或不存在“假阳性”问题。由于数据质量、算法歧视等原因，数据使用中的不公平对待现象时有发生，如美国 Northpointe 公司开发的犯罪风险评估软件 Compas 在再犯风险评估中系统性歧视黑人，白人更多被错误评估为低犯罪风险。[④] 同时，因算法偏误和技术漏洞而导致对个体不公的结构性锁定并非是个例。印度超过 11 亿人使用的身份识别码 Aadhaar 产生了被智能系统隔离出的大量数字难民，那些从事重体力劳动、长期营养不良而无法采集到虹膜和指纹的穷人无法被系统识别，最贫困的人反而无法享受应

---

① 顾理平、王飏濛：《社会治理与公民隐私权的冲突——从超级全景监狱理论看公共视频监控》，《现代传播》2017 年第 6 期。

② R. Kitchin, “Big Data, New Epistemologies and Paradigm Shifts”, *Big Data & Society*, 2014 (11), pp. 1 – 12.

③ ［美］劳伦斯·莱斯格：《代码 2.0：网络空间中的法律》（修订版），李旭、沈伟伟译，清华大学出版社 2018 年版，第 5 页。

④ 腾讯研究院等：《人工智能》，中国人民大学出版社 2017 年版，第 247 页。

得的社会福利和救济。① 有学者甚至将 Aadhaar 称为“惩罚系统”②。科学性悖论的后果直接指向某些个体的权利因技术使用的不公平而被侵犯。可以说，技术治理面临最大的“灰犀牛”莫过于数据使用的不公平对待，这种不公正在大概率上将导致对个人权利的威胁。

（二）悖论源自数据主义对人文主义的冲击

前述悖论反映出技术治理在技术赋能和技术赋权上“一显一隐”“一强一弱”的非均衡性。信息技术在与国家机器高度适配的过程中，技术赋能被推向极致，技术赋权在一定程度上遭受忽视。从实质看，技术治理悖论及其非均衡性源自数据主义对人文主义的剧烈冲击，源自以数据为中心、效率和控制导向、秩序本位的价值观极大冲击了人文主义价值观。“以人为中心的人文主义是人类近代以来确立的基本文明价值观。正是以人为中心的人文精神，使人道、自由、民主、平等、法治成为社会主流价值。”③ 人文主义要求技术的应用以人为目的，技术治理遵从人本导向和权利本位。实际上，数据主义追寻的社会安全防卫与人文主义倡导的权利本位均为技术治理的价值目标，技术治理对个人的控制不能过度过限，技术治理更不能仅仅局限于数据控制。

数据主义及技术治理有助于保障国民免受犯罪威胁和社会安全防卫的实现；但随着数据至上观念的全面渗透，犯罪治理体系成为意象中的“数据巨机器”，个体及其活动不断被标签化和数据化，数据监控成为社会控制的基本路径，算法中心主义在犯罪治理决策中的地位越发凸显，甚至个体也被视为算法，对数据分析和算法中心的路径依赖已然形成。数据主义的非理性繁荣加剧了数据权力和算法权力的膨胀，孵化出犯罪治理的数据决定论或技术决定论。一旦犯罪治理的选择权、决定权被让渡至算法和

---

① Yadav A., In Rajasthan, there is “unrest at the ration shop” because of error - ridden Aadhaar, Scroll. in, 2016. Available at: http://scroll.in/article/805909/in - rajasthanthere - is - unrest - at - the - ration - shop - because - of - error - ridden - aadhaar (accessed 9 October 2017).

② Johnson J., “From open data to information justice”, *Ethics and Information Technology*, 2014, Vol. 4, pp. 263 - 274.

③ 高兆明：《“数据主义”的人文批判》，《江苏社会科学》2018 年第 4 期。

"数据巨机器"，那么技术赋能与技术赋权的不均衡以及人文主义议题被忽视就不足为奇啦！正如尤瓦尔·赫拉利所言，数据主义导致人文主义的崩塌，数据主义不仅是21世纪最急迫的政治和经济议题，还是最重要的人文精神挑战。[①]

强调人文精神、人文主义的用意并非是否定数据主义和摒弃技术治理，相反数据主义的勃兴及其技术治理的扩张是适应新型犯罪挑战的必然选择。必须承认，数据主义绝非数字社会的犯罪治理体系的唯一思想渊源。信息技术不仅有助于强化社会控制、提升治理能力；还作为一种解放性力量以赋权形式创造大数据社会福祉，促进了犯罪治理回归人本导向。技术治理的本质在于服务国民而非控制国民，人文主义同样构成了技术治理的思想基础。由此，出于技术赋能与技术赋权、数据主义与人文主义均衡发展的需要，迈向数据主义且超越数据主义成为摆脱技术治理悖论的可行出路。

三　走出数据洞穴：数据主义认识论祛魅

为更好地迈向数据主义，把握数据主义在认识论上的有限性是基本前提。在新型技术带来世界观革新、方法论跨越和治理体系重塑的背景下，有关大数据分析将导致"理论终结"、人工智能可以构筑"完美可控"的社会秩序等观点表现出对技术的盲目推崇，并在认识论上陷入"数据洞穴"和"技术乌托邦"误区。"柏拉图的'洞穴隐喻'是西方思想史中的经典隐喻。我们每个人都会处于某种'洞穴'之中，并始终有探索走出'洞穴'的使命。我们在发明、使用与享受数据技术的同时，一定不能放弃对数据技术的反思。"[②] 因此，必须清醒认识到数据主义的有限性。

第一，从数据属性上看，大数据不能代表社会生活的全部，所谓"全样本数据"都是特定范围和条件下的"全样本"。大数据分析主要针对可

---

① ［以色列］尤瓦尔·赫拉利：《未来简史——从智人到智神》，林俊宏译，中信出版集团2017年版，第356页。

② 高兆明：《"数据主义"的人文批判》，《江苏社会科学》2018年第4期。

以计量的硬数据，而人的主观直觉、经验、偏好、倾向等无法计量、无法传递的软数据则一直处于大数据视野之外。“数据巨机器”能对硬数据进行冷识别，而无法对软数据进行热识别。“计算得清楚的东西未必都重要，重要的东西也未必都计算得清楚。”① 犯罪治理决策是一个包容硬数据和软数据、涵盖冷识别与热识别的综合判断过程，而数据主义仅能对硬数据进行冷识别，其有限性不言而喻。

第二，在分析机制上看，大数据分析是基于有限理性的相关性分析，但无法回答“为什么”的因果问题；大数据分析的结论是解释性和预测性的，而非控制性和绝对性的。虽然相关性分析是探寻因果性的前提，但模糊的概率分析不等于因果性分析。人的认知包括产生于数据的洞见和产生于理论的洞见，有关犯罪原因和犯罪规律的因果问题有赖于数据与理论的结合。“在预测性警务的大数据分析中，‘传统’的犯罪学理论尤为重要，大数据分析不会导致社会科学研究范式的更迭”。② 数据分析总是“充满理论”且带有分析者主观印迹的，在没有犯罪学理论假设的前提下，我们又如何能透过相关性看到大数据的本质呢？可见，仅凭数据至上的相关性分析根本无法构筑起“完美可控”的社会秩序。

第三，在分析结论上看，大数据分析无法消除算法偏误和算法歧视等固有缺陷，技术的预测不能保障不出错。算法的设计和修正离不开训练数据，而数据又是对历史过往的记录，以历史数据来训练数据模型，只会给未来印上过去的影子。这就是美国犯罪风险评估软件 Compas 在再犯风险评估中系统性歧视黑人的原因，在概率上美国黑人犯罪率的确远远高于白人，但具体到针对某个黑人或白人的预测性执法时，概率分析很可能诱发潜在的偏见和歧视，对特定个体形成不公平对待。因此，“建设更高水平的平安中国”应尽量避免陷入计算机模拟的风险与算法黑箱的陷阱。

总之，数据主义的有限性是客观存在的。只有认清这种有限性，才有

① ［美］史蒂夫·洛尔：《大数据主义》，胡小锐、朱胜超译，中信出版集团 2015 年版，第 16 页。

② Janet Chan, Lyria Bennett Moses, *Is Big Data challenging criminology*? *Theoretical Criminology*, 2016, pp. 21 – 39.

助于走出"数据洞穴"和破除"技术乌托邦"神话，才能更好地推动犯罪治理迈向数据主义和发挥大数据分析的价值。鉴于数据主义的有限性，大数据分析更适用于微观、具体、特定的犯罪防控任务，如视频智能分析、个体行踪轨迹追查、以敏感词字段过滤的方式预警特定高危活动、确认网络用户的真实身份、固定电子证据等；而对于综合性、宏观性、系统性的犯罪风险评估及犯罪治理决策的作用相对有限。

四　聚焦数据正义：数据主义价值观批判

为保持技术治理的正当性，既要迈向数据主义，更需超越数据主义。超越数据主义有赖于避免数据主义对人文主义的过度侵蚀，在技术治理中实现人文主义与数据主义的均衡发展。对此，既需要推动人文主义适应数字社会的治理规律；也需将一般性正义观念向数据使用的正义观念延伸，关注数据使用的正义准则。近年来，"数据使用"和"社会正义"两个主题的交汇地带备受热议，欧洲兴起的数据正义理论构成了人文主义的适应性发展与反思数据主义的重要学说。

数据正义理论对数据使用正当性的反思"并不局限于数据在单一领域的功能，而立足于'社会和政治正义准则'高度"①。有学者指出，数据正义指向应对行政管理中数据使用导致的权力责任不对称，用以抵制数据使用中的权力滥用，防范不同主体在数据使用中的机会不平等。② 还有学者认为，数据正义是一个规范数据监控的概念，权利和自由是数据技术正当使用的基本指标。③ 荷兰蒂尔堡大学法学院副教授 Taylor 在整合时下各种观点的基础上，对数据正义做出系统性阐述，提出"数据正义的三个核心

---

① Heeks R., Renken J., "Data Justice for Development: What Would it Mean?", *34 Information Development 90*, pp. 90 – 102 (2018).

② Johnson J., "From open data to information justice", *Ethics and Information Technology*, 2014, Vol. 4, pp. 263 – 274.

③ Dencik L., Hintz A. and Cable J., "Towards data justice? The ambiguity of anti – surveillance resistance in political activism", *Big Data & Society*, 2016, Vol. 2, pp. 1 – 12.

观点——数据使用的可见性、技术使用是否事先约定、反对不公平对待。"[①] 具体来说，数据使用的可见性要求数据控制者对社会公开使用个人数据的目的、方式、范围及流程等必要事项；技术使用的事先约定是指数据控制者应与相关群体就信息技术的应用内容事先约定，以保障相关群体对技术使用的知情、参与及监督；反对不公平对待是指反对由数据使用而引发的歧视性执法，为数据控制者设定滥用数据权力的法律责任。"可见性、事先约定、反对不公平对待"的核心观点为反思数据主义价值观提供了分析框架。在数据正义的滤镜下，数据主义价值观存在如下问题：

第一，数据主义过度渲染数据至上观念，将综合治理简单降维处理为技术问题或数据问题，忽略了综合治理的复杂性与数据监控潜藏的负面影响，严重威胁着技术治理的正当性。

数据正义指向技术治理的正当性，而维系正当性的基本前提就是承认数据主义的有限性和坚持技术治理不应盲目扩张。数据至上理念以技术思维解决社会问题，将综治问题降维成技术问题或数据问题，忽视了综合治理的复杂性，陷入了"技术乌托邦"误区。以某地信访智慧平台建设为例，有关部门采用技术公司提供的信访大数据分析方案，方案的核心在于对重点信访人的出行轨迹进行分析，以防范可能突发的涉稳事件。实际上，信访工作紧密关涉社会矛盾纠纷的源头治理，从源头化解信访所涉的问题要远比解决信访人重要的多。基于大数据分析的技术治理把矛头指向特定信访人似乎是舍本逐末，仅能实现压力维稳，而没有贯彻"维权就是维稳"的理念。犯罪及综合治理问题有着深刻的结构性社会原因，技术治理更擅长针对犯罪发生条件或场景开展犯罪预警和打击。因此，大数据分析和技术治理仅为犯罪治理的重要一环，不能对其寄予不切实际的想法。数据监控是一把双刃剑，不受控制的数据监控可能将"数据巨机器"推向"数字利维坦"陷阱，只有在法治框架下开展数据监控，才能保障技术治理的正当性。

---

① Taylor L., What is Data Justice? The Case for Connecting Digital Rights and Freedoms Globally, Social Science Electronic Publishing (2017), Available at: https://doi.org/10.1177/2053951717736335 (accessed 21 December 2017).

第二，数据主义过于强调国家对社会的总体性控制，既影响到对国民的技术赋权，还忽视了国民参与对于综合治理的重要意义。

数据正义理念要求技术治理实现技术赋能与技术赋权的均衡发展，以技术赋权防范技术赋能可能产生的负效应。忽视对国民的技术赋权是数据主义价值观的重大缺陷，仅凭数据监控无法实现“建设更高水平的平安中国”目标。对标数据使用的可见性和事先约定原则，数据控制者实施数据监控使用的数据类型、范围、期限等重要事项应对社会可见；数据控制者使用信息技术的目的是否正当、使用哪些种类的技术、技术使用的事中监督与事后救济等事项应通过法律形式事先约定。《个人信息保护法》（草案）第13条对个人信息处理者可处理个人信息的法律依据做出原则性规定，如“为履行法定职责或者法定义务所必需”条款为综治机构使用个人数据进行犯罪预防提供了原则性法律依据，今后还应通过法规及技术标准等形式对原则性依据做进一步细化。可见性和事先约定原则的法治实现的用意在于保障国民对技术治理的知情权、参与权和监督权。国民参与是社会矛盾纠纷源头治理的关键所在，这要求在技术治理中实现赋能与赋权的有机统一，浙江嘉兴的社会治理云平台在此领域做出了有益探索。社会治理云平台的“微嘉园”模块将线下网格复制到线上，以网格为单元设置微信群，截至2020年4月已有140多万市民实名加入，市民通过微信群反映意见、上报线索、线上协商、社区自治，网格长将市民意见实时上报至综治政务平台，由相关部门在线对接和反馈解决方案，从而实现了技术赋能与技术赋权的深度融合。

第三，数据的运用无法与“人文”“人本”截然分开，数据主义过于强调技术治理遵从工具理性，但忽视了技术治理对价值理性的回归。

数据正义反对数据使用的不公平对待，聚焦于数据使用有无对个人权利的严重威胁。数据主义过度推崇技术治理的工具理性而忽视价值理性。以人脸识别技术为例，人脸生物信息是识别个人身份的最便捷载体，该技术对于社会安全防卫的意义不言而喻；但真正的问题是综治机构在何种业务场景使用人脸识别技术有无明确的法律授权，哪些部门可以在何种程度上使用人脸识别技术有无事先约定，如何防范该技术可能潜藏的风险和隐患。更为重要的是，随着人脸识别技术的普及，是否可以出于社会安全防卫的目的，对全体国民在所有公共空间和公共场所进行无差别、全景式、一体化的人脸识别。这些问题与个人数据权利等保障息息相关，在数据正义理论看来，至少不能未经严格的立法程序就隐蔽地投入大规模使用。

综上，在数据主义一跃成为最为流行的社会治理价值观和方法论的背景下，全面理性地审视数据主义对犯罪治理体系的重塑过程，反思数据主义可能潜藏的隐患，探寻技术治理的未来发展方向，对于"建设更高水平的平安中国"可谓至关重要。"任何数据都是文化的产物，数据内生于特定的社会系统，必然受该系统价值观念、意识形态的影响。"① 在"技术—组织—文化"耦合而成的社会系统中，文化观念决定着数字社会及技术治理的发展方向。在趋向善治的进程中，迈向数据主义且超越数据主义成为犯罪治理体系全面优化和创新发展的基本立场。在迈向数据主义的过程中，应深刻认识数据主义的有限性，以防范陷入"技术乌托邦"陷阱；在超越数据主义的过程中，数据正义理论是修正数据主义盲目扩张的研究视角与分析框架，以数据正义促进技术治理赋能与赋权的均衡发展，构成了犯罪治理走向现代化的推进路径。

（作者为南京大学法学院教授、博士生导师。本文原载于《南京社会科学》2021 年第 1 期，收入本书时略有删改。）

① J. Cheney - Lippold, "A New Algorithmic Identity. Soft biopolitics and the Modulation of Control", *Theory*, *Culture & Society*, 2011 (6), pp. 164 - 181.

侵犯公民个人信息罪的法益重构：从私法权利回归公法权利

欧阳本祺

我国学界对于侵犯公民个人信息罪的法益存在激烈的争论，[①]《民法典》的颁行和个人信息保护法立法进程的推进进一步深化了这一争论。大体来说，围绕侵犯公民个人信息罪存在个人法益观与超个人法益观的争论。其中，个人法益观认为本罪的保护法益是公民个人信息权，超个人法益观认为本罪的保护法益是公共信息安全或者其他集体法益。在个人法益观内部，又存在私法法益观与公法法益观之争。前者认为个人信息权的内涵是个人信息自决权，强调个人信息权的排他性。后者在"公民权利—国家义务"的关系中理解个人信息，认为个人信息权的内涵是个人信息受保护权。侵犯公民个人信息罪的法益观之争，直接影响到本罪构成要件符合性和违法性的判断，进而决定了本罪犯罪圈的大小。而本罪犯罪圈的大小，又进一步制约着个人信息或个人数据控制与共享之间此消彼长的态势，直接关系到数据产业的经济活力。因此，有必要深入研究，正确界定本罪的保护法益，合理划定其犯罪圈的大小。

① 我国学者列举了八种不同的法益观，并认为"该罪是个罪中极为少见的有关侵害法益分歧之大的一种犯罪"。刘艳红：《侵犯公民个人信息罪法益：个人法益及新型权利之确证》，《中国刑事法杂志》2019 年第 5 期。

一　侵犯公民个人信息罪私法法益观的批判

我国刑法学界的主流观点认为，侵犯公民个人信息罪保护的法益是个人信息权。[①] 具体来说，是个人信息自决权。[②] 我国民法学者对个人信息（自决）权作了进一步的解释，认为“个人信息权主要是指对个人信息的支配和自主决定权”，[③] 其内涵是“自我决定权、绝对权”。[④] 把侵犯公民个人信息罪的法益界定为私法上的个人信息自决权对于深化本罪的研究具有一定的意义，但这种私法法益观存在很大的迷惑性和缺陷。

（一）关于行为对象的理解值得商榷

侵犯公民个人信息罪的对象是“个人信息”，根据相关规定，[⑤] 个人信息的关键特征在于其“识别性”。识别的客体包括两类：一是识别个体的身份，用来表示“你是谁”；二是识别个体的特征，用来表示“你是个什么样的人”。识别的标准也包括两类：一是直接识别、二是间接识别。私法法益观把“个人信息”理解为“个人所有或者私有的信息”，并且认为全部个人信息都具有同等重要的意义。但是，这种私法法益观值得商榷。

---

① 刘艳红：《侵犯公民个人信息罪法益：个人法益及新型权利之确证》，《中国刑事法杂志》2019 年第 5 期；黎宏：《刑法学各论》，法律出版社 2016 年版，第 269 页；周光权：《侵犯公民个人信息与妥当的刑罚处罚》，《检察日报》2020 年 1 月 13 日第 3 版。

② 刘艳红：《民法编纂背景下侵犯公民个人信息罪的保护法益：信息自决权》，《浙江工商大学学报》2019 年第 6 期。持相似观点的还有张勇：《APP 个人信息的刑法保护：以知情同意为视角》，《法学》2020 年第 8 期；曾粤兴、高正旭：《侵犯公民个人信息罪之法益研究》，载赵秉志主编《刑法论丛》总第 55 卷，法律出版社 2018 年版，第 219—220 页；冀洋：《法益自决权与侵犯公民个人信息罪的司法边界》，《中国法学》2019 年第 4 期。

③ 王利明：《论个人信息权的法律保护——以个人信息权与隐私权的界分为中心》，《现代法学》2013 年第 4 期。

④ 杨立新：《个人信息：法益抑或民事权利——对〈民法总则〉第 111 条规定的“个人信息”之解读》，《法学论坛》2018 年第 1 期。

⑤ 我国个人信息保护法（草案）、《中华人民共和国网络安全法》（以下简称《网络安全法》）第 76 条以及《最高人民法院、最高人民检察院关于办理侵犯公民个人信息刑事案件适用法律若干问题的解释》（以下简称《侵犯公民个人信息罪解释》）第 1 条。

1. 个人信息不等于个人私有信息

个人信息刑法保护的前提性问题是个人信息究竟是归属个人私有，还是社会公有。[①] 对此，理论与实务界存在四种观点：个人私有说、平台私有说、个人和平台共有说、社会公有说。[②] 显然，私法法益观采取的是个人私有说，认为识别性特征使得个人对其信息拥有排他性的支配权和自决权。微软总裁兼首席法务官史密斯的观点是个人私有说的典型代表。[③] 美国学者莱斯格甚至提倡“通过财产权来保护个人数据”。[④] 但是，认为个人信息属于个人私有的观点值得商榷。首先，从信息生产的角度来看，很多个人信息是在个人的社会交往活动中产生的。在网络时代，各种智能设备生产和记录了大量个人信息，如行踪轨迹、通信记录、支付信息、上网痕迹等。这些个人信息是个人与智能设备互动的产物，是“关于个人的信息”，但不是“个人私有的信息”。其次，从信息控制的角度来看，除了隐私、秘密信息等可以被个人控制外，大量信息是个人无法控制的。相反，网络平台控制了海量的个人信息，个人甚至对这些信息一无所知。最后，从信息政策的角度来看，强调个人对其信息的私有，无异于制造信息孤岛、禁锢思想。在人类历史上，信息共享是原则，信息控制是例外。为了协调信息主体的个人利益与社会公共利益之间的平衡，人类设计了很多法律制度。例如，著作权制度、专利权制度在赋予权利主体某种专有权的同时，刻意将创新成果的信息予以公开。[⑤]

2. 不同领域的个人信息并非具有同等重要性

私法法益观所采取的个人信息自决权理论来源于德国1983年人口普查案的宪法法院判决。在1969年人口普查案中，法院区别了私密领域和私人领域，个人对其私密领域享有自决权，对私人领域负有社会义务［被称为

① 劳东燕：《个人数据的刑法保护模式》，《比较法研究》2020年第5期。

② 丁晓东：《数据到底属于谁？——从网络爬虫看平台数据权属与数据保护》，《华东政法大学学报》2019年第5期。

③ ［美］布拉德·史密斯、卡罗尔·安·布朗：《工具，还是武器?》，杨静娴、赵磊译，中信出版集团股份有限公司2020年版，第27页。

④ ［美］劳伦斯·莱斯格：《代码2.0：网络空间中的法律》，李旭、沈伟伟译，清华大学出版社2018年版，第245页。

⑤ 高富平：《个人信息保护：从个人控制到社会控制》，《法学研究》2018年第3期。

“领域理论”(Sphärentheorie)]。[①] 但是，在1983年人口普查案中，宪法法院放弃了之前的领域理论，认为在自动化数据处理时代，不存在不重要的个人信息，全部个人信息都具有“识别性”，都可以被用于“人格画像”，不应区分私密领域信息和非私密领域信息，个人对其全部信息都具有自决权。[②] 但是，认为全部个人信息都具有同等重要意义，个人对其全部个人信息都具有自决权的观点，并不符合我国民法和刑法的相关规定。首先，我国民法典明确区分了个人私密信息与非私密信息，个人信息中的私密信息适用有关隐私权的规定，而隐私权属于绝对权和支配权，具有对世效力。[③] 即使认为个人对其私密信息具有排他性自决权，也不能认为个人对其非私密信息也具有排他性自决权。其次，个人对私密信息与非私密信息拥有不同的同意权。根据《民法典》第1033条和第1035条的规定，处理他人私密个人信息，需要“权利人明确同意”，而处理他人非私密信息，只需要“征得该自然人或者其监护人同意”。最后，《侵犯公民个人信息罪解释》对私密信息与非私密信息进行区别对待，分别以50条、500条、5000条作为构成犯罪的标准。

（二）关于信息权权能的理解值得商榷

持私法法益观的学者普遍重视个人对其信息的自决权，将信息自决权理解为一种排他权和支配权。[④] 但是，认为信息自决权是对个人信息排他性的支配权和同意权的观点值得商榷。

1. 信息自决权并非排他性的绝对权

持私法法益观的学者认为，信息自决权是抽象自我决定权在个人信息

---

① 刘金瑞：《个人信息与权利配置——个人信息自决权的反思与出路》，法律出版社2017年版，第70—75页。

② 刘金瑞：《个人信息与权利配置——个人信息自决权的反思与出路》，法律出版社2017年版，第102页；杨芳：《个人信息自决权理论及其检讨》，《比较法研究》2015年第6期。

③ 张新宝：《从隐私到个人信息：利益再衡量的理论与制度安排》，《中国法学》2015年第3期。

④ 王利明：《论个人信息权的法律保护——以个人信息权与隐私权的界分为中心》，《现代法学》2013年第4期；杨立新：《个人信息：法益抑或民事权利》，《法学论坛》2018年第1期；张勇：《APP个人信息的刑法保护：以知情同意为视角》，《法学》2020年第8期；冀洋：《法益自决权与侵犯公民个人信息罪的司法边界》，《中国法学》2019年第4期。

领域方面的具体体现。[①] 就像以性行为自主权作为强奸罪的法益一样，是抽象自我决定权在刑法个罪中的贯彻和落实。[②] 但是，无论是抽象的自我决定权，还是具体的性行为自主权，抑或信息自决权都不可能是完全的排他性绝对权。作为抽象人格权的自我决定权以保护权利人的意志自由为目的，[③] 但其并非绝对的排他权，而是要受到政府权力的制约，由此形成了自我决定权与政府规制权之间的冲突。[④] 具体到刑法而言，这一冲突体现为自我决定权与刑法家长主义之间的冲突和协调。[⑤] 例如，自杀参与行为是否构成犯罪涉及的问题就是如何理解生命自我决定权的效力范围。如果认为生命的自我决定权具有绝对性，就会认为自杀不具有违法性，自杀参与行为不构成犯罪；[⑥] 如果认为生命的自我决定权受到限制，就会认为自杀参与行为构成犯罪。[⑦] 各国立法的态度不同，德国刑法尊重生命的自我决定权，不处罚自杀参与行为；日本刑法限制生命的自我决定权，明确规定了参与自杀罪；我国刑法以故意杀人罪处罚自杀参与行为，体现了对生命自决权的限制态度。

2. 信息同意权难以实现

持私法法益观的学者认为，同意权是信息自决权的核心内容，未经权利人同意授权，任何人不得收集、处理、使用其个人信息。但是，这种信息同意权在实践中往往难以落实，而不得不沦为“纸面上的权利”。具体来说，在权利的开端，同意权被虚化为不必阅读具体内容的点击操作；在权利的末尾，用户的损害赔偿难以举证；在权利的维护上，站在维权第一线的都是监管机构，而不是权利人。[⑧] 调查显示，虽然92%受访者重视自己的个人信息安全，但其中大多数人并不阅读网站或者 App 中的服务条款

---

① 王利明：《数据共享与个人信息保护》，《现代法学》2019 年第 1 期。

② 刘艳红：《民法编纂背景下侵犯公民个人信息罪的保护法益：信息自决权》，《浙江工商大学学报》2019 年第 6 期。

③ 杨立新、刘召成：《论作为抽象人格权的自我决定权》，《学海》2010 年第 5 期。

④ ［日］松井茂记：《论自己决定权》，莫纪宏译，《环球法律评论》1996 年第 3 期。

⑤ 车浩：《自我决定权与刑法家长主义》，《中国法学》2012 年第 1 期。

⑥ 王钢：《自杀的认定及其有关行为的刑法评价》，《法学研究》2012 年第 4 期。

⑦ 钱叶六：《参与自杀的可罚性研究》，《中国法学》2012 年第 4 期。

⑧ 张新宝：《我国个人信息保护法立法主要矛盾研讨》，《吉林大学社会科学学报》2018 年第 5 期。

（“TOS”），因为他们觉得这些服务条款冗长而无效。[①] 同时，阅读服务条款需要花费相当多的时间。如果一个人把他所访问的网站上的隐私政策都阅读一遍，那一年得花费244个小时。而对一个国家来说，这些时间成本累计起来非常大，高达数千亿美元。[②]

综上所述，私法法益观认为个人信息是个人私有的信息，个人对其全部信息拥有私法上的信息自决权，信息自决权的核心内容是同意权。但是，个人信息的“识别性”并不意味着个人信息属于该个体所有，其主要是在规避风险源的意义上使用的，是为了防止通过对相关信息的挖掘而将个人识别出来；同时，“同意”也并非意味着个人对其信息拥有排他性的支配权，“同意”是在风险规避的意义上使用的，主要是让个人来评估自身是否愿意承担信息处理的相应风险。[③] 因此，侵犯公民个人信息罪的法益研究应该从私法角度转向公法角度。

二 侵犯公民个人信息罪公法法益观的提倡

既然侵犯公民个人信息罪的法益观应该从私法角度转向公法角度，那么，应该如何理解和把握公法上的个人信息权呢？

（一）公法信息权与私法信息权的区别

虽然私法上个人信息权与公法上个人信息权都是个人的信息权，但两者在规范目的、权利特征、法律依据等方面都存在很大差异。公法上的个人信息权的含义是“个人信息受保护权”，而不是排他性的“个人信息自决权”。即使采取“个人信息自决权”的概念，也应该回归其原本的公法属性。

---

① Brittany A. Martin, “The Unregulated Underground Market for Your Data: Providing Adequate Protections for Consumer Privacy in the Modern Era”, 105 *Iowa L. Rev.* 865, 887 (2020).

② Jay P. Kesan et al., “A Comprehensive Empirical Study of Data Privacy, Trust, and Consumer Autonomy”, 91 *Ind. L. J.* 267, 289 (2016).

③ 梅夏英：《在分享与控制之间：数据保护的私法局限和公共秩序构建》，《中外法学》2019年第4期。

1. 规范目的不同

私法的目的在于确权，公法的目的在于规制风险。如前所述，私法法益观试图把个人信息权理解为一种类似于物权的私权，其目的是排斥他人对个人信息的侵犯，权利的指向是作为平等民事主体的其他自然人。但是，权利主体对其个人信息并不享有如同物权那样的排他支配权，也无权要求他人如同尊重物权那样尊重其个人信息。① 个人信息不仅具有个人性，也具有社会性，如果把个人信息权设计为支配性的私权，实际上这种支配已不再是对自己信息的支配，而是对他人行为的支配。② 公法上个人信息权的目的不在于通过确权来划定他人行为的边界，而是通过规制数据处理者的行为来规避对个人信息的侵犯风险。在网络时代，侵犯个人信息的风险主要不是来自其他自然人，而是来自政府和数据平台。政府和数据平台拥有强大的“数据权力”（data power）。③ 根据权利对抗权力的思路，“要防范和化解的主要是计算机与网络技术带来的风险”。④ 例如，在数据堂公司侵犯公民个人信息一案中，涉案的数据堂公司在 8 个月内日均传输公民个人信息 1.3 亿余条，累计传输数据压缩后高达 4000GB 左右。⑤ 有关责任人分别被追究侵犯公民个人信息罪的刑事责任。⑥

2. 权利特征不同

首先，私法上的个人信息权具有“先在性”，不受法律规定与否、承认与否的影响，而公法上的个人信息权具有“法定性”。⑦ 公法设立个人信息权的方式主要有两种：一是正面规定个人所拥有的权能；二是反面规定政府和数据平台等数据权力所应负的义务。例如，全国人大常委会 2021 年 4 月公布的《中华人民共和国个人信息保护法（草案二次审议稿）》第四章规定了

---

① 程啸：《民法典编纂视野下的个人信息保护》，《中国法学》2019 年第 4 期。

② 杨芳：《个人信息自决权理论及其检讨》，《比较法研究》2015 年第 6 期。

③ 王锡锌：《个人信息国家保护义务及展开》，《中国法学》2021 年第 1 期。

④ 丁晓东：《个人信息私法保护的困境与出路》，《法学研究》2018 年第 6 期。

⑤ 王旭英：《知名大数据企业“数据堂”被查 涉嫌侵犯数百亿条公民个人信息》，https://m.21jingji.com/article/20180710/herald/c8dcd1f153e3d6c11048b7809cd351d6.html，访问时间：2021 年 4 月 2 日。

⑥ 山东省临沂市中级人民法院（2018）鲁 13 刑终 672 号刑事裁定书；山东省临沂市中级人民法院（2018）鲁 13 刑终 549 号刑事判决书。

⑦ 周汉华：《个人信息保护的法律定位》，《法商研究》2020 年第 3 期。

"个人在个人信息处理活动中的权利"，第五章规定了"个人信息处理者的义务"。这两章分别从正反两个方面设立了公法上的个人信息权。另外，我国《刑法》第253条之一中"违反国家有关规定"的表述实际上也证明了刑法采取的是公法法益观，而不是私法法益观。只要行为人没有违反国家有关规定，即使未经公民同意，也可能不构成犯罪。如果认为侵犯公民个人信息罪保护的是私法上的信息权，立法上就不可能规定"违反国家有关规定"。

其次，权利的行使方式不同。私法上的个人信息权以对信息的占有和控制为权利行使的前提，一旦失去对信息的占有和控制，权利就难以实现。而且，私法上的个人信息权是一种消极的事后救济权，权利针对的主要是其他自然人。因此，对私法上个人信息权的侵犯以造成实际损害为要件，并由权利人承担侵权行为和侵权结果的举证责任。但是，公法上的个人信息权不以对个人信息的占有和控制为行使前提，也不以发生实际的损害结果为救济要件。而且，公法上的个人信息权是一种积极的事前防御权。① 从侵犯公民个人信息罪的司法实践来看，本罪的成立并不以个人失去对其信息的控制为前提，也不以造成实践损害后果为条件，而是以信息类型、信息数量、违法所得等情节为标准。所以，本罪并不是为了保护私法权利的行使，而是为了规制信息处理行为，防范数据处理行为对个人信息的风险。

（二）个人信息权原本就是公法权利

如前所述，我国"个人信息自决权"的概念直接来源于德国1983年第二次人口普查案的宪法判决。在该案中，德国政府除了统计人口总数以及收集基本个人信息之外，还要求公民在问卷中填写他们的收入来源、职业、兼职、教育背景、工作时间、交通方式等事项。于是，一些个人直接提起宪法诉讼。德国联邦宪法法院根据《基本法》第1条第1款（"人的尊严不受侵犯"）以及第2条第1款（"人人享有人格自由发展的权利"）判定本次人口普查违宪，并提出了"个人信息自决权"的概念。② 可见，

---

① 周汉华：《个人信息保护的法律定位》，《法商研究》2020年第3期。

② 刘金瑞：《个人信息与权利配置：个人信息自决权的反思与出路》，法律出版社2017年版，第70—71页；杨芳：《个人信息自决权理论及其检讨》，《比较法研究》2015年第6期。

"信息自决权"原本就是由宪法法院提出的公法上的概念，其目的是限制国家公权力，其依据是宪法上的人格权。然而，我国学者却直接把"信息自决权"定性为私法上的权利，并进一步把这种私法上的信息自决权作为侵犯公民个人信息罪的保护法益。这可能存在对信息自决权的误解，至少是存在论证不足的问题。

在我国，可以证成存在公法上的个人信息权，但不足以证成私法上的个人信息权。从宪法角度来看，我国《宪法》第33条规定了"国家尊重和保障人权"，第38条规定了"中华人民共和国公民的人格尊严不受侵犯"。我国宪法中的"人格尊严"可以扩张解释为类似于德国宪法中的人格权，从而为宪法上的个人信息权提供基础。① 从行政法角度来看，我国《网络安全法》第41条、第42条规定了网络运营者处理个人信息时应负的义务，第43条规定了个人的相关权利。这种宪法和行政法上的个人信息权主要是为了限制政府和网络平台等数据权力对公民个人信息的侵犯，而不是为了限制其他自然人对个人信息的侵犯。所以，无法从公法上的个人信息权直接推导出私法上的个人信息权。

从私法上来看，虽然《民法典》第1034条规定了"自然人的个人信息受法律保护"，但该规定"并未确立一项私法权利，而是宪法上信息保护国家义务在具体法律中的规范表述"。② 出现这一问题的"深层次根源在于权利定性错位，将一项新型公法权利简单归入传统民事权利范畴，忽略了个人信息保护与人格权两项权利的本质差别"。③ 即使是在德国，能否从宪法上的信息自决权推导出私法上的信息自决权，理论与实务中都存在分歧和争议。Nipperdey法官首次提出宪法上的一般人格权同时就是民法上一般人格权的观点，引发了整个侵权法体系的震动。但是，拉伦茨等多数学者旗帜鲜明地反对从宪法上一般人格权引出私法上一般人格权。④ 实际上，

---

① 赵宏：《信息自决权在我国的保护现状及其立法趋势前瞻》，《中国法律评论》2017年第1期。

② 王锡锌：《个人信息国家保护义务及展开》，《中国法学》2021年第1期。

③ 周汉华：《个人信息保护的法律定位》，《法商研究》2020年第3期。

④ 周云涛：《论宪法人格权与民法人格权》，中国人民大学出版社2010年版，第115—116页。

“认为欧洲确立了民法上的个人信息权的观点，属于对域外经验的误读”。[①]

（三）公法上个人信息权不是超个人法益

关于侵犯公民个人信息罪的保护法益，我国存在个人私法法益观与超个人法益观之间的争论。超个人法益观认为，“侵犯公民个人信息罪的法益并不是个人的人身权利，而是社会的公共安全，具体来说是信息公共安全”。[②] 或者认为，本罪的法益“是具备实质权利内涵的集体法益，具体为信息专有权”。[③] 本文主张该罪的保护法益不是私法上的个人信息自决权，而是公法上的个人信息受保护权。但个人信息受保护权并非超个人法益，仍然属于个人法益。正如我国刑法分则第四章所规定的“民主权利”属于个人的公法权利，但绝不是超个人法益。

首先，这种观点在法益理论上倾向于集体法益一元论。“集体法益一元论”是与“个人法益一元论”相对而言的。个人法益一元论坚持古典法治国理念，认为国家的任务在于保障个人自由，因此，刑法中的所有法益都是个人法益。超个人法益只有在其能够被还原为个人法益时，才具有正当性。集体法益一元论采取社会国理念，认为国家的任务在于维护社会秩序，因此刑法中的所有法益都是社会法益。“法益一直都是整体法益（Rechtsgut der Gesamtheit），不是个人法益”，“刑法只用于服务整体的利益，与整体相对，个人利益如萤火不可与日月争辉，小到可以忽略”。[④] 按照集体法益一元论，刑法保护个人法益只是刑法保护集体法益的映射效果。但是，刑法学界通说认为刑法既要维护社会秩序，更要保障个人自由。因此，个人法益与集体法益同时存在于刑法中，两者之间存在此消彼长的紧张关系，尤其需要警惕集体法益的扩张性潜能。[⑤]

其次，侵犯公民个人信息罪的法益不是信息公共安全。刑法中的公共

---

① 王锡锌：《个人信息国家保护义务及展开》，《中国法学》2021 年第 1 期。

② 皮勇、王肃之：《大数据环境下侵犯个人信息犯罪的法益和危害行为问题》，《海南大学学报》（人文社会科学版）2017 年第 5 期。

③ 敬力嘉：《大数据环境下侵犯公民个人信息罪法益的应然转向》，《法学评论》2018 年第 2 期。

④ 钟宏彬：《法益理论的宪法基础》，台湾元照出版公司 2012 年版，第 236—237 页。

⑤ 孙国祥：《集体法益的刑法保护及其边界》，《法学研究》2018 年第 6 期。

安全具有特定的含义，公共安全属于国家法益和个人法益之间的社会法益。这里的“公共”即“公众”，是指不特定人或者多数人；这里的“安全”仅限于生命安全、身体健康安全以及重大财产安全，“不能增扩或者缩小”。① 而侵犯公民个人信息罪的犯罪对象并不局限于“不特定人或者多数人”，完全可能是特定个人或者少数人。同时，公共安全的内容并不包括信息安全，虽然侵犯公民个人信息的行为可能会导致他人的人身、财产受到损害。但是对人身、财产的损害往往是下游信息利用行为的犯罪结果，单纯的提供或者获取个人信息的行为无论如何不会侵犯人身、财产的安全。认为信息安全属于公共安全，并以之作为侵犯公民个人信息罪法益的观点，是对公共安全概念的误解。

最后，侵犯公民个人信息罪的保护法益不是网络平台对所占信息的专有处分权。网络时代，网络平台确实占有海量的个人数据。例如，Facebook 上每一个月新增 20 亿张以上的照片。② 但这些网络平台所占有的个人数据究竟属于谁，是一个很有争议的问题。③ 断定网络平台对于其所占信息享有专有权的判断，缺乏法律依据。云计算时代网络平台上的个人信息主要包括两类：第一类是用户上传到云上的信息，这类信息产生于云服务之外；第二类是用户在使用云服务的过程中产生，并存储在云上的信息。总的来说，“云服务商极少对产生于云服务之外或由用户产生于云上的内容主张权利。但是，服务商普遍对数据完整性、保密性等安全负有责任”④。

三　公法法益观下侵犯公民个人信息罪的重新解释

法益观的变化将直接影响本罪构成要件符合性和违法性的判断。根

---

① 曲新久：《论刑法中的“公共安全”》，《人民检察》2010 年第 9 期。

② ［英］克里斯托弗·米勒德：《云计算法律》，陈媛媛译，法律出版社 2019 年版，第 207 页。

③ 丁晓东：《数据到底属于谁？——从网络爬虫看平台数据权属与数据保护》，《华东政法大学学报》2019 年第 5 期。

④ ［英］克里斯托弗·米勒德：《云计算法律》，陈媛媛译，法律出版社 2019 年版，第 235 页。

据本文所提倡的公法法益观，既然侵犯公民个人信息罪的法益是个人信息受保护权，那么不同类型的个人信息就应该受到不同程度的保护，而不是一律同等对待。基于同样的道理，既然侵犯公民个人信息罪的法益不是私法上的信息自决权，那么就需要反思个人同意在犯罪构成中的地位。

（一）行为对象的领域化区分

法益与犯罪对象紧密相关，不同的法益观会直接影响犯罪对象的认定。私法法益观认为所有的个人信息都具有同等重要性，刑法同等保护所有的个人信息。公法法益观认为个人信息分属不同领域，不同领域中的个人信息具有不同的重要性，刑法对不同领域中的个人信息采取不同的保护立场。那么，如何把个人信息进行领域化区分呢？对此，可以借鉴前述德国的“领域理论”（Sphärentheorie）。

领域理论按照私密性程度的高低把个人活动划分为三个领域：最核心层的隐私领域（Intimsphäre）、中间层的私人领域（Privatsphäre）、最外层的社会领域（Sozialsphäre）。[①] 最核心层的隐私领域属于个人生活的最内层，该领域中个人活动的私密性最高，社会性最低；该领域中的活动不会侵犯他人的权利、宪法秩序和道德法则，不应该受到限制。[②] 中间层的私人领域的私密性低于隐私领域，社会性高于隐私领域，因此，国家公权力可以基于比例原则和公共利益原则对该领域进行干涉。[③] 最外层的社会领域包含了与社会紧密相连的利益，而几乎没有私密性。例如，与追查犯罪或者防疫相关的个人信息，就属于该领域。[④] 从最核心层的隐私领域到中间层的私人领域，再到最外层的社会领域，个人信息的私密性逐渐降低而社会性依次增加。领域理论的要义在于区别对待个人信息，协调个人信息

---

① 王锴：《论宪法上的一般人格权及其对民法的影响》，《中国法学》2017 年第 3 期。

② See E. J. Eberle, “Observations on the Development of Human Dignity and Personality in German Constitutional Law: An Overview”, *Liverpool Law Rev.* 33, 213 (2012).

③ 钟宏彬：《法益理论的宪法基础》，台湾元照出版公司 2012 年版，第 203 页。

④ 刘金瑞：《个人信息与权利配置——个人信息自决权的反思与出路》，法律出版社 2017 年版，第 127 页。

的私人性与社会性、信息控制与信息共享之间的平衡关系。我国有学者提出个人信息保护“两头强化、三方平衡”的构想,[①] 正是领域理论的具体体现。

实际上，我国司法实践也接受了领域理论的合理内涵。《侵犯公民个人信息罪解释》根据个人信息的三种不同类型，分别规定了不同的立案标准。三类个人信息的私密性依次递减，社会性依次递增。第一类信息处于个人最核心层的隐私领域，属于隐私权的保护客体。具体来说，行踪轨迹信息属于私密空间信息，通信内容属于私密活动信息，征信信息和财产信息属于其他私密信息。由于这类信息私密性最强，法律保护最为严格，因此，司法解释明文列举四种信息，不允许司法适用再予以扩张。[②] 第二类信息处于中间层的私人领域，其私密性有所降低，社会性有所增加。司法解释对该类信息采取“明文列举+兜底概括”的规定方式。第三类信息属于最外层的社会领域，信息的私密性最低，社会性最高。司法解释对该类信息没有列举，而是采取开放性规定。可见，我国司法解释和司法实践采取的是公法法益观，不同领域的个人信息在侵犯公民个人信息罪构成要件符合性判断中具有不同的意义。

既然个人信息的领域化区分直接影响罪与非罪的认定，那么如何确定个人信息所属的具体领域，就成了司法实践的重点和难点。例如，个人使用百度搜索“减肥、丰胸、人工流产”三个关键词而形成的搜索记录，是否属于个人信息，如果属于个人信息的话，属于哪一领域的个人信息？司法实践对此分歧严重。一审判决认定该信息属于个人隐私的范围。[③] 准此，则该搜索记录至少处于中间层的私人领域，甚至可能处于最核心层的隐私领域。但是，二审判决认为这些搜索记录不属于个人信息。[④] 再如，cookie信息是否属于公民个人信息，司法实践也存在很大分歧。

一般来说，个人信息的领域化区分应立足于具体场景。“脱离具体场

---

① 张新宝：《从隐私到个人信息：利益再衡量的理论与制度安排》，《中国法学》2015年第3期。

② 喻海松：《网络犯罪二十讲》，法律出版社2018年版，第223页。

③ 南京市鼓楼区人民法院（2013）鼓民初字第3031号民事判决书。

④ 南京市中级人民法院（2014）宁民终字第5028号民事判决书。

景谈论隐私权益或个人信息权益，不但无法为权益提供有效保护，还有可能引发过度保护或保护不足的弊端”。[①] 例如，保险业务员为了推销车险，向他人购买了400条公民个人车辆信息，包括姓名、联系方式、车型、车牌号等。如果认为车辆信息属于“财产信息”，那么行为就会构成犯罪；如果认为车辆信息属于“其他可能影响人身、财产安全的公民个人信息”，那么行为就不会构成犯罪，因为该案中购买的信息未达到500条。因此，本案不能从抽象的概念来认定其是否构成犯罪，而应该根据具体场景，即行为人使用车辆信息的场景来判断。由于行为人使用车辆信息是用来推销车险，而不是为了侵犯财产，所以在这种场景下应以500条作为立案标准。[②] 有的学者进一步指出，场景判断需要考虑的因素包括信息的关联性程度、信息的重要性程度、行为人的主观目的等。[③]

（二）同意效果的相对化

对于“同意”在侵犯公民个人信息罪中的地位，我国司法实践存在两种完全相反的立场，反映了两种不同的法益观。第一种立场把是否获得个人的同意或授权作为行为是否构成犯罪的决定性标准。不仅获取或者提供他人的非公开信息需要取得个人的“原始授权”，而且获取或者提供他人的公开信息需要取得个人的“二次授权”。这种立场可以称为“同意决定论”，其背后的法益观是私法意义的个人信息自决权。第二种立场认为个人的同意与否不影响本罪的成立。这种立场可以称为“同意否定论”，反映了集体法益观的要求。但是，“同意决定论”与“同意否定论”都值得商榷，本文坚持公法法益观，倡导“同意相对论”。

1. 同意决定论的反思

对于个人非公开信息，同意决定论要求“原始授权”，具有较大的合理性。但是，对于个人公开信息，同意决定论要求“二次授权”则存在过度犯罪化的嫌疑。我国司法实践中出现大量以未取得“二次授权”为由而

---

① 丁晓东：《个人信息私法保护的困境与出路》，《法学研究》2018年第6期。

② 尹振国：《侵犯公民个人信息罪司法适用疑难问题探析》，《人民检察》2018年第18期。

③ 喻海松：《网络犯罪二十讲》，法律出版社2018年版，第215页。

认定侵犯公民个人信息罪成立的判决。例如，在徐国成等侵犯公民个人信息案中，被告人通过国家企业信息公示系统收集企业法人的手机号码等个人信息，并未经他人同意就公布在自己开设的“企查查”网站上供人查询。法院判决认定被告人构成侵犯公民个人信息罪。① 在范海林等侵犯公民个人信息案中，被告人利用“爬虫”软件从“天眼查”等网站上获取企业法人的联系方式等信息，整理成 Excel 表格后出售给网友，该出售行为未经个人同意，被法院认定为侵犯公民个人信息罪。② 在赵海军等侵犯公民个人信息案中，行为人未经被收集人同意，将网络公开的工商企业登记信息出售给他人，被认定为侵犯公民个人信息罪。③ 在这些案件中，法院判决都非常重视个人的“知情同意”，要求行为人获取或者提供已经公开的个人信息也应该获得个人的“二次授权”。有的承办法官认为，个人同意其信息在国家企业信息公示系统中进行公开，并不意味着同意其他人收集和出售这些信息。④ 还有的承办法官认为，房东同意将其房产信息挂牌至中介门店，并不意味着同意把该信息在网上公开。⑤

但是，这种过度犯罪化的做法值得反思。首先，从规范论角度看，要求处理个人公开信息仍需获得“二次授权”的做法，违反了法秩序的统一性原则。虽然我国《民法典》第 1038 条规定“未经自然人同意，不得向他人非法提供其个人信息”。《侵犯公民个人信息罪解释》第 3 条也规定，未经被收集人同意，将合法收集的公民个人信息向他人提供的，仍然属于侵犯公民个人信息罪中的“提供公民个人信息”。但是，对这两条规范中的“同意”，应该作体系解释。依据《民法典》第 1036 条的规定，处理自然人自行公开或者其他合法公开的信息无须承担民事责任，除非该自然人明确拒绝或者该处理行为侵害其重大利益。从《民法典》第 1036 条与第 1038 条之间的关系来看，第 1038 条的规定是针对他人未公开信息而言的；

---

① 福建省泉州市中级人民法院（2020）闽 05 刑终 155 号刑事裁定书。

② 福建省安溪县人民法院（2019）闽 0524 刑初 397 号刑事判决书。

③ 重庆市开县人民法院（2017）渝 0154 刑初 342 号刑事判决书。

④ 陈峰：《公开的工商企业登记信息也可成为公民个人信息》，《人民司法（案例）》2018 年第 32 期。

⑤ 舒平锋、金淑琴：《未经同意传播房源信息构成侵犯公民个人信息罪》，《人民司法（案例）》2020 年第 23 期。

对于他人的公开信息，直接适用第 1036 条，无须承担民事责任。因此，应该认为我国《民法典》第 1036 条明确否定了“二次授权”规则。① 基于同样的道理，对《侵犯公民个人信息罪解释》第 3 条也应该作限制适用，即该条只适用于提供未公开个人信息的场合。如果是将合法收集的个人公开信息提供给他人，即使未经被收集人同意，也不应该构成犯罪。

其次，从法益论角度看，上述判决采取私法法益观，把个人信息权理解为私法权利，缺乏对个人信息权公法属性的理解。私法法益观把个人信息权理解为绝对的排他权，个人对其信息，不论是公开信息还是未公共信息，不论是私密信息还是非私密信息，都具有同意与否的权利。这种看法存在两个缺陷。一是未理解信息领域的复杂性。按照前述的领域理论，个人信息领域从核心到外围可以分为三层：最核心层的私密信息、中间层的私人信息、最外层的个人公开信息。个人对其核心层的私密信息拥有绝对的自决权，私密信息的每一次处理都需要获得自然人的同意或授权；处理最外层的个人公开信息则无须再获得二次授权；处理中间层的私人信息则需要根据具体的情景来判定是否需要获得自然人的同意或授权。二是忽略了个人信息的合理使用制度。如果个人信息权属于私法权利，则不存在合理使用的可能，就像对妇女的性自主权不存在合理使用的问题一样。但如果个人信息权属于公法权利，那么该权利就要受到合理使用制度的限制。例如，新闻报道和舆论监督的行为、维护公共利益的行为都可能会对个人信息权形成制约，而无须取得自然人的同意。②

2. 同意否定论的反思

第二种立场认为，即使经过个人同意，获取或者提供个人信息的行为也会构成犯罪。在宋慧娟等侵犯公民个人信息案中，被告人宋慧娟等人收购他人实名注册的淘宝店铺信息（包括店主个人信息、支付宝账号、银行

---

① 全国人大常委会 2021 年 4 月发布的《个人信息保护法（草案二次审议稿）》第 28 条规定：“个人信息处理者处理已公开的个人信息，应当符合该个人信息被公开时的用途。超出与该用途相关的合理范围的，应当依照本法规定取得个人同意。个人信息被公开时的用途不明确的，个人信息处理者应当合理、谨慎地处理已公开的个人信息。利用已公开的个人信息从事对个人有重大影响的活动，应当依照本法规定取得个人同意。”可见，该条也没有要求处理个人公开信息一律应获得“二次授权”。

② 程啸：《论我国民法典中的个人信息合理使用制度》，《中外法学》2020 年第 4 期。

卡信息等），然后将这些淘宝店铺信息卖给被告人邓光明，邓光明再把这些淘宝店铺信息在网上销售牟利。淘宝店铺的注册人对于宋慧娟、邓光明等人收购、出售包括个人信息在内的淘宝店铺知情并同意。但是法院判决被告人的行为构成侵犯公民个人信息罪，理由是“本罪名侵犯的客体不仅仅是公民个人的人身权利和民主自由权利，还包括社会管理秩序，故即使被出卖个人信息的注册人是同意的，且有获得对价，仍侵犯了本罪的客体”。① 可见，与前述认为本罪保护法益是私法上信息权的判决完全相反，该判决认为本罪的法益不是个人法益，而是超个人法益。如前所述，断定本罪法益属于超个人法益的观点值得商榷。因此，基于超个人法益观的上述判决结论也值得商榷。

3. 同意相对论的提倡

本文认为侵犯公民个人信息罪的保护法益既不是私法上的个人信息自决权，也不是超个人的集体法益，而是公法上的个人信息受保护权。按照本文所提倡的公法法益观，经过个人同意的行为当然不可能成立犯罪，因为个人的同意意味着其放弃了个人信息受保护的权利。② 未经个人同意的行为是否构成犯罪，需要具体分析。具体来说，未经个人同意，获取或者提供其核心领域私密信息的行为，成立犯罪；未经个人同意，获取或者提供最外层领域公开信息的行为，不成立犯罪；未经个人同意，获取或者提供中间层私人信息的行为是否构成犯罪，要看该行为是否符合合理使用规则，只有未经同意又不符合合理使用规则的行为才成立犯罪。

四 结论

侵犯公民个人信息罪的法益不是超个人法益，而是个人法益，但也不是个人法益中的私法法益，而是个人法益中的公法法益。应该按照从私法

① 广东省开平市人民法院（2018）粤 0783 刑初 215 号刑事判决书。

② 公民个人信息受保护权与公民劳动权、公民受教育权不同。劳动权和受教育权既是公民的权利，也是公民的义务，因此，公民无法完全放弃自己的劳动权和受教育权。但是，公民个人信息受保护权只具有权利属性，而不具有义务属性，因此，公民的放弃行为应该在规范上得到认可。

权利回归公法权利的逻辑重构侵犯公民个人信息罪的法益观，并重新解释本罪的构成要件符合性和违法性。

根据私密性的逐渐降低和社会性的逐渐升高，个人信息分属三个不同领域：最核心层的隐私领域、中间层的私人领域、最外层的社会领域。最核心层的隐私领域属于个人生活的最内层，该领域中个人活动的私密性最高，社会性最低；中间层的私人领域的私密性低于隐私领域，社会性高于隐私领域；最外层的社会领域包含了与社会紧密相连的利益，而几乎没有私密性。我国司法实践实际上采取了领域理论，不同领域中个人信息的定罪标准不同，也具有不同的违法阻却事由。未经个人同意，获取或者提供其核心领域私密信息的行为，成立犯罪；未经个人同意，获取或者提供最外层领域公开信息的行为，不成立犯罪；未经个人同意，获取或者提供中间层私人信息的行为是否构成犯罪，要看该行为是否符合合理使用规则，只有未经同意又不符合合理使用规则的行为才成立犯罪。

（作者为东南大学法学院院长、教授、博士生导师。本文原载于《比较法研究》2021 年第 3 期，收入本书时略有删改。）

网络技术行为的出罪路径与处罚边界

姚万勤

一　问题的提出

在我国，有学者根据网络犯罪的领域不同，将网络犯罪进一步区分为以网络为对象的犯罪与以网络作为犯罪工具的犯罪。[①] 对于前者来说，以我国目前的传统罪名足以应对，而对于后者，随着《刑法修正案（九）》的出台，貌似在规范上也能找到处罚的根据。

抛开立法是否具有妥当性的问题不述，实质上对通过网络技术实施犯罪的行为进行观察可知，该犯罪与其他犯罪存在明显的不同之处在于：网络服务商与行为人呈现出类似“共同犯罪”的外观。[②] 但是，在很多情况下，鉴于科学技术的突飞猛进的发展，网络服务商往往也无法甄别出合法与非法的用户，因而，一旦发生类似于“快播案”的案件，对相应的网络服务商定罪处罚成为了一种趋势的司法现状也存在诸多商榷之处。但是笔者认为，认定一个行为是否构成犯罪，除了正犯行为符合犯罪的构成要件之外，其他共犯的行为也应当符合修正的犯罪构成。在这种场合下，对于网络服务商主观上明知的要求必然跃然纸上，否则，定罪处刑的妥当性必然遭受质疑。

正如陈兴良教授所言，“法律不能成为网路技术发展的绊脚石，但网

---

① 郭旨龙：《网络刑法的逻辑与经验》，中国法制出版社2015年版，第2—13页。

② 邹兵建：《网络中立帮助行为的可罚性证成》，《中国法律评论》2020年第1期。

络技术也不能成为犯罪的挡箭牌。"① 那么，涉及问题的本身便是，如何从刑法的角度考察和对待网络技术中立的问题。显然，技术中立原本是侵权法中经常适用的重要原则，在刑事法中能否成为行为人排除犯罪的事由，在目前我国刑法学界，分歧观点依然存在。基于此点基础之上，笔者认为，中立的网络技术行为能否成立犯罪，首要的是应当明确技术中立行为在不同法域所含摄的范围。其次，即便以"技术中立"作为抗辩事由，也应当明确从何种路径进行具体的论述。如果能对上述问题梳理清晰，必然会对以后发生的相关的"网络技术中立"案件起到定纷止争之效果。

二　网络技术中立理论发展及其对犯罪成立的影响

（一）网络技术中立的理论发展

"技术中立"是1984年美国最高法院在"环球电影制片公司诉索尼公司案"中确立。根据该原则，如果该产品能够被用于合法的且没有任何争议的用途，当然能够确立其具有实质性的非侵权的地位，相反，即便该产品制造商和销售商知道其设备可能被用于侵权，也不能推定其故意帮助他人侵权并构成"帮助侵权"。

其后，于1995年美国宗教技术中心诉Netcom在线公司一案后，认为通过Netcom设备将原告的作品贴在论坛的行为人，属于直接侵权行为，而网络服务者Netcom公司仅仅提供复制设备，因而既不负直接侵权责任，也不负替代侵权责任。本案再次重申了"技术中立"的价值蕴涵。为了使"技术中立"原则进一步立法化，美国于1998年颁布的《千禧年数字版权法》，在网络领域中为网络服务者提供了一个免责条款，即正式确立了"避风港原则"（Safe Harbor Rules）。

目前，适用"避风港原则"主要包括三个方面的条件："其一，网络服务者主观上并不知道侵权的事实，既包括明确不知道侵权的事实，也包括推定其不知道侵权的事实；其二，网络服务者并未从侵权的事实中获取

① 陈兴良：《在技术与法律之间：评快播案一审判决》，《人民法院报》2016年9月14日。

相应的利益；其三，在收到著作权人的通知后随即采取措施删除或者屏蔽可访问之链接。”[①] 据此可见，“避风港原则”虽然由技术中立原则发展而来，但是其核心在于“通知与删除”规则。当然，为了进一步判断“避风港原则”中的侵权行为人的主观知情与否，在《千禧年数字版权法》中明确规定了“红旗标准”（Red Flag Test），即如果侵权行为发生后，而侵权行为本身像红旗飘在空中显而易见，而侵权行为人对其视而不见，不作进一步的处理，此时则不能免除行为者的侵权责任。[②]

（二）对成立犯罪的影响：从“他山”到“本土”

就目前来说，在域外的德国以及日本等国家，都存在实质的判例从而确定了“技术中立无罪”的妥当性。例如，发生日本的 Winny 案便是适例。被告人开发了一款命名为 Winny 的软件，该软件具有共享的功能。被告人其后将其在网络上公开并免费供他人使用。其后，另两名与软件开发者并不相识的行为人，通过 Winny 软件将他人享有著作权的电影等载体向社会公众传播。一审法院认为软件的开发者违反了《著作权法》的相关内容，因而也应构成刑事犯罪。而二审法院以及最高裁判所均以技术中立为由，认定软件的开发者并不构成犯罪。

通过该案的无罪判决也基本可知，技术中立原则得到了日本司法部门的认可。但是在我国，笔者认为，刑事犯罪的认定与民事侵权责任的构成并不具有可类比性。即便在民事上看来属于技术中立的行为，在刑事领域能否构成犯罪则便是另外的问题。由此涉及的便是法秩序该如何理解的问题。对于该问题目前在学界主要存在“法秩序统一性”与“法秩序相对性”的对立。持“法秩序统一性”的学者认为，无论是民法还是刑法，在法秩序上都应当进行统一的理解，也即在民法上是违法的，在刑法中也应当具有违法性；持“法秩序相对性”的学者则认为，民法中的违法性判断与刑法中的违法性应当是不同的。换言之，民法中的合法性与否与刑法中

① 赵旭东：《中华人民共和国电子商务法释义与原理》，中国法制出版社 2018 年版，第 286 页。

② 王迁：《网络著作权法》，中国人民大学出版社 2008 年版，第 140 页。

合法性与否并不具有任何关联。

据此可见，上述理论要么将民事中的正当行为以及违法行为与刑法中的正当行为以及违法行为作为绝对的相等同关系（统一性说），要么将其作为绝对相排斥关系（相对性说），难免都存在极端化的倾向，因而不具有妥当性。因此目前在学界，“缓和的违法一元论”得到了学界的认可。在该种理论看来，首先，民事法律中属于正当的行为，在民法中应当具有正当性，也即在合法性问题上，法秩序是统一的。其次，民事法律中属于违法的行为，在刑法领域也未必就是违法的，也即对于违法性的判断，则应当由各个不同的部门法进行判断。

例如，在2013年的“快播案”中，辩护人正式提出了“技术中立”应当无罪的辩护意见，那么就有必要重新对该理论进行审视。虽然我国学界一致认为，我国的《侵权责任法》第36条确立了类似于“避风港原则”的制度。那么就快播案件来说，快播软件只是提供了播放软件这项技术，并未在播放软件中涉及播放的内容，因而在民事法律中可以适用避风港原则对其侵权责任予以排除。正如对快播案的结果所显示的那样，并未有其他的民事主体起诉快播公司承担民事赔偿责任。但是即便如此，我国仍然将快播公司以及相应的行为人作为刑事被告进行起诉、审判，则实质上表明，在缓和的违法一元论的视角之下，即便其存在民事法上的免责事由，在刑法之中也并不必然地能成为排除犯罪的事由。

三 谁之义务？——基于不作为犯义务理论的实质分析

司法机关对网络服务商处罚的入罪逻辑主要是基于不作为犯理论进行的归罪。但是在本文看来，以不作为犯义务来源作为证立罪与非罪的第一道过滤器，有必要阐释清晰。

（一）成立不作为犯义务来源之证立

从成立不作为犯罪的具体要件来看，其有三个典型的要件，“其一，行为人负有实施某种作为的法律义务；其二，行为人有能力履行特定的法律义务；其三，行为人没有履行作为的特定法律义务。”① 而第一个要件是成立不作为犯的前提性条件。如何理解义务的来源无论是在域外还是我国刑法之中均存在较大的争议。例如在德国，对其义务范围也经历了费尔巴哈到斯图贝尔的转变，费尔巴哈主要将法律上具有根据的来源作为义务的前提，因而其范围局限在法规与契约。而在日本刑法中，目前通说的观点认为，“除了法律、法令的规定之外，还有以合同、事务管理以及包含了先行行为、所有人或管理人、财产交易和一般习惯为基础的特别关系的条例、习惯。”② 在我国刑法中，不作为犯的形式义务来源主要存在“三义务说”“四义务说”以及“五义务说”的理论对立。

显然，上述限于形式的法义务说的观点，存在以下的问题：首先，只是将法律要求的义务作为不作为犯的义务来源，扩大了不作为犯的义务范围。形式义务论的观点为了区分法律义务与道德义务而强调将法律规定的义务作为不作为犯的义务来源，可是现实并非如此，在司法实践中并不是不履行每一项法律义务均有成立犯罪的可能。其次，将其他法律规定的义务直接作为不作为犯的义务来源，可能会逾越刑法与其他法律制裁的界限，导致不合理的处罚结论。依据调整对象的不同，可以将法律划分为不同的部门法。对于不同的违法行为，在部门法中也有相应的制裁措施，而刑法只是作为其他法的保障法存在，并不是对认为违法行为均科处刑罚处罚。例如，对于违反合同法的行为，一般按照违约责任进行制裁也会实现处罚的效果。如果遵循形式的法义务的立场进行理解，合同法上的义务也是不作为犯义务来源的根据，由此得出的结论显然不合理。

目前，在最新的理论动向中，开始从实质的角度探讨法义务的来源。从实质角度解决不作为的义务来源具有以下优势，一方面，能够合理划定不作为的义务来源的范围，另一方面则有利于限定处罚的范围。那么，如何从更加规范的角度来具体确定实质的义务来源，在德国以及日本存在不同的理论主张。如德国的许乃曼教授提出了结果原因支配说，认为只有行

① 高铭暄、马克昌主编：《刑法学》，北京大学出版社、高等教育出版社 2013 年版，第 140 页。

② ［日］大谷实：《日本刑法讲义（总论）》，成文堂 2000 年版，第 188 页。

为人支配了危害结果发生的原因，才赋予不作为的义务，具体可分为对危险源的支配和对脆弱法益的支配。而该种理论得到了日本学者西田典之教授的支持，其认为，“对于不作为义务的来源不应局限于法律、契约以及先行行为等规范性见解，同时为了保证作为与不作为的等价值性，不作为者应当掌握导致结果发生的链条，即要具体地、事实地支配因果关系的发展经过。”① 因而，在西田教授看来，对于不真正不作为犯的成立范围主要限于以下两种情形，“其一，事实上排他性的支配，即专属于其的义务从而排除他人参与的场合；其二，支配的领域，即与不作为的意思无关，只是在事实上导致结果出现的因果链具有因果关系，只有该不作为者才应该实施作为的场合。”

（二）技术提供者有无作为义务之理论归结

法不强人所难。“法律规范与法律秩序只要求能够履行义务的人履行义务，而不会强求不能履行义务的人履行义务。”② 从目前我国相关立法情况来看，不仅在刑事领域，而且在民事领域等相关的规范性文件都规定了相关的义务来源。例如，在民事领域已经明确网络服务者作为义务来源的规定主要有《全国人民代表大会常务委员会关于维护互联网安全的决定》（以下简称《决定》）第七条、《侵权责任法》第三十四条、《信息网络传播权保护条例》第二十三条，等等。这些条文主要是将作为义务具体化为“采取措施、停止传输有害信息、及时向有关机关报告”。③ 在刑事领域，主要对其义务范围有所规定的是《淫秽电子信息犯罪解释》第六条的规定，即“互联网信息服务提供者明知是淫秽网站，为其提供互联网接入、服务器托管、网络存储空间、通讯传输通道、代收费等服务，并收取服务费，可以按照传播淫秽物品牟利罪定罪处刑。”

鉴于前文所批判的，从形式的法义务论的立场来理解不作为犯的义务来源存在一定的弊端和不足，本文将从不作为犯的实质义务来源对该问题

① 黎宏：《不作为犯研究》，武汉大学出版社 1997 年版，第 135 页。

② 张明楷：《刑法学》（第四版），法律出版社 2011 年版，第 159 页。

③ 秦天宁、张铭训：《网络服务提供者不作为犯罪要素结构》，《中国刑事法杂志》2009 年第 9 期。

进行进一步分析并得出结论。

首先，从支配地位的立场出发，很难将技术提供者视为已经取得危险源的支配地位。从规范的角度来说，支配地位是指排除了其他的可能的场合，只有行为人的行为处于绝对的防止危害结果发生的地位。从该视角分析，值得探讨的问题便是：利用该技术特点而被动地侵害了法益的行为，是否能视为已经取得了危险源的支配地位。例如，对于软件公司来说，每天海量的数据不仅很难予以及时监控，更何况在现代社会自由的意识极大崛起的当下，如果软件公司利用大数据的便利优势对数据进行监控分析，甚至本身就带有很大的违法性以及对他人法益的侵害性，因为对于使用该软件的人群来说，除了一部分非法使用的群体之外，还存在另一合法使用的群体，不加区分地监控本身就有失正当性，因而以此违法的手段作为肯定其获得危险源支配地位的理由，不仅与法精神相违背，而且也不符合实质的法义务的来源。

其次，从因果关系的立场出发，也不能肯定提供技术的主体行为与传播行为之间存在因果的关联性。就刑法意义上的危害行为与危害结果之间需要通过因果关系予以链接，因而只有将危害结果赋予危害行为原因力之时，才能肯定两者之间的关联。就目前技术中立的行为来看，其提供技术的行为本身并不具有危害性。例如提供免费视频播放器的行为、提供购物网站的行为，等等，很难说这种行为本身就是具有危害性的行为。那么问题就出在，利用该技术的行为人实施了相关的违法行为导致了严重的危害结果，那么是否可以将该危害结果归咎于技术的提供者呢？答案是否定的。基本理由有二：其一，无论是站在“条件说”“相当的因果关系说”“偶然的因果关系说”“必然的因果关系说”等立场，讨论的是应当是行为人与危害结果之间的关系。其二，如果将其也视为具有因果关系，则必然扩大了处罚范围。因为事物均是处在普遍的联系之中，如果只是存在一定的关联性就肯定其因果关系，必然会进一步扩大处罚范围。

因此，通过以上的论述，如果从实质的角度解释法义务的来源，很难说提供技术的行为人取得了对危险源的支配地位，更不能说提供技术的行为与他人导致的危害结果之间存在刑法意义上的因果关系，因而可以否定其具有成立不作为犯的余地。

四 何种路径？——基于中立帮助行为的实质性分析

那么，对于该中立的网络技术行为又该如何从刑法规范的角度进行解释呢？特别是技术提供者并不明知其提供技术的行为实质上为他人实施犯罪提供了一定的帮助，那么对于该种行为又该如何处断呢。除了前文所论的不作为的性质之外，很自然地让人联想到是否成立帮助犯的问题。因此，目前在刑法理论中，围绕该行为的另一种入罪路径主要集中在中立的帮助行为是否构成帮助犯的视角进行讨论。

（一）中立帮助行为的理论争议及立场

在德日刑法中，从理论层面对中立的帮助行为进行了较多深入的探讨，从目前学界研究的现状来看，限制的处罚说居于目前通说地位，在限制的处罚说内部，主要分为主观说、客观说两种主要观点的对立。主观说主要从行为人的主观立场出发，以行为人主观认知为判断标准具体判断是否成立可罚的帮助犯。① 客观说不同于主观说的立场在于：主要是从帮助犯的“社会相当性”“职业相当性”以及“利益衡量性”等客观要件进行限制，以期能够实现限缩处罚范围的目的。② 虽然上述观点均提出了具体的处理方案，但是仔细分析，可以发现存在以下问题：

第一，虽然主观说致力于从帮助行为者的主观方面进行努力，以至解决哪些类型具有可罚性。从目前的解决方案来看，存在以下诸多问题。首先，虽然间接故意否定说否定了间接故意的类型不能成立帮助犯，其结论具有可取性，但是该种观点并没有进一步为其提供可供选择的方案，因而因为不具有明确性而导致失败。③ 其次，从促进正犯完成的视角进行解析，虽然给出了帮助犯的成立要件，“但是最为致命的缺陷在于并没有从更加正面的角度来解释非罪的中立帮助行为与成立罪名的帮助行为之间的差

① 曹波：《中立帮助行为刑事可罚性研究》，《国家检察官学院学报》2016 年第 6 期。

② 姚万勤：《中立的帮助行为与客观归责理论》，《法学家》2017 年第 6 期。

③ 陈家林：《外国刑法通论》，中国人民公安大学出版社 2009 年版，第 611 页。

异，因而对于日常生活中诸多的帮助行为并未提出妥当的解决方案，因而导致对问题的解决并没有多少促进作用。”①

第二，客观说为了纠正主观说的不明确性以及判断标准的恣意而提出了多种解决方案，在逻辑顺序上注重了从客观到主观的认识过程，因而具有值得肯定的一面。但是从整体上来看，该说也存在诸多问题。首先，社会相当性说以一般人的立场作为判断立场具有不合理性的一面。其次，职业相当性说具有缩小处罚范围的一面，因而也不具有妥当性。从目前大多数的职业来看，也多数属于正当的范畴，因而根据该说，只能对该类行为作为无罪论处，显然就失去了探讨的价值。因而也就不具有价值。利益衡量说缺乏客观的判断标准，因而也未引起其他学者的过多关注。

然而，目前在德国刑法之中更是兴起了将客观归责理论运用到中立帮助行为的论述之中。笔者认为，在其犯罪认定过程中，引入该理论存在以下的优势：第一，提供技术的行为实质上也是一种中立的行为，其如同生产了菜刀、螺丝刀等行为一样，并不能表明行为人主观上具有较大的恶性，而这种恶性往往取决于利用该技术的行为人。而客观的归责理论提供的是一种逻辑上的递进判断并且逐步限缩，能够保证结论的合理。第二，虽然客观归责理论与因果关系的判断理论常常混合在一起成为诸多学者批评的重要事由，但是毋庸置疑的是，通过客观归责理论能够合理解决帮助犯因果关系的判断。将刑法中危害结果赋予其危害行为，必然要求两者之间存在因果关系，而客观的归责理论正好能够详尽阐释中立的帮助行为与正犯导致的危害结果之间存在何种的因果关系，因而能够证立哪些中立的帮助行为具有可罚性。

（二）否定成立帮助犯的理论归结

本文主要立足于客观归责理论的逻辑立场并认为，对中立的帮助行为科以刑罚，应当要满足以下判断条件：首先，第一层次判断是起点：中立的帮助行为是否制造法不容许的风险？其次，第二层次判断要判断的是：

① 张伟：《中立帮助行为探微》，《中国刑事法杂志》2010 年第 5 期。

中立的帮助行为是否导致结果发生，即危险行为是否实现法所不容许的风险？最后，第三层次判断的是：因果流程是否在构成要件的效力范畴内？行为人制造了法不容许的风险，也引发了结果，但是，如果行为与结果间的关系，不在构成要件的效力范畴内，那么结果的发生，仍然不可归咎于行为人。显然，如果能对以上三个层面得出肯定的答案，那么就能对中立的帮助行为人追究帮助犯的刑事责任。按照上述的判断标准，笔者拟通过客观归责理论对技术中立行为进行全面的综合分析，可以得出以下的逻辑结论：

首先，即便相关的技术已经被投入实际领域中使用，也不意味着行为人制造了法所不允许的风险。那么如何判断行为人制造了不被法所允许的危险呢？一般在刑法理论中通过排除的方式予以明确，概括来说，主要存在三种判断原则——“被允许的危险原则；危险减少原则；构成要件结果的客观的支配不可能原则。”笔者认为，纵观该案可以通过“被容许的危险原则”予以解释。所谓“被容许的危险原则”是指基于风险的社会之中，有些风险是社会所包容和允许的。例如，即使驾驶汽车有发生交通事故的危险，那么为了社会的发展也不能禁止社会不使用交通工具。那么，对于互联网技术而言同样存在这样的问题，随着互联网技术的发展，利用互联网犯罪也逐渐成为屡见不鲜的现象，因而有些国家在刑法典中着重规定利用计算机犯罪的专门条款，我国刑法也概莫能外。具体就相关的网络信息公司而言，其存在往往是起到连接网络与用户的功能，因而其存在是社会中允许的正当的事物，因而其不必然制造了法所不允许的风险。

其次，对于第一个问题的回答，很关联地引起对第二个层次的判断——是否实现了风险。具体就中立技术的行为来说，笔者认为，很难说该类行为增加危险发生的可能。换言之，网络技术中立行为的存在没有增加正犯实施犯罪的风险。也即，即便没有该项技术的存在，其他社会群体也有可能通过其他途径实现该项犯罪，而社会的发展要求又不可能禁止互联网技术的发展。这种矛盾是目前现实中客观存在的。那么对于该问题该如何解决呢？刑法理论之中主要通过法益衡量理论予以进一步明确。对此，2019 年政府工作报告明确提出，“合理扩大有效投资，加大城际交通、物流、市政等基础设施投资力度，加强新一代信息基础设施建设。”显然，发展网络技术的法益明显是当下值得保护的法益，即便有人通过该技术实施犯罪，也不能否定技术本身所具有的优势地位。

最后，进入到第三个层次的判断，即便行为人的行为符合前述两个要件，实现了危险，但是如果“行为人在保护法益所允许的危险范围之外创出并实现了危险，但在阻止因果进程的发展不是该当犯罪构成要件的任务时，不能形成结果归属。”① 在规范保护目的的判断上，也是坚持了反面排除的方案，即在行为人“参与故意的自损行为，存在承诺的加害行为以及属于他人责任领域的行为”时都不能对该行为人进行归责。就技术中立行为来说，显然阻止危害结果的义务是他人的责任领域，而不是提供技术行为人的领域。通过前文的论述可知，提供技术的行为人并不具有查处犯罪的义务，对于打击犯罪这种行为而言，一般是国家的职责。

因此，综合以上的判断，如果网络技术的提供者主观上并不明知他人正在利用该项技术进行犯罪，那么就可以技术提供者并没有制造法所不允许的风险，也没有实现法所不容许的风险，在最后也阻止其他使用者的责任，因而在最终结论上不能将被告人中立的行为视为犯罪。

五　代结语：处罚网络技术行为的合理边界

随着网络时代的迅猛发展以及互联网技术的日新月异，我们在享受网络服务便利的同时，也面临着网络技术的另一侧面危机。因此，“合理地防范利用网络实施侵害法益的行为，同时又为网络技术的发展保驾护航应当是我国刑法所要思索的重要课题。”②

当然，随着我国《刑法修正案（九）》的制定、出台以及生效实施，对于网络服务商的犯罪都有了新的规定，特别是新增的“拒不履行信息网

① ［韩］金日秀、徐辅鹤：《韩国刑法总论》（第十一版），郑军男译，武汉大学出版社2008年版，第171页。

② 刘艳红：《网络中立帮助行为可罚性的流变及批判——以德日的理论和实务为比较基准》，《法学评论》2016年第5期。

络安全管理义务罪”以及“帮助信息网络犯罪活动罪”，更是对处罚网络服务商的边界提出了以下新的要求：

其一，如果“网络服务提供者不履行法律、行政法规规定的信息网络安全管理义务，经监管部门责令采取改正措施而拒不改正”，那么就应当承担相应的刑事责任。

其二，如果知道他人利用信息网络实施犯罪，而为其犯罪提供互联网接入、服务器托管、网络存储、通信传输等技术支持，或者提供广告推广、支付结算等帮助行为的，也应承担刑事责任。

其三，值得特别注意的是，帮助信息网络犯罪活动罪的主观上需要以行为人具有明知为要件。那么成为问题的是，又该如何判断行为人主观上的“明知”呢。笔者认为，“明知”系“知道或者应当知道”。“知道”则表明行为人主观上是确定的知道；“应当知道”是指通过一系列的事实行为推定其主观上知道。既然是推定，就意味着推定也存在错误的可能，那么就应当允许行为人提供反证，如果行为人能够证明其主观上并不存在明知的事实，就不应当通过刑法对其进行处罚。

（作者为西南政法大学法学院副教授、硕士生导师，中国社会科学院法学研究所博士后研究人员。本文原载于《长白学刊》2020 年第 6 期，收入本书时略有删改。）

非法控制计算机信息系统罪的适用争议和完善路径

郑旭江　徐千雅

一　引言

随着信息技术的发展和计算机系统的普及，社会网络化和网络社会化成为当代社会的典型特征。为了预防和惩治日益猖獗的信息网络犯罪，维护计算机信息系统安全和社会管理秩序，我国1997年《刑法》规定了非法侵入计算机信息系统罪和破坏计算机信息系统罪，将非法侵入、破坏计算机信息系统的行为纳入刑法规制范围。为了弥补前述罪名中行为方式的疏漏，2009年《刑法修正案（七）》在第285条中增加了非法获取计算机信息系统数据罪、非法控制计算机信息系统罪和提供专门用于侵入、非法控制计算机信息系统的程序、工具罪的条文，从而形成了包括非法获取、非法控制、非法提供等行为在内的危害计算机信息系统安全的罪名体系。[①]根据已有实证研究，自从“两高”在2011年颁布《关于办理危害计算机信息系统安全刑事案件应用法律若干问题的解释》（以下称“2011年《解释》”）以来，非法控制计算机信息系统罪的案件数量位居危害计算机信息

---

① 此外，2015年《刑法修正案（九）》第26条规定了《刑法》第285条的第4款，还增加规定了“拒不履行网络信息安全管理义务罪”“非法利用信息网络罪”和“帮助信息网络犯罪活动罪”。

系统安全罪名中的第3位，占全部犯罪总数的18%。[①] 然而，当前学术界往往在探讨破坏计算机信息系统罪等其他相关犯罪时对非法控制计算机信息系统罪进行分析，其重视程度还有待提升，[②] 关于非法控制计算机信息系统罪的理解和适用都还存在巨大的争议，亟待我们对此进行深入研究并提出应对之策。

二 非法控制计算机信息系统罪的客观现状

为了呈现该罪在司法实践中的客观现状，本文采取定性研究和定量研究相结合的方法，首先运用“Alpha 数据库”“聚法案例数据库”的大数据分析和可视化工具，对2011年以来我国法院办理的非法控制计算机信息系统罪案件进行多方位和可验证的分析，从案件数量、案由分类、地域分布、审理情况、争议焦点等维度揭示当前非法控制计算机信息系统罪的司法现状，[③] 再围绕该罪的主要争议进行深入分析并提出完善的路径。

（一）非法控制计算机信息系统罪的案件数量走向

如图一所示，根据Alpha数据库的检索，自从2011年《解释》颁布以来非法控制计算机信息系统罪的案件数量共计483个。在缓慢增加5年后，案件数量在2016年后开始剧增，直到2018年出现案件峰值后开始下降并逐渐恢复到2016年的平稳水平。案件数量明显变化的背后可能是2014年《关于办理网络犯罪案件适用刑事诉讼程序若干问题的意见》提出

① 根据2020年阿里巴巴集团、蚂蚁集团和最高人民法院中国应用法学研究所的合作课题成果《计算机信息系统安全刑事司法保护白皮书》，在2011年1月1日至2020年6月1日期间，破坏计算机信息系统罪、非法获取计算机信息系统数据罪、非法控制计算机信息系统罪的数量位居危害计算机信息系统安全罪名所涉案件数量的前三。

② 截至2022年5月，在中国知网以“非法控制计算机信息系统”或“非法控制计算机信息系统罪”作为“篇名”的关键词进行检索，论文数量只有7篇，虽然可能有其他论文没有采取上述关键词命名的方式，但也可一定程度折射当前学界对于该罪的研究尚不够充分。

③ 本文选取2011年1月1日到2020年6月1日作为统计的时间区间，以裁判结果“非法控制计算机信息系统罪”为关键词，在Alpha数据库检索到483个案例，在聚法案例数据库检索到490个案例。由于不同数据库的数据存在差异，因此可解释上述7个案例的误差，且误差率很小，不影响实证分析的整体结论。

了网络犯罪案件刑事诉讼程序适用的意见，2015 年《刑法修正案（九）》增设了其他危害计算机信息系统的罪名，2016 年《关于办理刑事案件收集提取和审查判断电子数据若干问题的规定》规范了电子数据的收集提取和审查判断，从而有便于司法机关的具体案件办理，也折射出立法规范和司法解释在新型网络犯罪治理方面的促进作用。

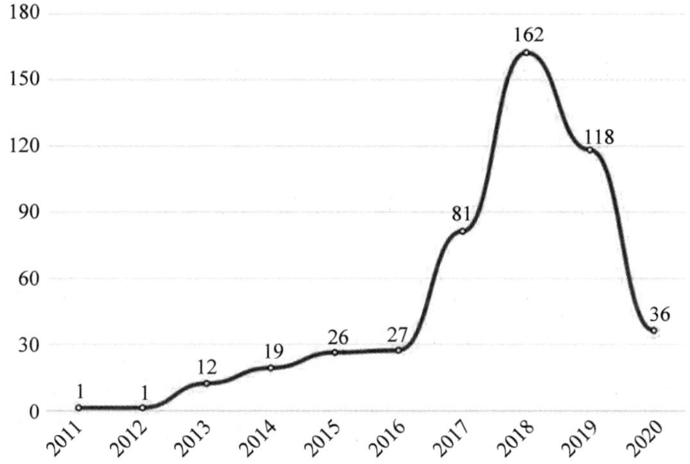

图一　2011—2020 年非法控制计算机信息系统罪的案件数量走向

（二）非法控制计算机信息系统罪的案由分类

如图二所示，从立案案由和判决结果的对比来看，最终被认定为非法控制计算机信息系统罪的案件存在着立案阶段的不同案由，其中非法获取计算机信息系统数据、非法控制计算机信息系统罪是最普遍的案由，共计有 377 件案件；其次是破坏计算机信息系统罪的案由，共有 60 件案件，这也可以表明司法实践中 78% 的案件都在立案阶段就适用了恰当的案由，而非法控制计算机信息系统罪和破坏计算机信息系统罪这两个具备技术性特征的罪名在认定和区分上存在较多争议，容易在立案阶段出现案由的混淆。

（三）非法控制计算机信息系统罪的地域分布

非法控制计算机信息系统罪的分布具有明显的地域性特征和经济性关联，按照数量从高到低依次分布于江苏省、浙江省、广东省、安徽省、河

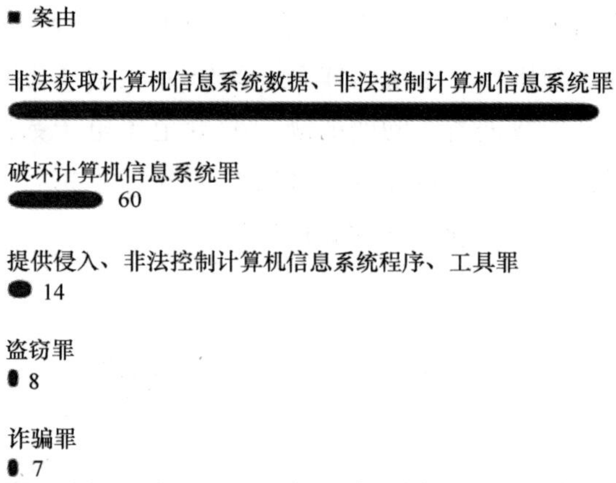

图二 非法控制计算机信息系统罪的案由分类

南省、北京市、山东省、四川省、福建省等地区，而排名前三的江苏省、浙江省、广东省的案件数量（277 件）占据案件总数（483 件）的 57.35%，表现该罪带有经济大省或人口大省的偏向性和数字产业的相关性，多发于数字经济发达、人口基础较大、计算机信息系统应用频繁的区域。与之相对应，该罪审理数量排名前五的法院分别为徐州市铜山区人民法院（江苏徐州）、睢宁县人民法院（江苏徐州）、东莞市第一人民法院（广东东莞）、云和县人民法院（浙江丽水）、北京市海淀区人民法院（北京海淀）。

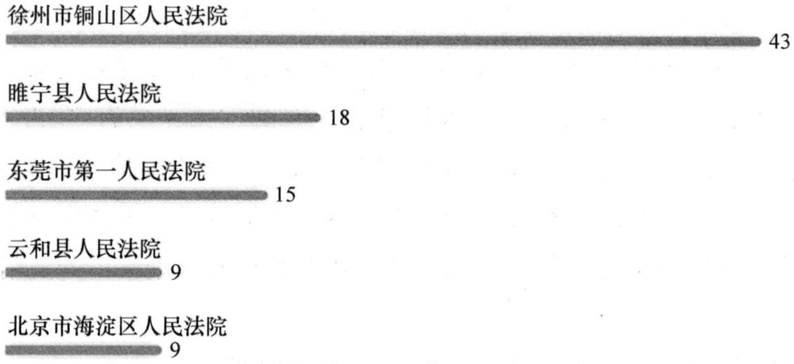

图三 非法控制计算机信息系统罪审理法院的地域分布

（四）非法控制计算机信息系统罪的审理程序

如图四和图五所示，非法控制计算机信息系统罪的一审案件有 415 件，占比 85.92%；二审案件为 63 件，占比为 13.04%，其上诉率较高；同时在刑事二审程序中，该罪二审裁判结果中维持原判的有 40 件，占比 63.49%，改判的有 15 件，占比 23.81%。根据《中国法律年鉴 2021》的最新数据，2020 年全国法院受理的刑事一审案件合计 1107610 件，刑事二审案件合计 139256 件，刑事二审改判案件合计 14153 件，由此可知刑事案件在一审以后的上诉率为 12.57% 左右；刑事案件二审的改判率在 10.16% 左右，① 可见非法控制计算机信息系统罪案件的上诉率和改判率都高于一般刑事案件。该罪上诉率和改判率都较高的主要原因可能在于该罪属于涉及计算机信息系统的复杂的法定犯，司法机关在事实认定和法律适用方面都存在较大的争议。

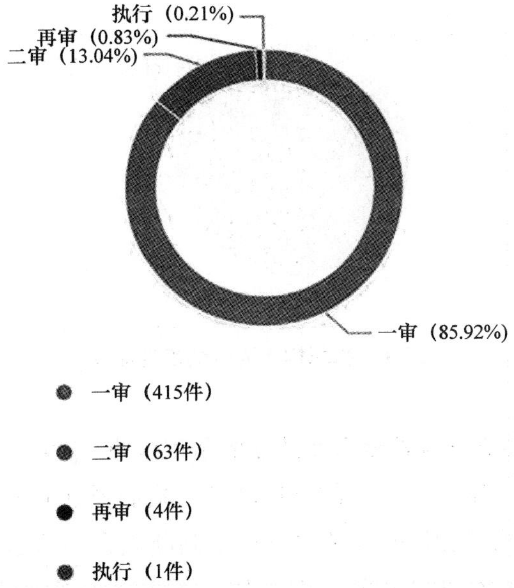

图四　非法控制计算机信息系统罪的审理程序

① 肖育斌主编：《中国法律年鉴 2021》，中国法律年鉴社 2021 年版，第 1392、1399 页。

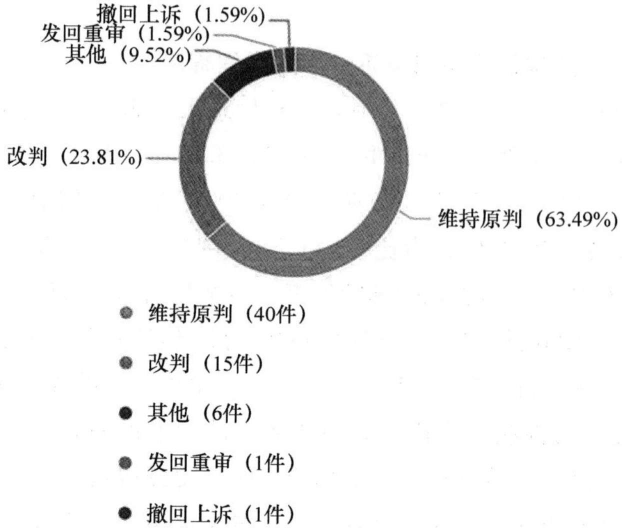

图五　非法控制计算机信息系统罪的二审裁判结果

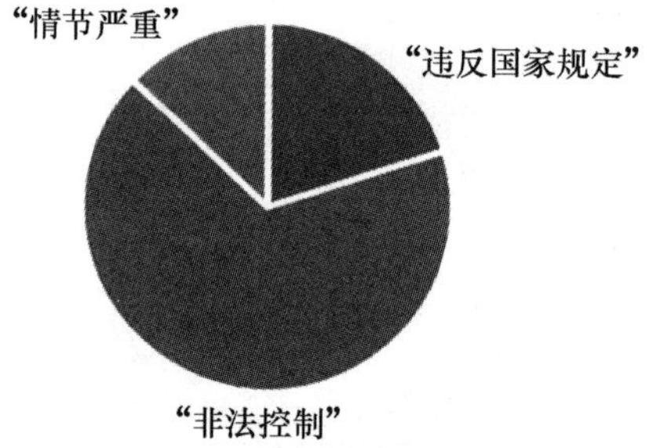

图六　犯罪构成要件的表述频率

（五）非法控制计算机信息系统罪的争议焦点

除了上文中“案由分类”的分析之外，我们根据非法控制计算机信息系统罪基本犯罪构成要件的教义学分析来判断其在司法适用中的争议。同时通过 Alpha 数据库中“全文”和“案件概述”中的关键词定位和统计，我们可以描述该罪犯罪构成要件在具体案件中的表述频率，从而很大程度上反映和验证该罪的争议焦点。根据大数据的统计研究，司法实践中共有 72 个案件明确探讨“情节严重”，占案件总数的 14.91%；一共有 110 个案件在全文和案件概述中明确涉及“违反国家规定”的表述，占案件总数的22.77%；共有367个案件明确讨论“非法控制”，占案件总数的75.98%。因此，在该罪的适用中，“情节严重”“违反国家规定”和“非法控制”的争议频率依次提高，值得我们研究总结其具体争议内容。

三　非法控制计算机信息系统罪的主要争议

（一）“违反国家规定”的判断

《中华人民共和国刑法》第285条第2款规定了非法获取计算机信息系统数据、非法控制计算机信息系统罪的构成要件，[①] 我们可根据构成要件的规定依次开展深入分析。据此，该罪的成立首先要具备违法性要件，即“违反国家规定”的证成。关于“违反国家规定”的理解存在以下争议：1.“违反国家规定”是否是该罪成立的前提，且其规范范围该如何确定。即“违反国家规定”是否应该和“对该计算机信息系统实施非法控制，情节严重的”一起来构成该罪的犯罪构成要件，还是只是非法获取计算机信息系统数据罪的构成要件。同时，现行《刑法》第96条指出，“违反国家规定”是指违反全国人民代表大会及其常务委员会制定的法律和决定，国务院制定的行政法规、规定的行政措施、发布的决定和命令，排除了国务院各部委制定的规章和地方性法规。2011年《最高人民法院关于准确理解和适用刑法中“国家规定”的有关问题的通知》则在重申上述规定的基础上，规定了“国务院规定的行政措施”的具体情形。[②] 2. 该罪中

① 《中华人民共和国刑法》第285条第2款规定：“违反国家规定，侵入前款规定以外的计算机信息系统或者采用其他技术手段，获取该计算机信息系统中存储、处理或者传输的数据，或者对该计算机信息系统实施非法控制，情节严重的，处三年以下有期徒刑或者拘役，并处或者单处罚金；情节特别严重的，处三年以上七年以下有期徒刑，并处罚金。”

② 《最高人民法院关于准确理解和适用刑法中“国家规定”的有关问题的通知》（法〔2011〕155号）规定：根据刑法第96的规定，刑法中的“国家规定”是指，全国人民代表大会及其常务委员会制定的法律和决定，国务院制定的行政法规、规定的行政措施、发布的决定和命令。其中，“国务院规定的行政措施”应当由国务院决定，通常以行政法规或者国务院制发文件的形式加以规定。以国务院办公厅名义制发的文件，符合以下条件的，亦应视为刑法中的“国家规定”：（1）有明确的法律依据或者同相关行政法规不相抵触；（2）经国务院常务会议讨论通过或者经国务院批准；（3）在国务院公报上公开发布。

“违反国家规定”的查明是否应具体和明确。由于法定犯时代的到来，尤其是计算机信息领域业态和技术的快速变化，该罪相关的“国家规定”也处于急剧变化当中，造成详尽和准确查明相关“国家规定”的难度。司法实践中，大量法院判决往往不会在判决书中阐明所谓非法控制计算机信息系统的行为违反了“国家规定”的哪一条具体条款。若在司法查明中只能查找到抽象的原则性规定，而无法明确具体的前置性法律法规，是否能满足刑事案件的证明要求，还是会导致“非法性”判断上的质疑？3. 通行的“行业惯例”是否可以构成违法性的“豁免”。在没有明确“国家规定”条款规制的情况下，行业的常见业务模式或通行做法是否能够自证其不具备违法性。以广告推广业务为例，由于当前安卓智能手机操作系统存在的固有缺陷，即在系统内存不足的情况下会自动关闭手机后台应用进程。在此背景下，业界参照谷歌的 GMS 服务研发出了拉活唤醒技术，以便解决应用（App）总被安卓手机系统进程回收机制关闭的问题，并在安卓手机行业中被普遍运用。但是，多数手机用户并不知晓上述机制，由此催生一个诘问：业内普遍采用的拉活唤醒技术是否违反“国家规定”，进而构成非法控制计算机信息系统罪？

（二）“非法控制”的界定

非法控制是非法控制计算机信息系统罪的核心行为，但在立法和司法解释中又缺乏相应的明确规定，由此产生了各种解读。关于非法控制的理解存在如下争议：1. 非法控制的程度和手段该如何界定？我们可以将关于非法控制的众多观点归结为广义说和狭义说。广义说认为，非法控制是指通过各种技术手段使他人计算机信息系统处于行为人的掌控之中，接受行为人发出的指令，完成相应的操作活动，[①] 其实质在于未经授权或超越授权控制计算机信息系统。[②] 狭义说认为，非法控制计算机信息系统罪必须采取“侵入”或采用其他技术手段，对计算机信息系统的控制应达到足以

---

① 易琦、梁燕宏：《提供侵入、非法控制计算机信息系统程序、工具罪的司法认定》，《中国检察官》2018 年第 2 期。

② 劳东燕：《未经允许植入“广告 SDK”的刑法思考》，《民主与法制时报》2020 年 9 月 20 日第 002 版。

排除他人控制的程度。[①] 面对控制性不明显的新型技术和新型业态，对于是否构成非法控制计算机信息系统罪存在较为激烈的争论。2. 通过用户协议、预装协议、隐私协议等方式是否可以构成“合法授权”？一般情况下，用户使用计算机信息系统过程中会签字、勾选纸质或电子的用户协议、预装协议、隐私协议等文件，文件会包含众多授权性条款。例如，用户在购机后初次使用手机时，往往以手机用户协议的方式对系统升级、安装插件等权限进行授权许可，如何判断该授权是否有效并能够成立“合法授权”？3. “非法控制”和“破坏”的行为该如何区分？非法控制计算机信息系统罪和破坏计算机信息系统罪的区分是实践中的难题。根据我国《刑法》第286条的规定，破坏计算机信息系统罪有三种行为类型，第一种是破坏计算机信息系统功能类；第二种是破坏计算机信息系统数据和应用程序类；第三种是制作、传播破坏性程序类。其中第二种类型无须满足造成或影响系统正常运行的要件。[②] 有学者认为，非法控制计算机信息系统罪和破坏计算机信息系统罪属于想象竞合，非法控制行为和破坏行为之间是交错并存的关系，无论是否实施破坏都可以形成非法控制，也可以不通过非法控制来达到破坏系统的程度。[③] 也有学者认为，包括故意制作、传播计算机病毒等破坏性程序在内的破坏计算机信息系统的行为也属于非法控制行为，两者是法条竞合关系。[④] 可见，两者的区分困难主要在于“非法控制”和“破坏”的关系认定，它们到底是包容关系、交叉关系还是排他关系？此外，破坏计算机信息系统罪中的“干扰”和“不能正常运行”还都没有做严格的限定或规范，也导致其成为传统犯罪、网络犯罪乃至数据犯罪的

① 庄永廉、于改之、李永红等：《预置广告SDK控制用户手机如何适用法律》，《人民检察》2020年第14期。

② 我国《刑法》第286条规定：违反国家规定，对计算机信息系统功能进行删除、修改、增加、干扰，造成计算机信息系统不能正常运行，后果严重的，处五年以下有期徒刑或者拘役；后果特别严重的，处五年以上有期徒刑。违反国家规定，对计算机信息系统中存储、处理或者传输的数据和应用程序进行删除、修改、增加的操作，后果严重的，依照前款的规定处罚。故意制作、传播计算机病毒等破坏性程序，影响计算机系统正常运行，后果严重的，依照第一款的规定处罚。

③ 叶良芳：《刑法教义学视角下流量劫持行为的性质探究》，《中州学刊》2016年第8期。

④ 王禹：《计算机信息系统犯罪的行为透视——以“破坏”和“非法控制”的界限与竞合为视角》，《江西警察学院学报》2019年第2期。

口袋罪。[①]

（三）“情节严重”的理解

根据《刑法》第285条和2011年《解释》的规定，该罪的成立要求行为人对一般的计算机信息系统实施非法控制，并达到情节严重的程度。情节严重的判断标准主要考虑网络金融服务的身份认证信息的数量、网络金融服务以外的身份认证信息的数量、非法控制计算机信息系统的数量、违法所得和经济损失等要素。[②] 司法实践中，对于情节严重的争议集中于以下几个方面：1. 如何对影响犯罪成立的信息数量、系统数量等要素进行认定？例如，“十组以上”“五百组以上”“二十台以上”的组数和台数认定就存在争议。如果说一组身份认证信息是指包含用户完整操作权限的认证信息的一个组合，其具体信息的内容取决于不同计算机信息系统的认证要求。那么随着科技的发展尤其是云计算的兴起，计算机台数的认定已不限于物理机的概念并需要确定新的计算标准。2. 经济损失的认定。虽然2011年《解释》规定了经济损失包括行为人给用户造成的直接损失和间接损失。[③] 但是，给用户直接造成的经济损失，以及用户为恢复数据、功能而支出的必要费用的计算依然存在经济损失数额的具体范围、证明标准、评估程序的具体问题，亟待我们加以明确。3. 鉴定的合法性和科学性问题。司法实践中对鉴定机构的司法鉴定意见书往往存在管辖权异议、鉴定机构资质不足、鉴定结论存疑等争议，被告人一方及其辩护人常常认为鉴定意见权威性不强，提出重新鉴定的要求，以达到推翻鉴定意见的目的。

---

① 周立波：《破坏计算机信息系统罪司法实践分析与刑法规范调适——基于100个司法判例的实证考察》，《法治研究》2018年第4期。

② 喻海松：《〈关于办理危害计算机信息系统安全刑事案件应用法律若干问题的解释〉的理解与适用》，《人民司法·应用》2011年第19期。

③ 《关于办理危害计算机信息系统安全刑事案件应用法律若干问题的解释》第11条规定：本解释所称“经济损失”，包括危害计算机信息系统犯罪行为给用户直接造成的经济损失，以及用户为恢复数据、功能而支出的必要费用。

四 非法控制计算机信息系统罪的整体完善

（一）严格落实罪刑法定原则，明确“违反国家规定”的内容

首先，“违反国家规定”应该是非法控制计算机系统罪的构成要件，其范围应当根据刑法规定加以明确。从非法控制计算机信息系统罪的保护法益和体系解释出发，虽然该罪在后续的罪状中规定了“非法控制”，但此处的“非法”无法指称行政犯的前置性法律法规，更倾向于行为本身的评价。众所周知，相对于现代社会的变动不居和信息网络领域的日新月异，刑事立法难免呈现出滞后性和保守性。因此，为了有效规制可能出现的各类犯罪，本罪采取了刑法中成熟的空白罪状的立法技术，以有利于保护计算机信息系统的安全法益，并与非法侵入计算机信息系统罪、非法获取计算机信息系统数据罪、破坏计算机信息系统罪等罪名的设置保持一致。同时，“国家规定”的查明应采取穷尽原则，对于特定罪名的相关“国家规定”应做好梳理和说明工作。刑法条文所规定的补充规范浩如烟海，司法工作人员需要大海捞针，若没有说明行为人违反了什么国家规定，则无疑会损害判决的权威性。① 非法控制计算机信息系统罪的“国家规定”主要包含肇始于20世纪90年代的与计算机、信息系统、网络通讯相关的法律法规，除了全国人大和国务院的国家规定之外，② 还应注意到在2015年《立法法》实施以前，由国务院部门公布后又得到国务院批准的规范性文件，比如1997年公安部发布的《计算机信息网络国际联网安全保护管理办法》。根据2011年国务院《关于废止和修改部分行政法规的决定》③ 和2004年最高院《关于审理行政案件适用法律规范问

---

① 张明楷：《刑事立法模式的宪法考察》，《法律科学》（西北政法大学学报）2020年第1期。

② 根据梳理，与非法控制计算机信息系统罪有关的国家规定主要有：全国人大的《关于维护互联网安全的决定》（2000年）、《关于加强网络信息保护的决定》（2012年）、《网络安全法》（2016年）。国务院的《计算机信息系统安全保护条例》（1994年）、《计算机信息网络国际联网管理暂行规定》（1996年）、《电信条例》（2000）、《互联网信息管理办法》（2000年）、《中华人民共和国计算机信息系统安全保护条例》（2011年修订）（下文简称2011年《条例》）等。

③ 2011年国务院《关于废止和修改部分行政法规的决定》将《计算机信息网络国际联网安全保护管理办法》第20条作为修改的对象。

题的座谈会纪要》,[①] 此类规范性文件亦应视为行政法规。面对新型技术和新型业态，应坚守“国家规定”的范围要求。例如，在规制广告推广中应用分发[②]、拉活唤醒[③]、覆盖开屏[④]等新型行为方式时，应避免采用国家工商总局《互联网广告管理暂行办法》和国家工业和信息化部《移动智能终端应用软件预置和分发管理暂行规定》等规定作为定罪处罚的“国家规定”。

其次，“国家规定”的设立在满足立法供给的同时，更应符合罪刑法定原则的“明确性”要求，司法机关应列明犯罪行为违反的具体条款。“国家规定”观上就对明确性原则具有双重要求，既是“开放性表述”并预留了适用空间，也要求“严格解释”以防止“违法”。[⑤] 若只是满足于形式化或原则性的前置性法律法规查明，不针对特定行为类型寻找对应的具体条文，那么势必会模糊行政违法和刑事犯罪的界限，突破罪刑法定原则的基本要求，凸显从快从重打击互联网领域违法行为的重刑化倾向和功利性定位。实践中，非法控制计算机信息系统罪中“国家规定”选择和具体条文的解读决定了该罪是否符合违法性的前提条件。以经典案例欧某某预装广告 SDK 控制用户手机案为例,[⑥] 法院回避了“国家规定”具体条文的列明，而是采取模式化的表达。若是参照 2011 年《中华人民共和国计算机信息系统安全保护条例》第 3 条规定，计算机信息系统的安全保护应

---

① 2004 年最高院《关于审理行政案件适用法律规范问题的座谈会纪要》指出，目前有效的行政法规包含三类：一是国务院制定并公布的行政法规。二是《立法法》实施以前，按当时有效的行政法规制定程序，经国务院批准、由国务院部门公布的行政法规。三是在清理行政法规时由国务院确认的行政法规。

② 应用分发是指行为人使用 SDK 识别用户的应用下载，并以自己推荐的应用来代替用户的选择，从而获取应用推广费用的业务模式。

③ 拉活唤醒是指行为人使用 SDK 自动对用户的应用进行激活和唤醒，使目标应用在后台保持活跃，从而获取佣金的业务模式。

④ 覆盖开屏是指行为人使用 SDK 覆盖原 App 页面以达到投放广告从而赚取佣金的业务模式。

⑤ 高铭暄：《刑法基本原则的司法实践与完善》,《国家检察官学院学报》2019 年第 5 期。

⑥ 浙江省平湖市（2018）浙 0482 刑初 574 号刑事判决书：该案的争议焦点之一在于被告人预装 SDK 进行广告推广的行为是否“违反国家规定”，判决书采用了“违反《计算机信息系统安全保护条例》《关于加强网络信息保护的决定》的相关规定”的表述，没有指明违背了哪个具体条款。

当保障计算机硬件设施的安全、运行环境的安全和信息的安全,[①] 则本案中的SDK并没有达到危害计算机信息系统安全的程度。[②] 若参照2016年《网络安全法》第22条的规定，网络产品、服务在收集用户信息前应当征得用户同意,[③] 则本案在是否经过用户同意而进行预装和安装方面存在程序瑕疵。因此，选择参照不同的“国家规定”具体条款，则会得出是否符合“违反国家规定”的不同结论。若在刑事侦查或审查起诉阶段完结之后，司法机关仍没有查明对应的明确条文，则应以没有“违反国家规定”为由，认定行为人不构成非法控制计算机信息系统罪。

最后，通行的“行业惯例”并非天然的合法性事由，其关键在于是否真正符合行业的通行做法和具备受害人的同意。例如，“拉活唤醒”技术手段最先由谷歌公司研发，已在业界内使用多年。作为一项成熟的技术，该技术并不会侵犯用户手机的系统安全。毋庸讳言，包括阿里巴巴、百度、今日头条在内的众多科技公司也在利用安卓系统的开放权限通过后台拉活来实现应用程序的唤醒。但是，“拉活唤醒”技术合法运用的前提是是否充分给予了用户公平的选择权。例如，广告SDK的预装和运营是否有特定的回避行为，包括但不限于设置白名单（不运营的用户)、区域性运营（避开某些大公司的所在地)、设置运营静默期（即激活后在一定时间内不运营)、进网样机中没有植入广告SDK、静默安装且不在桌面显示图标等，即能否让手机用户在统一、明知、自愿的基础上享有平等的选择权而非在不知情的情况下让计算机信息系统受到第三方的控制。

---

① 《中华人民共和国计算机信息系统安全保护条例》(2011年修订）第3条规定：计算机信息系统的安全保护，应当保障计算机及其相关的和配套的设备、设施（含网络）的安全，运行环境的安全，保障信息的安全，保障计算机功能的正常发挥，以维护计算机信息系统的安全运行。

② SDK（Software Development Kit）是指软件开发工具包，即辅助开发某一类软件的相关文档、范例和工具的集合。与之相关的是API（Application Programming Interface)，即应用程序接口，是预先定义的函数或约定，以便无须访问原码就可以调用相应功能。

③ 《网络安全法》第22条规定：网络产品、服务具有收集用户信息功能的，其提供者应当向用户明示并取得同意；涉及用户个人信息的，还应当遵守本法和有关法律、行政法规关于个人信息保护的规定。

（二）审慎考察授权程序，准确界定控制行为

首先，我们应确立“非法控制”的实质标准，明确“侵入”或“其他技术手段”的常见类型。近年来中国对企业的合规建设逐渐加强，开始强调在国有企业的行政治理中引导企业建立合规计划。但是民营企业的合规建设，特别是刑事领域的合规，仍然处于制度空白的状态。① 尤其是互联网行业领域的技术样态复杂多变，违约、侵权、不正当竞争乃至犯罪行为可能相互交织，而违法与犯罪的界限不清。② 非法控制的本质在于是否具有授权或超越授权，但该本质的判断一方面与控制程度相关，另一方面也与控制方式呈现的控制属性相关。在控制程度方面，从当前的司法实践来看，非法控制的界定偏向于广义说，即关键在于行为人未经权利人授权或超越授权对计算机信息系统进行了支配，既包括行为人的直接控制，也包括了通过计算机程序等方式实施的间接控制。行为人常常采取木马、后门、插件等方式，在计算机信息系统内提前安装、诱骗安装或利用其他方式控制被害人的计算机信息系统，改变原有程序运行轨迹，实现某项控制目的。在控制方式上，不同的控制方式也会引发控制本身是否成立的问题。如表一所示，“侵入”或“其他技术手段”的典型案例可根据主要控制方式的不同加以归纳，大致能将非法控制计算机信息系统罪归纳为木马型控制、外挂型控制、后门型控制、刷机型控制和预装型控制。以上文所述的“拉活唤醒”为例，有业界人士认为拉活唤醒技术是业内常用的技术手段。与木马、病毒等“侵入”型技术手段不同，通过唤醒 SDK 的安装和运行实现应用的推广和唤醒是目前安卓系统应用常见的技术手段，属于刑法条文中的“其他技术手段”，在没有实质控制系统的情况下，一般也不应认为侵犯用户对手机的控制权，也不会对用户手机安全造成危害，具备较弱的控制属性。

---

① 陶朗逍：《民营企业刑事合规的解构与展望》，《浙江工商大学学报》2021 年第 1 期。

② 杭州铁路运输法院民事裁定书（2020）浙 8601 民初 798 号之一“全国首例智能手机锁屏界面弹窗不正当竞争行为禁令案”，该案认为 App 的强制广告弹窗、强制弹出全屏信息流行为超出 App 程序应用范围的可能性较高，手机用户混淆广告弹窗、全屏信息流提供者的可能性较高，故有可能损害用户选择权。我们可以发现该案中的行为既明显属于不正当竞争行为，也可能涉嫌非法控制计算机信息系统罪。

表一　　非法控制计算机信息系统罪的不同控制类型

典型案例	主要案情	控制方式	控制类型
(2019) 川 01 刑终 886 号	编写木马程序并感染用户 QQ 软件，从而实现自动加好友、自动拉群进行广告推广	木马自动添加 QQ 好友	木马型控制
(2019) 湘 0802 刑初 402 号	安装“移动营销助手”外挂的手机可自动完成“向好友发送消息”“统计好友数量”等功能。	微信外挂程序	外挂型控制
(2018) 苏 0382 刑初 116 号	通过 APK 后门自动下载安装软件，控制用户关注公众号、阅读、点赞等	后门下载软件并操作	后门型控制
(2015) 三中刑终字第 00288 号	通过刷机方式将插件植入移动终端并推送商业性电子信息	刷机植入插件	刷机型控制
(2018) 浙 0482 刑初 574 号	编写 SDK 代码并通过手机厂商安装到用户终端，再向用户推送广告	预装 SDK 并操作	预装型控制

其次，非法控制成立与否还在于用户协议、预装协议、隐私协议等是否合理地告知用户并征得用户的同意。例如，在采用木马、后门、刷机等方式取得目标计算机信息系统一定权限后，我们可以推定受害人往往并不知情。而在预装型控制当中，受害人的确有可能在购机协议、用户协议或隐私协议的签署过程中符合“告知—同意”的要求。这种授权是否有效主要取决于两个因素：一是协议以及其中的条款本身是否合理？《民法典》第 496 条在原《合同法》第 39 条及《合同法司法解释（二)》第 9 条的基础上，对格式条款的订立规则予以完善。① 当前格式条款已突破“免除或限制其责任的条款”的范围，而以存在“重大利害关系”为标准要求格式条款的提供方履行提示说明义务。例如，《网络交易管理办法》第 17 条规

① 《民法典》第 496 条第 2 款规定：“采用格式条款订立合同的，提供格式条款的一方应当遵循公平原则确定当事人之间的权利和义务，并采取合理的方式提示对方注意免除或者减轻其责任等与对方有重大利害关系的条款，按照对方的要求，对该条款予以说明。提供格式条款的一方未履行提示或者说明义务，致使对方没有注意或者理解与其有重大利害关系的条款的，对方可以主张该条款不成为合同的内容。”

定“网络商品经营者、有关服务经营者……应当……提请消费者注意与消费者有重大利害关系的条款。”《民事诉讼法司法解释》（法释〔2015〕5号）第31条规定：“经营者使用格式条款与消费者订立管辖协议，未采取合理方式提请消费者注意，消费者主张管辖协议无效的，人民法院应予支持。”若行为人在协议签订时没有合理告知用户并征得其同意，则该协议可能被视为无效。二是用户的选择权有没有实质上受到制约？我们不应采取形式化的标准来衡量计算机信息系统是否受到控制，若是计算机信息系统受到任何的影响都视为一种“控制”，则容易忽视了数字经济时代新型业态的服务性、综合性和复杂性，陷入“机械司法”的泥沼。我们应考虑用户的自由意志是否受到实质上的限制，比如弹出窗口的关闭界面是否便利，倒计时的设置是否合理、预装或运行程序是否需用户同意等来实质判断用户是否具有独立的意志自由和控制自身的计算机信息系统。

最后，坚守核心语义范围，准确区分非法控制计算机信息系统罪和破坏计算机信息系统罪。除了“计算机信息系统数据和应用程序”“后果严重”等定罪标准的内涵扩张，破坏计算机信息系统罪和非法控制计算机信息系统罪的区分困境主要在于核心概念即行为方式的开放和模糊。以“干扰”为例，从立法来看，干扰应是与删除、修改、增加三种行为并列却又不同的行为方式，即行为人没有对计算机信息系统的功能或数据实施删除、修改、增加行为，而是采用了同质却不同类的方式干预、扰乱了计算机信息系统，它可以包含拦截信号、流量劫持、植入木马等行为类型，但是干扰的语义射程范围却难以在司法实践中取得一致。比如两起类似的DNS域名劫持型流量劫持案件，最终却分别被判处非法控制计算机信息系统罪和破坏计算机信息系统罪。[①] 同时，“不能正常运行”的认定也存在诸多争议。“不能正常运行”既包括完全不能运行，也包含不能按原有方式运行，通常表现为计算机信息系统的崩溃、强制、中断等。但是随着防火墙的进步和服务器群的建设，一般的攻击不会导致计算机信息系统完全不能运行，那么系统响应变慢、特定访问受限、部分功能无法使用等情形是

---

① 分别为重庆市渝北区人民法院（2015）渝法刑初字第00666号一审判决书和上海市浦东新区人民法院（2015）浦刑初字第1460号一审判决书。

否可以认定为“不能正常运行”就成为疑难复杂问题。以最高院指导案例145号张竣杰等非法控制计算机信息系统案为例，通过植入木马程序的方式，非法获取网站服务器的控制权限，进而通过修改、增加计算机信息系统数据，向相关计算机信息系统上传网页链接代码的，应当认定为“采用其他技术手段”非法控制计算机信息系统的行为。通过修改、增加计算机信息系统数据，对该计算机信息系统实施非法控制，但未造成系统功能实质性破坏或者不能正常运行的，不应当认定为破坏计算机信息系统罪。[①]从破坏计算机信息系统罪和非法控制计算机信息系统罪的区分角度出发，我们应严格坚守关键概念的核心语义范围，对众多新型的模糊行为在坚持罪刑法定原则的基础上做限缩解释。因为如果放宽“干扰”“不能正常运行”的认定，则会导致非法控制计算机信息系统的很多行为都可能被认定为破坏计算机信息系统的行为，基于破坏计算机信息系统罪的刑罚一般高于非法控制计算机信息系统罪，则会导致破坏计算机信息系统罪的口袋化倾向和非法控制计算机信息系统罪的虚置化处境。

（三）完善“情节严重”，考虑规范更新

首先，在云计算盛行并已成一种基础设施的背景下，我们应该以功能主义为视角，运用技术性标识特征来解决“情节严重”中的数量认定难题。例如，关于信息数量的认定问题，应该采取功能主义的判断标准，即网络金融服务的身份认证信息和其他身份认证信息只要满足“可识别性”标准的，就可认定为“一组”；关于系统数量的认定问题，应采取计算机信息系统的功能判断标准，即若能够进行系统功能运行的，就可认定为“一台”，不拘泥于物理形式上的判断。以争议较大的SDK广告控制案件为例，其中一大难点在于不同类型的SDK涉及的计算机信息系统数量的统计。[②] 为了解决手机双

---

① 最高人民法院指导案例145号：张竣杰等非法控制计算机信息系统案。

② 根据SDK的不同功能，可以分为登录类SDK，如微信登录分享可使用微信账号快速登录第三方平台或App；推送类SDK，如百度云推送可推送聊天消息、日程消息、版本消息等；支付类SDK，如支付宝支付可具备二维码面对面支付、小程序支付、花呗支付等多种功能；广告类SDK，如多盟推送可实现广告投放、智能营销等功能；地图类SDK，如腾讯地图主要具备地图展示、路线规划、地点搜索、实时导航等功能；统计类SDK，如友盟主要具有移动统计、广告统计、应用统计、游戏统计等功能，可进行用户画像和行业分析。

卡双待、手机用户和桌面用户混同的问题，可以采用 UID（User Identification，用户识别码）的方式来确定用户身份。UID 是通过采集手机日志中的 IMEI（移动设备国际身份码）、IMSI（国际移动用户识别码）、当前激活时间和 IP 这四个数据，再根据 62 进制算法，为每一位用户生成的唯一身份识别码，从而便于用户身份的识别，避免数量统计上的错漏和重复。

其次，在“经济损失”的确定上，2011 年《解释》虽然做了补充规定，但是仍有改进的空间。比如从案件的实际情况出发，应当包括在相关数据、功能无法恢复的情况下，重新收集数据或建立功能的费用；应综合全案证据乃至采取第三方鉴定的方式来认定经济损失，区分违法所得和正常业务收入，不能仅凭被害人的单方面陈述或提供的价格标准就作出认定。同时，2011 年《解释》中“情节严重”的数量和金额方面的规定虽然起到了细化法律的作用，但是在今天看来数量和金额方面的设置都明显与现实案件情况不相符合。当初设定的数量或金额标准过低就很容易达到“情节特别严重”的要求，从而导致“情节严重”的第一档刑被虚置，轻重有别的法定刑梯度被司法解释的规定轻易抹平，不符合我们当初的立法初衷和制度本意。因此，我们应借鉴 2019 年《关于办理非法利用信息网络、帮助信息网络犯罪活动等刑事案件适用法律若干问题的解释》中的违法所得的数额，从当前 5000 元提升到 10000 元；提高“情节特别严重”的认定标准，当数量或金额达到“情节严重”标准 10 倍以上的时候，才可以构成“情节特别严重”。

最后，我们应在坚守司法鉴定合法性和科学性的同时，采用以排除合理怀疑为原则，以综合认定为补充的证明模式。[①] 在管辖权异议方面，被告人及其辩护人往往以侦查机关不具备管辖权为由来要求将包括司法鉴定意见书在内的证据予以排除。对此我们应考虑被害人所在地是否属于侦查机关的管辖范围，同时审查法院庭前会议被告一方是否提出了非法证据排

---

① 《关于办理危害计算机信息系统安全刑事案件应用法律若干问题的解释》第 10 条规定：对于是否属于刑法第二百八十五条、第二百八十六条规定的“国家事务、国防建设、尖端科学技术领域的计算机信息系统”“专门用于侵入、非法控制计算机信息系统的程序、工具”“计算机病毒等破坏性程序”难以确定的，应当委托省级以上负责计算机信息系统安全保护管理工作的部门检验。司法机关根据检验结论，并结合案件具体情况认定。

除申请。在鉴定机构资质方面，2011 年《解释》针对特定事项即“国家事务、国防建设、尖端科学技术领域的计算机信息系统”“专门用于侵入、非法控制计算机信息系统的程序、工具”“计算机病毒等破坏性程序”难以确定的，应当委托省级以上负责计算机信息系统安全保护管理工作的部门检验。司法机关根据检验结论，并结合案件具体情况认定。若案件鉴定事项不属于上述种类，则无须省级以上的资质要求。在鉴定结论方面，我们应着重审查司法鉴定全过程，对于被害人计算机信息系统镜像文件和手机原始文件进行实际检测和操作，以便还原非法控制的每个环节和调用的每个文件，保证司法鉴定的客观性和明确性。同时，随着网络犯罪激增和数据海量化，有学者提出刑事诉讼法中“事实清楚、证据确实充分”的证明标准和刑法中“定性+定量”的立法模式发生了冲突，应当综合认定犯罪数额，并允许根据计算模型、数据分析结论进行定量，以便有效打击网络犯罪。① 但是，我们认为对网络犯罪数额的认定应采用以排除合理怀疑为原则，以综合认定为补充的证明模式。同一类行为的社会危害性是否达到需要刑罚规制的最低限度，决定了其是构成一般违法还是刑事违法，因而原则上仍有必要对数额这一反映社会危害性的重要指标坚持最高证明标准。公安司法机关仍应秉承罪刑法定原则，不得违反无罪推定，自降证明标准，而将简化取证要求的风险转移至被告人。但考虑到网络犯罪的特殊性，部分案件涉案数额可能达到千万级或更甚，此时若仍要求对数额一一查证，显然不利于诉讼效率价值的实现。因此，必须以侦查成本、代证事实对犯罪成立的实质影响力大小为基准来明确“确因客观条件限制无法查证”的具体情形，将案件时间跨度、空间距离、数量级数、专业机构难以查证等因素纳入判断标准。只有因“客观条件限制下的查证不能”，才可通过“综合认定”确定犯罪数额。

五 结语

非法控制计算机信息系统罪的适用争议是当前危害计算机信息系统安

① 高艳东：《网络犯罪定量证明标准的优化路径：从印证论到综合认定》，《中国刑事法杂志》2019 年第 1 期。

全犯罪规制的一个缩影。技术的更新换代以及相关计算机信息系统安全犯罪的生成代谢对当前的刑法规范体系提出了挑战，在理解和适用该罪的背后隐藏着我们应如何平衡技术开发和犯罪防治的难题。在科技与法学的浪潮中，我们应致力于打通技术领域和法学领域的专业隔阂，建立技术概念和法律概念的对照关系，形成科学性的刑法概念，以便最大限度实现准确定罪量刑、维护同案同判所带来的司法权威和立法指引。

（郑旭江，浙江理工大学法律系副主任，中国社会科学院法学研究所博士后；徐千雅，北京大学国际法学院 2022 级研究生。）

第四编

刑事合规的实践考察与制度构建

涉案企业合规刑法立法建议与论证

周振杰

一 刑法修改的必要性

自2020年3月试点以来，在最高人民检察院（以下简称高检院）的精心部署与大力推动下，涉案企业合规改革试点取得了积极成效，获得了社会各界的广泛认同。因此，高检院2022年4月决定将试点工作推开至全国范围。[①] 从两年改革试点实践来看，充分发挥涉案企业合规制度的功能、实现其目的，不但需要在《刑事诉讼法》中增设特别程序，解决合规考察期限不足等问题，[②] 而且需要及时修改《刑法》的有关条款，将有益经验以立法的形式固定下来，解决当前试点工作中存在的争议问题，拓展涉案企业合规制度的适用范围。

首先，虽然在理论上可以认为涉案企业合规制度没有重塑刑法教义、脱逸现代刑法的基础理论，但现行《刑法》毕竟是以自然人为假想对象构筑的体系，将其相关规定适用于企业难免导致争议。例如，根据高检院公布的典型案例，涉案企业合规制度不但可以适用于企业与涉案个人同时被

---

① 张璁：《最高检会同全国工商联召开会议，检察机关全面推开涉案企业合规改革试点》，https：//www. spp. gov. cn/zdgz/202204/t20220406_ 553393. shtml。

② 李奋飞：《“单位刑事案件诉讼程序”立法建议条文设计与论证》，《中国刑事法杂志》2022年第2期。

追诉的案件，也可以适用于仅涉案个人被追诉的案件。[①] 如果企业的实际控制人、经营管理人员、关键技术人员等实施了与企业生产经营活动密切相关的犯罪行为，说明企业在内部管理与风险控制方面存在问题。因此，即使涉案企业没有受到追诉，要求其接受合规考察也完全符合涉案企业合规的制度目的。问题是《刑法》第 31 条规定了“双罚制”与“单罚制”两个处罚原则。在适用“双罚制”的案件中，无论是否被追诉，企业都是犯罪主体，要求其接受合规考察具有充分的规范基础。在适用“单罚制”案件中，基于企业内部管理与违法事实之间的因果关系，要求涉案企业接受合规考察并无规范障碍，但是因为企业并没有被规定为犯罪主体或者制裁对象，而企业合规通常伴有一定的惩罚性措施，可能会导致不同意见。

其次，《刑法》第 30 条规定了单位刑事责任，但是并没有规定其构成要件。当前司法实践的做法类似于转嫁罚，即将涉案自然人的责任转嫁至单位，然后以“职权范围、单位名义、为单位利益”等要素予以限制。改革试点以个人责任轻重为前提决定是否对企业适用合规考察也体现了转嫁罚的特点。这一标准固然直接、明确，有助于检察机关快速确定适用对象，但在理论上，存在“以企业切实有效地履行了合规承诺为理由，决定对涉案个人不起诉是否具有充分依据”的疑问；在实践上，导致了既放过企业又放过个人的“双不起诉”现象，“引发了对企业合规不起诉公正性和正当性的质疑。‘双不起诉’出现的主要原因在于，我国未严格区分企业刑事责任和个人刑事责任，未厘清企业合规不起诉制度与认罪认罚从宽制度的关系”。[②] 因此，修改《刑法》，在立法上区分企业责任与个人责任是推动涉案企业合规的必要之举。

最后，改革试点目前仅限于审查起诉阶段，难以充分发挥涉案企业合规制度在预防企业违法行为、优化营商环境等方面的功能，应考虑将之延

① 例如，在“王某某、林某某、刘某乙对非国家工作人员行贿案”中，虽然 Y 公司没有被追诉，但是案中犯罪行为显然与其财务与监管制度的漏洞存在因果关系，因此检察机关建议其接受合规考察。《最高检发布企业合规改革试点典型案例》，https：//www.spp.gov.cn/spp/xwfbh/wsfbh/202106/t20210603_ 520232.shtml。

② 李玉华：《企业合规本土化中的“双不起诉”》，《法制与社会发展》2022 年第 1 期。

伸至审判阶段。一方面，认罪认罚从宽制度既可以适用于审查起诉阶段，也可以适用于审判阶段，将涉案企业合规制度融入定罪量刑并不缺少程序法依据。另一方面，改革试点的有益经验与日趋完善的监督评估机制为在审判阶段适用涉案企业合规制度奠定了实践基础。此外，在审判阶段适用涉案企业合规制度也是采用该制度的国家与地区的普遍做法。总之，将涉案企业合规制度延伸至审判阶段，还需要通过修改《刑法》将合规治理情况规定为量刑情节，并将缓刑等量刑制度适用于企业。

二　逻辑起点与总体思路

从涉案企业合规制度的发展历程以及域外代表性国家和地区的立法与司法实践来看，如果要修改《刑法》，建议以“企业责任的本质是社会责任”为逻辑起点，沿着“企业责任与个人责任二元化”的总体思路展开。

（一）逻辑起点

责任原则是近现代刑法的基本原则，其核心要义是要求在科处刑罚之际必须证明行为人就犯罪行为存在故意或者过失。[①] 因此，涉案企业合规刑法立法需要解决的核心问题，是如何规定企业责任的构成要件。在回答这一问题之前，首先应明确个人责任与企业责任存在本质的差异。传统责任原则认为，个人责任应以个人主义为基础，是一种道义责任，反对严格责任、连带责任与团体责任。因此，将责任原则贯彻到底的德国与日本迄今仍然坚持不能将具有伦理属性的刑罚适用于企业，未在刑法中规定企业责任。

企业责任是时代的产物与刑事政策选择的结果。19 世纪初期，随着工业革命的快速发展，企业违法行为对社会的影响不断扩大。秉持实用主义哲学的英美国家刑法将企业责任纳入社会控制的工具箱中。但是，在 20 世纪 90 年代之前，企业责任一直被视为传统责任原则与社会控制需求的妥协

① ［日］山中敬一：《刑法総論》第 2 版，成文堂，2008 年版，第 579 页。

与折中，其本质仍然是个人责任。

20 世纪 90 年代之后，随着交通技术与信息技术的发展，企业组织管理与生产经营活动日益分散化、国际化。在这种情况下，不但要求行为人对危害结果存在“具体预见可能性”几乎不可能，而且企业活动的国际化意味着调查活动的国际化，使得司法机关在调查、取证等方面不得不面临更多的法律与资源障碍。为了应对这些难题，英美国家率先采纳了新的企业责任原则，例如企业文化原则（Corporate Culture）、组织责任原则（Organizational Liability），并很快得到了大陆法系国家的认同。在为实施企业合规奠定规范基础的同时，这些新的责任原则表明，立法机关对企业责任性质的认识发生了变化，不再认为企业责任是传统责任原则与控制需求的折中，而是以集体主义为基础的社会责任。企业责任的这一本质，应成为修改《刑法》的逻辑起点。

（二）总体思路

既然企业责任与个人责任有着本质的不同，涉案企业合规刑法立法就应沿着将二者二元化的总体思路展开。一方面，将构成要素二元化。个人责任的构成要素仍然是责任年龄、责任能力、故意、过失以及期待可能性。企业责任的构成要素则是企业合规的治理情况，例如是否存在合规治理、合规治理是否有效以及在多大程度上有效等。另一方面，将判断逻辑二元化。个人责任判断延续传统的判断逻辑，在认定行为、结果等具有刑事违法性之后，首先判断行为人是否达到了责任年龄、具有责任能力，然后判断其是否存在故意或者过失。企业责任判断则采纳相对客观的判断逻辑，即在认定行为、结果等具有刑事违法性之后，首先判断企业是否进行了有效的合规治理。[①] 如果答案是肯定的，则否定企业的刑事责任；如果答案是否定的，则推定企业应承担刑事责任；当然，在过失犯的场合，还需要判断危害结果与合规治理缺陷之间的因果关系。最后，判断是否存在

① 关于有效治理的判断标准，可参见李玉华《有效刑事合规的基本标准》，《中国刑事法杂志》2021 年第 1 期。

辩护理由。①

从域外的相关立法与司法实践来看，在改变企业责任构成要素与判断逻辑的同时，需要改变其证明规则。在个人责任的场合，仍根据“明知而故犯是为故意，不知而犯是为过失”的原则，以对危害结果的“具体预见可能性”为前提，对行为人是否存在故意或者过失进行积极证明。在企业责任的场合，则应采纳推定原则，在能够证明企业未进行有效合规治理并因此导致危害行为或者危害结果的情况下，推定其具有故意或者过失。如果企业提出反驳，应承担无罪或者罪轻的证明责任。

从上述逻辑起点与总体思路出发，需要对《刑法》总则中有关故意与过失、单位犯罪与单位犯罪的处罚等条文进行修改，并增设单位缓刑、单位累犯等制度，以体现罪刑相适应原则。

三　条文设计与具体说明

（一）单位故意犯罪

第 14 条（故意）

第 1 款　明知自己的行为会发生危害社会的结果，并且希望或者放任这种结果发生，因而构成犯罪的，是故意犯罪。

第 2 款　单位未进行有效合规治理的，以单位故意犯罪论处。

第 3 款　故意犯罪，应当负刑事责任。

说明：建议在《刑法》第 14 条中增加一款作为第 2 款，规定“单位未进行有效合规治理的，以单位故意犯罪论处”。这一建议的主要目的，在于分离单位责任与个人责任，贯彻二元化思路，并确立推定原则。此处须说明两个问题。其一，如何判断企业的合规治理是有效的？就该问题，

① 周振杰：《企业刑事责任二元模式研究》，《环球法律评论》2015 年第 6 期。

应避免“合规治理有效就不应出现违法事实，出现违法事实就说明合规治理无效”的死循环，① 而应根据检察机关或者司法机关制定的标准，判断企业是否已经充分、合理地进行了合规治理，达到了“有效”的程度。需要特别指出的是，根据行业标准判断为有效，并不意味着司法机关必须减免企业的责任，因为前者属于“事实判断”，后者属于“法律判断”，不可画等号。其二，如何推定企业存在犯罪故意？从企业合规实践相对成熟的国家与地区的立法来看，企业制定与实施合规计划可以分为四种情况：（1）在危险或者违法行为发生之前，企业不但不制定、实施合规计划进行预防，反而对之予以鼓励或者变相鼓励；（2）企业明知存在发生违法行为的危险，但是不制定、实施合规计划；（3）企业虽然制定并实施了合规计划，但在明确可能或者已经发生违法行为的情况下不采取任何措施；（4）企业不采取措施充分履行法律义务。前三种情况是鼓励、纵容以及默许违法行为，可据之推定企业存在犯罪故意。

（二）单位过失犯罪

第15条（过失）

第1款 应当预见自己的行为可能发生危害社会的结果，因为疏忽大意而没有预见，或者已经预见而轻信能够避免，以致发生这种结果的，是过失犯罪。

第2款 单位未适当履行合规义务而导致危害社会的结果发生的，以单位过失犯罪论处。

第3款 过失犯罪，法律有规定的才负刑事责任。

说明：建议在《刑法》第15条中增加一款作为第2款，规定“单位未适当履行预防义务而导致危害社会的结果发生的，以单位过失犯罪论处”。在企业合规的视野下，企业过失犯罪的核心是违反结果避免义务，

---

① 这是英美国家学者在20世纪90年代否定企业合规的主要理由之一。See Philip A. Wellner, “Effective Compliance Programs and Corporate Criminal Prosecutions”, *1 Cardozo Law Review 16*, 2005.

企业合规的精髓就在于“用合理的事前计算来避免违法行为的发生”。[①] 即通过履行风险预防义务避免危害结果。以“单位未适当履行合规义务而导致危害社会的结果发生”作为推定的基础事实，在将过失责任客观化的同时，也为单位留出了出罪路径。参考英国《2007 年企业过失致死罪法》的规定与日本关于“监督·管理过失”的判例，在判断企业是否“适当履行了合规义务”之时，可以围绕“是否充分履行了法定义务”，从三个方面进行判断：第一，企业是否全面梳理了其所承担的与危害结果相关的法定义务，并就履行这些义务对员工进行了指导与培训；第二，是否在资源许可的范围内合理地履行了法定义务；第三，是否实施了规避法定义务的行为。

建议修改《刑法》第 14 条与第 15 条的目的，还在于通过将合规治理情况规定为认定单位故意与过失的基础并不附加限制性条件，将涉案企业合规扩展到所有罪名与所有企业。目前，理论界就涉案企业合规应适用的罪名范围与企业范围都存在争议。就企业范围，有的观点认为，从合规成本与社会效益的角度出发，应参考有关国家的做法，将涉案企业合规应仅适用于符合特定条件或者达到一定规模的企业。就罪名范围，有的观点认为企业附条件不起诉的范围应限于可能判处 3 年以下有期徒刑的案件，[②] 也即轻罪案件。有的观点则认为，企业合规是新型企业犯罪治理方式，应适用于所有罪名，包括轻罪和重罪。从刑法适用平等的基本原则出发，无论规模如何与纳税数额大小，只要企业自愿，而且有助于预防违法行为，就应该允许其从涉案企业合规制度中获益。改革试点将不起诉的适用对象限制为 3 年以下有期徒刑的轻罪案件，是因为其直接法律依据是《刑事诉讼法》第 177 条第 2 款规定的相对不起诉。从域外立法来看，也并没有将企业合规限制于轻罪案件的做法。事实上，如果将涉案企业合规限制于轻罪案件，实际上是严重削弱了其作用与价值，因为越是实施了重罪的大型企业，越是需要接受合规考察。

---

① 张远煌等编著：《企业合规全球考察》，北京大学出版社 2021 年版，第 1 页。

② 李勇：《企业附条件不起诉的立法建议》，《中国刑事法杂志》2021 年第 2 期。

（三）扩大单位犯罪范围

第 30 条（单位犯罪）

公司、企业、事业单位、机关、团体实施危害社会的行为，应当负刑事责任。

说明：建议删除《刑法》第 30 条第 1 款中“法律规定为单位犯罪的”的部分，将单位犯罪的范围扩展至《刑法》分则所有罪名。理由在于，第一，这一限制性规定对扩大涉案企业合规的适用范围构成了潜在障碍，不利于充分发挥其功能。第二，企业责任是政策选择的产物，在逻辑上企业可以实施任何犯罪。[①] 即使在诸如强奸罪等以身体活动为构成要素的犯罪的场合，企业虽然不能成为正犯，但是可以成为从犯。[②] 第三，立法的扩张其实已经废除了这一限制性规定。自 1997 年以来，单位犯罪已经从最初的走私罪等法定犯逐渐进入了传统自然犯的范围。例如，《刑法》第 260 条之一将单位规定为虐待被监护、看护人罪的犯罪主体。从该条第 3 款“同时构成其他犯罪的，依照处罚较重的规定定罪处罚”的规定出发，在造成被害人死亡的案件中，也可以追究单位故意伤害罪（致死）甚至故意杀人罪的刑事责任。如果单位可以实施故意杀人罪这一最核心的自然犯，还有什么犯罪是其不能实施的呢？答案应该是没有。尤为重要的是，根据 2014 年 4 月 24 日全国人大常委会《关于〈中华人民共和国刑法〉第三十条的解释》的规定，在单位实施《刑法》规定的危害行为的场合，即使《刑法》并未将相应行为规定为单位犯罪，也可以追究组织、策划、实施

---

① 法国就是采纳了这一立场，在 2004 年修改刑法时将企业责任扩展至刑法典规定的所有犯罪。See Andrew Clapham, “Extending International Criminal Law beyond the Individual to Corporations and Armed Opposition Groups,” *5 Journal of International Criminal Justice* 899 (2008).

② 例如，根据英国的判例，企业不能实施的犯罪只有两种：一是法定刑只有监禁刑的谋杀罪与叛国罪等，二是以身体活动为必要要件的强奸罪、重婚罪等。但是，在后者的场合，企业可以构成从犯。See Smith & Hogan, *Criminal Law Cases and Materials*, University of Oxford Press, 2009, p. 375. 根据澳大利亚的判例，企业可以构成以宣誓为构成要素的伪证罪的从犯。See Jonathan Clough and Carmel Mulhern, *The Prosecution of Corporations*, Oxford University Press, 2002, p. 69.

该行为的人的刑事责任。这其实是通过“单罚制”间接将企业责任扩展至了所有罪名。

当然，在删除《刑法》第30条中的限制性规定的同时，应同时删除《刑法》分则中将具体犯罪规定为单位犯罪的相应规定。

（四）合规从宽制度

第31条（单位犯罪的处罚）

第1款　单位犯罪的，对单位判处罚金。单位积极进行合规治理的，可以从轻、减轻或者免除处罚。

第2款　对单位直接负责的主管人员和其他直接责任人员，根据刑法的相应规定定罪处罚。

说明：建议将《刑法》第31条修改为两款，在第1款中规定“单位积极进行合规治理的，可以从轻、减轻或者免除处罚”。这既是对上述《刑法》第14条、第15条修改建议的照应，也是给单位积极进行自我预防提供规范动机。给予积极进行合规治理的企业量刑激励，是涉案企业合规制度能够发挥积极作用的重要原因之一。这里的“积极进行合规治理”是指《刑法》第14条中建议的“有效进行合规治理”之外的情形。具体而言，是指在企业因为犯前合规治理未达到有效程度，已经被认定有责的情况下，司法机关视其在犯罪行为前后进行合规治理的努力、履行义务的程度、犯罪行为的影响、企业的业务规模、员工人数等因素，在裁量权的范围内，决定是否以及如何对涉案企业予以从宽处罚。

同时，建议增设第2款，规定“对单位直接负责的主管人员和其他直接责任人员，根据刑法的相应规定定罪处罚”。这一建议意在表明如下两层含义：其一，在所有罪名中确立“双罚制”原则，同时处罚单位与涉案个人，避免在“单罚制”案件中要求涉案企业接受合规考察可能导致的争议；其二，回应对《刑法》第14条与第15条的建议，区分处罚单位与处罚个人的规范基础。

（五）单位从业禁止

第37条之一（从业禁止）

第1款 因利用职业便利实施犯罪，或者实施违背职业要求的特定义务的犯罪被判处刑罚的，人民法院可以根据犯罪情况和预防再犯罪的需要，禁止其自刑罚执行完毕之日或者假释之日起从事相关职业，期限为三年至五年。

第2款 被禁止从事相关职业的人或者单位违反人民法院依照前款规定作出的决定的，由公安机关依法给予处罚；情节严重的，依照本法第三百一十三条的规定定罪处罚。

第3款 其他法律、行政法规对其从事相关职业另有禁止或者限制性规定的，从其规定。

说明：建议在《刑法》第37条之一第2款中增加“单位”。理由主要在于如下三个方面。第一，本条第1款使用了“因利用职业便利实施犯罪，或者实施违背职业要求的特定义务的犯罪被判处刑罚的”的表述，而第2款使用了“被禁止从事相关职业的人”的表述，这说明不应将第1款规定的适用对象限制于自然人，否则该款也应使用“……的人”的表述。同时，既然第1款并没有限制适用对象，那么第2款将制裁对象限制为“被禁止从事相关职业的人”就值得斟酌。换言之，从文理解释的角度，可以认为本条第1款的规定也应适用于单位。因此，“被禁止从事相关职业的人或者单位”的表述，也可以说是一种提示性规定。第二，在司法实践中，许多单位犯罪都是企业利用职业便利或者违背职业要求的特定义务实施的，尤其是证券期货类犯罪等经济犯罪。因此，将从业禁止适用于涉案企业，既是特殊预防的需要，也是通过增加外部压力，促使企业积极进行合规治理的需要。第三，对企业适用从业禁止具有规范根据。《刑法修正案（九）》在增设从业禁止的同时，将拒不执行判决、裁定罪纳入了单位犯罪的范围。如果立法机关意在将从业禁止的适用对象限制于自然人，就无须同时将拒不执行判决、裁定罪规定为单位犯罪。由此来看，将从业禁止适用于企业也是顺理成章的。

（六）合规考察制度

第 61 条（量刑根据）

第 1 款　决定刑罚的时候，应当根据犯罪的事实、犯罪的性质、情节和对于社会的危害程度，依照本法的有关规定判处。

第 2 款　对单位从轻、减轻或者免除处罚的，可以要求单位接受合规考察。

说明：建议删除本条第 1 款中“对于犯罪分子”的表述。因为“犯罪分子”通常被理解为自然人，删除这一表述后，在文理上自然就可以将本条适用于企业。同时，根据该款中“依照本法的有关规定判处”的规定，继而可以将《刑法》第四章的规定都适用于企业。同时，建议在本条增加第 2 款，规定“对单位从轻、减轻或者免除处罚的，可以要求单位接受合规考察”。如上所述，充分发挥涉案企业合规制度的功能需要将之向后延伸。这一建议就意在为人民法院适用该制度奠定实体法基础。需要指出的是，此处建议的是“可以”而非“应该”要求单位接受合规考察。这是因为企业有权选择是否接受合规考察，人民法院在提出要求之前，应征求被告企业的意见。这也是域外合规实践的普遍做法。法国虽然强制要求涉案企业进行合规治理，[①] 但是其对对象企业的范围进行了严格限制，属于特殊情况。

（七）单位累犯

第 65 条（累犯）

第 1 款　被判处有期徒刑以上刑罚的犯罪分子，刑罚执行完毕或者赦免以后，在五年以内再犯应当判处有期徒刑以上刑罚之罪的，是

① 张远煌等编著：《企业合规全球考察》，北京大学出版社 2021 年版，第 19 页。

累犯，应当从重处罚，但是过失犯罪和不满十八周岁的人犯罪的除外。

第2款 被判处40万元以上罚金的单位，在刑罚执行完毕或者赦免以后，在五年以内再犯应当判处40万元罚金以上之罪的，依照前款的规定处罚，但是单位过失犯罪的除外。

第3款 第一款规定的期限，对于被假释的犯罪分子，从假释期满之日起计算。

说明：建议在本条增设第2款规定单位累犯制度。首先，是特殊预防的需要。从司法实务看，企业反复实施犯罪行为甚至实施相同犯罪行为的情况比比皆是。企业累犯制度也见诸域外企业合规立法与司法实践。需要说明的是，此处以“40万元以上罚金”为成立单位累犯的数额标准，是根据2008年至2016年单位行贿案中罚金平均数额提出的建议，[①] 具体应在充分调研与讨论后决定。

（八）单位缓刑

第72条（缓刑）

第1款 对于被判处拘役、三年以下有期徒刑的犯罪分子，同时符合下列条件的，可以宣告缓刑，对其中不满十八周岁的人、怀孕的妇女和已满七十五周岁的人，应当宣告缓刑：

（一）犯罪情节较轻；

（二）有悔罪表现；

（三）没有再犯罪的危险；

（四）宣告缓刑对所居住社区没有重大不良影响。

第2款 对于被判处40万元以下罚金，获得被害人谅解的单位，符合前款规定条件，可以宣告缓刑。

第3款 宣告缓刑，可以根据犯罪情况，同时禁止犯罪分子在缓

① 周振杰：《单位贿赂犯罪预防模式研究》，中国政法大学出版社2020年版，第60页。

刑考验期限内从事特定活动，进入特定区域、场所，接触特定的人。

第4款　被宣告缓刑的犯罪分子，如果被判处附加刑，附加刑仍须执行。

第5款　被宣告缓刑的单位，应接受合规考察，监管期间由人民法院根据案件情况确定，但是最长不得超过五年。

说明：建议在《刑法》第73条中增设第2款，规定单位缓刑制度，是为了避免罚金的溢出效应以及应对犯罪企业不能支付罚金等特殊情况，帮助企业提高合规治理能力，推动其实现可持续发展。《刑法》第52条没有规定罚金的上限，仅要求“判处罚金，应当根据犯罪情节决定罚金数额”。虽然《刑法》分则在有的条文中采用倍比罚金制、数额罚金制等方式对罚金数额进行了限制，但在单位犯罪的场合，仅规定“对单位判处罚金”，没有限制数额的条文还是占了多数。[①] 在理论上，如果严格按照《刑法》第52条的规定，在诸如环境污染案件，生产、销售有毒有害食品案件中，因为被害人的数量多、消除损害后果的时间长等原因，罚金的数额会非常高，可能造成企业因支付不起罚金而破产。增设单位缓刑制度在为企业保留继续发展空间的同时，也提高了日后能够继续执行罚金刑的可能性。同时，建议增加第5款，规定“被宣告缓刑的单位，应接受合规考察”，意在将合规考察从审查起诉阶段延伸至刑罚执行阶段，也与《刑法》第75条中关于自然人的规定相呼应。将此处合规考察的最高期限限定为5年主要出于如下两个考虑：其一，5年是《刑法》第73条规定的有期徒刑缓刑考验期限的最高期限，单位缓刑的严厉性应予参考；其二，被宣告缓刑的犯罪企业其危险性相对较小，在5年的考察期内原则上能够完成合规整改。

---

① 例如，《刑法》第150条规定：“单位犯本节第一百四十条至第一百四十八条规定之罪的，对单位判处罚金。”第220条也规定：“单位犯本节第二百一十三条至第二百一十九条之一规定之罪的，对单位判处罚金。”

四 结语

涉案企业合规是顺应在信息社会与风险社会有效规制企业行为的需求而出现的制度。两年的改革试点实践已经证明了其合理性与有效性。涉案企业合规制度的目的，是通过对企业进行合规考察，为企业的可持续发展创造条件，实现国家治理体系和治理能力现代化。为实现这一目的，需要及时修改《刑法》，从企业责任的本质出发，贯彻二元化的思路，将合规治理情况规定为企业责任的判断基础，并采纳推定原则，减轻控诉机关的证明责任。同时，为充分发挥涉案企业合规的制度功能，应扩大单位犯罪的范围，修改单位犯罪处罚原则，将从业禁止适用于单位，并增设单位累犯与单位缓刑制度，为涉案企业合规制度进入审判阶段与刑罚执行阶段做好准备。

（作者为安徽师范大学法学院院长（挂职）、北京师范大学刑事法律科学研究院副院长、教授、博士生导师。本文原载于《中国刑事法杂志》2022 年第 3 期，收入本书时略有删改。）

刑事合规出罪事由研究

刘 霜 张尊仆

一 问题的提出

"合规"一词源自英文"compliance",是遵守、遵从的意思。合规最早运用于医学领域,指患者应当遵循医生的医嘱。法学领域合规一般是指主体的行为应当符合规范。刑事合规是指为避免因企业或企业员工相关行为给企业带来的刑事责任,国家通过刑事政策上的正向激励和责任归咎,推动企业以刑事法律的标准来识别、评估和预防公司的刑事法律风险,制定并实施遵守刑事法律的计划和措施。①

2017年中国国家标准化管理委员会发布《合规管理体系指南》,按照官方解释,所谓合规是指组织遵守了适用的法律法规及监管规定,也遵守了相关标准、合同、有效治理原则或道德准则。

2018年被誉为中国的"合规元年"。2018年7月中国国家质量监督检验检疫总局、国家标准化管理委员会联合发布的《合规管理体系指南》生效;2018年11月国务院国有资产监督管理委员会发布实施《中央企业合规管理指引(试行)》(国资发法规〔2018〕106号);2018年12月国家发展改革委、外交部、商务部、人民银行、国资委、外汇局、全国工商联联合发布《企业境外经营合规管理指引》(发改外资〔2018〕1916号)。

① 孙国祥:《刑事合规的理念、机能与中国构建》,《中国刑事法杂志》2019年第2期。

一年时间内国家多个部门联合发布一系列合规法律法规或指南，标志着我国企业合规进入了新的时代。

2020年最高人民检察院对企业合规制度建设积极响应，张军检察长指出，“一方面，以更大的力度保护民营企业和企业家合法权益，切实做到依法能不捕的不捕、能不诉的不诉、能不判实刑的就提出适用缓刑建议。另一方面，也要有力推动民营企业筑牢守法合规经营底线”。2020年3月最高人民检察院在上海浦东、金山，江苏张家港，山东郯城，广东深圳南山、宝安6家基层检察院开展企业合规改革第一期试点工作。2021年4月最高人民检察院下发《关于开展企业合规改革试点工作方案》（以下简称《方案》），进行第二期改革试点，范围扩大，涉及北京、辽宁、上海、江苏、浙江、福建、山东、湖北、湖南、广东10个省市。上述省级检察院可根据本地情况，自行确定1—2个设区的市级检察院及其所辖基层院作为试点单位。同年6月发布《关于建立涉案企业合规第三方监督评估机制的指导意见（试行）》，强调人民检察院在办理涉企犯罪案件过程中，应当将第三方所出具的合规材料，作为依法作出批准或者不批准逮捕、起诉或者不起诉以及是否变更强制措施等决定，提出量刑建议或者检察建议、检察意见的重要参考。

企业刑事合规的核心问题就是出罪事由问题。关于刑事合规出罪事由，理论界往往从诸如认罪认罚从宽等程序法角度阐述，借助刑事法手段，推动企业进行自我管理从而出罪。[①] 然而在刑事实体法领域企业刑事合规出罪事由尚属立法的空白地点，司法机关也因缺乏立法依据而不敢擅自让企业从实体法角度出罪，免除合规企业的刑事责任。

基于此，笔者拟从刑事实体法角度出发，围绕企业合规出罪事由这一主题，尝试解决刑事企业合规出罪事由面临的一系列理论困境和司法难题：诸如企业通过刑事合规出罪的正当性何在？理论依据是什么？应当在何种条件下出罪？刑事合规出罪激励机制应当如何构建等。上述问题的解决，对于激发涉罪企业合规建设的积极性，完善我国企业刑事合规激励机制，保护民营企业和企业家的合法权益，维护社会主义市场经济有序健康

① 马明亮：《作为犯罪治理方式的企业合规》，《政法论坛》2020年第3期。

运行等具有重要的理论价值和实践意义。

二　刑事合规出罪的现实困境

企业合规不起诉改革所面临的最大一个问题，就是检察机关对涉案企业的刑事激励存在严重不足，这在客观上严重制约了合规不起诉改革的成效。概括起来，刑事合规出罪面临两大现实困境。

（一）实体出罪法律缺失

2021 年 3 月，最高人民检察院发布四个企业合规改革试点典型案例。由这四个典型案例，笔者归纳出刑事合规出罪，尤其是实体出罪方面还存在一系列问题亟须解决。

案例一：张家港市 L 公司、张某甲等人污染环境案。企业通过合规考察，检察院做出不起诉决定。

案例二：上海市 A 公司、B 公司、关某某虚开增值税专用发票案。处理结果：一是检察机关推动企业合规与适用认罪认罚从宽制度相结合，从宽处罚被告单位 A 公司罚金 15 万元，B 公司罚金 6 万元，判处被告人关某某有期徒刑三年，缓刑五年。

案例三：王某某、林某某、刘某乙对非国家工作人员行贿案。处理结果：对王某某、林某某、刘某乙依据《刑事诉讼法》第 177 条第 1 款作出不起诉决定，南山区法院以非国家工作人员受贿罪判处被告人刘某甲有期徒刑 6 个月，判处被告人陈某拘役 5 个月。案例三的典型意义在于：检察机关积极推动企业合规与依法适用不起诉相结合。依法对涉案企业负责人作出不起诉决定，不是简单一放了之，而是通过对企业提出整改意见，推动企业合规建设，进行合规考察等后续工作。让涉案企业既为违法犯罪付出代价，又吸取教训建立健全防范再犯的合规制度，维护正常经济秩序。

案例四：新泰市 J 公司等建筑企业串通投标系列案件。处理结果：检察院对 J 公司等 6 家企业作出不起诉决定。案例四的典型意义在于：检察机关还向 6 家涉案企业发出检察建议，要求企业围绕所涉罪名及相关领域开展合规建设，并对合规建设情况进行跟踪监督和最终验收。案例四的社会意义在于：检察机关如果作出起诉决定，6家企业三年内将无法参加任何招投标工程，并被列入银行贷款黑名单。6家企业被作出不起诉决定后，积极扩大就业规模，安置就业人数2000余人，先后中标20余项重大民生工程，中标工程总造价20余亿元。

通过上述四个典型案例，可以看出：一方面刑事合规具有积极意义，其通过刑事程序法上的出罪激励机制如认罪认罚从宽、附条件不起诉制度来督促企业主动进行合规建设，避免刑事追责。但另一方面，如何解释涉案企业可以通过刑事合规予以出罪却面临着无刑法可依的尴尬境遇，刑事实体法上的出罪激励明显不足。2021年5月13日最高检调研组赴张家港市调研企业合规改革所召开的专题座谈会上，江苏省检察院的一位副检察长同样提出了相似的困惑："既然企业本身犯罪情节轻微，符合相对不起诉的条件，又何必大费周章、耗时耗力搞合规呢？刑事激励不足，造成了不少企业合规热情不高、合规动力不足的局面。"[①] 而在上述四个案例中均没有实体出罪，而是体现出与刑事诉讼法规定的认罪认罚从宽制度相结合的刑事合规程序性出罪特点。

笔者认为，造成上述问题的根源在于刑事实体法关于合规出罪规定的缺失。刑事实体法中的出罪事由除了正当防卫与紧急避险之外，还有《刑法》第13条但书条款。但由于我国犯罪认定采取"定性+定量"的分析模式，涉案企业受制于自身经济体量大的特点，涉案金额往往远远超过了其所犯之罪"量"的标准。情节显著轻微，危害不大的《刑法》第13条但书条款显然不适用于现有涉罪企业的现实情况。因此，如何在刑法上回应当前刑事合规出罪事由是理论研究所必须面临的现实问题。

（二）过于倚重程序出罪

刑事合规具有程序出罪和实体出罪的双重功能：在程序法上，检察机关根据企业实施合规体系所作的合规不起诉决定，本身就具有"合规出

---

① 河北省人民检察院网，http：//www.he.jcy.gov.cn/jcxw/tt/202105/t20210517_3244181.shtml，访问时间：2021年9月。

罪”的效果；而在刑事实体法领域，企业合规应成为涉案企业提出无罪抗辩的法定事由。[①]

当前，一些学者和司法官员认为合规至多能成为量刑宽大的情节，而不能成为出罪理由。但假如这种逻辑得到人们的普遍接受，那么，我国检察机关推行的企业合规不起诉改革成效就大打折扣。[②]

我国近年来的合规不起诉改革探索中，检察机关推行“合规考察制度”，经过合规考察所作的不起诉被称为“企业合规不起诉”，这都显示出企业刑事合规在这一制度构建中的关键作用。从基本制度逻辑来看，检察机关对于涉案企业通常会进行两次审查：一是审查企业是否符合合规考察的条件；二是审查企业是否符合合规不起诉的适用条件。在第一次审查中，检察机关要审查的内容是多方面的，通常包括犯罪事实是否得到证明；企业是否认罪认罚；企业是否有推行合规管理的可能；企业是否采取了退款、退赃、补缴税款、修复环境等补救挽损措施，等等。可以说，涉案企业的认罪认罚、积极配合、有效补救等行为，对于检察机关将企业纳入合规考察程序，是非常重要的考量因素。[③]

但是，检察机关一旦作出合规考察或者附条件不起诉的决定，就会责令企业承担新的合规义务，如聘请合规监管人，并与其签署合规监管协议；提交刑事合规计划，构建有效的企业合规制度；服从检察机关、合规监管人的监督；披露相关事实信息；定期报告合规建设进展情况；及时披露并制止可能存在的违法犯罪行为，等等。因此，在合规考察期结束之前，检察机关要对企业进行第二次审查，审查的核心问题就是企业履行刑事合规义务的情况，尤其是执行有效合规计划的实际效果。可以说，在决定是否不起诉方面，检察机关所要考虑的核心问题主要是，企业是否建立并实施了有效的合规计划，原有的制度隐患是否已经消除，原有的制度漏洞是否已经堵塞，所提出的整改方案是否得到执行，企业再次违法犯罪的

---

① 陈瑞华：《企业合规出罪的三种模式》，《比较法研究》2021 年第 3 期。

② 陈瑞华：《企业合规不起诉改革的八大争议问题》，《中国法律评论》2020 年第 4 期。

③ 李玉华：《以合规为核心的企业认罪认罚从宽制度》，《浙江工商大学学报》2021 年第 1 期。

可能性是否明显降低。①

因此，在检察机关所要考量的诸多因素中，企业是否实施有效合规计划，显然是决定是否作出不起诉决定的关键因素。其他包括认罪认罚、积极配合、有效补救等在内的因素，尽管也是检察机关作出合规考察决定的主要考量因素，但合规考察程序一旦启动，它们就会让位于合规管理体系是否建立的问题。涉案企业一旦按照所承诺的合规方案，在考察期内实施了合规管理体系，检察机关就可以此为依据，对企业作出无罪处理。这充分显示出，在被纳入合规考察之后，企业推行合规管理，具有明显的出罪功能。

笔者认为，在司法实践中，检察机关可以将刑事合规与刑事诉讼法规定的认罪认罚从宽制度相结合，将企业合规认定为酌定从宽情节，可以提出检察建议或者直接作出不起诉决定从而达到刑事合规程序出罪的效果。合规程序出罪的问题也同样明显：刑事诉讼法在刑事合规中所发挥的功能在于证据和事实的认定以及规范司法机关的刑事追诉程序，过于依赖程序性出罪会导致出罪说理力度不足。

三 企业刑事合规出罪事由的理论依据

（一）积极一般预防理论

积极一般预防理论强调刑罚的目的并非科处刑罚本身，而是教导公民遵守规则，通过刑罚来强调公民对规范的忠诚价值信念。有学者指出，如果克制刑事制裁的发动可以更有效阻止犯罪行为的发生，引导公众遵守法律，那么就没有必要诉诸国家刑罚权的发动。因为发动刑罚往往需要较高昂的成本，最有效率的方法是引导经营者自觉守法。② 换言之，国家通过刑罚手段不再只针对潜在的犯罪行为人，而是着重提高社会全体公民的规范观念。

积极一般预防理论缘起于当代风险社会的形成与发展。风险社会下的

① 陈瑞华：《企业合规不起诉制度研究》，《中国刑事法杂志》2021 年第 1 期。

② ［日］佐伯仁志：《制裁论》，丁胜明译，北京大学出版社 2018 年版，第 46 页。

风险刑法要求犯罪治理的前置化，也即国家在特定犯罪具体化之前就进行介入干预。但风险刑法自身就存在着限缩公民自由的危险，其带有较强的入罪化倾向，而这使得刑事合规的积极一般预防意义重大。在意大利等欧洲国家，为了遏制企业财务欺诈、商业贿赂频发的趋势，各国开始关注企业的内部风险控制，致力于国家与企业共同治理犯罪。欧洲企业为避免犯罪，也越发依赖于自身合规体系的建设。意大利于2001年颁行第231号法令，法令强调如果公司的高级职员或下属成员从事企业犯罪活动，公司要为此负责。但公司可以通过证明自身已采取适当措施监督和预防犯罪来免除公司刑事责任。[①] 从这个视角上来看，风险刑法一方面提高了企业的入罪概率，另一方面也敦促企业努力降低自身刑事犯罪的可能性。刑事合规作为出罪事由，属于风险刑法下企业的必然选择。由此可知，刑事合规作为新的犯罪治理模式面向的是未来：企业通过合规可以有效避免犯罪和刑事制裁。

（二）企业犯罪的多元化防控理论

不同于传统上单一由国家主导的企业犯罪控制模式，刑事合规强调企业或其他组织体在法律允许的范围内，结合自身组织文化、决策体系等因素，制定出一套违法犯罪的预防、发现和报告机制，从而达到减免刑责的出罪效果。在这个理念下，国家的犯罪控制体现为一种“柔性”的行为影响：国家所制定的行政法或刑法规范有时并不太符合公司自身发展的需要，就控制公司犯罪而言，依靠自身自治可能是一种更高效率的方法。[②] 企业内部运作的复杂性，决定了企业犯罪的惩处与预防需要国家与企业合作进行。

第一，惩处企业犯罪需要来自企业本身的帮助。当前，尤其大型上市公司或跨国公司的内部管理决策机制体现出高度的复杂性与专业性，纯粹以国家为主体调查惩处企业犯罪不仅会增加侦办犯罪的成本，还会增加办

---

① Francesca Chiara Bevilacqua, Corporate Compliance Programs Under Italian Law, http://www.hcca－info.org/Por－tals/0/PDFs/Resources/library/ItalyCorporateCompliance.pdf, 2016－07－24.

② ［德］乌尔里希·齐白：《全球风险社会与信息社会中的刑法：二十一世纪刑法模式的转换》，周遵友、江溯等译，中国法制出版社2012年版，第263—264页。

案人员的负担。针对这一情况，一方面当今刑法通过保持立法的活性来尽可能覆盖企业违法犯罪的行为类型，另一方面由于司法资源的有限性，如何保证刑法在必要的范围内贯彻落实成为必须解决的问题。刑事合规要求在违法犯罪发生后，企业内部的合规官应及时报告司法机关，协助司法机关调查。这一行为看似会损害企业内部的团结性，但实际上，通过刑事合规却可以使企业免受难以预估的刑罚后果和由惩罚带来的企业信誉损失。

第二，预防企业犯罪也同样需要其自身参与。国家尽管可以通过制定犯罪预防政策来指导规范企业的行为，但是企业存在多样化的运行模式，来自外部一般性的犯罪预防模式往往难以起到效果。相比之下，合规计划减刑激励机制可以督促企业自我规范，使得事后惩处变为事前监督。刑事合规反映出犯罪治理模式的转型，其将国家管理责任部分转移给个人，体现出刑法由外部治理转为内部规制的发展趋势。因此有学者指出，刑事合规的应用使得企业可以参与到国家犯罪治理模式之中，犯罪预防与惩戒成为国家和企业的共同责任。①

四 刑事合规出罪事由的证成

（一）刑事合规出罪的必要性

对于企业而言，最重要的不是“罪多罪少”或者“罪行轻重”的问题，而是是否确定有罪的问题，因为有罪判决本身就可能使企业污名化，失去市场经营资格或者参与公共项目的机会。对企业而言，“被定罪”是最严厉、最致命的风险，它所带来的消极后果往往是个人、企业乃至社会所难以承受的。无论是重罪或轻罪，无论是罪轻或罪重，刑法风险的“兑现”带来的都会是沉重之负担。涉案企业一旦入罪，那么定罪和刑罚的附随后果足以摧垮整个企业。研究表明，企业一旦涉罪判刑，不但要承担巨额的财产损失，还可能因为定罪带来的相关附随后果而导致企业一蹶不振，企业等于被判处了“死刑”。

---

① 石磊：《刑事合规：最优企业犯罪预防方法》，《检察日报》2019 年 1 月 26 日第 3 版。

这种现象不仅在中国存在，而且在世界范围内，也已成为一个严峻的社会问题。例如，在欧洲，任何因涉嫌腐败而被定罪的公司，根据欧洲法律将自动失去在欧洲境内进行活动的权利。此外，起诉和惩罚企业会严重损害公司的投资者、雇员、养老金领取者、客户等无辜的第三人的利益，形成所谓“水波效应”。所以，对于企业犯罪行为的追诉，有时是一种“双输”甚至“多输”的结果。面对这种情况，如何从“出罪”角度对涉罪企业进行“非罪化”治理——包括实体上的无罪判定和程序上的“出罪”处理，将企业的外部责任由刑事处罚转变为其他性质的法律责任，尽量减小“标签效应”带来的负面影响，显得意义重大。①

根据既有制度框架与司法实践，刑事法律对于市场经济的保护和救济，基本上是通过罪后的刑罚惩治手段来发挥作用的。这种方式体现传统的刑罚报应论价值，强调以整体、抽象的视角看待市场经济的宏观法秩序，认为对涉罪企业及其责任人施加严厉的刑罚手段就能实现消除犯罪主体社会危险性和保护宏观法秩序的目的。但是事实表明，传统的“简单威慑”做法不仅难以达到预期的威慑效果，反而容易使企业面临更大困境，陷入“威慑陷阱”之中。正如学者所言，建立在单一的刑罚威慑框架之下的企业犯罪控制很难起效。②

从世界范围内看，我国刑事法制和司法习惯对于企业犯罪的惩治体系不可谓不严厉，但是从效果来看，严刑峻法并没有起到遏制企业犯罪高发事态的效果。实际上，温和的法律能够使一个民族的生活方式更具人性，向公民传达政府的理性、宽和精神。刑法作为手段最严厉的部门法，在对不法行为施加一定的惩罚来实现保护法益目的的同时，其“双刃之剑”的特性也时刻向人们传达着危险信号，用之不当，则国家与公民两受其害。因此，国家行使定罪权和刑罚权应有所克制：凡是用其他法律手段足以抑制某种违法行为时就不要将其规定为犯罪，凡是能够适用较轻的制裁方法就足以抑制某种犯罪行为时就不要规定较重的制裁方法。

---

① 陈卫东：《从实体到程序：刑事合规与企业“非罪化”治理》，《中国刑事法杂志》2021年第2期。

② Sally S. Simpson, *Corporate Crime*, *Law and Social Control*, Cambridge University Press, 2002, p. 154.

刑法的谦抑性品格要求国家应当以最小的刑罚支出以获取最大的社会效益。如果犯罪的成立标准不符合“罪责自负”的要求，那么就会极大地降低理性行为人对刑法的合理预期，并且给行为人带来额外的刑事风险，社会成员（包括单位和个人）不安感明显上升。因此，如果现行法过于严苛，就要考虑从重塑“归责理论”和调整刑事制度上给社会减压，在刑事制度上引入更多的“出罪”因素。同时，司法程序可以在很大程度上实现这一目标：如果刑法的严苛适用不符合公共利益标准，那么就要慎用刑法上的手段；如果刑罚不利于实现特殊预防，那么就要考虑诉诸“非刑罚”措施。

（二）刑事合规出罪的可行性

受传统刑法归责原则的影响，法人犯罪的刑事责任建立在严格责任基础上。立法一方面肯定企业的刑事责任，另一方面，将企业的刑事责任建立在企业员工或者代理人的犯罪行为基础上，企业实际上是对企业员工或者代理人的违法犯罪活动负责。“即便是末端的职员的行为，只要能够认定其与业务在客观上具有关联性，是组织体活动的一环，那么就将该行为视为法人的行为”。①

如在美国，对经济犯罪大量采用严格责任、代理责任和企业责任等“客观主义”的责任原则对企业提起刑事诉讼的相关法则规定，员工在其雇佣范围内有犯罪行为，且其犯罪行为有利于雇佣者时，该企业需为员工行为负责。此种替代责任原则至今仍是美国司法实践中企业刑事责任认定的一般原则，是追究企业刑事责任的责任基础。替代责任脱胎于民事上“仆人有过主人负责”的归责原则，将自然人的意思直接作为企业的行为和意思，将企业员工的犯罪直接与企业刑事责任挂钩，让企业对员工的犯罪承担绝对责任，不适当地扩大了企业刑事责任的范围，也背离了传统刑法教义的责任主义原则。而从另一角度看，如果员工为企业利益实施的犯罪行为只能令员工个人承担责任，作为实际受益者的企业不分情由完全被

① ［日］佐伯仁志：《制裁论》，丁胜明译，北京大学出版社2018年版，第148页。

免除责任，也有不公平、不公正之虞，也可能为企业规避法律责任留下漏洞。①

由此，晚近以来，理论界关于法人刑事责任的根据，其视角开始转换为法人自身的责任（企业组织体责任）。企业组织体责任将企业的责任建立在企业成员与企业相关联的基础上，企业之所以要负刑事责任，是因为“管理机构或被任命的代表人以‘机构性团体正犯’形式实施的违规行为不是‘他人犯罪’，而是‘自己犯罪’”。对此，学界论证了企业刑事责任的两个基础：一是企业存在着“前过错”。在经济刑法学先驱梯德曼教授看来，企业承担责任的真正的实质原因不在于职员的犯罪行为，而在于企业对于其应当采取必要措施以便确保符合规范之行为的自身义务的违反，即“前过错”。这是企业承担责任的基础实体处罚理由。二是来自明确的法定规范，即将自然人行为的责任归责于企业，构成要件是由立法者作为归责规范而设立的。正因为法律的规定，进行有序组织成为一种法律义务，这种义务的承担者是公司，而不是员工。这一组织过错模式，回答了为什么在处罚了个体行为人以后，还要另外惩罚企业。②

换言之，企业员工的犯罪要归咎于企业自己的犯罪，需要有两个前提：第一，企业的员工实施了与企业有关的犯罪行为，客观上属于企业自己的犯罪。第二，该员工的行为可归责于企业。如果犯罪活动系企业直接指挥实施的，员工的犯罪活动是企业意志的体现，对企业追究刑事责任则体现了责任主义原则。若企业员工实施了与企业经营活动有关的犯罪行为，尽管企业并不知晓，但企业存在着明显的过错，则仍应认为企业具备了归责基础。由于企业是否要承担刑事责任，取决于企业自身是否存在组织和管理缺陷，与刑事合规是否十分自然地相联系，即企业犯罪归责路径转换的连接点就是看是否形成了有效的前置性合规计划。不难发现，正是理论上关于企业刑事责任根据的新视角，为刑事合规的产生和作用奠定了基础，即实施适当的合规计划将会成为一个核心的法律标准，而这种标准决定了公司犯罪行为的归责。

---

① 孙国祥：《刑事合规的刑法教义学思考》，《东方法学》2020 年第 5 期。

② Tiedemann, Wirtschaftstrafrecht, 5. Aful, 2017, Rn. 448.

反思我国刑法中单位犯罪，无论是司法解释还是相关理论，单位犯罪的刑事责任建立在传统的个人责任基础上，即单位犯罪的罪过是由单位的决策机关形成的，具体实施犯罪的单位成员为单位利益实施犯罪，要么得到单位的授权，要么得到单位的确认，否则单位成员为单位利益而实施的犯罪行为不能认定为单位犯罪。这种归责原则免除了单位对预防员工犯罪行为的组织责任，即管理、监督责任，限缩了单位犯罪的范围，为单位规避刑事责任提供了方便条件。由此，我国学者已经注意到刑法单位犯罪归责原则的不足，提出对于法人责任的追究，应从“个人—组织”的间接模式，转向直接追究法人的组织责任。① 笔者也认同，刑事合规的构建，离不开单位犯罪归责原则的转型。单位刑事责任的直接依据不单纯是单位决策机构指挥员工实施犯罪，还包括单位具有“先在”的管理上过错，在没有有效地阻止员工的犯罪而存在“先在”过错的情况下，单位应当承担刑事责任。据此“宜将刑事合规作为所有企业管理的刑事义务设定，增设企业管理过失的犯罪”。

只有通过这样，有效的刑事合规才可以切断企业犯罪和高管犯罪的必然联系，企业高管虽然直接参与企业的运营和决策，掌控着企业最核心的资源和信息，大多时候行使着企业的实际控制权，但是他们的决策和行动只有在属于企业授权范围和符合企业合规要求的情况下，才能体现为企业的意志和行为。正是基于对单位犯罪和单位成员在责任构造上的不同认识，在涉企业犯罪的场合，企业责任和企业成员的责任应当是相互分离的：是否追究单位的责任，不影响对单位成员的责任追究；是否追究单位成员的责任，也不影响对单位责任的追究。

（三）刑事合规出罪事由的适用

1. 域外刑事合规出罪的经验借鉴

在英美法刑事合规制度中确立的替代责任原则和同一性原则，强调企业承担刑事责任的基础，要么是公司代理人在职责范围内为公司利益实施

① 李本灿：《公共机构腐败治理合规路径的构建——以〈刑法〉第397条的解释为中心》，《中国刑事法杂志》2019年第2期。

了犯罪行为，要么是公司内部的董事、经理等高级管理人员在职责范围内为实现利益所实施的犯罪行为。

在上述两种情形下，企业都要承担法律责任，也就是因为代理人或者高级管理人员的犯罪行为而承担整体性的刑事责任。① 企业要免除自身的刑事责任，与代理人或高级管理人员的责任进行有效切割，就必须提出证据证明自身建立并实施了有效的合规管理体系，尽到了合规管理义务，对这些人员的犯罪行为既不存在授意行为也没有失职行为，由此说服司法机关对企业作出无罪处理决定。根据替代责任或雇主责任原则，企业内部员工为实现企业利益而实施犯罪行为的，企业应对此承担刑事责任。根据同一性原则，代表企业主观意志的高级管理人员实施犯罪行为的，企业也应对此承担刑事责任。但是，企业假如能够证明已经建立了有效的合规管理体系，如发布了企业合规政策和员工行为手册，建立了合规组织体系，对于员工和高管所实施的违法行为明令禁止并建立了惩戒机制，实施了内部合规培训制度，等等，就可以证明自身不存在主观过错，上述员工或高管的犯罪行为纯属个人行为，从而推翻严格责任。

近年来，一些大陆法国家在刑法中确立了合规出罪制度。尽管这些国家并没有确立源自英美法的替代责任原则和同一性原则，但是，那些代表企业利益并行使管理职权的高级管理人员所实施的犯罪行为，应当由企业承担刑事责任。而企业一旦实施有效的合规计划，就有可能被免除刑事责任。例如，根据意大利法律，在受到刑事指控的情况下，公司可以通过证明已经实施有效的合规计划来进行积极的无罪抗辩。其中，对于普通员工所实施的犯罪行为，公司可以通过证明已经实施足以有效预防犯罪行为的合规计划而免除刑事责任。而对于高级管理人员所实施的犯罪行为，公司除了证明已经实施了有效的合规计划以外，还需要证明以下两点：一是监督机构已经进行了充分的监控；二是该高级管理人员通过欺骗性手段规避公司内部控制体系，实施了犯罪行为。②

意大利法律还对作为出罪依据的有效合规计划确立了六项标准：一是

① 陈瑞华：《合规视野下的企业刑事责任问题》，《环球法律评论》2020 年第 1 期。

② 陈瑞华：《企业合规出罪的三种模式》，《比较法研究》2021 年第 3 期。

确定公司业务中的风险活动或风险领域；二是确定适合预防犯罪的财政资源处理方式；三是提供旨在规划公司决议形成和实施的具体协议（政策），以防止潜在的犯罪发生；四是授权一个具有自主控制权的监督机构，负责监控公司建立合规计划的进展情况；五是为特定公司员工和代表提供持续培训；六是对于不遵守 231 号法律所确立的公司准则的员工和代表，采取相应的纪律惩戒。

因此可以看出在意大利，在将合规出罪机制确立在法律之中时，将企业实施有效合规计划作为切割企业责任与企业内部人员责任的重要根据。而这种责任切割之所以能够成功，主要原因就在于实施合规体系是体现企业尽到管理责任和注意义务的重要根据，内部人员的犯罪行为超出了企业的授权或者授意，其主观意志不能等同于企业自身的主观意志。

2. 我国司法实践中的合规出罪条件

在我国刑事司法实践中，对于公司员工或者高级管理人员实施犯罪行为的案件，司法机关需要同时查明以下三个事实：一是是否以单位名义实施违法行为；二是是否为实现单位利益而实施违法行为；三是违法行为是否体现单位的集体意志。对于前两个问题，司法机关认定起来并不存在太大困难。在很多企业员工或高级管理人员利用职务之便来实施商业贿赂、欺诈、侵犯他人权益的案件中，行为人经常以“单位员工”或者“单位高管”的名义，打着单位的旗号从事违法行为；他们之所以从事违法行为，既有提高个人业绩的考虑，也会在客观上带来增加单位商业利润、提高单位商业竞争力的后果。可能容易发生争议的是“是否体现单位意志”的问题。假如单位在合规管理上存在重大疏漏，既没有发布商业行为准则、合规政策和员工行为守则，也没有建立包括合规风险评估、合规培训、内部举报等在内的合规机制，那么，单位对于员工违法违规行为的发生，就可能难辞其咎，存在着管理上的重大主观过错，司法机关据此可以追究企业的刑事责任。

2017 年甘肃省兰州市中级人民法院对雀巢公司员工侵犯公民个人信息案件的终审判决，就试图走出上述困境。兰州市中级人民法院的裁定书认为：“单位犯罪是为本单位谋取非法利益之目的，在客观上实施了由本单位集体决定或者由负责人决定的行为。雀巢公司手册、员工行为规范等证据证实，雀巢公司禁止员工从事侵犯公民个人信息的违法犯罪行为，各上诉人违反公司管理规定，为提升个人业绩而实施的犯罪为个人行为。”①

从上述案例可以看出，即便在没有确立企业严格责任的情况下，我国刑法也存在着合规出罪的制度空间。假如企业在员工或管理人员发生犯罪行为之后，向司法机关证明自身建立了合规管理体系，证明自己对员工或管理人员尽到了合规管理责任，对合规风险尽到了注意义务和防范义务，对违规行为进行了及时识别和监控，在违规事件发生后有一套积极配合、有效补救和认真整改的应对机制，那么，司法机关就可以据此认定，该员工或管理人员的行为不符合企业的合规政策，违背了企业的规章制度，脱离了企业的合规流程，与企业的意志相悖，纯属其个人行为。这样，合规管理体系的建立和实施，就可以证明企业不存在主观上的故意或者过失，因此对员工行为不承担刑事责任。

3. 刑事合规出罪的制度构建

刑事合规作为一种新型企业犯罪治理模式在可预见的未来将继续发挥重要作用。通过对刑事合规出罪事由的总结，会发现仅将刑事合规看作一种量刑上的激励远远不够，刑事合规对企业出入罪的影响在整个犯罪论体系上都有体现。

为了弥补刑事合规出罪事由规定上的缺憾，现有可行方案可以参照未成年人附条件不起诉制度。我国目前的附条件不起诉制度只适用于可能判处一年有期徒刑以下刑罚的未成年人，范围过于狭窄。因此可以将一些企业合规也纳入附条件不起诉的适用范围，例如在审查起诉阶段企业认罪，且已经建立合规计划的，就可以对其附条件不起诉。对已经建立合规计划但合规计划不完善的企业，要求缴纳特定罚款，并在三年考验期内重建合规计划，其间检察机关派驻合规监督员督促建立合规计划，并定期报告进展。考验期满后经过审查已经建立符合标准的有效合规计划的，随即作出不起诉决定。而企业认罪，但没有建立合规计划的，可以对其适用认罪认罚从宽制度，在定罪的基础上责令其重建合规计划。在这些强力激励机制

① 兰州市中级人民法院（2017）甘01刑终89号刑事裁定书。

的刺激和推动下，企业才会真正重视合规计划的建立。[①]

而长久之策在于修改刑法立法，将企业合规明确规定为出罪事由，并具体规定适用主体、适用行为和危害后果等方面。其一，在适用主体方面，刑事合规出罪适用应关注国有企业或者大中型企业，合规治理效果更好，且有助于事先预防企业犯罪，提前规避企业面临的法律风险。对于小微企业而言这种高昂的公司管理成本会加重其负担。其二，在犯罪类型方面，刑事合规出罪应主要围绕轻罪进行。如果涉罪企业犯的是重罪，即使企业完成合规建设，也应当承担相应的刑事责任，可以酌情减轻或者从轻处罚，但不可免除其刑事责任。其三，在企业违法犯罪行为所造成的危害后果方面，刑事合规出罪应要求企业在危害后果发生后积极采取有效措施防止减少危害后果的进一步发生或扩大。只有刑法立法明确规定，方能真正适用实体出罪。因此，应尽快对刑法中的单位犯罪条款进行修改，将刑法的规定与责任原则结合起来，使刑事合规作为出罪建设的一部分，作为判断企业刑事责任的依据。因而，笔者认为，及时修改刑事立法方为长久之策，这既是坚守罪刑法定原则底线的客观要求，同时也可以最大限度上消除司法机关适用实体出罪的顾虑，还可以激励企业积极进行合规建设，防患于未然的合规建设显然优于事后积极合规的补救措施。

五 结语

在社会主义市场经济背景下，建立在传统刑法“报应论”基础上的企业犯罪治理模式显然不再符合社会治理模式优化转型的新要求，极易忽视市场经济最重要主体之一的企业的内部治理问题。但这一问题又是事关企业犯罪理论特殊性和实践复杂性的关键问题，不能“轻描淡写”，更不能“视而不见”。如何通过法制调整和司法革新的方式实现刑事法律“自我克制”的目标，寻求涉罪企业“出罪化”治理的最大可能，具有相当大的研究价值。

---

① 陈瑞华：《企业合规的基本问题》，《中国法律评论》2020 年第 1 期。

以“出罪化”治理为内在动力的刑事合规是一个较为复杂的问题，既有交叉学科的内容，又有实体法与程序法的衔接问题，还有思辨性较强的前沿理论问题。刑事合规和企业附条件起诉都是作为“舶来品”在中国开启了“试运行”模式的，必然引出一系列制度、体制和习惯上能否兼容及如何兼容的深层次问题，需要我们从“刑事一体”的角度对这些问题作出更多的思考和回应。例如，附条件不起诉的试点改革在适用主体、案件范围、考察期限等方面受到现行法的限制，立法应适时适当予以回应。

在保护民营企业，营造良好营商环境的背景下，司法机关可能最希望为刑事合规寻找相应的法律依据，也即与其一味批判立法，不如在解释学上弥合现有法律的缺憾，当前，司法机关仍应坚守罪刑法定的底线，不应逾越法律规定对企业定罪量刑。无论如何，刑事合规不失为现阶段惩治和预防企业犯罪的重要方案，需要促进和鼓励我国才刚刚起步的企业刑事合规建设。长久之策是及时修改刑事立法，将合规纳入刑法规范，方能真正落实企业刑事合规改革，为企业在法治轨道上健康有序运行保驾护航。

（刘霜，天津大学法学院教授，博士生导师；张尊仆，天津大学法学院博士研究生。）

论网络爬虫的刑事合规

孙 禹

一 问题的提出——刑法应如何对待网络爬虫技术?

网络爬虫本质上是可以自动执行的计算机程序，其主要功能是自动、持续地向服务器请求数据。本文所指的网络爬虫限于狭义上的数据爬取，即利用计算机程序采集网络中的公开数据。就纯粹的网络爬虫技术而言，很难评价是一种恶意的技术，抑或是具有积极的作用，其在不同的应用情景中所体现的倾向有所不同。但当前的刑事规制过于注重网络爬虫的违法性侧面，且在处罚上存在扩大的情形，不利于网络爬虫技术应用与发展。近几年的经典案例几乎给网络爬虫打上了“犯罪嫌疑人”的烙印，使其难以走出“刑事规制”阴影。作为2019年度人民法院十大刑事案件之一的“爬虫入刑”案——上海晟品网络科技有限公司非法获取计算机信息系统数据案，将突破反爬虫措施强行爬取公开数据的行为认定为犯罪，该案判决认定数据爬取违法性的依据是“在数据抓取的过程中使用伪造device_ id绕过服务器的身份校验，使用伪造UA及IP绕过服务器的访问频率限制”①。而如果以这一标准来判断网络爬虫的刑事责任，那么多数网络爬虫技术的使用者都会面临刑事追诉的风险。对于网络爬虫技术，刑法的关注点不应仅停留在单纯的是否承担刑事责任问题上，而是需要在充分考虑技

① 北京市海淀区人民法院（2017）京0108刑初2384号刑事判决书。

术行为复杂性、刑法规范局限性的基础上，适当地引导刑法功能实现从偏重惩罚到惩罚与规制并重，尽可能地释放技术行为的活力与创造力。

二　网络爬虫规制的新思路——刑事合规理念的引入

就技术行为的处罚限制而言，目前主要存在三种方案：（1）从中立的帮助行为角度出发，限制特定技术行为的处罚边界①；（2）针对技术行为设立保护规则，对于符合特定条件的技术行为排除其可罚性②；（3）围绕技术行为设立合规规则，在确保技术行为合规的同时限制对其的处罚③。从中立的帮助行为这一概念出发，确实在理论层面发展出限制处罚的方案，但在司法实践中很难通过理论上的解释达到出罪的效果。相比之下，针对技术行为的保护规则能够更好地发挥限制刑事责任的作用，因为其实质是就有效力的法律规范。但从兼顾保护与规制的考量来看，目前政策的重心更多倾向于设立合规规则。如德国于2017年出台的《网络执行法》，其在现有的法律体系内嵌入了全新的网络平台合规规则，设立了刑法规制之前的缓冲地带，既可以督促网络平台履行其义务，又可以适度限制刑事处罚。故针对网络爬虫的技术特点引入合规规则是较为理想的方案，这样既可以对符合要求的技术行为予以保护，又可以借用刑法的影响力来督促数据爬取行为的合法开展。

（一）刑事合规的基本理念

尽管刑事合规是当前理论研究的重点且学界对于引入刑事合规的呼声较高，但刑事合规还是一个较为模糊的概念，不同学者对于刑事合规有着不同的理解。合规这一概念早期被引入时，学者更多聚焦于通过量刑激励

---

① 陈洪兵：《论中立帮助行为的处罚边界》，《中国法学》2017年第1期。

② 孙禹：《论网络服务提供者的保护规则——以刑事责任的限制为视角》，《北方法学》2019年第2期。

③ 孙禹：《论网络服务提供者的合规规则——以德国〈网络执行法〉为借鉴》，《政治与法律》2018年第11期。

来实现企业的自我管理。[1] 随着相关研究的进一步展开，合规概念的范畴也在不断被拓宽，刑事合规的具体应用也从实体法上的量刑激励扩展为实体法与程序法中的多种运作模式。[2] 从较为广义的视角来看，可以认为“刑事合规包含所有客观上事前必要的或者事后被刑法认可的规范性、制度性以及技术性的属于某一组织的措施，这些措施的相对人既可以是组织的成员、商业合作者，也可以是国家或者社会大众。这些措施的目的是：（1）降低组织或者组织成员实施的与组织有关且违反国内或国外法的经济犯罪行为的风险或者是相应的犯罪嫌疑的风险；或者是（2）与刑事执法机构达成一致而对刑事处罚产生积极影响，并最终借此以提供企业的价值”[3]。

根据刑事合规的基本理念，其外延还可以进一步扩大。一方面，刑事合规所追求的不应仅是对于经济犯罪的预防，还应该涵盖环境犯罪、涉税犯罪、网络犯罪等领域，因为就刑事合规所蕴含的理念而言，并不存在其他领域上的适用障碍；另一方面，刑事合规也不必过分强调企业的主体地位，在针对特定领域设立合规计划时，也可以聚焦于该领域的行为准则与行业特点，如以特定领域为切入点，针对领域所特有的刑事风险而建立专门性合规管理体系，即专项合规计划。

（二）网络爬虫的专项合规

近年来，网络爬虫技术已经成为互联网企业采集数据的主要方法，但由于缺乏明确的规范性指导，实践中确存在滥用网络爬虫技术的情形，如不顾服务器负荷能力肆意爬取数据、爬取网络中的个人敏感信息等。然而，刑法在介入规制时没有充分考虑爬虫技术本身的特性，司法判例所确定的标准会导致对爬虫技术的过度处罚和压制。在这种情况下，有必要通过设立数据爬取的专项合规规则，在规范数据采集活动的同时避免刑法的过度干涉。

---

① 李本灿：《企业犯罪预防制度中的合规技术借鉴》，《中国法学》2015 年第 5 期。

② 林静：《刑事合规的模式及合规计划之证明》，《法学家》2021 年第 3 期。

③ ［德］托马斯·罗什：《合规与刑法：问题、内涵与展望》，李本灿译，《刑法论丛》2016 年第 4 卷。

网络爬虫专项合规的构建需要充分考虑技术行为本身的价值以及相关利益。对于网络爬虫技术而言，专项合规规则能够排除其可罚性的原因在于合规的数据爬取行为本身的正当性，这种正当性不仅体现为技术行为本身的价值，还包括其所涉及的其他利益。例如美国在制定《通讯规范法》时就考察了相关技术的应用情况及相关利益，最终确定了促进交互性服务的持续发展、保持相关自由市场的竞争与活力、鼓励用户控制内容技术的发展以及强化相关刑事执法等政策。①

另外，更为重要的是基于网络爬虫的规制政策明确合规的数据爬取行为方式。具言之，构建合规数据爬取规则需要根据刑法规范的整体情况以及技术原理作出综合判断，即针对数据爬取所涉及的刑事风险，从基本的技术原理中提取具有中立性的技术特征。2000 年欧盟《电子商务指令》对于中立技术行为的界定提供了一个很好的思路，指令第 12 条至第 14 条针对信息服务涉及传播违法信息的风险，规定了具有中立性的信息传输、缓存、储存技术行为。根据指令理由说明的第 42 点，指令以行为的技术性、自动性以及被动性特征为基础，认为在此种情况下技术主体对于传输、储存信息的既不知情也无法控制，并凭此否定其刑事责任。目前就利用网络爬虫技术爬取公开数据的行为而言，可能涉及的刑法罪名包括侵入计算机信息系统罪、非法获取计算机信息系统罪、破坏计算机信息系统数据罪、非法侵犯公民个人信息罪、侵犯著作权罪、侵犯商业秘密罪等。② 从上述罪名的构成要件特征来看，网络爬虫的刑事风险主要集中在获取数据的类型和获取数据的方法两个方面，相关的合规规则可以围绕这两个方面进行构建。

（三）网络爬虫专项合规的切入点

目前，关于技术性风险行为的刑事合规主要存在两种模式。其一，

---

① See 47 U. S. C. 230 § （a）.

② 刘艳红：《网络爬虫行为的刑事规制研究——以侵犯公民个人信息犯罪为视角》，《政治与法律》2019 年第 11 期；林维：《数据爬取行为的刑事司法认定》，《人民检察》2020 年第 4 期；杨志琼：《数据时代网络爬虫的刑法规制》，《比较法研究》2020 年第 4 期；郭玮：《网络数据爬取行为的刑法规制研究——以非法获取计算机信息系统数据罪为视角》，《新疆社会科学》2020 年第 3 期。

在刑法规范中嵌入合规规则，将不履行合规规则作为构成要件内容。例如我国《刑法》第265条之一规定的拒不履行信息网络安全管理义务罪，将“拒不履行信息网络安全管理义务”以及“经责令采取改正措施而拒不改正”作为成立该罪的前提条件。其二，在刑法以外的其他法律规范中直接针对相应的技术行为设立合规规则。如德国《网络执行法》针对运营网络平台的服务提供商设立了合规义务，要求服务提供商在平台架构的基础上设立关于违法内容的投诉通道、处理机制以及公布处置情况的报告等。

相比较上述两种模式，在刑法以外的其他法律规范中构建网络爬虫的合规规则更具有可行性。由于网络爬取涉及的刑事风险较为分散，且针对数据爬取专门设立犯罪的必要性不强，故不宜将合规规则作为构成要件内容设立相应的犯罪。此外，国家互联网信息办公室已于2019年5月就《数据安全管理办法（征求意见稿）》向社会公开征求意见，可以以此为契机设立数据爬取的合规规则。意见稿第16条规定，“网络运营者采取自动化手段访问收集网站数据，不得妨碍网站正常运行；此类行为严重影响网站运行，如自动化访问收集流量超过网站日均流量三分之一，网站要求停止自动化访问收集时，应当停止”。从第16条的规定可以发现，其仅从破坏计算机信息系统风险角度提出了规范性要求，并未充分考虑到其他方面的刑事风险。此外，意见稿第16条所设立的规范并未与刑法相衔接，无法发挥刑事合规的功能。鉴于《数据安全管理办法（征求意见稿）》已经体现出规制网络爬虫的目的，可以对现有规定进行完善并设立相应的刑事合规规则。

三 网络爬虫刑事合规的正当性基础

刑事合规的基础在于合规对象本身存在正当性活动的空间，因此才有必要通过合规规则引导合规对象在合法领域开展活动。有学者建议，在私法领域可以采用权益权衡的方法来判断数据爬取行为的正当性，即从社会福祉最大化的角度来审慎判断，究竟允许数据爬取方损害数据被爬取方，还是接收数据被爬取方损害数据爬取方。[①] 实际上，在刑法领域也能借鉴类似的思路，即在判断违法性时至少考虑行为所涉及的积极利益。对此，需要分析数据爬取行为所具有正当性的基础。

（一）信息自由

在信息网络时代，获取信息的自由是一种宪法意义上的基本权利。信息自由，就是从公共可以访问的信息源（Allgemein Zugänglich Quelle）获取信息的权利。[②] 虽然信息和数据不是同种概念，但从获取信息的角度可以将两者等同。在现行法律规范以及日常用语中，信息和数据这两个概念亦无法很好地区分。因此可以说，获取公开数据的实质就是获取信息，属于宪法意义上的基本权利。

我国《宪法》第35条明确认可了公民言论自由的权利，而信息自由正是从言论自由所衍生出来的权利，言论表达自由从表达者的层面保护通讯流程的自由和自治性，而信息自由则从信息接受者的层面保护通讯流程的自由和自治性。[③] 在网络时代，表达自由与信息自由的联系更加紧密，随着网络平台等交互性网络的快速发展，民众更多地通过网络来表达自己的思想、观点，同时网络也几乎成为民众获取各种信息的主要渠道，信息自由正是在于进一步确保表达自由能够真正的实现。

从技术角度来看，网络爬虫的技术原理与用户正常浏览网络内容所依赖的技术原理并无本质区别，都是通过信息传输基础设施和网络协议，向服务器请求访问数据。网络爬虫的优势在于其充分发挥了计算机的优势，实现数据请求的自动化和高效化。就公开数据的获取而言，如果公民有权利访问网络中的数据，那么在同样的情况下这种权利不应因使用网络爬虫技术而受到影响。2017年美国密歇根大学计算机科学专业的 Christian Sandvig 教授及其学术团队与新闻组织合作，计划使用网络爬虫技术搜集 Google、Facebook、LinkedIn 等公司的数据以进行网络算法歧视方面的研

① 许可：《数据爬取的正当性及其边界》，《中国法学》2021年第2期。

② Vgl. Maunz/Dürig/Grabenwarter GG Art. 5 Abs. 1, Abs. 2 Rn. 996.

③ Vgl. Maunz/Dürig/Grabenwarter GG Art. 5 Abs. 1, Abs. 2 Rn. 1 – 4

究。但Sandvig教授发现由于研究方法与网站的服务条款（Term of Service）相违背，科研工作会暴露在受《计算机欺诈与滥用法》追诉的刑事风险之下。后美国公民民主联盟（ACLU）代表参与研究的人员，援引宪法第一修正案申请对该刑法规范进行合宪性审查。尽管法院并没有讨论《计算机欺诈与滥用法》是否违宪的问题，但法官充分认可了利用网络爬虫采集数据的权利，认为其行为不具有刑事违法性。①

（二）数据经济

全面推动数据经济快速发展已经成为重要国家战略。2020年初以来，新冠肺炎疫情在全球扩散蔓延，冲击全球生产、贸易、跨境投资和金融市场，进一步加剧世界经济衰退的风险，而数据经济成为对抗疫情冲击、重塑经济体系和提升治理能力的重要力量。② 数据经济包含两个基本要素，一是数字技术，如云计算、区块链、人工智能、物联网等；二是数据，特别是大数据。③ 在数据经济的背景下，数据成为劳动力、资本和土地之外的新型生产要素，蕴含着重要的经济价值。然而，并非所有的互联网企业都具备生产数据的能力，特别是一些新兴的小型互联网企业，通常需要依靠成熟网络平台的数据来开展自己的业务，网络爬虫技术则是其采集数据的主要技术手段。

如果说要鼓励数据经济的发展，数据就必须成为可以流通的资源，而数据控制者则必须落实数据开放的基本政策。④ 就数据开放模式而言，目前主要存在两种观点。一是主张企业以及其他社会组织在运营过程中形成的数据，原则上属于该组织可以控制的私人数据，应由数据主体控制数据

---

① See *Sandvig v. Barr*, 451 F. Supp. 3d 73 (D. D. C. 2020).

② 中国网络空间研究院编著：《世界互联网大会蓝皮书——世界互联网发展报告2020》，电子工业出版社2020年版，第118页。

③ 汤潇：《数字经济——影响未来的新技术、新模式、新产业》，人民邮电出版社2021年版，第3页。

④ 高富平：《数据经济的制度基础——数据全面开放利用模式的构想》，《广东社会科学》2019年第5期。

开放的模式（如数据使用者、目的、条件、费用等）。[①] 二是认为对于网络中处于公开状态的非独创性大数据集合，数据控制人享有有限的排他权保护，即他人可以采集这些非独创性的数据，但是未经控制人允许不得向公众传播。[②] 相比较上述两种模式，后者更为恰当。就网络中的公开数据而言，数据的控制者缺乏限制他人采集的权利基础。目前，公开数据的权属难以确定，尽管一些互联网企业在开展业务过程中产生了数据，但无法据此将相关数据认定为为其所有。[③] 如果允许数据的控制者确定数据的开放模式，则仍然无法避免数据垄断的风险，数据自由流通的障碍也没有消除。

（三）技术创新

数据不仅是数据经济的生产要素，也是技术创新的原材料。人类所经历的历次重大技术革命体现了一个共同的规律，即“现有产业 + 新技术 = 新产业”，而目前具有革命性影响的技术就是人工智能，这一技术创新将推动现有产业的转变和新产业的出现。[④] 从技术结构来看，人工智能技术实际上是算法与大数据的结合，算法是人工智能技术的核心，数据是人工智能技术的基础。可以说，人工智能本质上就是一种基于数据驱动的问题解决方案，数据对于人工智能的重要性体现在两个方面：一是人工智能通过数据来感知世界，其所拥有的逻辑也源于数据，没有数据就没有人工智能；二是人工智能处理问题的能力取决于数据的规模，数据的规模越大，人工智能通过训练获得的能力就越强，其所作出的判断就越准确。

由此看来，数据的收集对开发人工智能技术至关重要。自 Web 2.0 交互性网络形成以来，网络中的数据交换快速增长，数据量也大幅度提升。而近年来物联网的发展提供了更多的联网设备，现实世界中“传感器”成

---

① 高富平：《数据经济的制度基础——数据全面开放利用模式的构想》，《广东社会科学》2019 年第 5 期。

② 崔国斌：《大数据有限排他权的基础理论》，《法学研究》2019 年第 5 期。

③ 丁晓东：《数据到底属于谁——从网络爬虫看平台数据权属与数据保护》，《华东政法大学学报》2019 年第 5 期。

④ 吴军：《智能时代——大数据与智能革命重新定义未来》，中信出版社 2018 年版，第 275 页。

为了现实与虚拟世界之间的桥梁，进一步刺激了网络中的数据交换与数据量的增长。用户在网络中留下的踪迹已经成为大数据的重要组成部分，这些踪迹所包含的信息将成为越来越精确分析的主题，而且将成为人工智能的原材料。[①] 而除了直接向用户收集数据或通过传感器采集数据外，利用网络爬虫获取网络中的公开数据资源也是数据收集的重要手段。因此，从发展人工智能技术的角度来看，应尽可能地鼓励网络数据资源的公开和共享、支持利用网络爬虫技术进行数据采集。

四 网络爬虫的刑事风险及合规构建

为了强化网络爬虫的合法性，则需要在此基础上进一步探索数据爬取过程中所涉及的其他利益冲突以及可能的刑事风险，特别是需要明确刑事领域的争议问题，从而为数据爬取行为提供明确的合规指导。目前爬取公开数据所涉及的刑法罪名包括非法侵入计算机信息系统罪、非法获取计算机信息系统数据罪、破坏计算机信息系统罪、侵犯著作权罪、侵犯公民个人信息罪、侵犯商业秘密罪等。具体可以从数据爬取方法和数据爬取类型两个层面进行分析。

（一）数据爬取方法存在的刑事风险及合规

在实践中，由于数据控制者并不愿意共享其所管理的数据，通常会以用户协议（terms of service）、爬虫协议（robots. txt）或设置反爬虫技术措施等方式限制数据爬取。而数据采集者为了能够顺利采集数据，则会在编制爬虫程序时采用反爬虫规避技术。数据采集者为了提高数据采集的效率，也会设置较高的数据爬取速率。在上述情形中存在两种刑事风险：一是违背数据控制者意愿爬取数据被认定为构成计算机犯罪意义上的侵入，进而成立非法侵入计算机信息系统罪或非法获取计算机信息系统数据罪；二是因暴力爬取行为导致被访问的服务器负荷过高，严重影响服务器的正

① ［法］费尔南多·伊弗雷特：《人工智能和大数据——新智能的诞生》，吴常玉译，清华大学出版社2020年版，第16页。

常运行，因而成立破坏计算机信息系统数据罪。

就构成“侵入”的刑事风险而言，其主要原因在于刑法规范的模糊性。我国《刑法》第285条规定了以“侵入”为核心特征的计算机犯罪，但该条款关于侵入的规定十分简单，且相关司法解释也没有进一步明确侵入的含义。对此需要说明的是，突破反爬虫措施爬取公开数据并不构成刑法意义上的侵入。尽管侵入的行为类型并不清晰，但侵入类犯罪立法所保护的法益是计算机信息系统数据的机密性，因此侵入行为所针对的对象必然是处于机密状态的数据。显然，公开数据并不涉及侵入的问题。有学者指出，网络中可以访问的公开内容本质上属于信息，而信息公开并不意味着数据公开，数据具有区别于信息的独立价值。即便信息处于公开状态，并不意味着数据失去了机密性，也不意味着有权通过网络爬虫获取数据。[①] 实际上，很难对数据和信息进行彻底的分割。从技术层面来看，当浏览某一网络信息时，首先需要向服务器发送请求，而服务器则会返回与请求内容相对应的数据，浏览公开信息并非是直接获取公开信息，而是在获取数据后从中提取出了信息。由此可见，数据公开和信息公开具有一致性，如果说网络中存在公开信息，那这些公开信息必然是基于数据的公开。所谓的数据机密性，并不是指数据不为其他不应获得者获得，而是处于机密状态的数据不被他人知晓。[②] 因此，有必要通过合规规则明确，无论是否存在反爬虫措施、用户协议或者爬虫协议，利用网络爬虫爬取公开数据并不涉及侵入的问题。

就网络爬虫构成破坏计算机信息系统罪的刑事风险而言，主要原因在于网络爬虫过于追求数据采取的效率，而忽略了对服务器所产生的负面影响，故需通过合规规则进一步规范数据采集的方式，以避免相关的刑事风险。Imperva.com发布的《不良机器人报告2021》（Bad Bot Report 2021）指出，2020年中网络爬虫的流量占到所有网络流量的40.8%，占用了大量的网络带宽和服务器资源。如果网络爬虫爬取数据的频率过快，会给服务

---

① 游涛、计莉卉：《使用网络爬虫获取数据行为的刑事责任认定——以“晟品公司”非法获取计算机信息系统数据罪为视角》，《法律适用》2019年第10期。

② 郭旨龙：《非法获取计算机信息系统数据罪的规范结构与罪名功能——基于案例与比较法的反思》，《政治与法律》2021年第1期。

器带来较大的压力，产生等同于 DDoS（Distributed Denial of Service，分布式拒绝服务）攻击的效果。对于网络爬虫暴力爬取数据而导致服务器宕机的情况，完全符合我国《刑法》第 286 条关于破坏计算机信息系统罪的规定，对此并无争议。目前，已有法院针对暴力爬取数据的行为以破坏计算机信息系统罪进行处罚。[①] 但是笔者在检索相关案例时发现，尽管网络爬虫应用较为广泛，但因暴力爬取数据受到处罚的案例非常少。其原因可能在于网站服务器无法运行的结果通常并非源于单方的数据爬取行为，而是由于多方的数据爬取行为共同给网站带来过高负荷，但不同的数据爬取方之间缺乏共同的犯罪故意，而难以认定成立犯罪。对此，有必要通过以下方式规范数据爬取，以避免对目标服务器产生影响：（1）根据网站的承受能力、访问情况来限制数据爬取的速率，或者将爬取速率控制在最低范围，例如每秒 10—15 次；（2）控制数据爬取的时间段，在网站访问的非高峰期实施爬取数据；（3）编写网络爬虫时提供可识别的信息，以便网络运营者因数据爬取遭受影响时联系数据爬取方，要求其调整爬取的速率、时间或者停止爬取行为。

（二）数据爬取类型存在的刑事风险及合规

由于部分公开数据所包含内容受到了刑法的保护，如公民个人信息和著作权内容等，因此即便网络爬虫爬取的相关内容处于公开状况，仍然可能存在刑事风险。此外，还有学者指出，“对于所爬取的数据如具有记录相关技术成果、商业情报信息、客户信息以及相关的管理方法等信息，则宜采取商业秘密的保护模式，爬取相关类型数据的，若是严重侵犯了商业秘密的保护法益，则应当以侵犯商业秘密罪定罪”[②]。而笔者以为，对于爬取公开数据的网络爬虫而言，并不涉及侵犯商业秘密罪的风险。《刑法》第 219 条第 3 款在定义商业秘密时强调了其秘密性特征——“本条所称商

---

① 行为人利用网络爬虫以每秒 183 次的速率向深圳市居住证网站请求数据，导致深圳市居住证系统在数据爬取时间段无法正常运行。广东省深圳市南山区人民法院（2019）粤 0305 刑初 193 号刑事一审判决书。

② 于冲、王辰：《恶意爬取数据行为的刑法评价思路与边界》，《铁道警官学院学报》2020 年第 6 期。

业秘密，是指不为公众所知悉，能为权利人带来经济利益，具有实用性并经权利人采取保密措施的技术信息和经营信息”。网络中的公开数据面对公众开放，数据所包含的内容可以被任何人获取，并不符合商业秘密“不为公众所知悉”的特征，因此也不会构成侵犯商业秘密罪。

公民的个人信息不同于商业秘密，即便处于公开状态也并不意味着失去了保护的必要性，但从刑法的现行规定来看，利用网络爬虫爬取公开个人信息行为的可罚性并不清晰。《刑法》第253条之一（非法侵犯公民个人信息罪）第3款规定，“窃取或者以其他方法非法获取公民个人信息的，依照第一款的规定处罚”。那么，利用网络爬虫采集网络中公开的个人信息是否属于以其他方法非法获取公民个人信息呢？“两高”《关于办理侵犯公民个人信息刑事案件适用法律若干问题的解释》第4条指出，“违反国家有关规定，通过购买、收受、交换等方式获取公民个人信息，或者在履行职责、提供服务过程中收集公民个人信息的，属于刑法第253条之一第3款规定的‘以其他非法方法获取公民个人信息’”。根据这一规定，获取公民个人信息手段的非法性主要是来源于所获取的个人信息处于非公开状态。《个人信息保护法》肯定了对于公开个人信息的处理权利，其第13条第6款明确指出个人处理者可以依照《个人信息保护法》规定在合理的范围内处理个人自行公开或者其他已经合法公开的个人信息。如果说处理公开个人信息的行为已经被接受，那么同等情况下的信息收集行为也不应具有违法性。对此有学者也指出，仅单纯获取或者爬取、持有已经公开公民个人信息的行为不宜被认定为犯罪——“由于行为人还没有将该信息予以批量出售、提供，很难判断他人后来对于该信息的使用目的是否与个人公开其信息时相同，也无法确定信息的用途是否被改变，难以得出行为人侵害被害人法益处分自由的唯一结论”[①]。因此，目前对于爬取公开个人信息的行为不宜适用非法侵犯公民个人信息罪。

爬取公开个人信息的行为虽然不构成非法侵犯公民个人信息罪，但这一行为实际上已经对该罪所保护的法益产生了威胁——“个人信息被不正

---

① 周光权：《侵犯公民个人信息罪的行为对象》，《清华法学》2021年第3期。

当收集、采集的权利，不被不正当扩散的权利，以及不被滥用的权利”[①]。面对这种情况，合规规则的构建既要保障相关的爬取行为不会轻易受到刑法的处罚，也要尽可能地限制对个人信息的爬取。基于平衡犯罪预防与数据共享之间的考虑，可以从以下角度构建合规规则：（1）出于犯罪预防的目的，原则上禁止利用网络爬虫采集公开的个人信息，但为避免过度干涉数据共享与数据流通而将禁止采集的个人信息进一步限定为敏感个人信息；（2）将出于正当目的（如进一步提升服务体验、从事科研项目、开发新技术等）采集网络公开个人信息的行为作为禁止的例外；（3）数据采集者接到信息权利人关于停止采集个人信息通知的，应立即停止采集行为并删除已采集到的数据。

另外，在司法实践中确有网络爬虫技术涉及侵犯著作权犯罪的情形，但适用该罪名主要针对的是爬取后的使用行为，而非爬取行为。[②] 如果仅针对爬取网络中受著作权保护内容的行为，其可罚性尚存在争议，至少目前没有发现对仅爬取著作权保护内容的行为进行处罚的案例。具体来看，在涉及爬虫的案件中，司法机关是基于“数据爬取”＋“技术利用”的组合技术来认定侵犯著作权罪构成要件中的“复制发行”，但就单独的数据爬取行为而言，仍然属于获取网络公开数据的行为，其违法性难以判断。[③]

也有学者指出，网络爬虫爬取数据的行为可以理解为对数据的复制，根据《关于办理侵犯知识产权刑事案件具体应用法律若干问题的解释（二）》第2条的规定，侵犯著作权罪中的“复制发行”包括复制、发行或者既复制又发行的行为，因此只利用网络爬虫爬取数据也可能触及侵犯著作权罪。[④] 但将网络中的数据爬取评价为侵犯著作权罪中的复制行为并不准确。侵犯著作权罪中的复制行为主要是作品实体数量的增加，虚拟空间

---

① 张明楷：《刑法学》（第六版），法律出版社2021年版，第1199页。

② 笔者通过检索发现，目前涉及网络爬虫技术的侵犯著作权案的主要事实都是爬取内容后又以储存或链接等方式提供给他人浏览。上海市杨浦区人民法院（2018）沪0110刑初50号刑事判决书；北京市海淀区人民法院（2013）海刑初字第2725号刑事判决书；汉中市勉县人民法院（2020）陕0725刑初19号刑事判决书；上海市徐汇区人民法院（2017）沪0104刑初25号刑事判决书。

③ 苏青：《网络爬虫的演变及其合法性限定》，《比较法研究》2021年第3期。

④ 陈小彪、储虎：《论网络爬虫行为的刑法应对》，《河南警察学院学报》2020年第5期。

中的数据爬取并不在其评价范围之内。根据2004年两高《关于办理侵犯知识产权刑事案件具体应用法律若干问题的解释》第5条第2项的规定，复制他人作品数量合计在1000张（份）以上才具有可罚性。从这一司法解释的规定来看，之所以会对单独的复制行为进行处罚，是考虑到物理空间中复制行为与发行行为联系的紧密性——通常大量复制他人作品就是为了发行，复制行为的指向性非常明确。而对于网络中的数据爬取而言，其更多是一种从无到有的获得行为，而不是作品实体数量增多的复制行为（如果将爬取的数据拷贝到多份光盘中，则属于复制）。因此，网络中数据获取行为并不同于侵犯著作权罪意义上的“复制”，其与发行行为的联系较弱，行为人在爬取数据后仍可以将数据用于很多发行以外的其他合法用途。在《刑法修正案（十一）》出台后，侵犯著作权罪的构成要件行为类型得到了完善，构成要件中侵犯著作权的行为方式从原来的“复制发行”变为“复制发行、通过信息网络向公众传播”。这一变化表明，刑法条文针对物理空间和网络空间分别规定了不同的侵犯著作权行为方式，网络空间中的判断标准应为是否“利用信息网络向公众传播”，而非是否实施了“复制发行”行为。据此可以认为，单纯爬取网络中著作权内容而没有进一步利用信息网络进行传播的，并不构成侵犯著作权罪。

需要注意的是，《刑法修正案（十一）》增设了一种特殊的侵犯著作权行为方式，即“未经著作权人或者与著作权有关的权利人许可，故意避开或者破坏权利人为其作品、录音录像制品等采取的保护著作权或者与著作权有关权利的技术措施的”。如果网络爬虫在爬取公开数据时避开或者破坏了保护著作权的技术措施，则依然可能因违反前置性保护要求而构成侵犯著作权罪。例如针对流媒体内容的“在线接触控制（online access control）”，这类技术措施所产生的效果是确保特定网络作品能够被在线浏览、欣赏，但却不能够下载、复制。[①] 因此，网络爬虫构成侵犯著作权罪的风险主要在于爬取数据时是否突破了限制浏览和欣赏作品的技术措施。针对网络爬虫涉及侵犯著作权罪的风险，合规规则的构建应顾及以下两个方

① See Ian. R. Kerr, Alana Maurushat & Christen S. Tacit, “Technical Protection Measures: Tilting at Copyright’s Windmill”, 34 *OTTAWA L. Rev.* 7, 16 (2002).

面：(1) 通常情况下爬取包含著作权保护内容的数据不应该受到限制，纯粹的数据爬取行为并不构成侵犯著作权罪意义上的“复制发行”；(2) 当网站管理者基于著作权保护的目的针对相关内容设置技术措施时，不应突破技术措施的限制爬取相关内容。

五　结语

网络爬虫技术是一把“双刃剑”，其既可以被用于违法犯罪活动，也可以被用于有益社会的建设性活动。晚近以来，刑法的观念开始向功能主义转变，更加积极参与社会治理并重视犯罪预防。因此，面对网络爬虫问题，刑法不应再局限于只强调处罚犯罪的传统思路，而更应该注重对网络爬虫技术的积极引导以及对合法技术适用的保护，以提供一个兼顾网络安全与技术发展的互联网环境。为实现这一目标，有必要针对网络爬虫这一具体问题落实刑事合规的理念，构建专项合规规则。从网络爬虫技术的基本原理及其所蕴含的利益来看，出于正当数据采集目的利用网络爬虫技术的行为应受到支持和保护。现行刑法规范在确定处罚对象的同时也设定了刑事违法的边界，因而可以根据刑法的规定推导出合规的行为模式，这样既可以进一步明确刑法规范的含义，避免处罚的扩大化，又可以更好地实现刑法的预防目的，引导从业者合法利用网络爬虫技术。通过分析网络爬虫技术包含的积极利益以及相关刑法规定，笔者建议当爬取公开数据的网络爬虫满足下列条件时，其适用应受到保护：(1) 没有对目标服务器的正常运行产生影响，或者网络爬虫虽然对服务器产生了影响，但该网络爬虫在设计时已经采取了较低数据抓取频率、错峰数据抓取等避免措施且在收到爬取对象通知后立即停止爬取行为；(2) 没有爬取公民个人敏感信息，或虽然爬取了公民个人敏感信息但出于提升网络服务效果、科学研究等正当性目的，且在收到信息对象或者信息管理者通知后立即删除相关个人信息；(3) 未突破基于著作权保护而设置的技术措施爬取相关数据。

（作者为中国社会科学院法学研究所助理研究员、博士后研究人员。本文原载于《法学杂志》2022 年第 1 期，收入本书时略有删改。）

刑事合规视域下单位犯罪刑事治理的检视与完善

邹玉祥

近年来，为了有效打击和预防单位犯罪，舶来于国外的刑事合规理念在我国学界掀起了研究热潮。尽管我国单位合规管理实践已经取得了一定的成绩，但是鲜有学者将刑事合规制度与单位犯罪的刑事责任理论以及诉讼制度结合起来。在笔者看来，刑事合规的引介与推行，必然要触及我国单位犯罪的成立条件、责任内涵与程序规则，否则无异于纸上谈兵。因此，本文无意对刑事合规的基本概念、发展渊源等再进行系统性的介绍，而是以总结单位犯罪刑事治理过程中出现的问题为基点，深刻反思单位犯罪理论研究的特点与不足，在此基础上重点分析刑事合规制度的借鉴意义以及在刑事合规视域下的单位犯罪成立条件和刑事责任基础，梳理并完善单位犯罪责任理论和诉讼制度，为我国进一步引进刑事合规制度，充分发挥其预防和打击单位犯罪的作用创造条件。

一　我国单位犯罪刑事治理的现状检视

单位犯罪制度自1997年被正式写入刑法典以来，已经走过了二十多年的历史。学界对单位犯罪制度的讨论，由最初的单位刑事责任主体资格之争，逐渐过渡到对单位犯罪责任主体的关系及责任分配之争，单位犯罪制度从无到有，从简到繁，不仅体现了社会经济的发展背景，更体现了立法者的政策选择。单位犯罪制度设立之初，就是为了顺应打击企业事业单位实施犯罪行为的现实需求，通过惩罚单位犯罪行为来维护市场经济秩序，预防相关责任人以单位组织体的形式再次实施犯罪行为。[①] 曾有学者一针见血地指出，单位犯罪制度本身就是立法回应社会的仓促之举，缺少理论研究的深度。[②] 的确，我国刑法体系是以个人为中心展开研究的，增设处罚单位组织体的规定，不仅突破了只有自然人才能成为责任主体的限制，也为单位组织体的行为认定带来了不小的困惑，于是就产生了“整体责任论”“复合主体论”和“人格化社会系统责任论”等观点争鸣，掀起了理论研究的阵阵浪潮并延续至今。在笔者看来，单位犯罪制度既然是立法者的政策选择，就有必要先对其进行合目的性检验，分析单位犯罪制度是否能够起到约束单位组织体的经营行为，预防和制止单位实施犯罪的作用。通过笔者的观察，本文认为在单位犯罪刑事治理过程中主要存在如下问题，单位犯罪制度正与其立法目的渐行渐远。

（一）刑罚处罚的威慑力不足

针对单位组织体本身的刑罚种类过于单一且缺乏明确的执行标准。我国刑法典对单位犯罪的处罚方式可以分为三种：对单位的罚金刑、对责任人的罚金刑和对责任人的自由刑。罚金刑在我国刑罚体系中属于附加刑，对单位仅适用单处罚金，未规定其他刑罚或者相关的保安处分措施，这与单位犯罪的复杂性和严重性极不适应。[③] 在多以营利性为主要目的的单位犯罪中，罚金可能被当作税金或者机会成本。[④] 处罚单位的目的在于对单位经营活动或决策过程产生影响，加强单位对其内部成员的行为约束。如此看来，罚金刑的威慑力甚至不及责令停业整顿或吊销营业执照等行政处罚方式。不仅如此，刑法中还存在大量仅处罚责任人之规定，比如第 396 条私分国有资产罪规定，以单位名义将国有资产私分给个人的，仅处罚直接负责的主管人员和其他直接责任人员，并不涉及对单位的否定性评价。即使在双罚制中，除骗购外汇罪和逃税罪之外，对单位的罚

---

① 林荫茂：《单位犯罪理念与实践的冲突》，《政治与法律》2006 年第 2 期。

② 赵秉志：《外向刑法问题》，北京大学出版社 2010 年版，第 40 页。

③ 吴鹏、苏晓伟：《关于完善单位犯罪刑罚制度》，《人民法院报》2003 年 3 月 3 日。

④ 张明楷：《刑法学》（第五版），法律出版社 2016 年版，第 535 页。

金均未规定明确的数额或计算方法，“对单位判处罚金”之规定缺少具体的执行标准，导致在实践中司法裁判的结果缺乏统一性和明确性。在罚金刑本身威慑力有限的情况下，明确性的缺失将进一步减损对单位的犯罪预防效果。

针对单位直接负责的主管人员或其他直接责任人的处罚明显轻缓。在立法层面，个别罪名存在“以单位罚金刑替代责任人罚金刑的立法漏洞，造成个人利用单位名义逃脱罪责”的问题。在司法层面，由于司法解释将单位犯罪的追诉标准以自然人犯罪为基础提高了三到五倍，因此直接导致在特定情况中，个人在单位犯罪制度的保护下被免于追究刑事责任。此外，在实践中单位责任人被判处缓刑的比率较高，主要受到非剥夺自由的刑罚或者短期刑，被判处的罚金与犯罪金额不成比例，整体上呈现出显著轻缓的样态。① 披上单位的外衣，单位成员就能享受到不同于个人的特殊待遇。在此背景下，单位犯罪制度往往会成为单位成员的辩护思路，成为从轻或减轻处罚的重要事由，无法发挥其威慑及预防作用。

（二）刑法评价的重心偏离

对单位犯罪的认定不当忽视了单位自身的主体性。单位作为犯罪主体，被赋予和自然人等价的主体地位本身就是评价出来的结果。② 单位既然被刑法评价为独立的犯罪主体，理应从其自身的组织性特征等方面寻找犯罪成立与否的事实依据。现代单位往往具有一套经过长期经营积累下来的共享的价值观念和行为模式，这是现代单位独立人格的集中体现，也影响着单位内部的每一位成员。实践中单位犯罪的发生并不仅是单位内部自然人的某个决定引起的，更多的是由于单位管理体制和监督机制有缺陷导致的。然而，既有的单位刑事责任却是以单位成员为核心，通过将成员个人责任转嫁给单位的方式来实现对单位的归责。在责任认定的过程中，仅注重对某个单位成员的主观心理和客观行为进行评价，一旦其犯罪行为符合“为单位利益”“以单位名义”等条件，单位组织体就要为此承担责任，

---

① 文姬：《单位犯罪中罚金刑罪刑均衡立法实证研究》，《中国刑事法杂志》2018 年第 1 期。

② 杜磊：《评价性事实在刑事责任赋予中的意涵》，博士学位论文，吉林大学，2017 年。

不管其是否具有组织管理缺陷，是否采取了预防此类犯罪行为的监督管理措施。换句话说，单位刑事责任的认定仅以自然人的特定意志和行为为中介，不考虑单位组织体的管理机制和经营理念在犯罪发生和预防中的作用，忽视了单位的独立人格。

在单位组织结构越加庞大，单位业务活动越加复杂的今天，某个犯罪行为背后往往是由许多与结果间接相关的他人行为构成的，最终的单位犯罪行为其实是经过该成员与单位组织体的沟通与互动形成的集合体。忽视行为的组织体性，直接将成员行为在规范层面上升为单位行为是对客观事实的违背，也必然会在单位和单位成员这两个主体之间造成转换上的混乱。对单位犯罪的评价如果不触及单位组织体的核心，将无法取得犯罪预防的效果，因为组织结构上的缺陷并不会因某个成员的被审判而消失，[①] 其他人在相同的组织体中同样会面临相似的刑事风险。对单位的刑罚既不能改变单位的组织管理缺陷和经营理念，又无法为抑制单位成员实施犯罪行为提供制度支持，这使得单位犯罪在实践中不断异化，偏离了制度设立的目的和初衷。[②]

（三）刑事干预的非理性化

《2017 中国企业家刑事风险分析报告》指出，破坏社会主义市场经济秩序罪已经连续两年成为企业家触犯最多的罪种，在市场经济秩序领域呈现出一种“泛刑法化”的治理现状。[③] 在司法实践中，民事违法、经济违法与刑事犯罪的界限模糊，公安机关容易将前者作为刑事案件进行立案，司法机关迫于某种形势或压力，将本可以通过民事手段解决的经济纠纷当作刑事案件处理，不当限制了市场主体的自由与活力，压缩了其他社会治理方式发挥作用的空间，也对深化市场经济改革起到了负面作用。[④] 以非

---

① 周振杰：《企业刑事责任二元模式研究》，《环球法律评论》2015 年第 6 期。

② 王志远：《单位犯罪规制：由“统一”转向“分离”》，《检察日报》2018 年 8 月 8 日第 003 版。

③ 北京师范大学中国企业家犯罪预防研究中心课题组、张远煌：《2017 中国企业家刑事风险分析报告》，《河南警察学院学报》2018 年第 4 期。

④ 张远煌：《治理语境下刑法对市场经济秩序的非理性规制及其克服——以企业家犯罪实证考察为视角》，《山东大学学报》（哲学社会科学版）2015 年第 5 期。

法吸收公众存款罪为例，大量的中小企业由于融资困难，在未经批准的情况下向社会公开融资并承诺一定的收益，一旦经营不善导致亏损并引发群体性事件，就难免被以非法吸收公众存款罪定罪处罚。在处理此类案件的过程中，借款是否用于生产经营、出资人是否能够接受合理风险等因素仅能成为量刑情节，也就是说即使双方都是基于真实的意思表示，且所融资金全部用于正常的生产经营，只要出现资金链断裂导致出资人大量上访的情形，借款企业就难逃被刑事处罚的命运。再如，公司之间通过公司并购的方式取得对被收购公司的实际控制权，进而取得被收购公司曾经合法取得的土地使用权项目，这是房地产市场比较常见的现象。如果此类交易产生纠纷，按照常理争议焦点将主要围绕并购协议是否有效等民事法律问题展开，然而实践中个别地区却存在以非法倒卖土地使用权罪来介入此类经济纠纷的现象。刑事手段的过度入侵破坏了良好的营商环境，降低了企业家人身和财产安全的合理预期。

此外，在刑事诉讼过程中侦查手段的不当运用，同样会造成严重的外部负效应。有学者通过对刑事案件涉案财物处置状况进行实证调研后发现，实践中为了避免犯罪嫌疑人逃避责任、转移资产，大部分侦查人员会选择查封、扣押犯罪嫌疑人的所有财产，若有足够证据证明财产属于合法财产再予以解除，其直接后果就是企业难以存续。在辽宁孙长松案中，孙长松因涉嫌合同诈骗罪被拘捕，在对孙采取强制措施的同时，侦查机关查封了由孙仅占股10%的中外合资企业，导致该企业无法正常经营，50多万平方米的游乐园项目变成了烂尾楼，20多亿财物以接近零价值被司法拍卖。[①] 此外，实践中由于缺少对审前涉案财物处置的审查监督，加之案款提留制度的影响，即使侦查人员发现被查封之财物与案件无关也很少会主动解除，更有甚者会在罪与非罪不明、终审裁决未定的情况下提前处置涉案财物，最终导致涉案财物无法回转和返还。[②] 因此有论者指出，在某种程度上并不是犯罪，而是治理犯罪的过程所引

① 李远方：辽宁孙长松案获评“2016年度十大无罪辩护经典案例”，http：//news. zgswcn. com/2017/0216/763102. shtml，访问时间：2019年5月29日。

② 柯明：《刑事诉讼视野下民营企业家犯罪涉案财物的处置》，《河北法学》2017年第12期。

发的不当措施摧毁了企业。[①]

二 单位犯罪责任理论的回顾与反思

上述问题的产生，与我国单位犯罪治理研究中存在的矛盾与偏差不无关系。目前对单位犯罪的理论研究虽然成果丰富，但无论是实体理论研究还是程序规则设计均存在一定的缺陷，导致单位犯罪的理论研究与司法实践存在一定程度的脱节。因此，及时对单位犯罪理论进行梳理和反思，有助于把握理论研究的问题和方向，为实践提供有价值、有针对性的研究成果。本文认为，在实体问题上单位犯罪的责任依据过于强调单位与自然人在犯罪机理上的“等价性”，对单位主体性缺少规范上的独立评价；在程序问题上，对单位在刑事诉讼中的权利和义务研究不足，过多地追捧国外的缓起诉制度，缺少对我国本土诉讼制度的关注。下文详述之。

（一）实体层面理论研究的缺陷

单位犯罪的讨论焦点随着立法背景和实践需求的变化而逐渐发展，由最初的犯罪主体资格之争过渡到犯罪主体个数之争，再演变为单位责任的依据之争，其背后始终离不开对单位与单位成员关系问题的探讨。自单位犯罪正式入刑以来，早期的单位犯罪刑事责任理论主要围绕单位犯罪主体个数问题展开讨论，并且多以单位为视角探讨单位成员承担责任的依据及限度。比如“整体责任论”[②]“复合主体论”[③]和“双层次论”[④]，虽然在单位犯罪主体的性质问题上存在分歧，但其相同之处在于均认为单位成员的责任来源于单位整体，作为单位的组成部分，其责任是对单位整体责任的分担。此时在单位与成员的关系问题上，更多的是将两者看作一个有机

---

① 邹佳铭：《顾雏军案再思考：刑罚的目的不是消灭企业》，http：//www. fortunechina. com/management/c/2018 -06/14/content_ 309757. htm，访问时间：2019 年 5 月 14 日。

② 陈兴良：《单位犯罪：以规范为视角的分析》，《河南省政法管理干部学院学报》2003 年第 1 期。

③ 石磊：《单位犯罪关系论》，山东大学出版社 2005 年版，第 18—21 页。

④ 刘宪权：《中国刑法理论前沿问题研究》，人民出版社 2005 年版，第 100—101 页。

整体，并没有顾及各自的独立性问题。何秉松教授倡导的人格化社会系统责任论，率先提出单位人格应与成员人格相区分的观点，主张根据法人自身的行为和意志决定法人的刑事责任，不以成员承担责任为前提。[①] 然而该理论对法人行为的判断依然是借助自然人行为的外衣，没能在行为认定上贯彻单位的独立人格，导致单位成员在行为认定和责任承担上陷入既从属又独立的矛盾。

随着理论研讨的逐渐深入，学者们逐渐意识到单位与成员的关系问题是实现理论自洽的关键，对单位行为与成员行为进行区分成为了理论探讨的主流。然而在分析单位行为时却始终无法摆脱成员行为的阴影，陷入类人化的泥潭，对单位行为缺少规范意义上的独立性评价。比如在“单位与成员责任分离论”当中，论者指出单位必须有能够独立于自然人之外值得处罚的因素，单位犯罪仅指单位自身的犯罪而不包括成员的犯罪，而在论及何谓单位行为时却认为其是成员行为在规范层面的转化，单位犯罪实质上是替代责任。[②] 又如，“嵌套责任论”借助科尔曼的法人超越说，竭力在单位犯罪的认定过程中保持单位与成员相互之间的独立性，明确提出单位行为虽然依赖成员行为，但两者并不等价亦不可直接转化，单位行为是对成员行为的抽象和提升。然而遗憾的是其并未能结合单位组织体本身的特征进一步对单位责任的依据加以说明，仅认为单位承担责任的原因在于赋予了成员职务与身份，成员借助此种外衣实施了犯罪行为，就可以评价为单位行为。[③] 再如“单位组织体责任论”，虽强调单位责任的成立不以成员责任为中介，要注重对单位自身固有特征进行考量，但在判断单位主观要件时，仍是从自然人角度着手，将成员分为领导和一般从业者两大类，进而将领导和服从领导指挥的一般从业人员的意志原则上归属为单位意志，将单位的活动宗旨和监督机制作为辅助性材料，仅在一般从业人员犯罪的范畴考量单位固有责任的履行以及是否成立监督过失。[④]

---

① 何秉松：《法人犯罪与刑事责任》，中国法制出版社2000年版，第484—485页。

② 叶良芳：《论单位犯罪的形态结构——兼论单位与单位成员责任分离论》，《中国法学》2008年第6期。

③ 陈忠林、席若：《单位犯罪的“嵌套责任论”》，《现代法学》2017年第2期。

④ 黎宏：《单位犯罪中单位意思的界定》，《法学》2013年第12期。

综上，对单位犯罪的理论研究逐渐意识到单位作为独立的犯罪主体具有特殊的独立人格，主张从单位自身的特点出发来判断单位责任，强调单位主体与自然人主体间的差异与责任分离。可惜的是，始终未能在规范层面给予单位足够的独立性评价，自觉或不自觉地侧重于证明单位如何与自然人具有等价的犯罪能力，坚持用自然人的犯罪模式与责任基础生搬硬套，导致在单位主体与自然人主体之间的关系、单位行为与单位意志的判断等问题上纠缠不清，不断面临来自责任自负、禁止重复评价等原则的诘问。这种单位犯罪的归责思路对单位犯罪认定条件的设定产生了深刻的影响。实践中，单位犯罪的成立往往局限于要求特定成员的行为符合一定特征，其行为必须满足以为单位牟利为目的，经过单位集体研究决定或者由直接负责的主管人员决定等标准。除单位是否依法设立这一条件外，未能对单位在犯罪过程中的作用进行考量，无法系统全面地反映单位犯罪的责任内涵，在面对纷繁复杂的单位犯罪形态时不当限缩了规制范围，无法满足当下打击和预防单位犯罪的现实需要。

（二）程序层面理论研究的不足

在单位犯罪刑事治理过程中，刑事手段的不当介入以及超越必要性的侦查措施已然对企业产权和企业家人身财产安全构成重大威胁。最高人民检察院副检察长曾公开呼吁，不要轻易抓老板、封企业，[①] 这既体现了保护企业产权、保护民营经济健康发展的现实需求，更符合推进国家治理体系和治理能力现代化的总体要求。相比于自然人犯罪，学界对被告单位诉讼权利保障和诉讼义务履行的关注不足，相关法律依据也不够完善，这导致追诉单位责任的诉讼过程缺少明确标准，不利于保障单位的合法权益。比如在单位出庭应诉的问题上，司法实践对此问题的把握程度不一。根据相关司法解释，原则上应将单位和责任人共同作为单位犯罪的诉讼主体，特殊情况下允许不追究单位责任

① 新浪财经，http：//finance. sina. com. cn/china/2019 – 03 – 04/doc – ihsxncvf9765377. shtml，访问时间：2019 年 5 月 1 日。

或者先追究单位责任。[①] 比如在审判期间，被告单位被撤销、注销、吊销营业执照或者宣告破产的可不再追究单位责任。在单位主体资格消灭后，自然也就不存在相关的诉讼权利保障问题。然而，根据2012年最高人民法院《关于适用〈中华人民共和国刑事诉讼法〉的解释》第283条之规定，对应当认定为单位犯罪的案件，人民检察院经补充侦查后仍未起诉单位的，人民法院仍要按照单位犯罪的相关规定追究责任人的刑事责任。适用单位犯罪条款的前提是单位构成犯罪，在单位仍存有独立主体资格的前提下，该条款明显违背了未经审判不得宣告有罪的原则，不当剥夺了单位组织体的诉讼权利。因为对单位成员适用单位犯罪条款进行处罚的同时，也是对成员所属单位进行一种否定性评价。从程序角度讲，如果未经审判进而直接对单位宣告有罪，或者直接依据单位犯罪对自然人进行处罚，无异于对被告单位进行缺席审判。[②] 单位在这种情况下就无法行使法律赋予的诉讼权利，就无法保证诉讼结果的公平公正。从实体角度讲，在以双罚制为主，单罚制为辅的单位犯罪刑罚模式背景下，如果不列明单位被告，就不能对单位判处罚金，那么双罚制的基础就会被破坏，追缴单位的违法所得就只能成为口号，使得部分犯罪单位得以躲避处罚继续实施危害社会的行为，难以充分发挥刑法的特殊预防和一般预防作用。

此外，学者们对涉刑事案件企业权益保护问题多从宏观角度研究行刑交叉问题，强调要充分发挥罪刑法定、疑罪从无、从旧兼从轻等原则的作用，合理划定违法与犯罪的界限。[③] 还有学者从完善涉案财产处置的角度主张，在查封、扣押、冻结涉案财物时要坚持比例原则，加强侦查机关以

---

① 相关司法解释包括《全国法院审理金融犯罪案件工作座谈会纪要》《关于涉嫌犯罪单位被撤销、注销、吊销营业执照或者宣告破产的应如何进行追诉问题的批复》《关于办理走私刑事案件适用法律若干问题的意见》和《关于适用〈中华人民共和国刑事诉讼法〉的解释》等。

② 比如在（2015）通刑初字第352号案例中，在单位未作被告的情况下直接将被告孙某的行为认定为单位犯罪，其裁判结果实质上也是对单位做出了否定性评价。因为按照传统理论，前述案件中单位成员的犯罪行为被视为是单位自身的行为。根据未经审判不得确定有罪原则，应当为单位提供参与审判和辩护的机会。

③ 代表论文主要有：吴振宇：《行政处罚与刑罚交错适用之困境与出路》，《当代法学》2013年第5期；袁彬：《民营企业产权刑法保护的司法出罪路径及其扩张》，《法律适用》2018年第12期。

外的司法机关相关监督检察权，赋予相对权益人申请解除权；[①] 加强刑事侦查程序与破产程序的衔接，允许在特定条件下的单位进入破产程序，对其进行积极挽救或及时止损。[②] 在笔者看来，上述观点都对完善涉单位犯罪刑事侦查规则、消解刑事诉讼程序对单位生产经营问题起到了积极的推动作用，但是仍无法从根源上解决涉罪单位的凋零问题。任何单位，一旦卷入刑事案件都会遇到一定程度的生产经营困难，轻者导致生产停滞、资产贬值；重者可能导致企业倒闭、职工失业、投资人受损，造成严重的外部负效应。既有的观点要么过于宏观，无法指导具体的司法实践，要么仅是在诉讼程序对单位生产经营造成影响后采取的补救措施，竭力避免负面影响进一步扩大，并不是解决问题的最佳方案。

三 刑事合规对我国单位犯罪刑事治理的借鉴意义

为了改善我国单位犯罪的治理现状，基于积极的一般预防理念的刑事合规制度逐渐得到学者们的关注和认可。所谓刑事合规，本质上就是刑事政策对单位行为合规与否的反应对策，[③] 旨在加强企业自身对于内部违法犯罪行为的预防和监控，强化单位的社会责任，优化司法资源的合理配置，缓解国家在预防和打击单位犯罪上的负担。刑事合规制度要求单位及其成员的行为要符合社会的行为规范，通过刑罚激励促使其遵守社会规范和维护社会秩序。单位需要将刑法规范内化为自身的行为准则，培养单位及其成员的守法意识，形成对刑法规范的内心认同，这体现了刑法的规范确证机能。刑法的目标不仅仅在于法益保护，更在于捍卫规范的效力，培养国民的守法意识，确保国民在法秩序共同体内有序地生活。[④] 在笔者看来，面对不断频发的单位犯罪案件，在单位组织结构的日益复杂化与单位经济活动不断国际化的

---

① 柯明：《刑事诉讼视野下民营企业家犯罪涉案财物的处置》，《河北法学》2017 年第 12 期。

② 时延安、史蔚：《涉刑事案件企业的救助保护模式》，《人民检察》2018 年第 17 期。

③ 孙国祥：《刑事合规的理念、机能和中国的构建》，《中国刑事法杂志》2019 年第 2 期。

④ 周光权：《刑法学的向度——行为无价值论的深层追问》，法律出版社 2014 年版，第 238 页。

背景下，新时期单位犯罪的治理需要借鉴刑事合规制度。

从单位的角度来看，刑事合规赋予了单位组织体更高的风险管理义务，并将其作为判断单位是否承担刑事责任的依据。单位承担责任的前提是其未能履行合规义务，未能采取适当的措施去预防和制止犯罪的发生。换句话说，即使出现了单位成员的违法犯罪行为，单位也可以通过证明自身尽到了合规管理义务进行抗辩，从而免除自身的责任。这种刑事政策上的激励手段，不仅可以加强企业的内部管理，达到实质性的犯罪预防作用，更可以改善实践中对单位责任评价不足、处罚无效的缺陷。在刑事合规制度中，单位承担责任的本质就是未尽到合规义务，评价的对象就是单位本身，其责任的认定不再依赖于自然人行为，实现了对单位自身主体性的具体化、独立化的评价，更契合法人责任的本质。① 同时，刑事合规制度不仅要求对单位处以罚金，更旨在通过刑罚手段激励其建立完善的合规制度，实现内部管理体系的改革，从而确保其可以有效地控制内部成员的行为，避免违法犯罪行为的发生。这在一定程度上弥补了罚金刑在预防效果上的缺陷，可大幅改善目前对犯罪单位惩治效力不足的局面。

另一方面，刑事合规制度还具有程序性控制作用，能够克服刑法过度介入带来的弊端。在单位未尽到监督管理义务，导致违法犯罪行为出现时，为了避免刑事追诉给单位造成不可逆的损失，在单位与检察机关达成缓起诉协议的前提下，给予单位一个内部治理改革的机会。执法机关会在考验期内持续对单位进行监督检查，若单位履行了协议规定的义务，实施了内部治理改革、构建并完善了企业合规制度，检察机关则相应地采取放弃起诉或提出减免处罚建议等措施。② 这种缓起诉程序可以最大限度地避免不当的刑事侦查措施给单位带来的影响，对于维护单位的信誉和价值具有重要意义。③

---

① 石磊：《刑事合规：最优企业犯罪预防方法》，《检察日报》2019 年 1 月 26 日第 003 版，第 1 页。

② 陈瑞华：《美国暂缓起诉协议制度与刑事合规》，《中国律师》2019 年第 4 期。

③ ［德］托马斯·罗什：《合规与刑法：问题、内涵与展望——对所谓的“刑事合规”理论的介绍》，李本灿译，载赵秉志主编《刑法论丛》2016 年第 4 期，法律出版社 2016 年版，第 356 页。

从国家的角度来看，刑事合规制度可以缓解国家对单位犯罪治理的压力，弥补单一国家法律规制的不足，形成国家和企业二元共治的犯罪预防机制。[①] 刑罚是国家打击和预防犯罪的主要手段，但是由于刑罚手段仅能在犯罪行为发生后才能介入，导致对单位犯罪的治理具有一定的滞后性。此外，由于单位组织结构和业务活动日益复杂化，对单位犯罪的认定以及责任的划分造成了较大困难，对刑事侦查的科学性和专业性提出了更高的要求。实践中往往会出现因单位认定条件过于形式化而导致轻纵犯罪的现象。刑事合规通过将刑法规范转化为合规的内容和要求，将刑法规范的效力提前介入单位的生产经营活动中，实现了对违法犯罪行为的事前预防，也为单位犯罪的认定提供了明确的参考依据，有利于合理地分配司法资源，实现国家治理体系和治理能力的现代化。自己是个人利益的最佳守护者，相比于国家和社会的外部控制，单位依据其独有的专业知识和特殊的活动能力制定的内部合规管理更加符合单位自身预防犯罪的需求。

随着我国“一带一路”经济带建设的稳步推进，我国企业在“走出去”的过程中将面临较大的刑事合规风险。因为在许多国家的法治实践中，合规计划的设置和执行被认为是企业遵守刑法规范的特征，并在立法上对此进行了规定。[②] 如果不了解刑事合规的制度内涵和运作逻辑，企业在生产经营的过程中，一旦出现违规或者犯罪行为，将面临不利的刑事指控，承担不必要的经济损失。尤其是在当前中美贸易局势紧张的大环境下，必须要推动企业犯罪治理同国际接轨，推动我国合规治理制度机制与域外法治实践相协调。

四 刑事合规视域下单位犯罪刑事治理的改造与建构

单位犯罪刑事治理既包括单位责任的承担依据、成立条件等实体性内容，又包括责任的承担过程、诉讼中的权利义务等程序性内容，两者互相

① 李本灿：《企业犯罪预防中国家规制向国家与企业共治转型之提倡》，《政治与法律》2016年第2期。

② 李本灿：《企业犯罪预防中合规计划制度的借鉴》，《中国法学》2015年第5期。

协作、有机统一，共同服务于国家治理单位犯罪的现实需要。当治理单位犯罪的刑事政策或责任理念发生改变，必然会推进理论研究的演进或变迁。从立法目的上来看，单位犯罪的设立就是为了给司法机关提供惩罚单位的条件和标准，是希望通过单位来抑制个人犯罪的刑事政策性产物。①因此，刑事合规的推行，必将触及我国刑法中单位犯罪的责任内涵等关键性问题，有必要在刑事合规视域下对单位犯罪的相关理论研究进行完善。

（一）单位责任内涵的完善

正如上文所述，传统理论对单位犯罪中单位责任的理解过分拘泥于自然人责任的框架之中，尽管单位的独立主体意识和组织体的社会责任观念在理论研究中被不断强化，但等价性的思维使得单位需要具有同自然人一样的主客观要素才可构成犯罪。因而单位行为的认定始终具有自然人行为的影子：单位与成员之间的关系成为了单位承担责任的桥梁，要么主张单位责任的依据是替代责任或者嵌套责任，使单位成员的行为可以直接在规范层面转化为单位行为；要么主张单位组织体责任，在单位主观认定上将特定自然人的主观心理献祭给单位，组织体的企业文化和监督机制仅作为辅助判断依据。由此可见，单位犯罪理论始终缺少对单位自身主体性的规范评价。

笔者认为，单位犯罪中单位责任与自然人责任应是两个相互独立的评价体系，对单位责任的认定应当紧紧围绕单位自身的组织结构特征来考察。放眼域外有关单位犯罪的法律规定，其背后的理论基础都不同程度地经历了从事实到价值，从主体间到单方化的过程。无论是在刑法中明确规定处罚单位犯罪的美国和英国，还是仅在行政法中规定单位责任的日本和德国，如果我们忽视处罚的性质和形式，仅归纳单位责任的归咎方式，我们不难总结出如下的结论：在判定单位的行为时，都经历了从成员的个体行为归于单位，到在规范上确立单位自身行为特征；在判定单位的意志时，经历了从成员个人的主观意志归于单位，到通过客观的组织管理制度和单位文化制度等来表现单位对犯罪所持有的态度的过程。单位犯罪的评

---

① 王志远：《环境犯罪视野下我国单位犯罪理念批判》，《当代法学》2010年第5期。

价过程从过去以成员责任为前提的相对分离模式，发展到了单位不再依赖个人责任的彻底分离模式，对单位赋予了独立人格的同时，实现了对单位犯罪从消极被动惩罚到积极主动预防的突破。

刑事合规正是建立在肯定单位独特的犯罪主体地位，以单位为刑法评价之中心的归责理念之上，强调单位组织体的社会责任，主张将合规制度的有效性作为判断单位是否承担责任的前提标准。根据刑事合规的归责逻辑，单位责任关注的核心将不再是单位内部成员或者单位与成员的关系，而是单位本身的组织状况以及管理模式。单位责任的承担不以填补单位与自然人在存在论上的差异为前提，单位组织体本身并无犯罪意图和犯罪行为可言，对单位犯罪的治理不能仅考虑归责逻辑的逻辑同一性，更要考虑归责手段的合目的性。① 单位作为普遍而又特殊的市场经济参与主体，由于其人力、物力、财力的结合形态使其已然成为介乎于国家与国民之间的桥梁和纽带。单位组织体作为自然人在经济交往中的对象和归宿，对市场经济的健康发展会产生深刻而广泛的影响。当下对单位归责的目的更加注重对单位社会义务的强调，并希望积极地介入单位的日常经营管理以防止犯罪的再发生。因此在刑事合规视域下，只有当单位组织体存在组织管理缺陷，未能有效制定和执行合规制度，导致其内部成员借此漏洞实施犯罪行为的情况下，单位才需要对犯罪结果承担相应的刑事责任。

至于单位犯罪中的成员责任，笔者认为将来应在立法上消除成员责任与自然人责任上的差异。目前有观点认为，单位成员的责任是单位责任的分担，是基于单位赋予的特殊身份并在单位意志的支配下而产生的，不宜主张单位成员的犯罪是纯粹的自然人犯罪。② 在刑事合规理念的指导下，单位责任与成员责任在规范上相互独立，成员责任不再是单位责任中不可分割的一部分。单位责任的依据是因单位存在组织管理缺陷，从而激励、放任或者未尽到约束义务导致其成员实施犯罪活动；成员责任的依据在于其基于自由意志实施了犯罪行为。单位成员的特定身份并不会导致在规范

---

① 耿佳宁：《污染环境罪单位刑事责任的客观归责取向及其合理限制：单位固有责任之提倡》，《政治与法律》2018 年第 9 期。

② 孙道萃：《单位犯罪成立范围“法定”原则的逻辑证伪与立法超越》，《江苏大学学报》（社会科学版）2017 年第 1 期。

意义上免除其作为一般自然人应当履行的守法义务。除身份犯外，基于社会分工导致的身份差异，并不会在规范上受到特殊待遇，不应影响自然人犯罪的责任构造。此外，不能理所当然地认为“为公”的主观恶性就轻于“为私”，“为公”和“为私”其实很难区分，尤其是在成员工资待遇与绩效考核等激励机制相挂钩的情况下，成员行为性质的认定很难得出唯一的结论。[①] 因此，在理论上成员责任应当与自然人责任保持一致，否则将不可避免地违反刑法面前人人平等原则。

（二）单位犯罪缓起诉制度的构建

晚近以来，面对国内严峻的单位犯罪态势，刑事政策逐渐寻求从事后追惩向事前预防的转变，域外刑事合规制度在预防和惩治单位犯罪上的优势使其受到我国学者和广大法律工作者的关注和青睐，缓起诉制度作为刑事合规制度中重要的一环，也逐渐受到学者的关注。[②] 笔者认为，缓起诉制度可以在诉前对符合一定条件的犯罪单位达成缓起诉协议，若该单位完善了合规制度，填补了管理疏漏，完成了协议规定的义务，则不再对其展开追诉或者酌情从轻减轻处罚。缓起诉制度可最大限度地减轻刑事追诉对单位及其投资人的不良影响，对我国单位犯罪的刑事治理具有重要的借鉴意义。[③] 然而，缓起诉制度毕竟是基于国外立法例而型构的制度体系，我国的缓起诉制度仅指未成年人的附条件不起诉制度，其制度逻辑和内容都与单位犯罪缓起诉制度相差较多。因此，在立法论上建构单位的附条件不起诉制度将是一个系统性的工程。限于文章篇幅，本部分将在总结既有观点的基础上，提出单位缓起诉制度在构建过程中应该注意的几点问题。

关于缓起诉制度的适用范围问题，目前学界大致有三种观点：第一种观点认为，缓起诉适用的案件范围应当将所有可能判处缓刑的案件纳入其

---

① 文姬：《单位犯罪中罚金刑罪刑均衡立法实证研究》，《中国刑事法杂志》2018 年第 1 期。

② 本文所称的缓起诉制度，包括暂缓起诉协议和不起诉协议，两者虽然在是否经历公诉程序上具有一定的差别，但都是基于相同的刑事政策而采取的分流措施，都愿意给予犯罪单位建立合规制度的机会，并根据协议履行的情况决定采取何种应对措施。因此本文将其统称为缓起诉制度。

③ 周振杰：《企业刑事责任二元模式研究》，《环球法律评论》2015 年第 6 期。

中，由检察官决定是否存在起诉的必要性;[①] 第二种观点认为，缓起诉的适用范围虽然可扩大，但是仍应仅限于轻罪，仅适用于对于犯罪嫌疑人可能判处三年以下有期徒刑、管制、拘役的案件。论者认为大部分企业处罚轻微，因此坚持上述标准仍可对大部分单位犯罪案件适用缓起诉;[②] 第三种观点认为，缓起诉的适用需要考虑公司的主观因素：故意犯罪的单位，特别是造成严重后果的，不可适用缓起诉制度。[③] 本文认为，缓起诉适用条件的设定应当紧紧围绕单位组织体的组织机构和运行状况来判断单位是否具有挽救的可能性和必要性。上述观点当中，后两种观点仍是建立在自然人的人身危险性概念之上。在单位属于故意犯罪并造成严重后果，单位责任人被判处三年以上有期徒刑的案件中，单位并非绝对不可挽救。比如当前在实践中多发的单位非法集资案件当中，单位责任人都是基于犯罪故意，运用非法手段集资，集资款数额普遍巨大，但如果单位能够继续生产经营，通过合规管理改革，弥补被害人的经济损失，就没必要进一步启动刑事追诉程序，避免产生更严重的外部负效应。因此，本文主张单位原则上都可适用缓起诉制度，[④] 对单位是否具有不起诉的必要性应当结合单位的具体情况具体分析，无法一刀切地划定单位缓起诉的适用范围。

关于缓起诉协议的内容问题，本文认为缓起诉协议的内容直接体现了刑事合规的主旨。缓起诉协议在实质上属于一种隐性的适用条件，如果犯罪单位不同意或者无法执行，将无法适用缓起诉制度。因此，缓起诉协议的要求不宜过高，但必须保障能够起到惩罚和挽救的作用，使单位通过合规经营来修复社会关系。参考美国司法部《联邦起诉商业组织原则》的相

---

① 何挺：《附条件不起诉适用对象的争议问题：基于观察发现的理论反思》，《当代法学》2019 年第 1 期。

② 李本灿：《认罪认罚从宽处理机制的完善：企业犯罪视角的展开》《法学评论》2018 年第 3 期。

③ 邓可祝：《威慑下的合作：公司环境犯罪附条件不起诉制度》，《南京工业大学学报》（社会科学版）2018 年第 3 期。

④ 张泽涛：《规范暂缓起诉制度——以美国缓起诉制度为借鉴》，《中国刑事法杂志》2005 年第 3 期。

关规定，[①] 缓起诉协议应至少包括以下内容：一是承认违法犯罪事实；二是承诺持续配合检察机关的调查；三是积极建构合规制度并承诺合法经营；四是履行约定的补救措施并缴纳一定的罚金；五是考察期间不得从事特定活动；六是违反协议的法律后果等。

关于缓起诉程序的监督问题，本文认为立法既然赋予检察机关启动缓起诉的决定权，就要对该权力进行一定的监督和制约。可以考虑引入司法审查机制，使司法机关介入缓起诉协议的签订过程中，一方面可防止不当地轻纵犯罪，另一方面也可以保障协议的内容不违反宪法法律的相关规定，保障协议的公正性，符合以审判为中心的刑事诉讼制度改革理念。同时，要赋予公安机关和当事人一定的监督权。首先，如果公安机关认为检察机关作出的缓起诉决定不当，可以向同级检察院申请复议。不接受复议决定的，可以向上一级检察院申请复核。其次，对于检察机关决定不予适用缓起诉程序的，应当向犯罪嫌疑人出具相应文书，详细说明具体原因。若对不适用缓起诉决定不服的，犯罪嫌疑人可向上一级人民检察院申诉，上一级人民检察院必须进行复查，并将复查结果通知犯罪嫌疑人。[②] 最后，在人民检察院与犯罪嫌疑人达成缓起诉协议的过程中，应充分听取被害人的意见，保障被害人的合法权益。如果被害人对检察机关作出的缓起诉决定不服，可以向上一级人民检察院申诉或者向同级人民法院申请自诉。由于缓起诉协议并不仅是为了保护被害人的合法权益，而是综合考虑了市场经济秩序、单位员工、与单位密切相关的其他市场主体等各方面利益。因此，本文认为在缓起诉协议没有对被害人的利益造成不当侵害的前提下，法院不应推翻缓起诉协议的效力。

（作者为中国社会科学院法学研究所助理研究员、博士后研究人员。本文原载于《甘肃社会科学》2020 年第 5 期，收入本书时略有删改。）

---

① 叶良芳：《美国法人审前转处协议制度的发展》，《中国刑事法杂志》2014 年第 3 期。

② 此处的犯罪嫌疑人指的是具有犯罪嫌疑的单位。单位若对适用缓起诉的决定不服，将直接导致无法达成缓起诉协议，进入诉讼程序，因此单位在此情形中不涉及有关监督权的行使问题。

第五编
《刑法修正案（十一）》的适用疑难问题

危害药品安全犯罪的最新修订及其适用研究

梅传强

药品事关人民群众的身体健康和生命安全，确保药品安全是重大的民生问题。为了更好地回应药品安全保护的现实需要，2020 年 12 月 26 日，全国人大常委会审议通过了《中华人民共和国刑法修正案（十一）》［以下简称《刑法修正案（十一）》］，其中，第 5 条、第 6 条、第 7 条、第 45 条均涉及危害药品安全犯罪刑法规制体系的修改和完善。整体而言，本次修订增强了药品安全刑法保护的周延性和前瞻性，为进一步提升刑法对于危害药品安全犯罪的治理效能提供了重要推动力。“全面、准确揭示刑法条文的含义，才能使刑法条文充满活力地应对各种疑难复杂案件，从而及时调整各种社会关系。”① 本文拟在准确把握修法背景和具体内容的基础上，重点对《刑法修正案（十一）》中涉药条款进行法教义学分析，以期对司法实践中处理具体案件提供理论参考。

一 《刑法修正案（十一）》涉药条款的修订背景

刑法规范内容的调整是以一定的社会变迁为基础的。《刑法修正案（十一）》之所以对涉药犯罪的相关内容作出调整，主要是因为涉药犯罪近年来表现出了一系列新形势和新特征，亟待刑法予以规制和回应。因此，

---

① 李立众：《刑法解释的应有观念》，《国家检察官学院学报》2015 年第 5 期。

准确把握修法背景，对正确理解和适用《刑法修正案（十一）》中的相关涉药条文具有非常重要的意义。

（一）现实背景：危害药品安全犯罪形势依然严峻

总体来看，近年来我国危害药品安全违法犯罪的形势仍然不容乐观，具体表现为案件数量较多、涉案金额变大、社会危害加强等方面。国家药品监督管理局发布的统计数据显示，[①] 无论是药品案件数量的总和还是行政执法机关移交司法机关处理的案件数量，都依旧保持在高位运行的状态。我国的危害药品安全的违法犯罪现象仍然比较严重，尚未达到理想的规制效果和社会治理预期，危害药品安全违法犯罪的治理仍属于当前社会治理的重点和难点。

从具体案件来看，近年来发生了一系列社会影响非常广泛的涉药违法犯罪案件，由此也使立法者不得不对已有刑法规范的妥当性进行反思。例如，在2018年发生的“邢台8·07特大非法经营药品案”、[②] 2017年爆发的“长生生物疫苗事件”。此外，在“陆勇案”中，陆勇因为替病友们代购了“未取得销售许可”的白血病特效药“格列卫”而险些身陷囹圄，这使得人们对于法律上“假药”认定标准的合理性产生了怀疑。总而言之，鉴于类似案件所折射出的规范合理性问题，立法者就开始思考修订刑法中涉药条款的问题。

（二）规范背景：涉药刑法规范的滞后性非常突出

相较于事实层面危害药品犯罪的复杂、严峻形势，规范层面刑法滞后性造成的规制乏力局面，也是此次刑法修订的主要背景之一。具体而言，一方面，危害药品安全违法犯罪行为的“暴利性”特征越加凸显，而修订前的《刑法》第142条生产、销售劣药罪的罚金刑却沿用的是倍比罚金制，这在一定程度上限制了刑罚惩戒功能的发挥；另一方面，当前社会上

---

① 国家药品监督管理局：《2015—2019年度（食品）药品监管统计年报》，https：//www.nmpa.gov.cn/zwgk/tjxx/index.html，访问时间：2021年2月6日。

② 河北省任县人民法院（2019）冀0526刑初3号刑事判决书。

出现了“黑作坊”制药、“编造生产记录”等新型妨害药品管理秩序、危害公众健康的行为，但《刑法修正案（十一）》之前的刑法规范却缺乏针对性的规定。

此外，《刑法修正案（十一）》对涉药条款的修订还与前置性行政法规已经做出有关调整相关。2019 年 8 月 26 日，最新的《药品管理法》正式修订通过，其中部分修订内容与危害药品安全犯罪规范体系的调整存在密切关联。例如，新《药品管理法》调整了“假药”“劣药”的范围①，删去了原“按假药论处”“按劣药论处”的分类，使得假药、劣药的界定更加符合质量功效标准，回归假药、劣药的本来面目②，而原来的假药、劣药及按假药、劣药论处的类型则以三种方式分别处理：一是列为假药，共 4 种类型；③ 二是列为劣药，共 7 种类型；④ 三是转置于新增设的处罚违反药品管理秩序的专门条款中，共 4 种类型。⑤ 再如，新《药品管理法》增设了专门条款惩处违反药品管理秩序的违法行为。显然，新修订的《药品管理法》直接关系到危害药品安全犯罪中相关概念的界定和违法性判断的问题，只有对《刑法》中的涉药条款作出相应的修订，才能满足法秩序相统一的内在要求。

---

① 修订后的《药品管理法》第 98 条规定：“有下列情形之一的，为假药：（一）药品所含成分与国家药品标准规定的成分不符；（二）以非药品冒充药品或者以他种药品冒充此种药品；（三）变质的药品；（四）药品所标明的适应症或者功能主治超出规定范围。有下列情形之一的，为劣药：（一）药品成分的含量不符合国家药品标准；（二）被污染的药品；（三）未标明或者更改有效期的药品；（四）未注明或者更改产品批号的药品；（五）超过有效期的药品；（六）擅自添加防腐剂、辅料的药品；（七）其他不符合药品标准的药品。”

② 《〈药品管理法〉修改的精神要义、创新与发展》，《行政法学研究》2020 年第 1 期。

③ 即药品所含成分与国家药品标准规定的成分不符；以非药品冒充药品或者以他种药品冒充此种药品；变质的药品；药品所标明的适应症或者功能主治超出规定范围。《药品管理法》第 98 条第 1 款。

④ 即药品成分的含量不符合国家药品标准；被污染的药品；未标明或者更改有效期的药品；未注明或者更改产品批号的药品；超过有效期的药品；擅自添加防腐剂、辅料的药品；其他不符合药品标准的药品。《药品管理法》第 98 条第 2 款。

⑤ 即未取得药品批准证明文件生产、进口药品；使用未经审评审批的原料药生产药品；应当检验而未经检验即销售药品；生产、销售国务院药品监督管理部门禁止使用的药品。《药品管理法》第 124 条第 1 款。

二 《刑法修正案（十一）》涉药条款的修订内容介评

从具体内容来看，《刑法修正案（十一）》对涉药条款的修订可以概括为三点：第一，在原条文基础上删去了关于假药、劣药认定的规定，增加了提供假药罪、提供劣药罪的行为要件，同时还将生产、销售劣药罪的罚金刑从倍比罚金制改为无限额罚金制；第二，通过新增妨害药品管理罪，将“违反药品管理法规，编造生产、检验记录”等“足以严重危害人体健康”的四种行为纳入刑法规制范畴；第三，在原有食品监管渎职罪的基础上增加药品监管渎职罪，将以往由渎职罪规制的药品监管渎职行为纳入新罪规制，并明确了具体的行为类型。

（一）提升行为规制效果

“刑法评价为犯罪的前提，是作为刑法评价对象的行为。”① 概括来看，《刑法修正案（十一）》对《刑法》中涉药条款的修订，极大地提升了刑法对于危害药品安全犯罪行为的规制效果，为危害药品安全犯罪的治理提供了有力保障。

首先，拓展了危害药品安全犯罪的规制行为类型。在《刑法修正案（十一）》之前，一方面，诸如无证“黑作坊”造药、药品监管渎职、“药品注册造假”等行为缺乏专门的刑法规定予以规制，相关危害药品安全案件的处理要么没有达到罪刑均衡的要求，要么未能在警示、预防犯罪上实现预期效果。另一方面，新近发生的部分热点涉药案例中所暴露出来的“编造生产、检验记录”以及“提供假药、劣药”的危害行为，《刑法》并无明确规制的条文，致使部分性质恶劣、影响极大的案件无法得到妥当的处理。对前述情形，《刑法修正案（十一）》专门通过新增条文的方式予以了规制，进而形成了包含经营型（生产、销售、提供假药、劣药）、妨害管理秩序型、监管渎职型的刑罚规范体系，危害药品安全犯罪的规制行

① ［日］大塚仁：《刑法概说（总论）》，冯军译，中国人民大学出版社2003年版，第95页。

为类型得到了有效拓展。

其次，延长了危害药品安全犯罪的规制行为链条。从实践来看，危害药品安全的违法犯罪行为并非简单地停留在生产、销售中某一环节，实际上，药品的研发、注册、生产、销售、使用、售后等产业链的各个环节，都存在着影响药品安全性和有效性，进而危及人体健康，妨害药品管理秩序的风险因素。① 因此，《刑法修正案（十一）》增设“妨害药品管理罪”在纵向上延长了危害行为的链条，从而有利于严格把握从药品研发到药品生产、销售整个链中的各大环节，形成严密的药品安全刑法保障体系。②

最后，加强了对危害药品安全犯罪行为惩罚力度。危害药品安全犯罪的社会危害性非常大，为其配置更重的刑罚有利于更好地实现犯罪的惩治和预防。追求经济利益是行为人实施危害药品安全犯罪行为的主要动机，因此，对危害药品安全犯罪配置相应的罚金刑，能够加大犯罪经济成本，剥夺再犯经济能力。③ 此次修订将生产、销售假药罪的罚金刑改为无限额罚金制，本意就在于加大对生产、销售假药行为的惩治力度。与此同时，负有监管职责的国家机关人员倘若在相关的监管、执法活动中滥用职权、玩忽职守，也会让已经受到严重威胁的药品安全更加脆弱，所以《刑法修正案（十一）》将这类行为置于了第408条之一“药品监管渎职罪”中予以规制，并配置了“处五年以下有期徒刑或者拘役”和“五年以上十年以下有期徒刑”的法定刑。

（二）实现行刑有序衔接

刑法与其他法领域的互动日趋频繁是“法律融合”的一大显著特征，主要体现为法律概念共有和规范竞合这两点。④ 笔者认为，《刑法修正案（十一）》对《刑法》中涉药条款进行的修订，实现了《刑法》与《药品

① 张勇：《药品安全风险的刑法调控》，《河北法学》2012年第13期。

② 于冲：《药品犯罪的法益分立——监管秩序从生产销售假药罪的剥离与独立化保护》，《青海社会科学》2020年第2期。

③ 刘炯、王嘉伟：《药品风险刑法规制的变革及其重塑》，《刑法论丛》2015年第2卷。

④ 简爱：《从“分野”到“融合”——刑事违法判断的相对独立性》，《中外法学》2019年第2期。

管理法》的有序衔接，使药品管理法律制度体系更加完善、协调。

一方面，通过调整行为类型增强了衔接的密切度。法秩序的统一性作为一种适用于立法与法解释公理，要求法各规范所形成的集合体不应自我矛盾[①]，而是相互衔接、协调有序的。修订后的《药品管理法》新增设第124条将从前并不加以处罚的“编造生产、检验记录”等违反药品管理秩序的行为认定为行政违法行为，并将过去属于“以假药论处”的“国务院药品监督管理部门规定禁止使用的”药品等几种情形囊括在内。相对应地，《刑法修正案（十一）》也增设了“妨害药品管理罪”，这在违法性认定和违法行为分类上加强了《刑法》与《药品管理法》衔接的密切度。

另一方面，通过条文内容删减促进了衔接的妥洽性。在危害药品安全违法犯罪领域，《药品管理法》作为行政法，其主要目的主要在于便利药品监管，而刑法上的假药、劣药犯罪则主要是为了保护公众健康与药品市场的交易秩序。在保护法益不一致的场合，刑事违法性判断完全被动依据变动中的前置法规定有违罪刑法定原则之嫌。[②] 既然二者保护目的不完全相同，那么对“假药”“劣药”概念作不同的界定就存在实质性的根据。[③] 并且，生产、销售假药罪具有抽象危险犯和法定犯的双重性质，隐藏有刑罚权双向扩张的风险，若不在实质层面加以限制，则极易造成犯罪边界的模糊化。诚然，这样的理解符合刑事违法性判断相对独立性的要求，但这对于修订前的《刑法》来说，存在巨大的解释难题：根据修订前《刑法》第141条和第142条第2款的规定，《刑法》中的“假药”“劣药”是“依照《药品管理法》的规定”来界定的，这导致无论学理上的理由多么充分，都无法突破刑法的实然规定，排除了刑法中的“假药”“劣药”可以不同于药品管理法中的界定的可能性。[④] 也正是由于这种冲突的存在，才造成了“陆勇案”中检察机关认为陆勇的行为不构成销售假药罪的理由，

① 王昭武：《法秩序统一性视野下违法判断的相对性》，《中外法学》2015年第1期。

② 时延安、陈冉、敖博：《刑法修正案（十一）评注与案例》，中国法制出版社2021年版，第121页。

③ 劳东燕：《价值判断与刑法解释——对陆勇案的刑法困境与出路的思考》，《清华法律评论》2016年第9卷。

④ 张伟珂：《论销售假药罪司法认定的解释规则》，《中国人民公安大学学报》（社会科学版）2019年第4期。

是因为“代购行为不属于销售行为”，而不是因为涉案药品不属于假药的违和局面。[①] 因此，《刑法修正案（十一）》使得刑法上的假药、劣药界定回归独立价值，也在客观上促进了《刑法》与《药品管理法》的有序衔接。

（三）完善涉药犯罪规制体系

《刑法修正案（十一）》修订前的《刑法》中有关危害药品安全犯罪的规定内容单一、体系分化，并未形成结构完整、内容集中的规范体系。同时，从规制行为类型看，修订前的《刑法》行为类型规制缺乏针对性、集中性。由此导致的结果是危害药品安全犯罪的刑法规范地位并不突出，而且“受制于此种结构，其刑法作用与预期效果相去甚远”[②]。为此，《刑法修正案（十一）》不仅通过增设第 142 条之一妨害药品管理罪、第 408 条之一药品监管渎职罪丰富了原本单一、零散的规范体系，而且还将以往旁置于边缘行为规制的无证生产药品、药品监管渎职、“药品注册造假”等行为回归于危害药品安全犯罪核心体系之内，使得原本单薄的规制行为体系更加充实。

三 《刑法修正案（十一）》涉药条款的法教义学分析

从立法层面讲，《刑法修正案（十一）》对危害药品安全犯罪作出的修订，使我国涉药犯罪的规制体系更加完善，提升了药品安全法律保障体系的严密性和科学性。在《刑法修正案（十一）》已经对涉药条款作出大幅修订的背景下，如何准确理解和适用这些涉药条款，成为亟待司法实务界和理论界研究的重要课题。

---

① 孙万怀：《生产、销售假药行为刑事违法性之评估》，《法学家》2017 年第 2 期；湖南省沅江市人民检察院沅检公刑不诉（2015）1 号《不起诉决定书》。

② 刘炯、王嘉伟：《药品风险刑法规制的变革及其重塑》，《刑法论丛》2015 年第 2 卷。

（一）准确界定刑法中的“假药”和“劣药”概念

如前所述，修订后的《刑法》删除了“假药”“劣药”需要“依照《药品管理法》的规定”来认定的规定，这在一定程度上保证了刑事违法性判断的相对独立性，但是，在缺乏前置的指引性规定的情况下，该如何认定“假药”“劣药”就成为需要认真对待的问题。笔者认为，不能简单地割裂刑法与《药品管理法》的内在关联，《刑法》中假药、劣药的界定仍需以《药品管理法》第98条的规定为参考。这主要是因为，首先，这有利于保证刑法与前置法认定标准的关联性，进而最大限度地维护法律体系内部的贯通性，减少司法适用中的恣意。其次，这有利于认定标准的专业性和思考的经济性，保持《刑法》与《药品管理法》在假药、劣药概念界定上的协同性。况且，修订后的《药品管理法》对“假药”和“劣药”范围划分上作了重新调整，使得假药、劣药的界定更具科学性，在无更好的、更有权威解释材料作为参考前，没有理由对其加以否定。[①] 再次，这有利于实现证据运用的可转换性，因为在实践中假药、劣药犯罪行为通常先由行政执法机关作为违法行为进行查处，在发现违法事实涉及的金额、情节、造成的后果等达到犯罪追诉标准，涉嫌构成犯罪的，才会移送公安机关处理，只有保持刑法与《药品管理法》假药、劣药概念界定的协同性，才能在程序上方便证据的固定、转移和交换。最后，这有利于实现罪刑法定原则下的刑法明确性，“如果法律为公民提供的行为规范之间存在相互矛盾，则公民在社会生活中无所适从”[②]，为了保证社会大众对于法规范的合理信赖和准确预期，刑法上的术语解释应当参考行政法中的已然规定。

值得注意的是，犯罪构成要件要素的理解应当符合刑法自身的价值和目的，虽然刑法上假药、劣药的认定不能脱离《药品管理法》的规定，但不能不加区分地将刑法意义上的假药、劣药与《药品管理法》中的规定直接画等号。客观地讲，《药品管理法》对于假药、劣药的界定、划分在概

---

① 袁彬：《密织药品安全保护的刑事法网》，《检察日报》2021年1月6日第003版。

② 吴镝飞：《法秩序统一视域下的刑事违法性判断》，《法学评论》2019年第3期。

念学上并不完全科学：第一，从属性上讲，“假药”属名词范畴，那么作为其外延的内容亦应当为名词属性，而修订后的《药品管理法》将“假药”的类型之一表述为“以非药品冒充药品或者以他种药品冒充此种药品”，这实际上是混淆了行为和行为对象的表现，因为“假药”只能解读为“××的药”，而不能是“冒充××”这种行为。事实上，《药品管理法》中的“以非药品冒充药品或者以他种药品冒充此种药品”的实体“冒充”行为，可能属于最高人民法院、最高人民检察院《关于办理危害药品安全刑事案件适用法律若干问题的解释》（以下简称《解释》）第6条所规定的“印制包装材料、标签、说明书的行为”等“生产”行为，而非“假药”这种物质对象。因此，若完全照搬《药品管理法》的这个界定，可能致使刑法上的“生产”行为和“假药”对象产生逻辑上的冲突，从而造成解释和适用上的矛盾和混乱。第二，虽然2019年《药品管理法》在假药和劣药的界定上更加注重实质上的质量、功效标准，排除了“必须检验而未经检验即销售的”等几种单纯破坏药品管理秩序的行为，但在假药、劣药内部，还存在界限模糊的“类型混同”缺陷。例如，2019年《药品管理法》第48条规定，“药品所含成分与国家药品标准规定的成分不符”的是假药，“药品成分的含量不符合国家药品标准”的是劣药。但难点在于，成分不符与含量不符二者并非泾渭分明，实践中一种药物往往包含多种成分，而不同成分又有各自的含量符合问题。如果某种药品的部分成分不符合国家药品标准，同时，其他成分的含量也不符合国家药品标准时，应当认定为假药还是劣药？类似的问题还存在于“变质的药品”与“被污染的药品”“超过有效期的药品”的区分之中。

更为重要的是，刑法上对于“假药”“劣药”的界定还需考虑法益保护的需求。一般认为，假药、劣药犯罪所侵害的法益是国家对药品正常的监督、管理秩序和不特定多数人的身体健康、生命安全。① 但对于秩序法益和健康法益之间的关系，则存在不同理解。有学者指出，在这两个罪

① 张军主编：《刑法（分则）及配套规定新释新解（上）》，人民法院出版社2013年版，第261页。

中，秩序法益是主法益，健康法益是次法益。[①] 但笔者认为，秩序法益和健康法益之间并非主次关系，而是一定意义上的表里关系，刑法应当更加注重保护人的生命、健康安全。就秩序维护与安全保障而言，安全是秩序的核心，秩序是安全的基础。安全不仅具有秩序形式上的意义，还具有正义等实质内容上的意义。[②] 刑法之所以将假药、劣药犯罪置于“破坏社会主义市场经济秩序罪”中，其实就是为了通过秩序这一抽象内容，更加前置、周全地保护不特定多数人的生命、健康安全。这一点得到了《刑法》第148条之一妨害药品管理罪的证实：新增设的妨害药品管理罪虽然规制的都是妨害药品管理秩序类的行为，但其还把“足以严重危害人体健康”“对人体健康造成严重危害”预设为入罪结果和加重结果要求。这表明，刑法处罚妨害秩序行为，维护管理秩序只是浅层目的，其最终目的仍在于保证公民的身体健康和生命安全。相比之下，假药、劣药犯罪对于不特定社会公众身体健康安全造成的危害显然是更直接的，刑法对此的保护应有所偏重。[③]

基于法益保护的需求，刑法在假药、劣药界定的应然标准上，应当确立严于前置法评价的标准，司法也可以通过严格设定出罪事由，才符合行刑关系基本原理的要求。[④]《药品管理法》对“假药”“劣药”的界定开始回归功效标准，列举了数种典型类别，美中不足的是其仍未给出假药和劣药的本质要件——是否危害人体健康，这导致“假药”“劣药”概念外延有随时扩张的风险，进而不利于准确、有效地打击危害药品安全犯罪。以《药品管理法》中“药品所标明的适应症或者功能主治超出规定范围”的属于“假药”的规定为例，药品所标明的适应症或者功能主治是否超出规定范围，是一个很难判断的情形，这需要综合药品的疗程、药效等特征进行周密的实验和研究。更重要的是，“药品所标明的适应症或者功能主治超出规定范围”并不一定会危害生命、健康安全，完全以此为依据认定刑

① 孙国祥、魏昌东：《经济刑法研究》，法律出版社2005年版，第191页。

② 何跃军：《风险社会立法机制研究》，中国社会科学出版社2013年版，第139—140页。

③ 时方：《生产、销售假药罪法益侵害的规范解释——主次法益价值冲突时的实质判断》，《政治与法律》2015年第5期。

④ 魏昌东：《制售假药犯罪刑事法适用的应然面向》，《人民检察》2019年第8期。

法上的“假药”会造成司法实践中的困惑。

总之，对于刑法中“假药”“劣药”的界定，在参考《药品管理法》相关规定的同时，需要重点考虑刑法的保护目的，即不特定多数人的身体健康和生命安全，对刑法中“假药”“劣药”的认定进行实质判断。

（二）合理理解新增的危害药品安全行为类型

1. “提供假药”和“提供劣药”行为

《刑法修正案（十一）》在《刑法》第141条和第142条之后各新增了一款意味着提供假药、劣药的行为正式被纳入刑法规制的范畴。笔者认为，对“提供假药罪”和“提供劣药罪”的适用，需要重点把握“药品使用单位的人员”和“提供给他人使用”的理解。

第一，对于行为主体“药品使用单位的人员”的理解。根据《药品管理法》的规定，“药品使用单位”包括医疗机构和其他药品使用单位。药品使用单位是我国公共医疗卫生体制的基本组成部分，关系到人民群众对于我国公共卫生健康的基本信赖，刑法对“药品使用单位的人员”的犯罪行为规定刑事责任，有利于落实“四个最严”① 中“最严的处罚”要求。有学者从“患者之于药品使用单位的合理信赖关系”角度出发，认为医疗机构中的卫生保洁员、后勤工作的临时雇员、医院护工等人员因与医生具有一定的信赖关系，在非常时期与应急状态下，可能受托向患者或他人提供药物，因此可能被评价为“药品使用单位的人员”。② 但在笔者看来，“药品使用单位的人员”这一概念不能泛化理解，对其理解的核心要点应当着手于人员是否具有药品采购、管理、使用等支配权限。具言之，在前述的药品使用单位中，医院院长、药品采购办公室负责人、具有处方开具职权的医生等具有药品采购、管理、使用等支配权限的人员，由于在实质

---

① 2015年5月29日下午就健全公共安全体系进行第二十三次集体学习，中共中央总书记习近平在主持学习时强调，要切实加强食品药品安全监管，用最严谨的标准、最严格的监管、最严厉的处罚、最严肃的问责，加快建立科学完善的食品药品安全治理体系，坚持产管并重，严把从农田到餐桌、从实验室到医院的每一道防线。《习近平主持中共中央政治局第二十三次集体学习》，http：//www.xinhuanet.com/politics/2015－05/30/c_1115459659.htm，访问时间：2021年2月9日。

② 杜宇：《〈刑法修正案（十一）〉中药品犯罪修订之得失》，《法学》2021年第3期。

上具备了药品采购、管理、使用等支配权限，应当被评价为“药品使用单位的人员”，而药品使用单位中与此项职权无关的人员，如疾控中心后勤人员、单位办公室一般工作人员、医院的驾驶人员等，不宜认定为“药品使用单位人员”。

第二，对于行为方式“提供给他人使用”的理解。一般而言，提供使用包括无偿提供使用和有偿提供使用，典型无偿提供使用表现为患者所使用的药品全部进入医保报销范围，按100%比例报销的情形，[①] 对此自然不能评价为“销售”，问题是如何理解有偿提供使用和“销售”之间的关系？笔者认为，销售药品主要表现为出售者向购买者转移药品，购买者向出售者支付对价的情形，存在一个典型的对价与药品流通、转移的过程。有偿提供使用主要表现为药品使用单位的工作人员在患者诊疗期间，对其适用于治疗疾病的药物的情形，药品使用单位的人员“有偿”的实现是通过医疗费等途径加以实现，其间并无典型的对价与药品交换、转移过程。由此可见，二者在主体、发生领域、典型形式上都存在区别。其实，在2014年“两高”出台的《解释》中已作出解释，医疗机构、医疗机构工作人员明知是假药、劣药而有偿提供给他人使用的，“应当认定为《刑法》第141条、第142条规定的‘销售’”。但是，这种解释只是当时涉药规范体系尚不健全时，司法机关扩大构成要件涵摄范围的权宜之策，即以法律拟制的形式将有偿提供使用行为拟制为“不典型”的销售行为，进而弥补可能存在的规范漏洞，这并不意味着有偿提供使用被包括在销售的概念范围之内。因此，《刑法》第141条和第142条中的“提供给他人使用”的行为，是独立于销售行为的一种新的行为方式，应当将其理解为药品使用单位的人员在疾病诊治、计生服务等活动中对患者等对象使用药品的行为。

2. 妨害药品管理行为

从《刑法》第142条之一规定的“妨害药品管理罪”规制的行为类型

---

① 药品通常分为甲、乙、丙三类药品，一般而言，甲类药品可全部进入医保报销范围，按100%比例报销；乙类药品需个人先按一定的比例承担部分费用后，剩余部分进入医保报销范围；社保报销比例一般为70%—90%，各地有所不同；丙类药品则不能报销，费用全部由个人承担。

看，妨害药品管理罪的行为类型相当广泛，这也为如何理解适用增加了难度。

第一，对于妨害药品管理行为内容的理解。一方面，妨害药品管理罪是行政犯，要构成妨害药品管理罪，其前提条件是行为人的行为“违反药品管理法规”。笔者认为，“药品管理法规”除了包括最基本的《药品管理法》之外，还应当包括《中华人民共和国药品管理法实施条例》（目前尚未修订）和为了加强疫苗安全管理所制定的《中华人民共和国疫苗管理法》（以下简称《疫苗管理法》），以及具体规定药品注册、生产等事项的《药品注册管理办法》《药品生产监督管理办法》《药品生产质量管理规范》等行政性法律规范。另一方面，要构成妨害药品管理罪，还要求行为人必须在客观上实施了《刑法》第142条之一规定的四种情形中的相应行为。具体来看，第一种是“生产、销售国务院药品监督管理部门禁止使用的药品的”行为。对此处“生产”“销售”的理解，应当与《刑法》第141条、第142条规定的“生产”“销售”的理解保持一致，至于“国务院药品监督管理部门禁止使用的药品”的范围，则应当根据国家药品监督管理局制定的规范和发布的公告来加以确定。第二种是“未取得药品相关批准证明文件生产、进口药品或者明知是上述药品而销售的”行为。根据《药品管理法》的规定，从事药品生产、进口活动，应当取得药品生产许可证和相应的批准证明文件，如果行为人未取得前述文书而生产、进口药品，或者明知是此两种药品而销售的，则符合本罪的行为要件要求。第三种是“药品申请注册中提供虚假的证明、数据、资料、样品或者采取其他欺骗手段的”行为。我国对药品的管理实行上市许可持有人制度，药品注册涉及药品安全领域的基本准入，申请人应当保证相应材料的真实性和可靠性。第四种是“编造生产、检验记录的”行为。根据《药品管理法》的规定，在药品生产过程中，“生产、检验记录应当完整、准确，不得编造”，至于生产、检验记录的内容，应当参考《药品生产质量管理规范》等规定的内容。

第二，妨害药品管理罪与其他犯罪的竞合适用问题。《刑法》第141条之一第2款是对于妨害药品管理罪与其他罪名竞合时如何处理的规定。首先，该罪中“未取得药品相关批准证明文件生产、进口药品或者明知是上述药品而销售的”，可能与生产、销售假药、劣药的行为发生竞合。其次，该罪中未取得批准文件进口的行为还可能与走私行为发生竞合，如果行为人未取得批准文件进口药品的行为还符合走私犯罪相关罪名的构成要件的，也应当依照处罚较重的规定处罚。最后，该罪中的虚假注册行为还可能与提供虚假证明文件的行为产生竞合。对此，也应当依照处罚较重的规定处罚。

3. 药品监管渎职行为

《刑法修正案（十一）》在《刑法》第408条之一中嵌入药品监管渎职罪的做法，使得原本依照普通渎职犯罪定罪处罚的药品监管渎职行为被独立评价，并加强了处罚力度。在此次修订中，立法者为药品监管渎职行为列举了五种典型的情形。其一，“瞒报、谎报药品安全事件的”情形。瞒报即对已经发生的药品安全事件隐瞒不报的行为，谎报即对已经发生的药品安全事件虚假报告的行为，该种行为类型中同时包含了不作为和作为两种形式。其二，“对发现的严重药品安全违法行为未按规定查处的”情形。行为人必须是对已发现的严重药品安全违法行为未按规定查处，如果仅是一般的违法行为，则不能构成本罪。其三，“在药品审批审评过程中，对不符合条件的申请准予许可的”情形。其四，“依法应当移交司法机关追究刑事责任不移交的”情形。药品监督管理部门发现药品违法行为涉嫌犯罪的，应当及时将案件移送公安机关，应当移送却不移送的，对直接负责人员按照本罪定罪处罚，不再以《刑法》第402条规定的徇私舞弊不移交刑事案件罪论处。其五，“有其他滥用职权或者玩忽职守行为的”情形。该情形属于兜底性规定，其他滥用职权或者玩忽职守行为是指其他不法行使职责行为或者不履行职责或不正确履行职责的行为，在笔者看来，可以包括未及时发现重大的药品安全系统性风险，或者重大违法行为的，未及时消除监管区域内的重大安全隐患的等情形。

（三）妥当实现构成要件结果认定

第一，对于妨害药品管理罪中构成要件结果的认定。要构成妨害药品管理罪，不仅要求行为人要“违反药品管理法规”，而且还要求行为要

"足以严重危害人体健康"。该罪采取了具体危险犯的立法模式，结果中"足以严重危害人体健康"的判断，在司法上要以行为当时的具体情况为根据进行具体考察。[①] 有学者曾提出，《刑法》第 142 条之一规定的几种行为类型明显侵犯了药品管理秩序，不应当将"足以严重危害人体健康"作为构成要件要素，而应将该罪设置为抽象危险犯，以避免规范内部的不协调。[②] 然而，该罪在行为规制上本身就具有极大的扩展性：为了更加周全地保护药品安全，不仅在横向上拓展了规制行为类型，而且在纵向上延长了行为规制链条，使得刑法的制裁范围、制裁节点得以扩张和提前。刑法竭力追逐安全维护而做出的拓展必然会造成对公民自由权利挤压和克减的风险，[③] 如果在扩张性规制的基础上又设置犯罪成立上的抽象危险结果，则妨害药品管理罪的打击范围将会进一步泛化。因此，"足以严重危害人体健康"的具体危险结果实际上对该罪的制裁范围起到了限制作用。同时，从另一个角度说，《刑法》第 142 条之一规定的几种生产、销售行为并不能反映出药品本身的真实药效，其危险性存在较大差异，一律设置为抽象危险犯会因为忽略了药品功效而将那些不具有危险性但只是违反监管程序的生产药品行为犯罪化，显然是不合适的。[④]

当然，在任何社会，刑法的人权保障机能和社会保障机能都应当互相协调。[⑤] 为了保证该罪的适用空间和药品安全保障目的的实现，有必要对"足以严重危害人体健康"这种危害结果的判断节点和判断内容进行阐释。首先，在本罪中，行为人的危害行为是否"足以严重危害人体健康"应站在行为时的立场具体分析判断。通常来说，虽然单纯的未取得药品相关批准证明文件生产、进口药品，编造生产、检验记录等行为并不会直接造成严重危害人体健康的结果，但如果站在行为时的立场来看，前述行为在特定情况下，会对民众的身体健康造成极大的威胁。其次，具体案件中的行

---

① 张明楷：《刑法学》（第五版），法律出版社 2016 年版，第 167 页。

② 张明楷：《增设新罪的原则——对〈刑法修正案十一（草案）〉的修改意见》，《政法论丛》2020 年第 6 期。

③ 张永强：《预防性犯罪化立法的正当性及其边界》，《当代法学》2020 年第 4 期。

④ 张伟珂：《论药品犯罪刑法规制的转型与司法回应》，《中国刑事法杂志》2021 年第 2 期。

⑤ 陈兴良：《刑法机能二元论》，《法制与社会发展》1997 年第 4 期。

为是否“足以严重危害人体健康”还需结合多方面考察。对于“生产、销售国务院药品监督管理部门禁止使用的药品”和“未取得药品相关批准证明文件生产、进口药品或者明知是上述药品而销售的”可以从违法行为的持续时间、次数、涉案药品的数量以及重要性程度等方面进行判断。对于“药品申请注册中提供虚假的证明、数据、资料、样品或者采取其他欺骗手段”和“编造生产、检验记录”这两种情形，则可以从虚假提供的材料和编造的记录的关键性程度、行为的次数、生产药品的数量等方面进行判断。

第二，对于药品监管渎职罪中构成要件结果的认定。在结果上，药品监管渎职罪的成立要求行为“造成严重后果或者有其他严重情节”。笔者认为，“造成严重后果”包括以下情形：瞒报、谎报药品安全事件，致使事件进一步恶化的；对发现的严重药品安全违法行为未按规定查处，或者在药品审批审评过程中，对不符合条件的申请准予许可，导致发生重大药品安全事件发生的。至于药品安全事件的严重程度，可以通过涉及的对象、人数、地域以及造成的伤害结果等因素进行考量。“有其他严重情节”可以包括以下情形：对发现的严重药品安全违法行为未按规定查处，导致演变为犯罪的；不符合条件的申请人在获得许可后，实施了生产、销售假药、劣药等严重违法犯罪行为的；依法应当移交司法机关不移交，致使犯罪嫌疑人继续进行违法犯罪活动，或者隐瞒、毁灭证据，伪造材料，改变刑事案件性质的等情形。

四 结语

“人民的安全乃是至高无上的法律。”①《刑法修正案（十一）》在危害药品安全犯罪领域所做的修订，不仅织密了打击药品安全犯罪的刑事法网，提升了国家治理药品安全犯罪的整体能力，而且积极回应了近年来社会公众对药品安全问题的关切，集中体现了风险社会中刑法及时回应安全

① 霍布斯言，转引自［美］博登海默《法理学：法律哲学与法律方法》，邓正来译，中国政法大学出版社 1987 年版，第 290 页。

保障诉求立法动向。在立法层面已经对危害药品安全犯罪作出调整的背景下，一项重要的任务就是如果准确地理解和适用这些条款，以使其在司法实践中能够更好地发挥打击危害药品安全犯罪的作用。本文主要在揭示修法背景和呈现修订内容的基础上，对如何理解《刑法修正案（十一）》修改和增设的涉药条款进行研究，以期对司法实践有所裨益。诚然，药品犯罪案件的复杂性、变动性和刑法规范本身的模糊性决定了解释的无限性，涉药相关罪名的准确适用，还有赖于进一步的研究和解释。

（作者为西南政法大学法学院教授、博士生导师，重庆市新型犯罪研究中心主任，国家毒品问题治理研究中心主任，重庆市高校哲学社会科学协同创新团队“国家毒品问题治理研究创新团队”负责人。本文原载于《当代法学》2021 年第 5 期，收入本书时略有删改。）

《刑法修正案（十一）》中无限额罚金的规范适用

张亚平

《刑法修正案（十一）》以不同形式增加了大量的无限额罚金。由于没有立法的限制，无限额罚金的适用完全交由法官自由裁量，这导致实践判决中罚金数额较为混乱。罚金也是刑罚，其规范适用必须得到足够的重视。

一 《刑法修正案（十一）》中无限额罚金的立法及其理由

（一）《刑法修正案（十一）》中无限额罚金的立法概况

无限额罚金的立法包括三种情形，即针对单位犯罪的无限额罚金、针对单位犯罪中的主管人员和直接责任人员的无限额罚金以及针对自然人犯罪的无限额罚金。由于针对单位犯罪的罚金都是无限额罚金，因此本文所讨论的无限额罚金主要是针对自然人犯罪的无限额罚金。如果某罪名中自然人犯罪并不配置罚金，仅对单位处以罚金，则该罪名也属于无限额罚金的罪名。《刑法修正案（十一）》之后，我国刑法共有 488 个罪名，其中配有罚金的罪名有 246 个。而在 246 个配置罚金的罪名中，有 183 个为无限额罚金。无限额罚金罪名占所有配置罚金罪名的比例为 74.4%。

我国 1979 年《刑法》所规定的罚金都是无限额罚金，在 1997 年刑法修订时，增加了不少倍比（比例）罚金或限额罚金。1997 年《刑法》生效之后的最初几次修改，继续将无限额罚金修改为倍比（比例）罚金或限额罚金。例如，1998年《全国人大常委会关于惩治骗购外汇、逃汇和非法买卖外汇犯罪的决定》中，将逃汇罪的罚金由以前的无限额罚金，修改为比例罚金。但是自《刑法修正案（三）》之后，《刑法》却重趋无限额罚金的立法走向，开始大量增加无限额罚金的罪名，这一现象自《刑法修正案（六）》以后更为明显。刑法增加无限额罚金的罪名包括三种情况：一是增加新罪名，并配置无限额罚金；二是在原有法定刑基础上增加无限额罚金；三是将原条文中的倍比（比例）罚金或限额罚金，修改为无限额罚金。《刑法修正案（六）》共增加5个无限额罚金的罪名，《刑法修正案（七）》共增加8个，《刑法修正案（八）》共增加8个，《刑法修正案（九）》共增加29个，《刑法修正案（十一）》共增加18个。其中《刑法修正案（十一）》增加的无限额罚金的罪名分别为：妨害安全驾驶罪（新增罪名），生产、销售、提供劣药罪（修改前为“销售金额百分之五十以上二倍以下罚金”），妨害药品管理罪（新增罪名），欺诈发行证券罪（修改前为“百分之一以上百分之五以下罚金”），违规披露、不披露重要信息罪（修改前为“二万元以上二十万元以下罚金”），非国家工作人员受贿罪（新增“并处罚金”），非法吸收公众存款罪（修改前为“二万元以上二十万元以下罚金”“五万元以上五十万元以下罚金”），洗钱罪（修改前为“百分之五以上百分之二十以下罚金”），集资诈骗罪（修改前为“二万元以上二十万元以下罚金”“五万元以上五十万元以下罚金”），为境外非法窃取、刺探、收买、非法提供商业秘密罪（新增罪名），职务侵占罪（增加“并处罚金”），冒名顶替罪（新增罪名），高空抛物罪（新增罪名），催收非法债务罪（新增罪名），非法采集人类遗传资源、走私人类遗传资源材料罪（新增罪名），非法植入基因编辑、克隆胚胎罪（新增罪名），非法引进、释放、丢弃外来物种罪（新增罪名），妨害兴奋剂管理罪（新增罪名）。

（二）《刑法修正案（十一）》中无限额罚金的立法理由

《刑罚修正案（十一）》新增加的配置无限额罚金的罪名，都是与经济财产无直接关系的犯罪。这类犯罪设置无限额罚金，主要是为了保证罚金的灵活适用性和长期适应性（稳定性），[①] 对此无须详述。但是《刑法修正案（十一）》中有不少规定，将以前的倍比（比例）罚金修改为无限额罚金，这种情况共有 6 个罪名。这些无限额罚金的立法理由各有不同。

第一，加大对相关犯罪的惩罚力度。基于这一目的而修改为无限额罚金的罪名有非法吸收公众存款罪和违规披露、不披露重要信息罪。

在《刑法修正案（十一）》之前，非法吸收公众存款罪的罚金采取的是限额罚金的立法方式，即“并处或者单处 2 万元以上 20 万元以下罚金”，数额巨大或者有其他严重情节的，“并处 5 万元以上 50 万元以下罚金”。也就是说，在刑法修改之前，非法吸收公众存款无论数额如何巨大或者情节多么严重，除了判处有期徒刑之外，最多只能处以 50 万元罚金。自 1997 年《刑法》正式规定此罪名，已经过去 20 多年。在这 20 多年时间里，我国经济总量发生了翻天覆地的变化。1997 年我国 GDP 总量约为 7.97 万亿元人民币，而 2020 年我国 GDP 总量已经突破 100 万亿，并且依然保持强劲的增长势头。1997 年《刑法》规定的限额罚金，在当时还能体现对严重犯罪在经济上的严厉惩罚，但如今最多 50 万元的罚金，对于金额动辄上亿元的非法吸收公众存款罪，简直是隔靴搔痒，并不能实现其应有的惩罚性效果，反而给人一种不痛不痒之感。这次刑法修正，将以前的限额罚金修改为无限额罚金，正是为了“加大惩罚力度”。[②]

刑法将违规披露、不披露重要信息罪修改为无限额罚金，动因也主要是为了加大惩罚力度。“全国人大代表提出，注册制施行后，信息披露的重要性进一步提升，违规披露或者不披露信息的危害性更大，需要加大刑法的保障力度。一些社会关注的大案如康美药业、獐子岛等，均具有严重违反信息披露义务的行为，因违规披露、不披露信息造成了投资者的重大损失，严重动摇了资本市场的诚信基础和管理秩序，造成了极其恶劣的影响。但是根据《刑法》原第 161 条的规定，法定最高刑为三年有期徒刑，

① 刘晓莉：《无限额罚金刑的司法适用及其未来展望》，《当代法学》2013 年第 5 期。

② 许永安主编：《中华人民共和国刑法修正案（十一）解读》，中国法制出版社 2021 年版，第 111 页。

罚金为2万元以上20万元以下，已不能更为准确地评价信息违规披露、不披露行为所造成的社会危害，有必要做出相应调整。”[①]

第二，区别对待，宽严相济。

倍比（比例）罚金或者限额罚金有利于限制法官的自由裁量权，符合罪刑法定的明确性原则，但是缺点也非常明显，在有些情况下可能会有过于僵化之嫌，不能根据不同情况区别对待。例如，在欺诈发行股票、债券行为中，发行行为一般是单位行为，公司的控股股东、实际控制人是最终受益者，而董事、监事、高级管理人员往往是在控股股东、实际控制人控制、操纵下，被动参与实施股票、债券发行，在整个股票、债券发行过程中所起作用较小。但是，由于通过发行债券非法募集资金一般数额特别巨大，对受操纵、指挥的董事、监事、高级管理人员处以罚金金额的下限，实际金额仍显过高；而对于实际控制人、控股股东，处以罚金金额的上限，即募集资金金额的5%的罚金，有时仍显得过低。[②] 因此，《刑法修正案（十一）》对欺诈发行证券罪（罪状和罪名也有所改动）的罚金刑进行了调整，分为两款分别予以规定。对于一般的董事、监事、高管等实施该行为的，规定的是无限额罚金，即“并处罚金”；对于控股股东、实际控制人组织、指使一般的董事、监事、高管等实施欺诈发行证券的行为，则规定的是比例罚金，较修改前大幅提高了罚金的比例，即“并处非法募集资金20%以上一倍以下罚金”。

第三，实事求是，灵活处理。

有些经济金融类犯罪，处以倍比（比例）罚金，应该说是合理的，但实践中也可能会遇到尴尬的情况，很难根据刑法的规定裁量确定实际罚金数额。

例如，对于洗钱罪，绝大多数情况下，洗钱金额都可以明确计算，从而根据洗钱金额的比例判处罚金也是合理且现实的。然而在不少案件中，当上游犯罪所得属于非资金形式的其他财产时，就不太容易计算洗钱金

---

① 许永安主编：《中华人民共和国刑法修正案（十一）解读》，中国法制出版社2021年版，第84页。

② 许永安主编：《中华人民共和国刑法修正案（十一）解读》，中国法制出版社2021年版，第73页。

额，需要将上游犯罪所得财物转换为资金时，洗钱金额才可以确定。但是有些资产的估算价格会随时间的变化而发生变化，这样很不利于罚金的确定。[①] 由是，《刑法修正案（十一）》将洗钱罪的罚金修改为无限额罚金，由司法机关根据案件情况自主确定罚金数额。

类似地，对于集资诈骗罪，“由于不同案件间涉案金额差距较大，可供执行的财产状况不同，在实践中根据不同案情确定具体罚金数额更为合理和可具操作性，故删除了罚金的数额标准，改为原则规定的并处罚金。”[②]

这种情况还有生产、销售劣药罪。该罪以前采取的是倍比罚金制，而倍比罚金需要以销售金额为基础，但是实践中经常出现没有销售金额的情况。根据2014年11月3日“两高”《关于办理危害药品安全刑事案件适用法律若干问题的解释》第15条之规定，生产、销售假药、劣药罪中的“销售金额”，是指生产、销售假药、劣药所得和可得的全部违法收入。换言之，已经销售出去的假药、劣药，其销售金额可以确定；而尚未销售出去的假药、劣药，也应当计入“销售金额”。但实践中，尚未销售出去的假药、劣药的销售金额该如何计算？是否也应当像认定生产、销售伪劣产品罪中犯罪成立和犯罪既遂、未遂那样，按照已经销售出去的销售金额的3倍计算？这些问题都实际影响罚金数额的确定，但其自身却又没有明确标准。《刑法修正案（十一）》将生产、销售、提供劣药罪的罚金修改为无限额罚金，也正是基于此考量。

二 无限额罚金的司法适用混乱现状

我国《刑法》第52条规定：“判处罚金，应当根据犯罪情节决定罚金数额。”这是关于罚金适用的原则性规定。2000年11月15日最高法《关

① 许永安主编：《中华人民共和国刑法修正案（十一）解读》，中国法制出版社2021年版，第138页。

② 许永安主编：《中华人民共和国刑法修正案（十一）解读》，中国法制出版社2021年版，第148页。

于适用财产刑若干问题的规定》第2条规定：“人民法院应当根据犯罪情节，如违法所得数额、造成损失的大小等，并综合考虑犯罪分子缴纳罚金的能力，依法判处罚金。刑法没有明确规定罚金数额标准的，罚金的最低数额不能少于1000元。”

尽管有上述刑法及司法解释的规定，但这些规定依然非常抽象，并不能为司法实践中无限额罚金的适用提供明确的数额标准。正是因为此，司法实践中，罚金的适用显得较为混乱。

为了说明无限额罚金的适用情况，可以根据犯罪性质将法定刑含有无限额罚金的犯罪大致分为三种类型进行考察：一是普通经济财产犯罪，如盗窃罪、诈骗罪、侵占罪、贪污罪等。这一类型的犯罪有一定的财产数额，罚金的裁量有财产数额的参照依据。二是与财产无直接关系的犯罪、主要包括危害公共安全类犯罪（如危险驾驶罪）、扰乱公共秩序类犯罪（如组织考试作弊罪）、危害公共卫生罪（如非法行医罪）、破坏环境资源保护罪（如污染环境罪）等。这类犯罪与财产无直接关系，法官在判决时没有任何金钱数额的参照，完全凭其他情节和自己的司法经验决定罚金数额。三是公司、金融类犯罪。这类犯罪往往涉及数额特别巨大的财产，但该财产又不全是犯罪所得或犯罪收益，法官在裁量罚金的数额时，能否以涉案财产的数额作为参照没有明确的规则或依据。本文就以上三类犯罪各选取一个罪名，第一类以诈骗罪为例，第二类以污染环境罪为例，第三类以操纵证券、期货市场罪为例，大致揭示无限额罚金适用的混乱情况。

（一）诈骗罪罚金适用概况

有不少学者在研究无限额罚金的司法适用情况时，都以诈骗罪作为代表性罪名。这是因为诈骗罪是常见多发的犯罪，犯罪数额跨度较大，从几千元到上亿元均可能存在，因而罚金的数额也可能相差较大，能较为明显反映出罚金适用的混乱状况。

对于诈骗罪而言，犯罪数额是最为重要的量刑情节，也当然是影响罚金数额的最关键因素。有学者对诈骗罪的犯罪数额和罚金数额情况作了较为详细的统计，从统计数字来看，诈骗罪的犯罪数额绝大多数在200万元以下，对应的罚金数额在10万元以下，但是也有一些案件的罚金为20万甚至30万元左右。在犯罪数额超过200万元的4件案件中，犯罪数额分别为460万元、580万元、800万元、1270万元，对应的罚金数额分别为50万元、60万元、30万元、14万元。[①] 甚至在其他学者的统计中，有的诈骗罪犯罪数额为1600万元，且只有自首情节，而实际判处的罚金数额却仅为2万元；而在另一起诈骗罪中，犯罪数额为150万元，罚金数额却高达100万元。[②] 且这些犯罪的罚金数额的分布，除极个别案件外，并没有明显受到其他特别因素如自首、立功、退赔等的影响。那么，唯一能解释其中差别的原因就是法官的自由裁量。

（二）污染环境罪罚金适用概况

在与财产无直接关系的犯罪中，实际判决的罚金数额一般不是特别大，但也较为混乱。笔者以污染环境罪为例对此略予说明。

污染环境罪［《刑法修正案（八）》之前为重大环境污染事故罪］历经两次修改，但其罚金的立法方式自始即为无限额罚金制。笔者从裁判文书网随机抽取2019年以后30起污染环境罪的判决，以统计其罚金的判罚情况，发现污染环境罪的判决中罚金数额也较为混乱，表现为以下几点：第一，在自由刑为同一法定刑档次，且自由刑实际判决刑期相近的情况下，罚金数额相差较大。如刘成金污染环境罪一案中，被告人（上诉人）刘金成被判处有期徒刑2年，缓刑2年6个月，并处罚金人民币15万元；[③] 而在梁十五、李小明、林剑生等污染环境罪一案中，被告人肖远成被判处有期徒刑2年（未缓刑），并处罚金1万元。[④] 第二，同一案件中的不同被告人，其所判的自由刑相同，但罚金却不同。例如在梁十五、李小明、林剑生等污染环境罪一案中，共有16名被告人，其中江伟、海振东、邓时武、周大为、江友平的自由刑分别为2年6个月至2年9个月不等，罚金

---

① 安超杰：《无限额罚金刑研究》，硕士学位论文，华东政法大学，2020年。

② 陈帅：《无限额罚金刑量刑失衡问题与规制——以S市258篇数额特别巨大诈骗案件判决书为样本》，载《上海法学研究集刊》2019年第12卷（总第12卷）（闵行区法院卷），第1294页。

③ 江苏省南京市中级人民法院二审刑事判决书（2020）苏01刑终997号。

④ 广东省中山市中级人民法院二审刑事判决书（2020）粤刑终443号。

均为人民币 5 万元；而唐昌胜被判处的自由刑也是 2 年 6 个月，但其罚金为 2 万元。其他几名被告人江兴红、郁家军、温建福被判处的自由刑均为 2 年 3 个月，罚金则为 1 万元。[①] 第三，同一个案件，二审对一审所判决的自由刑予以改变，但却未改变一审所判的罚金刑数额。如王志杰污染环境罪一案中，一审法院判决被告人王志杰有期徒刑 3 年 7 个月，并处罚金人民币 5 万元，二审改判为有期徒刑 2 年 6 个月，但依然并处罚金人民币 5 万元。[②]

（三）操纵证券、期货市场罪罚金适用概况

操纵证券、期货市场罪的罚金由以前的倍比罚金（违法所得一倍以上五倍以下）经《刑法修正案（六）》修改为无限额罚金。修改的理由是，"刑法这一条规定对操纵证券、期货交易价格的犯罪按违法所得的倍数处罚金，但违法所得的数额很难计算"。笔者在裁判文书网搜索"操纵证券市场罪"，得到 10 件判决书。但这 10 件判决就足以显示操纵证券、期货市场罪罚金适用的混乱情况，表现在以下几个方面：（1）在吴定昌操纵证券、期货市场罪案中，被告人吴定昌只被判处罚金人民币 2760 万元，未被判处徒刑。[③]（2）在唐万川操纵证券市场罪案中，被告人唐万川被判处有期徒刑 2 年 6 个月，缓刑 3 年，但未被判处罚金。[④]（3）公诉机关量刑建议的罚金数额与法院判决的罚金数额差距较大。在朱德洪操纵证券、期货市场罪一案中，公诉机关建议对各被告人量刑分别为罚金人民币 10 万元、10 万元，而法院最终判决罚金分别为 400 万元、300 万元。[⑤]（4）同一案件中不同被告人，罚金数额差别巨大。在唐汉博等操纵证券、期货市场罪一案中，被告人唐汉博、唐园子、唐渊琦均构成操纵证券市场罪，三人均具有自首情节，其中唐汉博、唐园子属"情节特别严重"，适用第二档法定刑，唐汉博是主犯，唐园子、唐渊琦是从犯。据此，唐汉博被判处有期

---

① 广东省中山市中级人民法院二审刑事判决书（2020）粤刑终 443 号。

② 河南省驻马店市中级人民法院二审刑事判决书（2020）豫 17 刑终 424 号。

③ 江苏省南京市中级人民法院刑事判决书（2017）苏 01 刑初 31 号。

④ 湖北省武汉市中级人民法院一审刑事判决书（2013）鄂武汉中刑初字第 00036 号。

⑤ 上海市第一中级人民法院刑事判决书（2017）沪 01 刑初 86 号。

徒刑 3 年 6 个月，并处罚金 2580 万元，唐园子被判处有期徒刑 1 年 8 个月，并处罚金 1790 万元，唐渊琦被判处有期徒刑 1 年，缓刑 1 年，并处罚金 10 万元。① （5）不同案件，罚金数额差距巨大。

三 无限额罚金规范适用的路径

（一）从理念塑造上进行规范

对无限额罚金的规范适用，首先在于司法者要充分认识罚金规范适用的重要性，做到规范适用罚金的思想和行动自觉。

罚金规范适用是罚金的性质所决定的。罚金也是我国刑法规定的独立的刑罚种类，是一种惩罚性措施。既然如此，公正性就是其最主要价值追求。刑法的公正性最终落实于刑罚的公正性，没有刑罚的公正性，整个刑事司法就不再有公正可言。司法人员较为随意地判决适用罚金，其根源就在于忽视了罚金的刑罚本质，认为罚金无非就是对犯罪人罚点钱，多一点少一点无足轻重。这一点也可从最高人民法院的态度上有所反映。最高人民法院曾多次出台量刑规范化建议，对常见犯罪的刑罚裁量和常见犯罪情节对量刑的影响进行了细化规定，但是却没有对罚金的裁量提出任何规范化建议。例如，在 2017 年最高人民法院《关于常见犯罪量刑指导意见》（二）中，对危险驾驶罪的量刑提出了规范性的指导意见，但仅限于拘役的裁量，并未对罚金的裁量提出任何指导意见。这也从一个侧面表明，最高人民法院并未对罚金的裁量予以足够的重视。

罚金规范适用是坚守刑法基本原则的必然要求。其一，罪刑法定要求罚金的裁量必须规范，不可过于随意。罪刑法定原则要求刑法必须明确。刑法只有是明确的，才是可预期的。将对犯罪的惩罚完全交给法官随心所欲地任意处罚，对于立法上不宜明确规定的罚金数额，在司法上也不进行适当规范，彻底将刑罚的不明确贯彻到底，是对罪刑法定明确性的最彻底的抛弃。相反，如果能在司法上将立法不宜明确规定的罚金数额，尽量规

① 上海市第一中级人民法院刑事判决书（2019）沪 01 刑初 19 号。

范适用，至少能让民众从以往的判决中预测自己行为在金钱处罚上的后果，从而对自己行为有一个相对明确的预判。其二，无限额罚金刑的规范适用，更是罪刑均衡原则的必然要求。罪刑均衡原则意味着罚当其罪，有多重的罪就判多重的刑，避免刑罚的畸轻畸重。其三，罚金的规范适用，也是刑法适用平等原则的应有之义。

（二）从判罚尺度上进行规范

如前所述，本文根据犯罪性质，将法定刑含有无限额罚金的犯罪大致分为三类，即普通经济财产犯罪、公司、金融类犯罪以及与财产无直接关系的犯罪。《刑法》第 52 条规定："判处罚金，应当根据犯罪情节决定罚金数额。"对于普通经济财产犯罪与公司、金融类犯罪，与犯罪相关的财产是最主要的犯罪情节，是决定罚金数额的关键依据。不同的财产犯罪中，行为人实施犯罪的动因也会有较大差别，因而在决定罚金数额时也应区别对待。一般情况下，对于普通经济财产犯罪，如诈骗罪、盗窃罪、抢夺罪等，行为人多是因为生活窘迫或收入不能满足消费需求，才实施犯罪。而对于公司、企业类财产犯罪，如非法经营同类营业罪，或者经济、金融类财产犯罪，如非法吸收公众存款罪，行为人更多的是贪心不足，疯狂敛财。但是，普通经济财产犯罪由于经常发生在每个人身边，不仅侵犯他人财产利益，而且导致直接的体感治安的恐惧；而公司、企业类财产犯罪，或者经济、金融类财产犯罪，尽管犯罪数额一般较大甚至巨大，但多是白领人员利用职务、身份实施的犯罪，或者被害人存在过错的犯罪，普通民众的体感治安的恐惧心理有所缓和。所以，对于这两类财产经济类犯罪，在判处罚金刑时，应当体现出差别。对于普通经济财产犯罪，重在以自由刑体现惩罚性的差别，罚金数额一般不宜太高；相反，对于公司、企业类犯罪或者经济、金融类犯罪，更应当体现经济性惩罚的力度，总体而言，罚金数额应较普通经济财产犯罪更高。

实践中，司法人员在决定罚金数额时，会考虑被告人缴纳罚金的能力。应当说，这也是有规范依据的。2000 年 11 月 15 日最高人民法院《关于适用财产刑若干问题的规定》第 2 条规定："人民法院应当根据犯罪情节，如违法所得数额、造成损失的大小，并综合考虑犯罪分子缴纳罚金的能力，依法判处罚金。”笔者认为，将犯罪分子缴纳罚金的能力作为裁量罚金的参考因素无疑是合理的，这既是罚金实质平等的体现，也可以一定程度上避免执行难问题。不过，对此也应分别处理。如果犯罪人生活贫困，根本无力缴纳罚金，那么就应当适当减少其罚金的数额；相反，如果犯罪人经济充裕，却不能据此增加其罚金数额，更不能“量入为出”，“看人下菜”，“不能本末倒置，因为被告人有钱就多判罚金。”[①] 罚金也是刑罚，和生命刑、自由刑一样，公正性是其首要价值追求。因而，罚金刑的裁量也应当和其他刑罚种类一样，严格遵循《刑法》第61条的原则性规定。而且，有钱也不是罪过，如果个人或家庭财产与本次犯罪无关，就不应当被作为处罚的依据。况且，有的人挥霍无度，生活奢靡；有的人生活吝啬，节衣缩食。有的人视金钱如粪土，有的人视金钱如生命。所以，现实中很难准确判断财产性处罚对不同人的痛苦感受程度。

对于不涉及财产的犯罪，罚金数额总体而言不宜太高。如果是单处罚金，就是针对轻罪的轻微的处罚，因而数额不宜太高；即使是并处罚金也不宜太高。这是因为，这类犯罪不是为了经济利益，也不需要经济基础的支撑，对其处以罚金的目的也就不在于从经济上剥夺犯罪能力，而只是让其在丧失自由的同时，也感受到经济惩罚的痛苦。笔者认为，对这类犯罪的罚金刑的裁量，可以考虑与行政罚款的对接。例如高空抛物罪，如果对其单处罚金，是认为该罪情节轻微，不需要判处自由刑。如果对其并处罚金，那么就可以考虑，高空抛物的行为如果不构成犯罪，仅构成一般的违法行为的话，则根据《治安管理处罚法》，对其最多处以1000元罚款。[②] 那么对于高空抛物罪的罚金也应当以1000元为基数，且不应当大幅高于这一数额。

（三）从统一标准上进行规范

无限额罚金刑的裁量没有立法数额的限制，只能在司法过程中最大限

---

① 付立庆：《刑法总论》，法律出版社2020年版，第365页。

② 实际上，《治安管理处罚法》中并没有明确规定对高空抛物行为的处罚，实践中有地方对高空抛物行为按照扰乱公共秩序予以处罚。在《治安管理处罚法》中，对扰乱公共秩序的行为的罚款最高为1000元。

度追求公平，通过权威司法解释限制法官的自由裁量权，或者通过指导性案例为法官的裁判提供大致的参考。法官在裁量的时候，也应通过类案检索或者横向比较的方式，实现无限额罚金比较意义上的公平。

第一，通过权威司法解释限制法官的自由裁量权。刑法规定无限额罚金，主要考量是刑法的稳定性以及罚金刑的相对灵活性。但是刑法的公平价值也是至为重要的价值追求。为了兼顾这两个方面的价值追求，最好的路径是通过司法解释的形式对无限额罚金的具体适用标准进行适度明确。司法解释是由最高司法机关根据实际情况对刑法的适用进行的解释说明，具有规范效力。但是，司法解释相对于刑法立法，可以根据经济情况的变化而适当灵活修改调整，甚至可以根据各地方的差异而规定不同的标准。实际上，最高司法机关已经通过司法解释的形式对不少罪名的无限额罚金规定了较为明确的罚金数额或范围。从这一意义上说，通过司法解释明确规定罚金数额或比例的罚金刑已经不是纯粹的无限额罚金了。例如：2020年9月12日“两高”《关于办理侵犯知识产权刑事案件具体应用法律若干问题的解释（三）》第10条，对知识产权犯罪的罚金数额进行规定；2014年“两高”《关于办理危害药品安全刑事案件适用法律若干问题的解释》第12条，对生产、销售假药罪的罚金数额进行了规定；2013年4月2日“两高”《关于办理盗窃刑事案件适用法律若干问题的解释》第14条，对盗窃罪的罚金数额进行了规定，等等。

第二，通过发布指导性案例统一适用标准。近年来，“两高”日益重视指导性案例对于指导司法实践，统一法律适用的作用。指导性案例具有类似于抽象司法解释的规范性效力，对于最高人民法院发布的指导性案例，“各级人民法院审判类似案例时应当参照”。而且指导性案例较抽象司法解释更加灵活，适用范围更宽，有些不便制定司法解释的问题，可以通过指导性案例的形式为司法实践提供指导。就此而言，通过指导性案例的形式，对刑法中规定的无限额罚金的适用进行规范，是更加合理的路径和方法。例如，对于污染环境罪，其罚金数额该如何裁量，司法实践可能需要考虑的因素较多，如污染行为所造成的直接和间接损失、环境恢复所需要的费用、行为人通过污染环境的生产行为所获取的经济利益、污染环境行为所造成的社会影响等，这些因素对罚金刑的数额的影响并不太容易通过抽象司法解释的形式予以规定。通过发布指导性案例的形式，在案例的释法说理中，为类似案件的罚金刑的裁量提供指引，应该说不失为更恰当的方式。

第三，通过类案检索实现类似案件的协调。对于无限额罚金，惩罚的公平性更主要是比较而言的，因为罚金的数额并没有立法的明确限制。只要类似案件的罚金数额大体上保持平衡，不至于畸轻畸重，就基本上可以说是公平的。所以通过类案检索制度实现相同案件中罚金数额的相似裁量，是无限额罚金规范适用的重要保障。罚金裁量中的类案检索不仅指同一罪名中犯罪事实和情节类似的案件的检索，而且还包括性质类似的案件。例如，“两高”对盗窃罪的罚金数额通过司法解释的形式进行了大致限定，但并没有对诈骗罪罚金刑的裁量进行限制性规定，那么司法者在对诈骗罪的罚金进行裁量时，除了检索类似诈骗罪的判决中罚金数额之外，还可以检索盗窃罪中罚金的数额作为参照。从某种意义上说，盗窃罪的罚金数额有司法解释的限定，相对来说，实践判决中具体数额的裁量会更加统一。以盗窃罪判决所确定的罚金数额作为诈骗罪罚金数额的参照，更加有利于罚金数额的统一和平衡。

四 《刑法修正案（十一）》中无限额罚金的适用标准

《刑法修正案（十一）》以不同形式共增加 18 个无限额罚金的罪名。这 18 个新增加或修改的罪名，也涵盖了罚金适用的三种犯罪类型，即与财产无直接关系的犯罪、普通经济财产犯罪和公司、金融犯罪。

（一）与财产无直接关系的犯罪

此类犯罪妨害安全驾驶罪，冒名顶替罪，高空抛物罪，催收非法债务罪，非法引进、释放、丢弃外来入侵物种罪，妨害兴奋剂管理罪、非法采集人类遗传资源、走私人类遗传资源材料罪，非法植入基因编辑、克隆胚胎罪。这一类犯罪都是新增加的罪名，分属于危害公共安全罪、妨害社会管理秩序罪等章节。由于行为人实施此类犯罪不以获取经济、财产利益为目的，一般也不会直接造成经济、财产损失，所以没有相关财产数额可以作为裁量罚金数额的参照。如前所述，对于此类犯罪，其罚金数额一般不宜太高。可以从行刑衔接的视角，参考具体犯罪所对应的行政违法的罚款金额，具体确定罚金数额。

（二）普通经济财产犯罪

此类犯罪包括生产、销售、提供劣药罪，妨害药品管理罪，为境外窃取、刺探、收买、非法提供商业秘密罪，非国家工作人员受贿罪，职务侵占罪。其中，为境外窃取、刺探、收买、非法提供商业秘密罪是新增加的罪名，分属于“侵犯知识产权犯罪”一节，其罚金数额的确定应当根据2020年9月12日两高《关于办理侵犯知识产权刑事案件具体应用法律若干问题的解释（三)》第10条规定，裁量确定罚金的数额。

对于生产、销售、提供劣药罪，这次刑法修正将其罚金修改为无限额罚金，主要是为了对没有销售金额的情况能更加灵活处理。因此，对于有销售金额的生产、销售、提供劣药的犯罪，仍然可以沿用修改前的罚金裁量标准。对于没有销售金额的犯罪，也可以在可能的销售金额或者货值金额的基础上，参考修订之前的处罚标准，结合其他事实、情节，谨慎确定具体罚金数额。

非国家工作人员受贿罪、职务侵占罪系在原有法定刑的基础上增加无限额罚金，修改之前，刑法对于这两个罪名并没有配置罚金。对于非国家工作人员受贿罪，其罚金的数额可以参照受贿罪的罚金数额，因为这两个罪所配置的自由刑基本相同，而受贿罪的罚金数额已经由司法解释大致限定。就职务侵占罪而言，虽然司法解释将其定罪和量刑数额中的“数额较大”“数额巨大”比照贪污受贿罪的数额较大、数额巨大的2倍、5倍执行，但本罪本质上是财产犯罪，分属于刑法分则“侵犯财产罪”一章，故笔者认为，应当将职务侵占的罚金数额与其他财产犯罪如盗窃罪、诈骗罪等对比，与这些财产犯罪的罚金数额保持基本平衡。

（三）公司、金融类犯罪

此类犯罪包括欺诈发行证券罪、违规披露、不披露重要信息罪、非法吸收公众存款罪、洗钱罪、集资诈骗罪。这些罪名都是将此前的倍比（比例）罚金修改为无限额罚金，其罚金数额的确定，除了应遵循《刑法》第52条的规定以及2000年最高法《关于适用财产刑若干问题的规定》之外，还应当充分考虑刑法修正的目的。

对于违规披露、不披露重要信息罪，立法者将限额罚金（2万元以上20万元以下）修改为无限额罚金，主要是考虑到公司登记制改为注册制后，加强平时监管和违规处罚的重要性，因而应加大罚金的处罚力度；同时应考虑到罚金和证券法所规定的罚款的行刑衔接，原则上，罚金不能低于罚款。根据《证券法》第197条之规定，信息披露义务人不履行披露义务的，对直接负责的主管人员和直接责任人员处以20万元以上200万元以下罚金；如果披露的信息有虚假记载、误导性陈述或者重大遗漏的，则对直接负责的主管人员和其他直接责任人员处以50万元以上500万元以下罚金。据此，对于违规披露、不披露重要信息罪，其罚金也应当区分两种情况分别确定罚金数额：违规披露重要信息的，罚金的数额应当不低于50万元，一般情况下也不高于500万元，但情节严重的，罚金数额可以高于500万元。对于违规不披露重要信息的，罚金的数额应当不低于20万元，一般情况下也不高于200万元，但情节严重的，可以高于200万元。

欺诈发行证券罪罚金的修改，主要是为了区别对待，贯彻宽严相济的刑事政策。对于一般的董事、监事、高管，在控股股东、实际控制人的操纵、控制下实施欺诈发行证券的，其罚金数额不能依照募集资金的比例裁量确定，而应当根据其具体犯罪情节，决定此类犯罪的罚金数额。问题是，这种情况下应如何确定罚金的一般标准？笔者认为，董事、监事、高管即使是在他人的操纵、控制下实施欺诈发行证券行为，其罚金数额一般情况下也不应低于与财产无直接关系的犯罪和普通经济财产犯罪的罚金数额。他们虽然是受操纵、控制实施欺诈发行行为，但是并非胁从犯，他们有相对独立的意志，并且在欺诈发行证券过程中起非常重要的作用。至于一般情况下的罚金数额，也可以对接《证券法》第181条中罚款的数额，以100万元以上为宜。当然，如果董事、监事、高管并非因为受实际控制人等的操纵、控制，而是自己积极主动实施欺诈发行债券的犯罪行为，其罚金数额可以直接参照控股股东、实际控制人的罚金数额。

洗钱罪的罚金修改为无限额罚金，主要是因为有些情况下，上游犯罪的资金数额不易确定，从而无法根据比例确定罚金数额。那么在修改后，如果上游犯罪的资金能够计算，依然可以根据修改前的比例确定。如果无法精确计算洗钱数额，应当根据其他犯罪情节，对照已有判决中情节最相类似，数额能够计算的洗钱罪，具体确定罚金数额，避免畸轻畸重。

对于非法吸收公众存款罪和集资诈骗罪，立法者将其罚金修改为无限额罚金，目的主要在于加大处罚力度。同时，也考虑到不同案件涉案金额差距较大，可供执行的财产状况不同，实践中根据不同案情确定具体罚金数额更为合理和可具操作性。据此，笔者认为，在具体案件判决中应加大罚金的力度，特殊情况下，非法集资人确无财产可供执行，也可以根据情况适当降低罚金数额。最高司法机关可以通过指导性案例的形式，确定大致的参考标准。

（作者为宁波大学法学院教授、法学博士。）

论《刑法修正案（十一）》对高空抛物的规定

彭文华

一　高空抛物入罪的必要性

将高空抛物入罪，不少人持否定态度。例如，有观点认为，从危害公共安全罪本身来说，高空抛物造成的后果并不符合危害公共安全罪的构成要件；同时，高空抛物行为实际在现行刑法上可以被归置。[①] 本文的观点是，高空抛物入罪有重要的现实意义。主要体现在：

一是现实需要。近些年来，我国各地高楼大厦增长迅速，客观上为高空抛物创造了条件，司法实践中该类案件也增长迅速。例如，“2016 年 5 月至 2020 年 5 月，鹰潭市共发生 90 件高空抛物、坠物案件，其中 67 件为高空抛物案件，致使 22 人受伤，其中伤及头部 13 人，致使汽车等 21 件物品被损坏。”[②] 一城尚且如此，全国发生的相关案件更是数不胜数。作为不文明举动，高空抛物的恶名仅次于乱扔垃圾，但危害远甚于后者。在发案率持续增长且缺乏有效遏制手段的情形下，将之入罪是必要的。

二是避免二元处罚机制。一直以来，司法实践对高空抛物采取民、刑并行的二元处罚机制。性质相同或相似的高空抛物，有的可能受刑事处罚，有的则只受民事处罚。“2016 年至 2018 年这 3 年，全国法院审结的高

---

① 蒋安杰：《京师刑委会律师建言献策》，《法制日报》2020 年 7 月 29 日第 009 版。

② 胡文星：《不能让高空抛物的悲剧一再上演》，《检察日报》2020 年 6 月 21 日第 001 版。

空抛物坠物的民事案件有1200多件，这1200多件中有近三成因为高空抛物坠物导致了人身损害；受理的31件刑事案件中，有五成造成了被害人的死亡。”① 民、刑二元处罚机制，在某种程度上影响了高空抛物的民刑定性。“由于民事责任的分担，致使刑事责任追究问题不再引起公安机关高度关注，将其作为刑事案件立案侦查微乎其微。”② 如此既不公平也有损司法的一致性与权威性，高空抛物入罪，能在一定程度上避免二元处罚机制之弊端。

三是有利于定罪量刑的公平公正。司法实践对高空抛物定性也较为混乱。例如，在黄某某高空抛物一案中，黄某某因高空抛物砸坏一辆自行车，被以危险方法危害公共安全罪判处有期徒刑3年。③ 而在董某某高空抛物一案中，董某某因高空抛物致一人死亡，被以过失致人死亡罪判处有期徒刑3年，缓刑3年。④ 后者造成的后果远较前者严重，在定性上却轻于前者，刑罚也轻于前者，与事实严重不协调。将高空抛物入罪，有助于定罪量刑的公平公正。

四是强化调查取证力度。在司法实践中，高空抛物最大的难题在于查清事实、确定行为人。“高空抛物问题最大的难题在于难以确定实施不法行为的人。受害人由于举证能力的局限和调查权限的欠缺，无法提供确定侵权人的证据，进而导致维权的困难。”⑤ 为此，《中华人民共和国民法典》第1254条规定，“发生本条第一款规定的情形的，公安等机关应当依法及时调查，查清责任人。”该规定目的在于强化高空抛物的查证力度。但是，该规定在查证上存在三点不足：一是对于民事案件公安机关缺乏介入基础；二是民法典要求公安机关介入调查属于被动、辅助性调查，其前提是主张者举证不力；三是从“公安等机关”的表述来看，公安机关调查具有选择性。将高空抛物入罪，意味着查证犯罪事实是公安机关的法定义务，将大大强化查处高空抛物的力度。

---

① 《高空坠物何时休?》，《人民日报》（海外版）2019年10月21日第005版。

② 郭华：《高空抛物后果严重者当负刑事责任》，《人民政协报》2019年8月6日第012版。

③ 广东省深圳市龙岗区人民法院刑事判决书（2019）粤0307刑初3459号。

④ 河南省许昌市魏都区人民法院刑事判决书（2015）魏刑初字第250号。

⑤ 岳业鹏：《高空抛物，民法典如何规范?》，《检察日报》2020年6月10日第007版。

二 高空抛物的行为性质

（一）有关高空抛物行为性质的理论观点

对于高空抛物的行为性质，学界主要存在两种不同观点：一是认为高空抛物在性质上属于侵犯公共安全法益的犯罪，但需严格限制。一方面，行为人抛掷的物品本身有造成不特定的多数人或特定多数人人身和财产损害的危险；另一方面，将高空抛物行为所触及的法益界定为“公共安全”，应当综合考虑行为人所抛掷的物品性质、抛物高度以及行为时间和场所等。论者还指出，对于将高空抛物认定为《刑法》第114条、第115条规定的“以其他危险方法危害公共安全罪”，需要抱持审慎的态度。[①] 二是认为高空抛物不属于侵犯公共安全法益的犯罪。“通常的高空抛物行为，不具有以危险方法危害公共安全罪的特质，不应认定为以危险方法危害公共安全罪；在人员密集场所实施高空抛物行为的，不具有刑法第114条所要求的公共危险，也不应认定为以危险方法危害公共安全罪。”[②]

第一种观点认可高空抛物与危害公共安全的危险方法在性质上具有相似性，只是不可等同视之。根据该观点，高空抛物并不必然意味着产生危害公共安全的危险，需要具体情况具体分析，所持乃具体危险犯之立场。第二种观点显然认为高空抛物不能导致危害公共安全的危险状态，而是主张对高空抛物如何定罪应分不同情况。[③] 根据该观点，高空抛物之“高空”限制可以说是多余的，其与低空抛物实质无异，因而未能突出高空抛物之“高空”特征。

---

① 曹波、文小丽：《高空抛物危及公共安全的司法认定规则》，《贵州大学学报》（社会科学版）2020年第3期。

② 张明楷：《高空抛物案的刑法学分析》，《法学评论》2020年第3期。

③ 论者认为，对高空抛物可区分不同情况，分别认定为故意杀人罪、过失致人死亡罪、重大责任事故罪、故意毁坏财物罪、故意伤害罪、寻衅滋事罪以及不认定为犯罪，等等。张明楷：《高空抛物案的刑法学分析》，《法学评论》2020年第3期。

（二）司法解释与刑法修正案的规定

2019年，最高人民法院《关于依法妥善审理高空抛物、坠物案件的意见》（以下简称《意见》）对高空抛物的行为性质作了具体规定。《意见》第5条第1款规定，“对于高空抛物行为，应当根据行为人的动机、抛物场所、抛掷物的情况以及造成的后果等因素，全面考量行为的社会危害程度，准确判断行为性质，正确适用罪名，准确裁量刑罚。”该规定对高空抛物的定性属于分别而论，即根据具体情况全面考量，以准确定罪量刑。同时，《意见》第5条第2款规定，“故意从高空抛弃物品，尚未造成严重后果，但足以危害公共安全的，依照刑法第一百一十四条规定的以危险方法危害公共安全罪定罪处罚；致人重伤、死亡或者使公私财产遭受重大损失的，依照刑法第一百一十五条第一款的规定处罚。为伤害、杀害特定人员实施上述行为的，依照故意伤害罪、故意杀人罪定罪处罚。”该规定将足以危及公共安全的高空抛物，在性质上等同于放火、爆炸等危害方法，是否合理值得探讨。这是因为，即使是危及公共安全的高空抛物，受空间高度、物品类型等影响，很难说均能在性质上媲美放火、爆炸等行为。

与《意见》不同，《刑法修正案（十一）草案》（以下简称《草案》）对高空抛物并没有采取分而治之的态度。《草案》第1条第1款规定，“在刑法第一百一十四条中增加两款作为第二款、第三款：从高空抛掷物品，危及公共安全的，处拘役或者管制，并处或者单处罚金。”据此，高空抛物危及公共安全将构成犯罪。同时，该规定中的“危及公共安全”与《意见》之“足以危害公共安全”的表述有所不同。另外，《草案》虽将高空抛物与放火等以危险方法危害公共安全罪并列，但并非等同，这是有其深意的。因为，高空抛物受制于诸多因素限制，一般不具有放火、爆炸等那样的危害性和危险性，可谓“缩小版”的危险方法。

《刑法修正案（十一）草案二审稿》（以下简称《二审稿》）对高空抛物做出了截然有别于《草案》的规定。《二审稿》第27条规定：“在刑法第291条之一后增加一条，作为第291条之二：从建筑物或者其他高空抛掷物品，情节严重的，处1年以下有期徒刑、拘役或者管制，并处或者单处罚金。”该规定与《草案》规定主要存在三点不同：一是侵犯的法益不同。《草案》规定高空抛物侵犯的法益是公共安全，《二审稿》规定其侵犯的法益是社会管理秩序。二是入罪要求不同。《草案》规定的高空抛物属于危险犯，《二审稿》规定的高空抛物属于情节犯。三是处罚不同。《草案》对高空抛物规定的处罚是拘役或者管制，《二审稿》对高空抛物规定的处罚是1年以下有期徒刑、拘役或者管制。2020年12月26日通过的《刑法修正案（十一）》［以下简称《修（十一）》］第33条完全保留了《二审稿》对高空抛物的规定，至此有关高空抛物的规定尘埃落定。

（三）《修（十一）》有关高空抛物规定的意义

从《草案》规定到《修（十一）》规定，关于高空抛物的性质经历了质的改变，即由《草案》规定的抽象危险犯变为情节犯。这种转变，将对高空抛物罪的认定以及能否达到立法目的产生深远影响。

《意见》将“足以危害公共安全”作为高空抛物罪的构成要件，侧重的是具体危险，即结果危险。因为，危害本指“损害、破坏”①，“足以危害公共安全”是指足以损害、破坏不特定或者多数人的人身健康或者有损重大公私财产。《草案》将《意见》之“足以危害公共安全”修改为“危及公共安全”，侧重的是抽象危险，即行为危险。因为，危及本指“有损于；威胁到”②，其含义与“危害”明显不同，强调的是“有损于、威胁到”，而非“损害、破坏”。可见，《草案》规定使高空抛物在性质上发生明显变化。《草案》之所以做出这样的修改，在某种程度上可能与《意见》颁行有关。立法机关或许考虑到，自《意见》颁行以来，其在遏制高空抛物的效果上不尽如人意，且对结果危险的举证亦使司法机关颇费周折，因而需要加大制裁的力度，将高空抛物规定为抽象危险犯无疑更可取。因为，将处罚重心由结果危险转移到行为危险上，能有效降低高空抛物及其可能产生的复杂风险。“在刑事立法中设置抽象危险犯，将‘拟制的危险状态’出现作为可罚性依据，这将更有利于满足风险社会下人类对安全价

---

① 胡裕树主编：《新编古今汉语大词典》，上海辞书出版社1995年版，第273页。

② 胡裕树主编：《新编古今汉语大词典》，上海辞书出版社1995年版，第273页。

值的需求，达到有效的规制复杂风险的目的。”①

《修（十一）》将高空抛物作为情节犯规定在妨害社会管理秩序罪中，意义会截然不同：首先，会对高空抛物罪构成特征认定造成直接影响。例如，若规定在危害公共安全罪中，至少要求高空抛物在客观上危及公共安全，否则不能构成犯罪。但是，规定在妨碍社会管理秩序罪中，由于侵犯法益是公共秩序，远较公共安全的意蕴宽泛，故不可避免地会扩展高空抛物的行为范畴。其次，会加重司法机关负担，有损高空抛物的立法价值。《草案》将高空抛物确定为抽象危险犯，表明刑法并不关注高空抛物是否具有导致危害公共安全实害结果或者发生的危险，而是要遏制高空抛物这种危险行为本身。因此，在认定高空抛物犯罪时，需要以行为本身是否会产生抽象的公共危险为判断依据，不必考虑情节如何。然而，将高空抛物罪规定为妨碍社会管理秩序的情节犯，就需要考虑诸多影响定罪的情节，这会加重司法机关的负担，影响司法可操作性和一致性，对高空抛物入罪的立法价值产生消极影响。

三　高空抛物罪的构成特征

根据《修（十一）》规定，所谓高空抛物罪，是指从建筑物或者其他高空抛掷物品，情节严重的行为。由于该罪侵犯的法益是社会管理秩序中的公共秩序，故在认定其构成特征时，需要围绕着对公共秩序的扰乱来诠释。

（一）高空抛物的客观要件

高空抛物罪在客观方面表现为从建筑物或者其他高空抛掷物品，情节严重。认定高空抛物的客观要件，主要涉及“高空”“抛”“物”以及“情节严重”的理解与适用。

① 陈君：《风险社会下公害犯罪之抽象危险犯》，《北京理工大学学报》（社会科学版）2014年第3期。

1. 何谓“高空”

高空，本意为“距地面较高的空间”①。从相关规定来看，还是有一定的判断标准的。根据中华人民共和国国家质量监督检验检疫总局、中国国家标准化管理委员会2008年发布的中华人民共和国国家标准GB/T 3608—2008《高处作业分级》规定，高处作业是指“在距坠落度基准面（3.2）2米或2米以上有可能坠落的高处进行作业。”据此，可以将“高处抛物”理解为行为人在距坠落度基准面2米或者2米以上的高度抛掷物体的行为。不过，“高处”显然不同于高空。高空是指相对于地面具有一定高度的空间，而高处则可指地面以下，只要存在坠落度基准便可以。例如，地下一层相对于地下二层，就属于高处，但不属于高空。不过，鉴于我国城镇高层建筑众多且地下分层（用作购物广场等）普遍，对高空作扩大解释而理解成高处，更有利于实现立法目的。

需要注意的是，距坠落度基准面2米或者2米以上与在坠落度基准面2米或者2米以上有所不同。前者是指行为人在距离坠落度基准面2米或者2米以上的高度，也就是说行为人站在或者以其他方式处于距坠落度基准面2米或者2米以上的高度。后者则指物体从坠落度基准面2米或者2米以上抛掷出来。毫无疑问，如果将在地面2米或者2米以上的高度抛掷物体认定为高空抛物，则过于扩大高空抛物的范畴，有所不妥。因为，在人们的日常生活中，许多人即使站在地面上举手抛物，所执之物距地面高度也可能会超过2米，若将此认定为“高空”，将使“高空”过于泛化而失去应有意义，毕竟此时行为人在地面而非高空。另外，既然高空应以坠落度基准面为基础进行判断，而非以地面为基础来判断，故而即使站在地面朝塌陷或者凹陷处抛物，如朝人数众多的井窖中抛物，也可认定为高空抛物。

《修（十一）》将高空抛物规定为扰乱公共秩序的犯罪，但是否扰乱公共秩序似乎与是否在高空抛物无必然联系，即使在低空抛物也同样能扰乱公共秩序。抛物是否在高空，充其量只会影响危害结果的大小，不会决定公共秩序是否被扰乱。至于《二审稿》在将高空抛物规定为扰乱公共秩序

① 胡裕树主编：《新编古今汉语大词典》，上海辞书出版社1995年版，第1129页。

罪后，又以“建筑物”限制高空的范畴，更是画蛇添足，对于揭示高空抛物的犯罪性质无丝毫意义。就高空抛物而言，无论是在建筑物还是在其他高空，对公共秩序的扰乱并无本质区别。其实，《草案》将高空抛物规定为危害公共安全的犯罪，是需要对抛物的空间高度作出特别要求的，因为高度会对能否危害公共安全产生决定性影响。众所周知，物体的能量主要由动能和势能组成。其中，动能是指物体由于运动而具有的能量，势能是指储存于一个系统内的能量。势能可以释放或者转化为其他形式的能量，如动能。重力势能就是因为物体居于一定的高度而具有的能量，“高空”能产生重力势能，并在物体抛下时转化为动能。通常，物体距地面越高，重力势能越大，所转变的动能也就越大，自高空抛掷而下所造成的危险或者破坏也就越大。其原理如同能高速飞行（产生强大动能）的子弹一样，这也是刑法为什么将枪支、弹药犯罪规定在危害公共安全罪中的原因。物体不处于一定高度，下落通常难以危及公共安全。可见，对高空抛物来说，“高空”与危害公共安全之间是相辅相成的。《修（十一）》将高空抛物定性为妨碍社会管理秩序，等于割断了“高空”与危害公共安全之间的联系，“高空”就成为纯粹点缀，更遑论“建筑物”了。对司法机关而言，除了徒增“建筑物”“高空”等评价要素外，无其他现实意义。对于民众而言，则会混淆他们对公共秩序法益的认识和理解，不利于实现刑法的社会秩序维护机能。

2. “抛”的含义

高空抛物之“抛”，本为丢弃、撇开、投、掷之意。① 抛和掷具有同等含义，其字面含义为投、扔、丢弃等。抛掷既可以是纯粹人力的，也可以是借助器械的。例如，扔、丢弃就通常为人力所为，但投、掷是可以借助弩、弹弓等工具的。那么，抛掷是否包括借助工具的投掷呢？对此，本文持肯定意见。主要理由是，人力抛掷与借助器具抛掷，对于扰乱公共秩序而言并无实质区别，充其量只是程度上的差别。

高空抛物与高空坠物不同。所谓高空坠物，通常是指从处于高空的建筑物或者人的身上掉落或者坠下物体。高空抛物与高空坠物的主要不同在

① 辞海编辑委员会编：《辞海》，上海辞书出版社1990年版，第762页。

于：其一，前者是人主动为之；后者是物的被动坠落。其二，前者的主体是人；后者的主体可以是人，也可以是建筑物上的物体自然掉落。其三，前者往往是人故意所为；后者即便主体是人，也通常是过失造成的，甚至可能是意外情况。“‘高空抛物’与‘高空坠物’有本质不同，后者是过失行为导致……而前者明显存在故意、放任对不特定人的人身威胁的主观意愿。”① 其四，前者需要承担刑事责任；后者往往只涉及民事责任，即使涉及刑事责任也只能构成过失犯罪。②

3. “物”的范畴

由于高空抛物侵犯法益是公共秩序，因而物的范畴不应有特别限制。毕竟，能否扰乱公共秩序与物的性质无关，对此刑法也是有规定的。例如，《刑法》第291条之一规定，投放虚假的爆炸性、毒害性、放射性、传染病病原体等物质，或者编造爆炸威胁、生化威胁、放射威胁等恐怖信息，或者明知是编造的恐怖信息而故意传播，严重扰乱社会秩序的，分别构成投放虚假危险物质罪，编造、故意传播虚假恐怖信息罪和故意传播虚假信息罪。连投放虚假危险物质、传播虚假信息等都可以扰乱公共秩序，那么对高空所抛之物更不应有特别要求。例如，从高空抛掷敞开的衣服、羽毛、打开的降落伞等，也是完全可以扰乱公共秩序的，因而可以构成高空抛物罪。

比较之下，不难发现《草案》将高空抛物规定为危害公共安全的犯罪，具有限缩“物”的范畴作用。这是因为，高空抛物若要危及公共安全，那么在评价时就需要考虑“物”本身的特征和所处高度，这将决定物体在下落过程中势能所能转化的动能，据此得以评价是否危及公共安全。同时，由于物体在下落过程中会遇到空气阻力，进而影响其下落速度以及能量，因而认定高空所抛之“物”能否危及公共安全，还需要考虑空气阻

① 马涤明：《刑事打击高空抛物能否成常态》，《长春日报》2019年7月23日第005版。

② 例如，《意见》第7条对高空坠物犯罪就作了明确规定，“过失导致物品从高空坠落，致人死亡、重伤，符合刑法第二百三十三条、第二百三十五条规定的，依照过失致人死亡罪、过失致人重伤罪定罪处罚。在生产、作业中违反有关安全管理规定，从高空坠落物品，发生重大伤亡事故或者造成其他严重后果的，依照刑法第一百三十四条第一款的规定，以重大责任事故罪定罪处罚。”

力与重力的关系。如果物体在下落过程中空气阻力大于重力，就意味着处于高空的势能多数被空气阻力抵消，进而不会产生重力加速度，转化成的动能就非常有限，也就难以危及公共安全。例如，从高空抛掷敞开的衣服、羽毛、打开的降落伞等，就不会危及公共安全。因此，高空抛物若要危及公共安全，“物”在原则上应为下落过程中空气阻力小于重力的物体。

4. 情节严重的情形

根据《修（十一）》第33条，高空抛物情节严重才能构成犯罪。这意味着，高空抛物“情节显著轻微危害不大”的，不能以犯罪论处。如何理解“情节严重”呢？根据《修（十一）》第33条第2款规定，“有前款行为，同时构成其他犯罪的，依照处罚较重的规定定罪处罚。”这就意味着，认定高空抛物罪的情节严重，需要将因情节严重而构成其他处罚较重的犯罪排除。客观地说，这种情形应当说并不多。例如，即使高空抛物造成他人受伤，或者导致他人财产受损，但没有造成轻伤以上结果或者不符合故意毁坏财物罪等的定罪标准，还要考虑排除构成寻衅滋事罪等情形。以致使他人受伤的高空抛物为例，若高空抛物未造成他人轻伤以上结果，且情节严重的，需要排除构成寻衅滋事罪等情形，才可认定为高空抛物罪。至于高空抛物之情节严重的具体表现形式，有待司法解释加以明确。

（二）高空抛物的主观罪过

对于高空抛物的罪过形式，学界存在两种不同意见：一种观点认为，高空抛物的罪过形式为故意，其中少数是直接故意，绝大多数是概括故意。“在高空抛物构成犯罪的情形中，行为人在主观上抱持的心理态度只有少部分是指向鲜明的直接故意，针对特定人或物，意图达到伤害、杀害某人或是毁坏某物的目的，大多数的行为人抱持的是概括故意……”① 另一种观点认为，高空抛物行为按不同情况可以构成故意犯罪，也可以构成过失犯罪。② 以高空抛物致人伤害为例，“高空抛物致人伤害事故绝大部分

---

① 曹波、文小丽：《高空抛物危及公共安全的司法认定规则》，《贵州大学学报》（社会科学版）2020年第3期。

② 张明楷：《高空抛物案的刑法学分析》，《法学评论》2020年第3期。

可能涉及刑事犯罪问题。根据情节不同可能构成过失伤害或故意伤害犯罪……"① 笔者赞同第一种观点，即高空抛物只能由故意构成。根据《修（十一）》规定，高空抛物的法定刑是"处1年以下有期徒刑、拘役或者管制，并处或者单处罚金"。众所周知，过失犯罪的社会危害性往往较同性质的故意犯罪要轻得多，相应的法定刑也轻得多，如过失致人死亡罪与故意杀人罪相比便是如此。同样，过失高空抛物的法定刑也应较故意高空抛物的法定刑轻得多。由于《修（十一）》规定高空抛物的法定最高刑为1年有期徒刑，在故意犯罪适用该法定刑的情形下，过失犯罪似乎无处罚必要。因此，从以形制罪的角度来看，高空抛物的罪过形式不宜包含过失。至于认为高空抛物的罪过包括过失，主要原因在于将某些不属于高空抛物的情形，如"高空坠落物品"② 归于高空抛物的行为类型，导致罪过的扩张。

四 高空抛物罪的竞合犯

（一）高空抛物罪竞合犯概述

《修（十一）》第33条第2款规定，是有关高空抛物罪竞合犯的规定。高空抛物罪的竞合犯包括两种情形：一是想象竞合犯；二是法规竞合犯。前者是指实施高空抛物行为，触犯数个罪名的情形；后者是指高空抛物触犯数个法条，只依其中一个法条定罪量刑的情形。

理论上对于如何区分想象竞合犯和法规竞合犯，有不同观点。③ 有学者通过对不同观点分析提出行为性质区分说。"分析'一行为'的性质是单一还是多重及其所触犯的数法条、数罪名所规定的构成要件行为的性质是同一还是不同，是区分法条竞合与想象竞合犯的关键所在，前者是从动态的行为事实的角度分析判断，后者是从静态的法律规定的犯罪构成要件的角度分析判断，只有同时从前后两者的角度分析判断行为的性质，才能

① 郭华：《高空抛物后果严重者当负刑事责任》，《人民政协报》2019年8月6日第012版。

② 张明楷：《高空抛物案的刑法学分析》，《法学评论》2020年第3期。

③ 古加锦：《法条竞合与想象竞合犯的界限新探》，《中国刑事法杂志》2012年第10期。

准确区分法条竞合与想象竞合犯。”① 笔者认为，以行为性质作为区分想象竞合犯和法规竞合犯的依据，也存在问题。主要原因在于，行为性质有时候与犯罪情节密切相关。某种行为究竟属于何种性质，可能因该情节不同而有所不同。例如，高空抛鸡蛋致小孩轻伤，致小孩轻伤既是成就高空抛物情节严重的要素，又是成立故意伤害罪的要件，从而实现行为的双重属性。按照行为性质区分说，这种情形应认定为想象竞合犯，但认定为法规竞合犯似乎更合理。

笔者认为，区分想象竞合犯和法规竞合犯，应以定罪情节的单复为标准。也就是说，凡是某一犯罪情节是单一的，并成为两个以上罪名的共同定罪情节，则成立法规竞合犯；若犯罪情节在成就某一犯罪时有多余，使得多余情节能够成为其他犯罪的定罪情节，则成立想象竞合犯。例如，向公共场所高空抛物造成人员伤亡，若抛物指向特定区域如公共场所属于情节严重，可因此成立高空抛物罪。同时，造成人员伤亡又构成故意伤害罪或者故意杀人罪。在这种情况下，便可成立高空抛物罪与故意伤害罪或者故意杀人罪的想象竞合犯。

尽管理论界存在争议，但在司法实践中区分高空抛物罪的想象竞合犯与法规竞合犯似乎意义不大。因为，根据《修（十一）》第33条第2款规定，无论是成立高空抛物罪的想象竞合犯还是法规竞合犯，均应依照处罚较重的规定定罪处罚。由于高空抛物是否造成特定后果，对于高空抛物罪的竞合犯认定意义不同，故而下文将以是否造成特定的实害后果为标准来阐释高空抛物罪的竞合犯。

（二）造成实害后果的竞合犯

《草案》曾规定，“有前款行为，致人伤亡或者造成其他严重后果，同时构成其他犯罪的，依照处罚较重的规定定罪处罚。”这里针对的是造成其他实害后果，致使构成其他犯罪的情形。由于高空抛物属于较轻的犯罪，若因高空抛物造成严重的实害结果，一般会触犯更严重的犯罪，可以该实害结果作为构成要件要素的犯罪论处。高空抛物造成其他实害后果主

① 古加锦：《法条竞合与想象竞合犯的界限新探》，《中国刑事法杂志》2012年第10期。

要包括两类：一是造成他人受伤或者死亡后果；二是造成他人财物遭受损失，包括所抛之物造成其他财产遭受损失和造成所抛之物损失。在司法实践中，对造成这两种不同后果的定性，存在较大分歧。

对高空抛物造成他人受伤、死亡的，主要定性有：一是以危险方法危害公共安全罪。例如，徐某为发泄内心不快，在某单元7、8楼间楼道窗口处向公交车站候车人群扔砖块，致被害人高某死亡。法院认定徐某构成以危险方法危害公共安全罪。① 二是过失致人重伤罪。例如，郭某某与刘某相邀捡拾废品，郭某某在楼顶将一根长约4米的铁管从楼顶扔下，砸到刘某某的头部和肩部，致其重伤二级。法院认定郭某某构成过失致人重伤罪。② 三是过失致人死亡罪。例如，被告人樊某为清理垃圾，将装有石膏块的白色编织袋从11楼楼顶抛下，砸中被害人李某致其当场死亡，法院认定樊某构成过失致人死亡罪。③ 四是重大责任事故罪。例如，黄某在装修清理废料的施工过程中，将一混凝土废料从三楼扔下，砸中被害人刘某致其死亡，法院认定构成重大责任事故罪。④

对高空抛物造成他人财产损失的，主要定性有：一是以危险方法危害公共安全罪。例如，杨某某从14楼向下扔铁质花架等，砸坏他人轿车，造成损失730元，法院认定构成以危险方法危害公共安全罪。⑤ 二是故意毁坏财物罪。如朱某某将价值14059元的他人财物从高空扔下并致其损坏，法院认定构成故意毁坏财物罪。⑥ 又如，黄某酒后与邻居发生纠纷，在其住处将邻居放置在走廊的儿童钢琴等从29楼扔至楼下，致使楼下三台车辆被砸，经鉴定毁损价值为5806元，法院认定黄某构成故意毁坏财物罪。⑦ 三是寻衅滋事罪。例如，李某酒后无故自其居住的701室向楼下抛掷花盆、石块等物品，造成该单元5层住户陈某家的太阳能热水器、阳台太阳能板

① 重庆市沙坪坝区人民法院刑事判决书（2017）渝0106刑初1343号。
② 江西省会昌县人民法院刑事判决书（2019）赣0733刑初119号。
③ 山东省郓城县人民法院刑事判决书（2016）鲁1725刑初217号。
④ 新疆生产建设兵团库尔勒垦区人民法院刑事判决书（2015）库垦刑初字第00021号。
⑤ 山东省聊城市茌平区人民法院刑事判决书（2020）鲁1523刑初72号。
⑥ 浙江省乐清市人民法院刑事判决书（2020）浙0382刑初165号。
⑦ 广东省深圳市龙华区人民法院刑事判决书（2019）粤0309刑初1690号。

等损毁，总价值 3207 元，法院认定构成寻衅滋事罪。[①]

上述判例不但定性多元化，而且对罪过的认定也随意化，影响司法的协调与一致。那么，之所以出现这种现象，根源在于司法机关对高空抛物的性质及其所造成后果的主观心理态度存在不同看法。其中，割裂高空抛物与其所造成的后果的主观心理联系，是造成罪过差异的关键所在。即使故意高空抛物，在造成他人重伤、死亡时，司法机关倾向于认为行为人不希望结果发生，据此认定为过失致人重伤罪、过失致人死亡罪。事实上，不希望结果发生并非意味着主观上是过失，间接故意也是不希望结果发生。更何况，将行为人对行为及结果的主观心理态度完全割裂开来也是过于绝对的。“当行为人对危害行为是故意时，如果危害结果本身无条件包含于危害行为的发展进程中，则行为人对危害结果的心理态度就不可能只是过失。”[②] 在行为人故意高空抛物，且所抛之处为公共场所，认定行为人危害结果持间接故意态度，并无不妥。因此，高空抛物造成他人伤亡或者财产受到损失，可以认定构成故意伤害罪、故意杀人罪或者故意毁坏财物罪（符合定罪标准）。

在生产、作业过程中，因高空抛物造成重大事故，认定构成重大责任事故罪值得商榷。一般认为，重大责任事故罪中行为人对所发生的重大事故持过失态度，若在生产、作业过程中高空抛物为故意，等于完全割裂高空抛物及其所导致的重大事故之间的主观一致性，是不合理的。事实上，生产、作业过程中的高空所抛之物，一般为建筑材料等危险性较大的物体，行为人故意将之从高空抛下来，很难说对所发生的重大事故的心理态度均属过失。在造成他人伤亡或者财产受到重大损失的情况下，还是应该区别而论：对他人伤亡或财产毁坏存在故意（通常为间接故意）的，以故意伤害罪、故意杀人罪或者故意毁坏财物罪论；对他人伤亡或财产毁坏持过失态度的，应认定为重大责任事故罪。

需要注意的是，如果高空所抛之物为爆炸物、毒害性、放射性、传染病病原体等物质或者其他足以危害公共安全的物质，并且造成他人重伤、

---

① 山东省济宁市任城区人民法院刑事判决书（2018）鲁 0811 刑初 1021 号。

② 彭文华：《危害结果概念：反思与重构》，《中国刑事法杂志》2010 年第 8 期。

死亡或者公私财产遭受重大损失的，应当以爆炸罪、投放危险物质罪或者以其他危险方法危害公共安全罪论处。其中，成立以其他危险方法危害公共安全罪，主要是因为所抛之物虽非爆炸物或者毒害性、放射性、传染病病原体等物质，却具有严重危险性，并造成严重后果。如向城镇公共场所等高空抛掷具有粉碎性特征的物品，像玻璃瓶、砖块等，造成他人重伤、死亡或者公私财产遭受重大损失的，可以以其他危险方法危害公共安全罪论。

（三）没有造成实害后果的竞合犯

没有造成其他实害后果并非仅指没有造成任何实害结果的情形，还包括虽造成实害结果却非常轻微，乃至于不足以构成其他犯罪的情形。由于高空抛物侵犯的法益是社会管理秩序，其所包容的范畴十分广泛，故而高空抛物没有造成实害后果的竞合犯情形包容亦广泛。

1. 与煽动型犯罪或类似犯罪的竞合

如果高空所抛掷之物为煽动分裂国家、煽动颠覆国家政权的传单，或者为煽动民族仇恨、民族歧视、煽动群众暴力抗拒国家法律、行政法规实施、煽动军人逃离部队等的传单，符合情节严重要求，将构成高空抛物罪与煽动分裂国家罪、煽动颠覆国家政权罪、煽动民族仇恨、民族歧视罪、煽动暴力抗拒法律实施罪以及煽动军人逃离部队罪等的竞合犯，应以处罚相对较重的后罪论处。

类似情形还有，如果高空所抛掷之物为宣扬恐怖主义、极端主义的图书、音频视频资料或者其他物品的，或者为煽动实施恐怖活动的物品的，或者为利用极端主义煽动群众破坏国家法律确立的婚姻、司法、教育、社会管理等制度实施，符合情节严重要求，将构成高空抛物罪与宣扬恐怖主义、极端主义、煽动实施恐怖活动罪或者利用极端主义破坏法律实施罪的竞合犯，应以处罚相对较重的后罪论处。如果高空抛掷的是捏造事实诽谤他人的物品，或者是虚假的爆炸性、毒害性、放射性、传染病病原体等物质，或为编造的爆炸威胁、生化威胁、放射威胁等恐怖信息，或为淫秽的书刊、影片、音像、图片或者其他淫秽物品，情节严重或者严重扰乱社会秩序的，成立高空抛物罪与诽谤罪，投放虚假危险物质罪，编造、故意传播虚假信息罪以及传播淫秽物品罪的竞合犯，应以后罪论处，不再认定为高空抛物罪。

2. 与以危险方法危害公共安全罪的竞合

高空抛物与以危险方法危害公共安全罪的竞合，主要涉及与三个罪名，即投放危险物质罪、爆炸罪以及以危险方法危害公共安全罪的竞合。具体地说，如果高空抛掷的是毒害性、放射性、传染病病原体等物质，或者是爆炸物，将构成投放危险物质罪、爆炸罪与高空抛物罪的竞合犯，由于投放危险物质罪、爆炸罪相对处罚较重，将以投放危险物质罪、爆炸罪论处。如果高空抛掷的不是前述物质，却危害公共安全的，可成立以危险方法危害公共安全罪与高空抛物罪的竞合犯，应以处罚相对较重的以危险方法危害公共安全罪论处。例如，将成捆装满啤酒的啤酒瓶从高空扔向公共场所，客观上能够危害公共安全，但并未造成他人重伤、死亡或者公私财产重大损失的，可认定为以危险方法危害公共安全罪。

《修（十一）》颁行前，司法实践对高空抛物有时会认定为以危险方法危害公共安全罪。例如，在梁某某高空抛物一案中，梁某某高空抛物未造成严重的危害结果，法院认定梁某某构成以危险方法危害公共安全罪。[①] 在高空抛物另行成罪后，这种情况应该区别而论。如果高空抛物不能危害公共安全，且情节严重的，构成高空抛物罪；只有危害公共安全的，才能构成以危险方法危害公共安全罪。

3. 与故意毁坏财物罪、寻衅滋事罪的竞合

根据最高人民检察院、公安部《关于公安机关管辖的刑事案件立案追诉标准的规定（一）》规定，毁坏公私财物三次以上的或者纠集三人以上公然毁坏公私财物的，构成故意毁坏财物罪。相应地，如果行为人高空抛物毁坏公私财物三次以上的或者纠集三人以上公然高空抛物毁坏公私财物的，将成立故意毁坏财物罪与高空抛物罪的竞合犯，应以处罚相对较重的

---

① 基本案情：2019 年 11 月 28 日下午 2 时许，被告人梁某某在其居住的广州市越秀区盘福路塘傍街 × × 号 301 房家中，为阻止被害人麦某在 201 房自家雨篷上改变雨篷方向，从家中先后拿起瓷砖、不锈钢菜刀等从 301 房窗口扔向麦某，后瓷砖和菜刀均落在麦某身旁。法院认定梁某某构成以危险方法危害公共安全罪。广东省广州市越秀区人民法院刑事判决书（2020）粤 0104 刑初 194 号。

故意毁坏财物罪论处。当然，如果高空抛物不符合故意毁坏财物罪的定罪要求，但属于情节严重的，可以构成高空抛物罪。例如，纠集两人公然高空抛物毁坏公私财物两次，不符合故意毁坏财物罪的定罪要求，若认定为情节严重的可成立高空抛物罪。这样看来，对于故意毁坏财物罪而言，高空抛物罪起到了适当查漏补缺的效果。

不过，根据《刑法》第 293 条规定，如果高空抛物导致损毁公私财物，情节严重的，构成寻衅滋事罪。这里就涉及故意毁坏财物罪、寻衅滋事罪与高空抛物罪的竞合。当行为人高空抛物毁坏公私财物三次以上的或者纠集三人以上公然高空抛物毁坏公私财物的，可能同时符合故意毁坏财物罪、寻衅滋事罪与高空抛物罪的构成特征，应以处罚较重的定罪量刑。当高空抛物毁坏财物不符合故意毁坏财物罪的定罪要求，如纠集两人公然高空抛物毁坏公私财物两次，只能成立高空抛物罪与寻衅滋事罪的竞合犯，应以处罚相对较重的寻衅滋事罪论处。通过分析不难发现，因为有寻衅滋事罪兜底，且其处罚重于高空抛物罪，在某种程度上可以说架空了高空抛物罪，致使其立法价值大打折扣。鉴于寻衅滋事罪属于有名的“口袋罪”，在高空抛物罪成为扰乱公共秩序罪后，缺乏危及公共安全之限制，应适当警惕高空抛物罪沦为“口袋罪”。

五 结语

《修（十一）》出台之前，关于《草案》对高空抛物入罪的意见是较多的。不少学者担心高空抛物很多时候不会危害公共安全，将之作为抽象危险犯规定在危害公共安全罪中，会导致高空抛物罪的不恰当扩张与滥用。这种观点有其道理，却经不起推敲。如果高空抛物罪属于危害公共安全罪，至少需要高空抛物在客观上危害公共安全，这有利于限缩行为入罪范畴。至于担心该罪作为危害公共安全罪的危险犯，可能导致认定上的扩张与滥用，则完全没有必要。毕竟，犯罪的扩张与滥用之根本原因，不在于法律规定而在于司法适用。

与《修（十一）》将之作为扰乱公共秩序罪相比，《草案》的规定无疑更为科学、合理。主要理由在于：首先，将高空抛物罪规定为扰乱公共秩序罪，架空了该罪的构成要件要素，因为对于是否扰乱公共秩序而言，诸如“建筑物”“高空”“抛”等限制无任何现实意义，即使不是在建筑物等高空抛物，也同样能扰乱公共秩序。其次，由于公共秩序的范畴远较公共安全广泛，将高空抛物罪由危害公共安全罪纳入扰乱公共秩序罪中，无疑扩张了入罪的行为范畴。再次，纳入扰乱公共秩序罪的高空抛物罪，基本上同寻衅滋事罪等性质无异，即使不作规定也同样能以寻衅滋事罪等论处，这使得其立法价值大为降低。最后，由于需要“情节严重”才能定罪，将给可操作性与司法的协调与一致带来挑战，无助于解决高空抛物入罪前的民刑混淆、定罪量刑不公等现象。

《修（十一）》对高空抛物的规定具体会产生何种效果，有待司法实践检验。但是，需要避免两种情况：一是沦为摆设，这主要是因为存在寻衅滋事罪使然；二是避免沦为“口袋罪”，这既与高空抛物罪侵犯的法益为公共秩序有关，又有寻衅滋事罪的前车之鉴。未来，司法机关在明确高空抛物罪的“情节严重”时，需要对此给予重点考虑。

（作者为上海政法学院刑事司法学院院长、教授。本文原载于《苏州大学学报》（哲学社会科学版）2021 年第 1 期，收入本书时略有删改。）

袭警罪的立法意旨与教义学分析

钱叶六

一　袭警罪的立法意旨

《刑法修正案（十一）》将暴力袭警行为独立入罪，并特别规定了以特殊手段实施暴力袭警类型的加重犯，明确表明了国家更为严厉地惩治暴力袭警犯罪行为的态度和立场。然而，在原本作为妨害公务罪的从重量刑情节因刑法的修正而变成独立的犯罪之后，其犯罪性质是否发生了变化？其立法意旨究竟是为了保护警察的执法权还是人身权？有必要在解释论上予以明确。

可以肯定的是，不论是《刑法修正案（九）》将暴力袭警作为妨害公务罪的从重量刑情节加以规定，抑或《刑法修正案（十一）》将暴力袭警行为特别规定为独立的袭警罪，都具有强化对人民警察人身安全保护的意蕴，但我们不能据此就认为本罪的保护法益是人民警察的人身权，而非警察的执法权。首先，人民警察作为国家机关工作人员，其依法执行职务的行为本质上还是执行公务，只是与其他国家机关工作人员（如税收征管人员、法官、检察官等）所执行的公务在公务的具体类别和内容上有所不同而已。因此，暴力袭击正在依法执行职务的警察的行为还是妨害公务这一点没有发生变化，这从立法者将袭警罪独立成罪但仍然将之与妨害公务罪置于同一条文中（而没有将之规定在侵犯公民人身权利、民主权利罪章中）就能得到很好的说明。其次，如果认为袭警罪的保护法益是人民警察的人身权，就导致容易得出凡是暴力袭击人民警察的都应当成立故意伤害罪的结论，这不仅违背了立法者将暴力袭警行为独立成罪的立法初衷，也不利于区分袭警罪与故意伤害罪之间的界限。[①] 由此，在解释论上，袭警罪的立法意旨仍然侧重对作为警察执法权威和执法尊严的特别保护，而不是单纯地对警察的人身权给予特殊保护，袭警罪的认定仍以行为成立妨害公务为前提。[②]

基于上述分析，在教义学上可以得出两点结论：

第一，袭警罪和妨害公务罪之间存在包容关系，是特别法条和普通法条的关系。“暴力袭击正在依法执行职务的人民警察”这一规定，属于妨害公务罪即阻碍国家机关工作人员依法执行职务罪的特别类型。就其特殊性而言，一是行为对象的特殊，袭警罪是对作为国家机关工作人员一部分的人民警察公务行为的妨害；二是行为手段的特殊，表现为仅仅是一种暴力袭击。一般认为，在出现法条竞合现象的场合，符合特殊法条的一定符合普通法条，但符合普通法条的，未必符合特别法条，应适用特别法优于一般法的原则予以处断。但是，在行为符合普通法条而不符合特别法条的情况下，应依照普通法条的规定进行定罪处罚。据此，暴力袭击正在依法执行职务的人民警察的，由于既符合妨害公务罪的犯罪构成（普通法条），也符合袭警罪的犯罪构成（特别法条），因而应依法认定为袭警罪。但是，对正在依法执行职务的人民警察的执法装备实施打砸的，或者对以暴力威胁的方法妨害人民警察执行职务的，由于仅仅符合普通法条，而不符合特别法条，因此应认定成立妨害公务罪。例如，甲因酒驾而遭查处。在面临查处时，甲不仅没有停车，反而继续朝前开，但为了避免撞倒前方执勤的警察，甲低速前进，在靠近前方的警察时，随即刹了一下车，然后绕开警察逃逸。本案中，甲为逃避酒驾查处而冲卡，由于甲当时在靠近警察时有

---

① 在暴力袭警造成重伤、死亡后果的场合，属于一行为触犯数罪名，构成袭警罪和故意致人重伤、故意杀人罪的竞合，从一重罪处断。暴力袭警造成警察轻伤的，应认定成立袭警罪，造成警察轻伤的情节可以作为酌情从重处罚情节加以考虑。这是因为，故意伤害造成他人轻伤的，其法定刑与袭警罪的基本犯的法定刑相同，但以袭警罪定罪处罚，不仅能够充分评价行为人的行为，同时亦能体现出国家保护警察执法权威和警察人身安全的立法意旨。

② 何龙：《准确把握“暴力袭警”条款适用范围》，《检察日报》2017 年 4 月 26 日第 003 版。

刹车，并有绕开警察的行为，显然难以将甲的此一行为评价为“以驾驶机动车撞击等手段袭击人民警察”，甚至也不能评价为一种暴力，因而不能认定成立袭警罪。但是，我们完全可以将该行为评价为一种“威胁方法”（一种现场的人身安全威胁方法），析言之，甲当时通过客观行为向警察发出通告，如果你要拦车的话，可能就有重伤、死亡的危险，借此达到使警察放弃执行职务或者不敢拦车执行职务的目的。因此，甲的行为符合妨害公务罪的构成要件，应成立妨害公务罪。

第二，非基于妨害公务的意图暴力袭击人民警察的，不能成立袭警罪。如前所述，袭警罪是妨害公务罪的特别类型，其本质仍是妨害公务，因此，要成立袭警罪，主观上必须是基于妨害警察执法的故意而实施暴力，而不是单纯地基于伤害人民警察身体的故意而实施暴力。因而，行为人不是基于阻碍人民警察依法执行职务的意图而对其实施暴力的，不能成立袭警罪。构成其他犯罪的，依法以其他犯罪定罪处刑。例如，歹徒为了报复社会，对正在十字路口指挥交通的多名交警实施暴力袭击的，由于歹徒不是基于阻碍人民警察执行职务实施暴力，因而不能成立具有妨害公务性质的袭警罪，而可能成立故意伤害罪或者寻衅滋事罪。

二　袭警罪的行为对象

本罪的行为对象是人民警察。根据《人民警察法》第2条第2款的规定，人民警察包括公安机关、国家安全机关、监狱、劳动教养管理机关的人民警察[①]和人民法院、人民检察院的司法警察。如果暴力袭击的对象不是人民警察，而是现场以外的其他人，不能成立本罪。例如，甲驾驶电动自行车在机动车道上行驶，被正在执法的民警乙查获。在乙对甲实施处罚过程中，甲突然启动电动自行车撞倒在现场围观的丙，并掌掴丙脸部一下。本案中，甲在逃避违章查处过程中虽然实施了暴力行为，但由于其并非针对正在依法执行职务的人民警察，而是在场的围观的群众丙，因此，

① 需要注意的是，2013年12月28日第十二届全国人民代表大会常务委员会第六次会议通过了《关于废止有关劳动教养法律规定的决定》，因此，劳动教养管理机关已不复存在。

不能认定为袭警罪。如果达到故意伤害罪的定罪标准的，可依法认定成立故意伤害罪。

实践中，关于人民警察范围的认定，还需要注意两个问题：

（一）人民武装警察不属于人民警察，不能成为本罪的对象

《人民警察法》第 51 条规定：中国人民武装警察部队执行国家赋予的安全保卫任务，但这并不意味着暴力袭击人民武装警察的，也要成立袭警罪。《国防法》第 22 条、《兵役法》第 4 条均规定：中华人民共和国的武装力量，由中国人民解放军、中国人民武装警察部队和民兵组成；《人民武装警察法》第 2 条规定，人民武装警察部队是中华人民共和国武装力量的重要组成部分，由党中央、中央军事委员会集中统一领导；第 8 条规定，人民武装警察享有法律、法规规定的现役军人的权益。由这些规定可知，武警和中国人民解放军、民兵共同构成了中国的武装力量，由党中央、中央军事委员会领导，享有现役军人的权益，因而其在性质上属于军人的范畴，不属于袭警罪的对象。根据《刑法》第 368 条的规定，暴力袭击依法执行职务的军人的，构成阻碍军人执行职务罪。

（二）依法配合警察执法的辅警可以成为本罪的对象

根据 2016 年 11 月国务院办公厅印发的《关于规范公安机关警务辅助人员管理工作的意见》（以下简称《规范警务辅助人员意见》）第 2 条、第 3 条、第 9 条、第 10 条的规定，辅警，是公安机关警务辅助人员的一种，[①]其是根据社会治安形势发展和公安工作实际需要，依法面向社会招聘，为公安机关日常运转和警务活动提供辅助支持的非人民警察身份人员。辅警不具备执法主体资格，不能直接参与公安执法工作，应当在公安民警的指挥和监督下开展辅助性工作，如治安巡逻、安全防范宣传教育、协助维护社会治安秩序、交通管理秩序、大型活动现场秩序、协助盘查有违法犯罪嫌疑人的人员、保护案（事）件现场、制止抢险救灾、保护公共财产安全和人民群众人身财产安全等职责，但不得安排辅警从事涉及国家、警务秘

① 公安机关警务辅助人员包括文职和辅警两类从事警务辅助工作的人员。

密的事项、案（事）件现场勘查、侦查取证、技术鉴定、责任事故认定、执行强制措施及实施行政许可、行政收费、行政处罚、行政强制措施等执法活动。鉴此，可以明确的是，对于辅警单独执行职务（即使得到了公安机关的授权）的以及协助人民警察从事《规范警务辅助人员意见》所规定的不得从事的相关活动的，由于欠缺合法性的依据，不能说其是在“依法执行职务”，因而，在其受到暴力袭击时，不能认定成立袭警罪，同时也不能认定为妨害公务罪。

值得研究的是，对辅警在人民警察指挥和监督下协助警察执法时，对其实施暴力袭击的，能否认定为暴力袭击警察？对此，理论界和实务界存在分歧。肯定说（职务说）认为，暴力袭警的对象必须是人民警察，包括和警察一起执行公务的辅警。因为，在执行公务时，辅警听从人民警察指挥，和正在依法执行职务的人民警察成为一体。[①] 与此相对，否定说（身份说）则主张，在法律未做修改的情况下，如将辅警纳入正在依法执行职务的人民警察的范畴，是类推解释，严重违背罪刑法定原则。另外，从文义解释的角度来看，暴力袭击辅警的，不属于暴力袭击人民警察。因为，辅警本身不具有人民警察身份，不能独立执行公务，只能在人民警察带领、指挥下从事具体的辅助工作，本质上与人民警察属于不同的范畴。[②]

本文认为，在人民警察范围的确定上，应摒弃“身份说”，而应坚持“职务说”，主要理由如下：

第一，法益具有指导构成要件解释的机能。如前所述，暴力袭警行为虽然从妨害公务罪中分离出来，并独立成罪，但这并没有使其妨害公务的性质发生变化。换言之，该罪作为妨害公务罪的特别类型，其意旨仍然是侧重对警察执法这一特殊公务的特殊保护而非对警察人身权的特别保护。因而，不能机械地以是否具备“人民警察”的身份或者编制作为能否成立袭警罪行为对象的唯一标准，而是要考虑辅警执行职务的行为是否具有合法性。

---

① 黎宏：《刑法学各论》（第二版），法律出版社2016年版，第352页。

② 石魏：《暴力袭警的准确认定》，《人民司法》（案例）2020年第11期；郭喜鸽：《暴力袭警从重处罚条款的法律适用》，《天津法学》2016年第4期。

第二，在辅警听从人民警察的指挥和监督，协助人民警察从事可以从事的辅助性工作或活动的场合，可以认为辅警和人民警察作为执法集体一起在执行职务，[①] 其行为应被视为人民警察执法行为的延伸。因此，暴力袭击辅警的自然就可以被评价为对警察执法活动的阻碍，从而可以认定为袭警罪。从《规范警务辅助人员意见》第4条关于“辅警履行职责的法律后果由公安机关承担，而且应受到法律的保护”的规定来看，实际上也明确了辅警执行职务的合法性地位及应受法律保护这一点。

第三，在警察的执法权和人身安全的保护上，仅因形式上辅警不具有正式警察的身份或者编制而区别对待，而不考虑辅警在协助警察并和警察一起执法的客观事实，不仅是对辅警协助警察行使执法权的合法性的否定，而且不符合平等保护法益的原则。相反，将协助人民警察执法的辅警和人民警察予以同等的保护，不仅符合平等保护的原则，而且彰显执法权威和尊严，同时也符合国民的朴素法感情。

基于上述，辅警虽然不具有人民警察的身份或者编制，但当其听从人民警察的指挥和监督，依法从事被允许的执法活动时，就应当对其和人民警察进行同一的、整体性的评价，并因此获得平等的保护。

三 “暴力袭击”的含义

该如何理解“暴力袭击”的含义，刑法理论上存在争议。有观点认为，暴力袭警条款中的“暴力”指的是一种广义的暴力。亦即，既包括对依法执行职务的人身实施暴力的直接暴力情况，也包括对执法的辅助人员如辅警的身体实施暴力的情况以及对物实施暴力，而间接作用于人民警察的人身的间接暴力的情况。[②] 亦有观点认为，这里的“暴力袭警”应是指狭义的暴力，即对人民警察的身体不法行使有形力。[③] 亦即，攻击对象必

---

① 黎宏：《刑法学各论》（第二版），法律出版社2016年版，第352页。

② 杨金彪：《暴力袭警行为的体系地位、规范含义及司法适用》，《北方法学》2018年第2期；何龙：《准确把握“暴力袭警”条款适用范围》，《检察日报》2017年4月26日第003版。

③ 张明楷：《刑法学（下）》（第五版），法律出版社2016年版，第1035页。

须是人民警察的身体，如针对的对象是警车、关卡等警用工具或者财产的，则不属于暴力袭警。本罪的犯罪手段不限于暴力手段，还包括包含暴力因素的危害行为，如持械攻击、驾车冲撞等，后者相对于殴打等暴力手段，危害性更加严重。①

本文赞同狭义暴力说。理由如下：

第一，虽然袭警罪与阻碍国家机关工作人员执行职务被规定在同一条中，但其间的“暴力”应做不同理解。将《刑法》第 277 条第 1 款的暴力解释为广义的暴力，容易让人接受。这是因为，该款条文所做的表述是“以暴力、威胁方法阻碍国家机关工作人员依法执行职务”，根据该规定，就暴力型妨害公务而言，暴力方法是手段，阻碍执行职务是目的，因而，只要行为人使用暴力能够达到阻碍国家机关工作人员依法执行职务的效果，就构成本罪，至于是直接对国家机关工作人员的身体抑或对与国家机关工作人员有关的物实施暴力，在所不问。而《刑法》第 277 条第 5 款关于袭警罪的构成要件的表述是“暴力袭击正在依法执行职务的人民警察”，显而易见，由于刑法条文明确规定暴力袭击指向的对象是“人民警察”，因而这里的“暴力”只能是对人的暴力，而不可能是对物的暴力，如对人民警察的身体实施打击或者强制，如捆绑、殴打、伤害、撕咬、脚踹，等等。将对与警察本身有关的物的暴力如砸毁执法车辆解释为暴力袭击“人民警察”，超出了国民的预测可能性，有违罪刑法定原则。当然，需要指出的是，如果行为人实施的指向与警察有关的物的暴力同时具有伤及警察人身安全的危险的，也属于这里的“暴力”。例如，行为人驾车撞向执法车辆，而当时执法车辆里坐着警察或者执法车辆旁边有警察，此种情形下，仍然属于暴力袭击人民警察，成立袭警罪。

第二，由于人民警察也属于国家机关工作人员，因此，对警用车辆、警械等警用装备实施打砸、毁坏或者抢夺的，虽然不符合袭警罪的犯罪构成，但完全符合《刑法》第 277 条第 1 款规定的妨害公务罪的构成要件。在此意义上说，将暴力袭警中的“暴力袭击”解释为对人民警察的身体实施暴力，根本上不会出现处罚漏洞。

---

① 石魏：《暴力袭警的准确认定》，《人民司法》（案例）2020 年第 11 期。

但需要注意的是，这里的“暴力”无须像抢劫罪那样必须达到足以抑制对方反抗的程度。例如，在曹某妨害公务一案中，曹某和男友在宾馆里吵架，影响到其他房客的正常休息，酒店保安应曹某要求报警。民警王某接警后带辅警蔡某一起赶到酒店。王某在处理曹某和男友纠纷过程中，曹某突然挥手打了王某一耳光，曹某被王某和张某制服。本案中，曹某突然对正在依法执行职务的民警王某实施打耳光的行为，就属于暴力袭警行为。

实践中，在认定本罪中的“暴力”时，还需要注意以下几点：

（1）对正在依法执行职务的人民警察实施暴力，只要具有妨害公务的抽象危险即可，而不要求造成人民警察执行职务的现实困难，更不要求已经阻碍了其执行职务。从司法实际来看，暴力袭警的行为虽然对人民警察的职务行为可能形成了一定的妨碍，但警察的职务最终往往得到了有效执行，而这并不妨碍暴力袭警的行为人成立犯罪。

（2）袭警罪的成立不要求暴力袭警行为造成人民警察受伤。有观点认为，成立袭警罪，至少要求暴力袭击的行为造成人民警察的轻微伤。本文不赞同这种观点。如前所述，本罪属于抽象危险犯，因此，关于本罪的成立，重点是要通过行为人的行为手段、方式、情节等要素来考察行为的不法程度，而不是实际造成的损害结果。例如，基于妨害公务的意图而用匕首刺向警察，虽然被警察躲过了，但该种暴力行为的危险性程度较高，自然属于暴力袭警，且应评价为袭警罪的加重犯。

从司法实践来看，对袭警罪的认定也并未要求发生轻微伤的后果。例如，在晋某博袭警一案中，被告人晋某博在民警就其与专车司机纠纷进行调解过程中，拒不配合执法，踢打民警夏某及辅警董某。虽然其行为未造成民警夏某、董某轻微伤，法院仍然认定成立袭警罪。① 同样，在杜某果袭警一案中，被告人在列车上醉酒滋事，乘警傅某接报后赶到车厢依法进行处置，后对其采取约束醒酒措施。其间，被告人杜某果突然挣脱约束带，从座位上站起来用右手挥拳击打列车乘警头部（经鉴定，尚未构成轻

① 北京市朝阳区人民法院刑事判决书（2021）京0105刑初1618号。

微伤），法院最终也认定成立袭警罪。[①]

第三，造成人民警察受伤甚至死亡的未必是暴力袭警。暴力袭击表现为对他人的身体实施有形力，具有主动攻击性的特征。因此，对于警察执法过程中，被执法人本能实施的摆脱、挣扎、反抗行为，以及与警察有轻微的肢体冲突如一般的推搡、拉扯或者抱身体的行为，即使造成了警察的受伤，不宜认定为“暴力袭警”，甚至连妨害公务都谈不上。[②] 但是，如果行为造成了警察重伤、死亡，如在和执法警察争执、推搡过程中，由于雨天路滑，警察站立不稳，导致警察摔倒，头部磕到石头上而重伤或死亡，则有成立过失致人重伤罪、过失致人死亡罪的余地。

第四，暴力袭警的对象是人民警察，而不包括行为人自己。因此，行为人采取伤害自己的方法阻碍警察执法行为的，不属于暴力袭警，同时，也不能认定为妨害公务罪中的“威胁方法”。这是因为，妨害公务罪中的“威胁方法”，是指以恶害的内容相通告，但恶害内容所指向的对象是国家机关工作人员，而非行为人自己。例如，犯罪嫌疑人吴某某在得知其承租的店铺被所在街道认定为违章建筑而将予以拆除的情况下，吴某某为阻止拆迁工作，反锁玻璃大门将自己及其母亲关在店铺内，并隔着玻璃门手持匕首做出自伤姿势，不准街道工作人员以及民警进入店铺内。其间，犯罪嫌疑人吴某某抗拒拆违的行为导致数百名群众围观，当地路段车辆长达一个多小时无法正常通行。后犯罪嫌疑人吴某某的家属到场劝说并进入店铺内制止了吴某某的行为。对于本案中的犯罪嫌疑人吴某某的行为，就不宜认定为妨害公务，更不宜认定为袭警。

四 “正在依法执行职务”的理解

成立袭警罪，必须是暴力袭击正在依法执行职务的人民警察。关于

---

① 长沙市铁路运输法院刑事判决书（2021）湘 8601 刑初 7 号。

② 抱身体的行为也是一种有形力。通过抱身体的方法阻碍人民警察依法执行职务的，可能有评价为妨害公务的余地，但显然不能评价为暴力袭警。当然，如果是抱摔人民警察的，就应评价为暴力袭警。

“正在依法执行职务”的理解和判断，需要考虑以下几个方面。

第一，本罪只有在人民警察“正在”依法执行职务时才能成立。如果是对非正在执行职务的人民警察实施暴力袭击，不构成本罪。符合故意伤害罪或者寻衅滋事罪的，成立故意伤害罪或者寻衅滋事罪。但要注意的是，执行职务的活动虽然绝大多数情况下都是在工作时间或者工作单位进行的，但这并不能成为判断职务行为形式合法性的唯一标准，它也包括在工作时间或者工作单位以外的公务活动。[①]《人民警察法》第 19 条规定：人民警察在非工作时间，遇有其职责范围内的紧急情况，应当履行职责。由此，警察作为特殊执法主体，其无论是在工作期间还是非工作期间遇到其职务范围内规定的任何情况，都应当依法履行职务，也就是说，警察在非工作期间也可以执行职务活动。暴力袭击在非工作期间的依法履行职责的警察，也能构成本罪。

第二，必须是人民警察正在“依法”执行职务。依法执行职务，意指职务的执行必须具有合法性。从本罪的保护法益来看，由于本罪的保护法益是特殊国家公务活动（警务活动）的正常进行，非法的职务行为本身就是对正常的国家公务活动的破坏。对其实施的反抗行为不仅完全无害于国家公务活动的顺利执行，并且不具有法益侵害性。[②] 所以，对违法执行职务的人民警察实施暴力袭击的，不成立袭警罪。

由于袭警罪性质上是妨害公务，因此，关于“职务行为的合法性”的理解和判断，和妨害公务罪中的“职务行为合法性”的标准原则上并无不同。具体而言，人民警察的职务行为的合法性认定应同时满足以下三个条件。首先，该行为必须在其所具有的抽象的职务权限之内。基于依法治国的要求，人民警察的职务具有事项上、场所上的要求，此即抽象的职务权限。超出抽象的职务权限，就不能认定为依法执行职务。例如，根据《公安机关党风廉政建设和反腐败工作意见》的规定，严禁公安机关人民警察参与征地拆迁活动，对随意动用警力参与强制拆迁造成严重后果的，严肃追究相关人员的责任。由此，人民警察参与土地房屋拆迁征收活动的，不

---

① 黎宏：《刑法学各论》（第二版），法律出版社 2016 年版，第 352 页。

② 林山田：《刑法各罪论（下册）》（第十版），北京大学出版社 2012 年版，第 57 页。

具有合法性依据，暴力袭击参与土地房屋拆迁征收活动的人民警察的，不构成袭警罪。

其次，该行为必须在其具体的职务权限之内。如前所述，人民警察包括公安机关、国家安全机关、监狱、劳动教养管理机关的人民警察和人民法院、人民检察院的司法警察。而不同国家机关的人民警察其分工即其所享有的具体职务权限存在不同。即使是同属公安机关的人民警察，也可能因职责分工的不同履行不同的职责，如刑事警察负责犯罪活动的预防、制止和侦查；交通警察依法维护交通安全，维持交通秩序，处理交通事故；消防警察的职务权限是组织、实施消防工作，实行消防监督；分管户籍管理的警察其职责是管理户政、国境、入境出境事务和外国人在中国境内拘留、履行的有关事务。由此可见，即使属于某种警察的职务权限内的事项，如果其没有具体的职务权限，仍然不能说其是在合法地执行职务。特别是在实际上需要通过分配、指定、委任才能实施某种具体职务行为时，只有经过分配、指定、委任，才能认为具有具体的职务权限。例如，虽然都是人民警察，但是对于从事交通管理工作的人民警察或者分管户籍的人民警察来说，他们均无执行逮捕的职务权限。如果他们执行逮捕任务，就不能谓之合法。

最后，人民警察执行职务的行为必须符合法律上的重要条件、方式与程序。例如，根据《刑事诉讼法》第 85 条、第 93 条的规定，对犯罪嫌疑人适用刑事拘留、逮捕强制措施时，必须出示拘留证、逮捕证，否则便属于非法刑事拘留或者非法逮捕。但应注意的是，只有违反法律强行规定的条件、方式和程序，才能认定为违法。否则就只属于瑕疵执法，而非违法执行职务。例如，《人民警察法》第 20 条第 3 项规定，人民警察要做到礼貌待人，文明执勤。如果人民警察单纯地因为执法态度生硬，方式粗暴或者言语不文明，则不影响其职务行为的合法性。①

第三，职务行为合法性的判断时点应采用行为时标准说。判断某一具体职务行为是否合法，在不同时间点上观察，所得的结论并不一样。例

① 黎宏：《刑法学各论》（第二版），法律出版社 2016 年版，第 352 页。

如，在对一起凶杀案进行侦查时，警察根据当时已经掌握的证据，认定去过犯罪现场的甲是作案凶手而对其采取了强制措施，但到了审查起诉或者审判阶段，司法机关发现甲并不是作案凶手，真正的凶手是乙。此种场合下，如果采用行为时标准说，警察的行为并不违法；但如果采用事后标准说，由于错误地将非杀人凶手予以刑事拘留，难以评价为合法。对此，本文认为，刑法规定本罪的旨趣在于保障合法的职务活动顺利进行，因此，职务行为是否合法，应当以实施职务行为当时的具体情况进行判断。[①] 因此，在上述案例中，只要警察在当时做出的刑事拘留这一强制措施，于法有据，且法律手续齐备，就应当认为其实施的执法行为具有合法性，被拘留人有配合执法的义务。如果被拘留人为了摆脱拘留而对人民警察实施暴力的，可以认定为袭警。当然，考虑到被拘留人原本就不是作案凶手，其当时为摆脱拘留而实施暴力的，可以认为行为人不具有合法行为的期待可能性或者期待可能性低，应予减免责任。但是，从刑事实体法的角度来看，让一个根本没有实施犯罪的人后来继续遭到羁押甚至后来被处以刑罚，不得不说是一种违法的结果（也因此才会产生刑事赔偿责任的问题），但这与对刑事拘留这一强制措施合法与否的判定采用“行为标准时说”是两个层面的问题，二者之间并不矛盾。

五　袭警罪加重犯的认定

《刑法修正案（十一）》第 31 条后段规定：使用枪支、管制刀具，或者以驾驶机动车撞击等手段，严重危及其人身安全的，处 3 年以上 7 年以下有期徒刑。在解释论上，该规定属于对袭警罪的加重构成要件（手段的加重犯）。在理解和适用时需要注意以下几点：

（一）加重手段指向的对象只能是人民警察的身体

从《刑法》对该加重情节的表述来看，属于手段的特别加重，表明

① 黎宏：《刑法学各论》（第二版），法律出版社 2016 年版，第 351 页。

行为不法程度增加的要素。既然该规定是袭警罪的情节加重犯，就不能脱离袭警罪基本犯的构成特征加以认定。因此，作为加重手段指向的依然只能是对正在依法执行职务的人民警察的身体。实际上，该条款中有关“严重危及其人身安全的”规定亦表明了这一点。如此说来，对于通过驾驶机动车撞击执法车辆的，阻碍人民警察依法执行职务的，如果不具有伤及依法执行职务的人民警察的身体的，不成立袭警罪。但如果针对执法车辆撞击的行为同时具有伤及人民警察人身安全的，应成立袭警罪的加重犯。

（二）对“等手段”应坚持同类解释

在本罪的加重手段上，刑法条文上具体列举了使用枪支、管制刀具或者以驾驶机动车撞击手段的同时，又用“等手段”进行了兜底。显而易见，该条文中所列举的手段具有严重的暴力性，对人民警察的人身安全的威胁性大，也正因为如此，立法上才作为加重情节加以规定，以实现对人民警察的执法权威和人身安全的有力保护。鉴此，在该条款中的“等手段”的解释上，应采用同类解释规则，即能够适用袭警罪的加重犯的情形，必须是行为人采取的手段和“使用枪支、管制刀具或者以驾驶机动车撞击手段”的暴力性和危险性相当，如用铁棍、粗木棍、铁锹、锄头打警察等，就可以解释为这里的“等手段”。反之，行为人所采取的手段具有一定的暴力性，但如果该行为的暴力性达不到上述手段的危险性程度，也不能适用加重的法定刑。例如，在行为人用石头砸向人民警察的场合，就要判断行为人所使用的石头是否具有严重的危险性。如果是用小石块砸的话，由于不具有严重危及人民警察的人身安全的性质，因而也就不能适用袭警罪的加重法定刑；再如，在因骑电动车违章而遭查处，行为人为逃避查处，突然启动电动车逃逸，结果撞倒警察，致其胳膊、腰部受到擦伤的场合，不宜认定为袭警罪的加重犯，而只需认定为袭警罪的基本犯。

（三）采用的手段必须达到严重危及人民警察的人身安全的程度

要成立本罪的加重犯，还要求行为人使用枪支、管制刀具或者以驾驶机动车撞击等手段达到严重危及依法正在执行职务的人民警察的人身安全的程度。本文认为，这里的“严重危及其人身安全”是对三种暴力袭警手段行为所存在的危险性的进一步限定（具体的危险犯），而不是对实害后果的要求。虽然行为人使用了上述手段，但综合行为时的全部案情，如果行为不具有严重危及警察的人身安全的现实危险的，就不能成立袭警罪的加重犯。诚然，从一般人的观念来看，袭警过程中，只要行为人使用了枪支、管制刀具或者以驾驶机动车撞击手段，袭击人民警察的，通常就具有严重危及警察人身安全的危险，但可能也不排除少数情况下，行为的危险达不到严重危及人民警察人身安全的程度，因而也就不能认定成立本罪的加重犯。例如，甲因骑摩托车违章而遭警察查处，甲便跑到路边捡起一块废砖头，欲攻击执法的警察，结果被位于现场的路人拉住。此种情况下，虽然甲要用废砖头对警察使用暴力，但因其距离警察还有点距离，对警察的人身安全的危险还不紧迫，尚达不到严重危及警察的人身安全的程度，因而，不宜适用袭警罪的加重犯。

六　结语

“立法是对社会现实的回应”，《刑法修正案（十一）》对从严处罚暴力袭警犯罪行为，维护警察执法权威和尊严，保护人民警察人身安全具有重要的宣示意义，这无疑对遏制和预防暴力袭警犯罪现象会起到积极的作用。但需要指出的是，袭警罪的基本犯法定刑为3年以下有期徒刑、拘役或者管制，性质上仍属于轻罪。因而，在对暴力袭警行为的处理上，有必要坚持宽严相济刑事政策，该严则严，当宽则宽，宽严相济，罚当其罪。特别要注意的是，对于实务中一些性质轻微、社会危害性小，行为人主观恶性不大，罪前罪后表现良好如初犯、偶犯，及时赔礼道歉，给予民事赔偿并取得被害人谅解、自首、坦白、认罪认罚的暴力袭警犯罪分子，谨慎逮捕和起诉，要依法发挥微罪不诉、免刑制度的作用，以最大限度地教育和挽救犯罪人，妥善化解社会矛盾，而不是基于一概从严处罚袭警的精神，对袭警的行为人一律予以逮捕、起诉或者判刑。唯有如此，才能彰显刑法的谦抑性和罪责刑相适应原则，实现案件处理的法律效果和社会效果的“双赢”，真正让人民群众在每一个司法案件中感受到公平正义。

（作者为华东师范大学法学院教授，博士生导师。本文原载于《苏州大学学报》（哲学社会科学版）2021 年第 5 期，收入本书时略有删改。）

附　录

发挥刑事治理功能，找准刑事治理定位

——“社会治理中的刑法功能与定位”学术研讨会综述

雷　达

近日，由中国社会科学院法学研究所主办的中国社会科学院刑法学重点学科暨创新工程论坛在北京举行。来自全国各地30余所高校、科研院所的专家学者和全国人大常委会法工委、最高人民法院、最高人民检察院等实务界人士近百人参会。

习近平法治思想的核心要义之一是在法治轨道上推进国家治理体系和治理能力现代化。为深入学习贯彻习近平法治思想，充分发挥刑事法治对社会治理的引领、规范和保障作用，本次论坛以“社会治理中的刑法功能与定位”为主题。与会人员围绕社会治理视野下的刑事立法、刑事合规、社会变迁与刑法制度发展、经济犯罪、信息网络犯罪、《刑法修正案（十一)》之后的各罪适用、立体刑法学与刑事一体化等当前刑法学界的重点热点问题展开深入研讨。

一　社会治理与刑事立法

（一）社会治理中的刑法功能与定位

人类社会发展的事实证明，依法治理是最可靠、最稳定的治理。刑事治理作为依法治理的重要组成部分，在推进国家治理体系和治理能力现代化的过程中具有独特使命和重要意义。最高人民法院副院长姜伟指出，第一，深入贯彻习近平法治思想，充分认识刑法对推进社会治理现代化具有重要意义，习近平法治思想是全面依法治国的根本遵循和行动指南。刑法的完善应深化对社会运行规律和治理规律的认识，注重社会系统治理和综合施策。第二，积极研究当前刑法的重点问题，刑法理论研究应坚持问题导向，着眼于当前刑法领域最迫切、最突出的问题。第三，密切关注刑事司法实践，刑法学是一门实践性科学，应准确认识和把握刑法在社会治理中的功能和定位，为解决实践中的司法问题提供更多理论支撑。最高人民检察院副检察长陈国庆提出，刑事治理是社会治理的重要环节，对完善社会治理具有重要意义。深入研究社会治理中的刑法功能和定位，充分发挥刑法的法益保护和人权保障功能，具有重要现实和理论意义。中国社会科学院法学研究所副所长、研究员李洪雷认为，刑法学界对自身在社会治理中的功能、角色与定位进行深入研究，是学习贯彻习近平法治思想的重要体现。中国社会科学院法学研究所研究员、中国刑法学研究会常务副会长陈泽宪认为，刑法在社会治理中的功能和定位，很大程度上是刑法人如何在刑事法治中找到自己定位的问题。

（二）刑法参与社会治理的方法与路径

充分发挥刑法在社会治理中的应有作用，需要各项要素综合发力。北京联合大学法律系副教授邵彦铭认为，应当发挥刑事政策在社会治理中的作用，一是能动之治，充分发挥宽严相济刑事政策的作用；二是有限之治，充分认识刑事政策的有限性。罪责刑相适应原则是我国刑事立法和司法始终坚持的原则，刑法参与社会治理亦不可忽视该原则。苏州大学王健法学院副教授庄绪龙建议，在罪责刑相适应原则的指导下，建立“法益恢复”刑法从宽评价模式。以刑事责任熔断为机制，坚持罪责刑层层推进的动态体系，在犯罪认定阶段承认犯罪成立且已达既遂，但由于介入法益恢复因素，产生熔断刑事责任效果，最终得出减轻处罚甚至免刑的处理结论。浙江省金华市人民警察学校教授傅跃建认为，刑事治理现代化包括刑事治理体系的现代化和刑事治理能力的现代化两个维度，要求治理理念的开放性、治理主体的多元性、治理方式的协作性以及治理规则的科学性，并提出系统治理、依法治理、综合治理、源头治理四项具体路径。

民意与顶层设计也是刑法参与社会治理需要考虑的重要因素。民意是司法决策的重要参考依据和检验工作成效的重要标准。北京大学国际法学院助理教授吴雨豪认为，刑法参与社会治理需考虑民意。其以醉驾为例，利用多层线性模型等统计方法，得出在刑罚裁量的过程中，遵循一定地区内民众对刑罚裁量的民意，符合我国司法治理的应然逻辑的结论。因此，司法裁判者需要通过实地调研，因地制宜调整司法裁量方式，以确保刑法任务的实现；也需积极进行民意沟通，使民意理性化发展，最终实现民意、犯罪治理与司法裁量的良性互动。北京大学法学院教授王新提出，刑法的内容或罪名应与顶层设计乃至“国之大者”紧密联系。

（三）社会治理视野下的刑事立法

在犯罪圈扩张、轻微罪入刑的背景下，我国的刑法体系面临系统化改造难题。北京理工大学法学院教授曾粤兴认为，微罪的设立是犯罪门槛下降的具体表现，是积极刑法观念之下刑法扩张的结果，符合社会对安全价值的需要，也是完善我国刑法结构的需要，适当增设微罪具有必要性和合理性。东南大学法学院副教授冀洋则主张，推行轻罪化立法存在天然缺陷，轻罪制度与劳教制度挂钩，暴露出轻罪化立法的正当性危机。同时，我国目前的刑法修正案没有消除重刑主义思维，将轻罪入刑可能导致又严又厉的罪刑结构。社会失范行为的治理必须遵循中共中央提出的“打造共建共治共享的社会治理格局”之要求，在协同共治的格局下考虑刑法的功能和定位，而推进轻罪化立法仍然是传统的刑法参与社会治理模式。

对于将行政拘留纳入刑法体系的问题，中国社会科学院法学研究所刑法研究室主任、研究员刘仁文认为，将行政拘留纳入刑法体系，同时建立易科罚金和易科社区服务制度作为选择性刑种，可规避短期自由刑弊端；通过简易程序、速裁程序等司法程序分解、过滤，可减轻司法审判压力，提高司法效率；配置前科消灭制度，可减轻刑罚附随的严厉后果。中国社会科学院法学研究所研究员邓子滨就行政拘留纳入刑法体系的理由作两点补充：一是将末端违法行为纳入刑法体系将避免司法资源浪费；二是将轻微罪纳入刑法不存在程序法障碍。中国政法大学刑事司法学院教授曲新久则主张行政拘留取消论，认为取消行政拘留不会对社会治理产生影响。

针对轻微罪入刑的配置措施，东南大学法学院副教授梁云宝再次重申前科消灭制度的重要性，并以高发型微罪惩处为切入，主张建立前科消灭制度是解决高发型微罪犯罪标签泛化问题的根本方法。通过注销行为人的犯罪记录，彻底消除犯罪标签，可恢复行为人因为犯罪而失去的法定权利和资格。中国人民公安大学法学院教授陈志军认为，建立前科消灭制度，应当摒弃株连规定，同时建立对有犯罪前科者包容性的社会政策和适度宽容的法律制度。中国社会科学院法学研究所副研究员樊文则认为，法律已明确规定需向特定司法机关提供犯罪记录，因此司法数据本身无法消灭，只能对有犯罪前科者的刑罚附随后果制度加以完善。

面对刑事立法体系和刑罚配套措施可能带来的转变，湖南大学法学院教授张智辉和北京师范大学刑事法律科学研究院教授吴宗宪均认为，刑法参与社会治理需要考虑社会成本。张智辉认为，轻微罪入刑应当考虑刑法参与社会治理的成本和效益的平衡。轻微罪入刑将打破二元制裁体系，司法成本和犯罪增长处于紧张关系。刑事立法应适应社会发展的需要，让刑法更合理、科学、实用地参与社会治理。吴宗宪认为，将轻微罪入刑应当注意犯罪原因及刑罚执行问题，刑事立法不能脱离刑法本身的定位和犯罪的本质。

对此，中国社会科学院大学教授、副校长林维总结道，面对轻微罪入刑，需要进一步思考以下问题：一是剥夺人身自由的行为应当司法化，司法化与犯罪化能否等同；二是轻微罪应当行政化或是行政违法行为应当犯罪化；三是设置轻微罪是在现有传统刑法体制下还是另设独立运行的轻微罪机制；四是社会治理所面临的问题是行政处罚的弱化因而需要强化，还是刑法活跃化需要谦抑化；五是实体法入罪化、扩张化与程序法出罪化、除罪化矛盾如何解决。

二　社会变迁与刑法制度发展

随着社会转型的完成，我国在经济、文化、生活等方面发生深刻变革，对刑事犯罪的行为方式、侵害客体以及规制主体等方面产生深度影响，刑事合规、经济犯罪以及信息网络犯罪等新型问题不断涌现。

（一）刑事合规问题研究

法治是最好的营商环境。企业合规作为一种经济制度和法学研究对象，其重要性不断提升。中国政法大学刑事司法学院教授赵天红认为，总体而言，目前对刑事合规问题的研究，理论层面多于实践层面。因此，在实践当中如何落实刑事合规制度需要得到更多关注。

刑事合规问题具有重大理论价值与实践意义。正如中国人民大学荣誉一级教授、北京师范大学刑事法律科学研究院名誉院长、中国刑法学研究会名誉会长高铭暄所言，立足营商环境的刑法保护，探索刑事合规制度恰逢其时。基于健全和完善市场营商环境，企业合规日渐升级和发展，与刑事责任风险相关联的刑事合规成为我国社会的刑事治理现象。从域外企业合规计划的缘起和衍变来看，有效的企业合规计划对建立健全和谐健康的营商环境具有积极意义。刑事合规作为一种颇具特色的面向，在我国加速优化营商环境、平等保护民营企业的背景下，不仅具有强大的企业实践基础和法律要求，而且也要期待整体性、体系性的结构予以建构。

建立完备的刑事合规制度，需准确把握其概念和内涵。北京市京师律师事务所执行副主任郑小宁认为，企业刑事合规基本内涵具有三个明显特征：一是刑事合规是国家刑事法律制度的重要组成部分；二是刑事合规的运行机制在于通过刑事法律制度的具体内容和操作规范，激励企业依法规范经营；三是刑事合规的目的在于促进建立现代企业制度。中国社会科学院法学研究所研究员屈学武提出，应当对企业刑事合规中的“刑事”进行广义理解，“刑事”不仅包括国内刑事法律的规定，也包括国外刑事法规范。刑事合规制度的构建目的，不仅在于预防企业犯罪，促使企业建立现代化企业制度，其根本目的在于促进社会生产力发展。《环球法律评论》编辑贾元认为，刑事合规通过刑事立法促进企业内部建立有效的预防犯罪机制，解决相关单位犯罪归责问题，但这一制度的构建不能豁免具体情境下的注意义务，只有已经履行必要的注意义务才可能阻却责任。

立足于我国的法治现状与营商环境，需要充分认识刑事合规不起诉制度的特殊性，适当借鉴域外经验。九江学院法学院副教授刘立慧以刑事合规不起诉为研究视角，指出刑事合规不起诉属于涉罪后合规。持续有益于社会是认定合规不起诉适用对象的实质判断标准和正当化根据。同时，基于现行刑法规定将犯罪划分为三类：形式违法意义的犯罪、实质违法意义的犯罪、最终成立意义的犯罪，单位犯罪之犯罪应理解为实质违法意义的犯罪，并以此将企业刑事责任与责任人员刑事责任相分离，既能破除不起诉涉罪企业却追究责任人员刑事责任的理论障碍，又符合个别责任原则，更符合持续有益于社会的实质标准。天津大学法学院教授刘霜以意大利企业合规制度为蓝本，指出企业合规制度是对企业的松绑，社会效益不容忽视。意大利所规定的企业合规虽然属于法人、协会、公司的行政责任范畴，但因其按照刑事程序由刑事法官认定，实质上属于刑事责任。意大利企业合规制度为我国企业合规制度的完善带来相应的启发：应重视企业刑事合规的法定化，合规改革必须有明确的法律依据，需要通过修改刑法、刑事诉讼法完成；建立有效的合规计划，为企业高管提供参照标准。

（二）经济犯罪问题研究

伴随着我国经济体制改革的不断深化，经济犯罪不断呈现新特征，给刑法参与社会治理带来新挑战、新难题。武汉大学法学院教授莫洪宪总结，跨国电信诈骗犯罪在犯罪组织、犯罪场域、被害群体、涉案资财等方面呈现新特点，是当前犯罪治理的紧迫难题，需要积极构建具有契合性、适应性、针对性的专项国际治理机制。电信诈骗犯罪国际治理在刑事管辖、刑事证据和赃款追回等方面存在瓶颈，对此，应采取针对性的对策，包括有效确立电信诈骗犯罪的刑事管辖、充分协调电信诈骗犯罪证据规则、构建电信诈骗犯罪赃款追回机制等。曲新久教授则认为，针对跨国电信诈骗犯罪，国际共治存在一定障碍，作用发挥比较有限。

对证券市场秩序规制，中国政法大学刑事司法学院刑法学研究所副所长耿佳宁以控制信息操纵为评价入口，主张以规范机能的标准取代现象类型的标准，放弃交易型操纵和信息型操纵的二分模式，根据归责原理的差异将操纵证券市场罪重新划分为基于组织管辖的诈欺操纵与基于体制管辖的优势滥用。

（三）信息网络犯罪问题研究

《数据安全法》《个人信息保护法》《反电信网络诈骗法（草案）》等法律规范对信息网络环境下的参与主体提供了较为完善的权利义务配置，与会专家就信息化、网络化背景下的刑事犯罪问题展开深入讨论。

关于公民个人信息权利属性的定位，东南大学法学院教授欧阳本祺主张，侵犯公民个人信息罪的法益是个人法益中的公法法益。个人信息不等同于个人私有信息，从来源上看，个人信息是个人与智能设备互动的产物。因此，应当在公法法益观下解释侵犯公民个人信息罪，侵犯公民个人信息罪法益是个人信息受保护权，不同类型的个人信息应受到不同程度的保护；同时，倡导以“同意相对论”认定个人同意在犯罪构成中的地位。北京外国语大学法学院教授王文华补充，公民个人信息权与传统意义上的私权完全不同，将其评价为公法法益在于强调公法保护的介入。

关于强行爬取公开数据行为的定性，中国社会科学院法学研究所助理研究员孙禹以非法获取计算机信息系统数据罪为视角，主张以访问控制机制作为行为判断标准，通过身份验证判断行为人是否具有访问权限。根据访问控制机制标准，反爬虫措施不是保密控制机制，因此，规避反爬虫措施的行为不构成非法获取计算机信息系统数据罪。阿里巴巴集团法务总监连斌认为，反爬虫措施具有系统安全防护、数据安全防护和阻却其他企业与本企业进行不正当竞争的综合性功能，在认定相关行为性质时应关注行为人规避反爬虫措施的具体目的。阿里巴巴集团高级安全专家谢虹燕指出，针对爬取公开数据的行为，应考虑数据运营者的意愿，根据其设置反爬虫程序的真实目的来认定行为性质。

关于网络服务提供者对用户信息的刑法保护义务，上海交通大学凯原法学院助理教授喻浩东以拒不履行信息网络安全管理义务罪为切入点，将现代社会建立在二阶观察基础上的社会沟通模式纳入法益的构建当中，基于法律系统和其他社会子系统之间的耦合关系提倡系统耦合的法益观。用户信息保护义务的目的是保障信息共享的互惠性风险分配机制，其性质是支配犯的消极义务，而不是义务犯的积极义务，该义务的范围应当结合促成信息互惠分享的规范目的和控制内在风险进行厘定。

(四)《刑法修正案(十一)》之后的各罪适用问题

随着《刑法修正案(十一)》的公布与施行，相关犯罪的适用亟须刑法理论界的回应。与会学者专家以具体各罪为视角，对《刑法修正案(十一)》中的重点罪名进行了拓展性思考与评价。

上海政法学院刑事司法学院教授彭文华以高空抛物为研究对象，认为高空抛物入罪具有必要性，能在一定程度上避免民、刑二元处罚机制的弊端，有利于定罪量刑的公平公正，更能强化调查取证的力度。但《刑法修正案(十一)》将高空抛物罪规定为扰乱公共秩序犯罪，架空了该罪的构成要件要素，扩张了入罪的行为范畴，同时将造成重罪轻定的后果，给司法的协调一致性带来挑战。邓子滨认为，高空抛物罪构成要件要素的天然开放性，给司法实践带来了巨大难题。

中国政法大学刑事司法学院教授王志远以非法植入基因编辑、克隆胚胎罪为对象，提出将基因技术管理秩序作为该罪的保护法益。针对我国侵害秩序类法益的犯罪，其认为秩序法益本身较为空洞，提出将终极保护目的和秩序类犯罪法益相结合的解决路径，一是通过前置性的制度设定使秩序法益充实化；二是结合经济与社会生活本身规律寻找社会关系的真正关注点，使秩序法益充实化。

中国人民大学刑事法律科学研究中心教授付立庆以负有照护职责人员性侵罪为对象，认为该罪的设立有助于部分填补处罚漏洞，使得对未成年女性性权利保障的法网体系更加严密，但对于该罪的适用解释，不应机械按照法条的字面含义进行文义解释，而应结合该罪保护法益的内容，采取尽可能克制和限缩的态度。负有照护职责人员性侵罪的保护法益是低龄未成年女性的性自主权，将其归入抽象危险犯的犯罪类型，更能与该罪的轻罪属性相适应，更能廓清该罪与强奸罪之间的关系，也更能兼顾行为人和被害人的权利保障。

针对《刑法修正案(十一)》增设的无限额罚金罪名，宁波大学法学院教授张亚平提出，可从相关路径规范适用无限额罚金，其一，从理念塑造上来规范，无限额罚金作为独立的刑罚种类，公平公正是最重要的价值追求；其二，从判罚尺度上来规范，不同类型犯罪应分别确立合理的裁判尺度；其三，从统一标准上来规范，可以通过司法解释、指导性案例、类案检索或横向比较等方式实现。陈志军则认为，有限额罚金更符合罪刑法定原则的要求。关于我国的罚金制度，可借鉴国外相关经验，当采取定额罚金制度时，以月平均工资为标准，以抵消通货膨胀对刑事立法的影响；还可借鉴日额罚金制度，根据犯罪的轻重确定罚金日数，并考虑财产经济状况决定每日罚金数额。

三　立体刑法学与刑事一体化

立体刑法学立足于系统论，注重协调刑法与其他部门法的关系，力图打破法教义学与社科法学的隔阂，使刑法在参与社会治理过程中发挥更为积极的作用。

（一）刑法与其他部门法的关系：刑民交叉与行刑衔接

法秩序统一性原理能够有效消解法律体系内部不同规范之间的矛盾冲突，作为协调刑法与其他部门法关系的重要准绳和检视标准，广泛应用于刑民交叉和行刑衔接案件。北京航空航天大学法学院教授孙运梁基于法秩序统一性原理，探讨权利行使行为与敲诈勒索罪的关系，认为在刑法适用过程中法秩序统一性发挥着制约作用，民法中的合法行为是犯罪认定中的出罪事由。因此，行使索赔权作为一种行使民事权利的行为，能够阻却敲诈勒索罪的违法性。北京师范大学刑事法律科学研究院教授王志祥认为，《刑法修正案（十一）》与前置法药品管理法中药品管理秩序法益和人的生命、健康安全法益进行分立保护的模式相衔接，单独设立妨害药品管理罪，使得我国对药品领域的违法行为规制更为合理和完善。

行政刑法是刑法参与社会治理最为重要的体现，也是处理行刑衔接关系的重要组成部分。面对行政刑法的不断扩张和抽象化态势，上海政法学院警务学院讲师刘泽鑫提出了构成要件类型化的思维模式，该模式具有三方面的立论基础：一是罪状兼顾“明确性”与“概括性”调和的结果；二是具备沟通应然与实然的功能；三是由构成要件边界的流动性所决定。行政刑法构成要件应当将规范保护目的作为核心内容，明确行政刑法中介本位犯罪定义观。另外，行政刑法的立法应与行政法规范的最新修订内容相衔接。中国社会科学院法学研究所助理研究员邹玉祥认为，对我国行政刑法的立法修改脉络进行检视和梳理十分必要，有利于行政刑法的立法更加科学化、规范化。

（二）法教义学与社科法学的关系：渗透与融合

中南财经政法大学刑事司法学院刑法学博士研究生方向楠从宏观视角与微观视角出发，验证了刑法教义学和社科法学“双向奔赴”的可能性，并提出“以法教义学为主，以社科法学为辅”的方法。清华大学法学院教授张建伟认为，法教义学与社科法学不是对立关系，不存在高低之分。采取何种研究方法取决于研究对象、研究需要，是研究者理性的自主选择。中国社会科学院法学研究所副研究员焦旭鹏指出，刑法教义学坚持犯罪构成思维，并不意味着拒斥社科法学的研究方法，而且立体刑法学也非无涉法教义学主张，对内加强刑法解释正是立体刑法学的重要组成部分。

（作者为中国社会科学院大学法学院博士研究生。本文摘要版原载于《人民法院报》2021 年 11 月 18 日，此为完整版。）